LA PHILOSOPHIE

DE

DAVID HUME.

TOULOUSE. — IMPRIMERIE A. CHAUVIN ET FILS.

LA PHILOSOPHIE

DE

DAVID HUME

PAR

Gabriel COMPAYRÉ,

ANCIEN ÉLÈVE DE L'ÉCOLE NORMALE, AGRÉGÉ DE PHILOSOPHIE,
DOCTEUR ÈS LETTRES.

PARIS
ERNEST THORIN, ÉDITEUR
LIBRAIRE DU COLLÉGE DE FRANCE
7, RUE DE MÉDICIS, 7

1873

INTRODUCTION.

LA VIE ET LES ŒUVRES DE DAVID HUME.

Il n'entre pas dans notre plan de raconter en détail la vie de David Hume. Des divers incidents qui marquèrent une existence d'ailleurs peu troublée, il ne s'agit de retenir ici que les faits les plus saillants, ceux qui influèrent sur les idées de l'auteur et sur les destinées de son esprit. L'étude du caractère préparera l'intelligence des doctrines. Sans doute, par la nature spéciale de leurs méditations, les philosophes, dans leurs œuvres, échappent plus que les autres écrivains à l'influence de leur vie; ils n'y échappent cependant pas complétement, et les événements laissent toujours quelque empreinte dans les pensées d'un auteur, si abstraites qu'elles soient. D'un autre côté, la justice et l'intérêt de la renommée de Hume veulent qu'on mette en regard de ses théories souvent téméraires sa noble et laborieuse existence, sa jeunesse active et uniquement ambitieuse des succès littéraires, l'irréprochable austérité de ses mœurs, l'enjouement aimable qui animait ses conversations, la douceur qui faisait rechercher son amitié, surtout sa vieillesse vraiment philosophique, tranquillement écoulée, au milieu des livres et de quelques amis, dans l'attente d'une mort dont les approches ne troublèrent point la constance de son âme. Ce coup d'œil, jeté en passant sur la vie de Hume, profitera à la réputation d'un libre penseur, qu'on a quelquefois représenté sous des couleurs trop noires. Sachant ce que fut l'homme, on se scandalisera un peu moins de ce que pensa l'écrivain.

Hume n'eut point de jeunesse. De bonne heure l'étude l'absorba tout entier, et lui donna avant l'âge, avec la maturité du jugement, la conscience de son génie et la passion de la gloire. L'histoire de la philosophie offre peu d'exemples d'une vocation aussi précoce pour les spéculations abstraites. Né à Edimbourg, le 26 avril 1711, Hume concevait à dix-huit ans le premier plan de son système (1). Et dès lors, animé par des découvertes qui lui apparaissaient comme un instrument certain de renommée, il ne

---

(1) Pour l'histoire de Hume, nous avons suivi la notice, d'ailleurs assez courte, qu'il a écrite lui-même, en avril 1776, trois mois avant sa mort; et surtout l'excellente biographie publiée en 1846, à Edimbourg, par J.-H. Burton, 2 vol. in-8º. — Voir aussi l'étude de M. Cucheval-Clarigny, *Revue des Deux-Mondes*, 1856, tome VI, p. 107; et le travail de M. Campenon (de l'Académie française), en tête de sa traduction de l'*Histoire d'Angleterre*, 1839.

vécut plus que pour ses pensées. Captivé par elles, il acquit, avant vingt ans, un sentiment assez vif de sa responsabilité pour imposer à sa jeunesse la loi du plus rigoureux stoïcisme. C'est plaisir d'entendre ce sage de seize ans déclarer, dans une lettre à son ami Ramsay (1), qu'il met résolûment en pratique les règles morales qui ordonnent de réprimer toute passion, et qu'il cherche dans l'étude, dans la contemplation, les moyens d'élever son esprit. Déjà il observait, il notait ses pensées. « Ici, » dit-il, « je recueille une critique » sur l'auteur que je lis; là c'est un éclair de passion; » là encore c'est un phénomène de l'esprit dont je » cherche l'explication... Permettez-moi de vous parler » en philosophe... » Une pareille précocité de sagesse ne va pas sans quelque pédantisme, et l'on peut douter que les réflexions psychologiques du jeune écolier eussent toute la valeur qu'il leur attribuait. Mais ces efforts louables, cette vanité d'auteur un peu prématurée, le sauvèrent au moins de la dissipation et de la paresse, et lui firent une âme supérieure à toutes les frivolités de son âge.

Et cependant autour de lui rien ne favorisait, tout contrariait plutôt, le penchant qui le portait vers la philosophie. L'université d'Edimbourg, où il étudia, ne comptait encore dans ses rangs aucun de ces maîtres éminents, comme la fin du siècle en vit paraître, qui, par l'éclat de leur enseignement, déterminent les vocations hésitantes. A défaut de professeurs illustres,

---

(1) Burton. Tome 1, p. 12, lettre du 4 juillet 1727.

cette université avait-elle au moins un enseignement régulier de la philosophie? Le formalisme presbytérien s'y était constamment opposé, et avait tenu jusqu'alors en échec tous les efforts tentés pour organiser le programme d'un cours suivi. Les écrits de Locke lui-même ne furent guère connus à Edimbourg qu'en 1730, par les soins du professeur Stevenson, et encore dans un abrégé, œuvre de l'évêque Wynne. C'était l'époque, il est vrai, où Hutcheson inaugurait, à l'université de Glasgow, ces brillantes leçons auxquelles D. Stewart attribue l'honneur d'avoir commencé le réveil philosophique et littéraire de l'Ecosse. Mais Hume ne subit en aucune façon dans ses premiers travaux l'influence de son illustre contemporain : il ne fut que beaucoup plus tard son correspondant et son ami, sans devenir jamais son disciple.

D'autre part, Hume ne trouvait au foyer domestique aucune de ces excitations journalières qui éveillent quelquefois les grands génies. Les traditions de sa famille étaient simplement celles de gentilshommes de campagne. Sa mère, restée veuve avec trois enfants, contribua à former ses vertus privées; mais, simple autant que bonne, elle ne pouvait agir sur le mouvement de ses idées. C'est donc à lui-même, c'est à des méditations personnelles, soutenues par d'immenses lectures, que Hume est surtout redevable du développement de son esprit. Les poetes et les philosophes se partagèrent ses premières admirations; et tandis qu'à l'école de Locke et de Berkeley il exerçait cette subtilité pénétrante qui est un des traits caractéristiques de son talent, il apprenait, avec Virgile et Cicéron, cette pureté de goût, cette admirable justesse d'expression, qui distinguent à un si haut point ses écrits, et qui lui ont acquis l'honneur de passer dans son pays pour un maître en l'art d'écrire.

Disons cependant que ses lectures philosophiques, si abondantes et si variées, furent sur un point incomplètes. Il ignorait la philosophie grecque. Si de bonne heure il eût connu Platon, s'il l'eût étudié avec ardeur, comme il étudiait Locke et Berkeley, peut-être cette influence nouvelle eût-elle modifié et corrigé les tendances exclusivement empiriques de ses doctrines. Mais à quoi bon regretter que ce libre esprit, n'acceptant qu'une seule domination, celle de l'empirisme anglais, ait développé dans une seule direction ses théories originales? Dans l'intérêt même des progrès philosophiques, le mieux n'est-il pas que ces sortes d'expérimentations, que l'on appelle des systèmes, soient poursuivies jusqu'au bout par leurs auteurs? Et ne faut-il pas se réjouir qu'au lieu d'ajouter un nom de plus à la liste de ces philosophes modérés, qui doivent à une éducation complète la vérité relative de leurs doctrines, Hume, poussant à outrance jusqu'à leurs extrêmes conséquences quelques affirmations absolues, ait, par l'excès même de ses erreurs, servi la cause de la vérité? Il n'est pas le seul, parmi les penseurs, dont l'originalité soit faite de quelque génie et d'un peu d'ignorance!

A deux reprises, la vocation philosophique de Hume faillit être déjouée par les événements. La volonté de sa famille le destinait au barreau : Hume accepta docilement l'épreuve. Mais bientôt, incapable de surmonter la répugnance que lui inspirait le droit, il revint avec passion à ses chères études. Par malheur l'excès même de son travail et l'ardeur de son application compromirent assez gravement sa santé pour l'obliger à suspendre tout effort d'esprit. A vingt-trois ans, il traversa une véritable crise physique, qui troubla profondément son âme, jusque-là sereine et confiante dans l'avenir. Il se crut dangereusement malade ; il craignit que la force ne lui manquât pour réaliser les projets de travail et les espérances de gloire dont il s'était jusqu'alors nourri. Condamné au repos, il se résigna à entrer dans une maison de commerce, sacrifice qui équivalait pour lui à un suicide moral.

Mais Hume, — quelque indolent qu'il fût de son naturel, et bien que le plus souvent dans sa vie il ait laissé prendre à la fortune, n'ayant pas su l'exercer par sa volonté, le gouvernement de sa destinée, — Hume n'était pas homme à abandonner facilement et sans résistance l'unique objet de sa passion : les lettres et la philosophie. Il faut lire le mémoire qu'il adressait, en 1734, à un médecin célèbre de Londres, pour lui décrire, avec une minutie naïve, les moindres symptômes de son mal, et lui demander, avec une anxiété touchante, des remèdes décisifs (1).

La santé revint au bout de quelques mois, et Hume s'empressa de quitter Bristol et le commerce. Mais les

---

(1) Burton, tome I, p. 30.

défaillances du tempérament une fois dominées, il lui restait encore d'autres difficultés à vaincre. Il lui fallait, malgré l'exiguité de ses ressources, assurer l'indépendance de sa vie. Sans protecteur, sans fortune, il prit un parti viril, celui de s'expatrier, de s'arracher aux habitudes et aux douceurs du pays natal, pour vivre frugalement en France, dans une solitude que devait rendre plus complète encore son inexpérience de la langue française. C'est à Reims, puis à La Flèche, que Hume passa les trois laborieuses années de son premier séjour en France (1734-37). « Une rigoureuse » frugalité me permit, » dit-il lui-même, « de suppléer » à ce qui me manquait du côté de la fortune, de » conserver ma liberté entière, et de mépriser tout » ce qui n'intéressait pas directement mes progrès » littéraires (1). » Après trois ans de réflexion, en 1737, le *Traité de la Nature humaine* était terminé, et l'auteur partait pour l'Angleterre, afin de surveiller la publication de son œuvre.

Hume, dont l'imagination un peu lente n'aimait guère les rapprochements, n'a jamais été frappé, semble-t-il, de la rencontre singulière qui, à cent ans de distance, l'avait conduit auprès de ce fameux collège des Jésuites, où Descartes avait étudié. Il y a cependant quelque intérêt à remarquer que le même coin de terre a vu naître, dans leur premier germe tout au moins, deux systèmes de philosophie aussi irréconci-

(1) *OEuvres philosophiques* de Hume, tome I, *My own life*, p. xiv. Je me sers de l'édition en quatre volumes in-8°. Edimbourg, 1854.

liables : un scepticisme résigné qui se complaît dans ses négations, et auquel on peut rattacher sans paradoxe l'origine du positivisme contemporain ; et ce doute méthodique qui n'aspire qu'à triompher de lui-même, et d'où est sortie la plus grande conception idéaliste des temps modernes.

Quelque jugement que l'on porte sur le *Traité de la Nature humaine*, on ne peut s'empêcher d'admirer l'effort d'esprit qui lui donna le jour. A vingt-sept ans, Hume avait composé et publié son chef-d'œuvre. Descartes écrivit le sien à quarante. Reid et Kant entre cinquante et soixante ans. Les poëtes seuls ont d'ordinaire le privilége de ces improvisations de jeunesse, qui prennent rang parmi les monuments de la pensée. Cette fois le génie philosophique avait éclaté avec l'effervescence hâtive du génie poétique. Mais quelle intensité de réflexion et de travail ne suppose pas un pareil résultat ! Peu d'hommes ont possédé, au même degré que Hume, le talent d'utiliser leurs facultés par une sévère économie de leurs temps et de leurs forces. Il était inaccessible à toute distraction, indifférent à tout divertissement. De cette concentration vigoureuse de son esprit sur un même point, il n'est pas étonnant qu'ait pu sortir en quelques années un ouvrage même aussi considérable, si l'on veut bien considérer surtout que le *Traité de la Nature humaine* n'est qu'un système, pour la construction duquel les longues expériences n'ont pas été nécessaires, et où il a suffi de quelques principes témérairement acceptés, pour que l'auteur, par une déduction presque algébrique, déroulât sans effort une longue série de conséquences.

En 1739, parurent les deux premières parties du Traité, celles qui se rapportent à l'Intelligence et aux Passions. La troisième partie, consacrée à la morale (*of Morals*), ne fut publiée qu'en 1740. Le succès ne répondit pas aux espérances de l'auteur. « L'ou-» vrage, » dit-il lui-même, « mourut en naissant, » n'ayant pas même réussi à exciter les murmures » des dévots (1). » Hume en conçut un vif accès de dépit. Et cependant, sans compter que l'Ecosse n'était alors le théâtre d'aucun mouvement philosophique sérieux, le caractère abstrait et la nouveauté même du système devaient faire pressentir à Hume l'accueil indifférent ou hostile du public. Mais il était de ces écrivains inconséquents, qui, contrecarrant le genre humain dans ses sentiments et ses croyances, s'étonnent que le genre humain n'applaudisse pas à leurs attaques, et qui, tout à la fois passionnés pour la gloire et épris de leurs propres systèmes, voudraient être les héros de la foule, sans renoncer à en combattre les préjugés. Notre philosophe ne se résigna que peu à peu à cette impopularité douloureuse, au prix de laquelle s'achète le plus souvent l'indépendance de la pensée ; et ce fut en partie pour concilier la satisfaction d'un amour-propre exigeant avec les devoirs d'une conscience sincère, que, vers la fin de sa vie, il se jeta dans les études historiques, heureux de faire enfin

---

(1) Hume, *My own life*, p. xv.

l'emploi de son talent dans une science où il pût dire toute sa pensée sans blesser au cœur la foi de l'humanité, et plaire à tous sans cesser d'être lui-même !

Le désir et aussi la volonté du succès, tel est le trait dominant de la physionomie de Hume. Quoiqu'il fût certainement de ceux qui aiment assez les lettres, pour que l'étude, par ses douceurs, les récompense elle-même des sacrifices qu'elle exige, il apportait dans le commerce désintéressé de la pensée une certaine âpreté d'amour-propre, qui exigeait impérieusement la gloire comme le prix obligé du travail accompli et des privations souffertes. Insensible aux arts, aux passions du cœur, il avait rejeté sur les succès littéraires toutes les ardeurs de son ambition. La passion s'était, pour ainsi dire, retirée des autres parties de son âme pour ne surexciter en lui qu'un seul désir, auquel il s'abandonnait avec toutes les émotions, toutes les fièvres d'un véritable amour.

C'était cependant se méprendre singulièrement sur les conditions de la gloire, que faire fonds, pour y atteindre du premier coup, sur un livre de métaphysique, originale mais téméraire, profonde mais abstruse et compliquée. De toutes les œuvres de Hume, le Traité est à coup sûr la plus remarquable, mais elle est aussi la moins propre à devenir populaire. Qui donc, hormis les philosophes de profession, eût pu consentir à suivre l'auteur dans le dédale où s'engageait son scepticisme arrogant et inexorable ?

On peut dire du *Traité de la Nature humaine* qu'il représente, dans l'ensemble des écrits de Hume, ce qu'est pour Descartes le *Discours de la Méthode* : un résumé général de la doctrine du philosophe. Mais il faut noter cette différence, que Descartes, dans ses autres ouvrages, développe fidèlement les principes de sa méthode, tandis que Hume, pendant toute sa vie, semble s'être donné pour tâche d'atténuer, de dissimuler, à force d'habileté, les conséquences inquiétantes des théories de sa jeunesse. Avec une témérité de franchise qui accuse l'âge de l'écrivain, avec une hauteur de ton qui fait contraste avec le pyrrhonisme des idées, Hume, nous découvre, dans ce premier écrit, le fond intime de sa pensée. Plus tard, il reconnut son imprudence ; il désavoua le dogmatisme sceptique du Traité : « L'air de confiance qui règne » dans cet ouvrage, » écrivait-il à un de ses amis, « me déplaît tant que je n'ai pas le courage de le » relire (1). » Il désavoua aussi la hardiesse de ses conclusions, se plaignant avec amertume de ceux de ses adversaires qui s'acharnaient contre le Traité, « contre un ouvrage de jeunesse, que l'auteur, » ajoute-t-il, « n'a jamais reconnu (2). » C'est ainsi qu'après avoir débuté par un éclat et par un scandale, Hume revenait aux ménagements et aux adoucissements. Il ressemblait à un homme qui entrant, pour la première fois dans la société, se serait brouillé avec

---

(1) Lettre à Gilbert Stuart. V. Burton, tome I, p. 98.

(2) V. Avertissement des *Essais*... « L'auteur désire que les essais suivants soient considérés comme contenant seuls ses sentiments et ses principes philosophiques. »

tout le monde, et qui passerait le reste de ses jours à se réconcilier avec ceux qu'il aurait volontairement froissés et irrités.

Quoique Hume, dans son *Traité de la Nature humaine*, ait devancé Reid et Dugald-Stewart pour l'observation minutieuse de quelques faits psychologiques, c'est plus particulièrement Kant qu'il annonce et qu'il prépare, non-seulement par la direction de ses recherches, mais aussi par la froideur un peu sèche d'un style qui se refuse presque tout appel à l'imagination et au sentiment. A ceux qui, comme Hutcheson, l'aimable et séduisant professeur de Glasgow, s'étonnaient de ce qu'on pourrait appeler l'insensibilité de son style, Hume répondait que dans ses études sur l'esprit humain il voulait être un anatomiste et non un peintre : « Autre chose » est, » disait-il, « découvrir les plus secrets » principes de l'intelligence, autre chose décrire la » grâce et la beauté de ses actions. Et il est impos- » sible de concilier ces deux points de vue (1). » De là cette rigoureuse précision de style, qui distingue le Traité entre tous les ouvrages de Hume. L'auteur y semblerait oublier complétement le public, s'il ne se montrait avant tout préoccupé d'être compris de ses lecteurs, et d'atteindre cette précieuse qualité, qui est comme l'élégance des savants : je veux dire la

---

(1) Burton, tome I, p. 112, lettre à T. Hutcheson du 17 septembre 1739. Les mêmes idées sont exprimées dans la conclusion de la 3ᵉ partie du traité *Of morals*, tome II, p. 407.

clarté. Ajoutons, cependant, que la netteté et la rigueur se manifestent beaucoup plus dans le détail de chaque partie que dans l'ensemble du plan, auquel on peut reprocher quelque indécision et même quelque désordre. Il semble que l'auteur n'ait pas embrassé d'un seul coup d'œil cette longue série de chapitres, qui se complètent sans se suivre, et qu'il les ait écrits, sinon sans méthode, du moins sans faire effort pour ramener à une division rigoureuse, et disposer dans un ordre logique les différentes parties de son œuvre. Malgré ces défauts, et quelque sévèrement que l'on juge les théories qu'il expose, le *Traité de la Nature humaine* n'en laisse pas moins une vive impression d'admiration. D'autres œuvres ont rendu Hume célèbre parmi ses contemporains : celle-là surtout assure sa gloire auprès de la postérité.

Après avoir quelque temps attendu à Londres un succès qui ne vint pas, Hume se retira auprès de sa famille, à Ninewels, à quelques lieues d'Edimbourg. Après quelques jours de découragement, il reprit vite goût à l'étude. Il se consola de son insuccès, en méditant après coup les causes qui le rendaient inévitable. « Ceux qui ont l'habitude de réfléchir sur des sujets » abstraits, » écrivait-il à son ami Henry Home, « sont le plus souvent imbus de préjugés ; et ceux » qui n'ont pas de préjugés sont généralement igno- » rants en matière de philosophie. Or, mes principes » sont si éloignés des opinions communément reçues, » qu'on ne saurait les admettre sans introduire dans » les idées philosophiques un changement considé-

» rable. Et vous savez que des révolutions sembla-
» bles ne réussissent pas facilement (1). » C'est ainsi
que l'amour-propre de Hume se résignait à l'indifférence du public, en l'expliquant par l'incompétence des uns, par la présomption intraitable des autres.

Mais il tira de son échec, sinon des pensées de modestie, du moins des leçons de prudence. Il modifia son système de travail. Désormais plus soucieux de l'approbation d'autrui, ou, pour mieux dire, plus préoccupé des moyens de l'obtenir, il ne se confina plus dans cette solitude intellectuelle, où il s'était jusque-là dérobé à tout conseil, à toute inspiration du dehors. La composition de la troisième partie du *Traité de la Nature humaine* (publiée en 1740), se ressentit de ce changement de méthode. Par une condescendance nouvelle chez lui, Hume soumit son manuscrit à l'examen d'Hutcheson, avec lequel il venait d'entrer en relations. Hutcheson était alors dans tout l'éclat de son enseignement (de 1729 à 1747). Juge particulièrement excellent dans les questions de morale, il critiqua librement les vues de Hume. Celui-ci reçut ces avertissements avec une déférence marquée; mais il en profita peu. Il était trop personnel, trop absolu dans ses opinions pour céder à l'influence, si douce, si persuasive pourtant, de celui dont le docteur Leechman, un ami commun des deux moralistes, a pu dire, dans un éloge funèbre, « qu'il était le maî-
» tre le plus puissant et le plus aimable qui eût paru

---

(1) Burton, tome I, p. 105.

» de son temps. » Dans le détail de l'ouvrage, Hume tint cependant quelque compte des observations qui lui étaient faites. Il apporta quelques ménagements à l'expression de ses idées, bien que sur ce point encore il ne partageât pas tout à fait les scrupules de Hutcheson. Il se targuait de l'indépendance de sa condition : ne lui donnait-elle pas le droit de parler avec plus de liberté qu'un homme qui aurait charge d'âmes, un ecclésiastique ou un professeur (1)? Quoi qu'il en soit, Hume sut inspirer une assez vive estime à son correspondant pour que celui-ci à son tour, par un échange amical, lui communiquât, deux ans après, son nouvel ouvrage : *Philosophiæ moralis institutio compendiaria* (publié en 1742); mais ses opinions n'en avaient pas moins effrayé Hutcheson, qui combattit sa candidature, lorsque, en 1745, il sollicita une chaire de philosophie à l'université d'Edimbourg.

Hume avait compté sur le caractère pratique de ses spéculations morales pour triompher de la froideur du public. « Sans l'intérêt particulier qui s'atta-
» che aux études de morale, je ne me serais pas
» hasardé à publier un troisième volume de métaphy-
» sique à une époque où la plupart des hommes s'ac-
» cordent à transformer en amusement le travail de
» la lecture, et rejettent tout ce qui, pour être compris,
» exige un effort considérable d'attention (2). » Mais,

---

(1) Burton, tome I, correspondance de Hume et de Hutcheson, p. 114 et suiv.

(2) Hume, *OEuvres philosophiques*, tome II, p. 216, 1re section de la 3e partie.

cette fois encore, la gloire se déroba aux poursuites passionnées de Hume, et, pour trouver notre auteur en possession de quelque célébrité, il faut le prendre au lendemain de la publication de ses « *Essais Moraux et Politiques,* » c'est-à-dire vers la fin de l'année 1742.

En abordant les sujets politiques, Hume obéissait encore à ses premiers plans de travail. Ce n'est pas, comme on pourrait être tenté de le croire, le dépit d'avoir échoué en métaphysique qui l'entraînait dans ces recherches d'un nouveau genre. Il ne faisait que poursuivre, avec une persévérance opiniâtre, le but qu'il s'était proposé de prime abord. Ce but, il l'avait défini lui-même, en déclarant, dans son Introduction au *Traité de la Nature humaine*, qu'il voulait fonder sur l'analyse de l'esprit un système complet de sciences (1). Ce ne fut donc pas sans une lente préparation, sans de vastes lectures, silencieusement continuées dans la retraite de Ninewells, que Hume s'essaya à des études de faits qui ne convenaient guère moins à son souple génie que les réflexions métaphysiques. Préoccupé de séparer la destinée de son œuvre nouvelle de la mauvaise fortune du Traité, il se présenta au public comme un débutant : « Comme » tous les jeunes auteurs, » écrivait-il dans son aver-

---

(1) « En nous efforçant d'éclaircir les principes de la nature humaine, nous nous proposons en réalité de construire un système complet de sciences sur des fondements entièrement nouveaux, les seuls qui puissent assurer à ces sciences une base solide. » *OEuvres philosophiques*, tome I, p. 8.

tissement, « j'éprouve quelque anxiété sur le sort de
» mon livre ; mais une réflexion me rassure : c'est
» que le lecteur, s'il n'est pas satisfait de mon talent,
» appréciera du moins la modération, l'impartialité
» dont je fais preuve dans les sujets politiques (1). »

Hume avait raison de réclamer pour ses écrits politiques le mérite de l'impartialité. C'était chez lui une qualité naturelle : la froideur de son caractère le garantissait de tout enthousiasme irréfléchi ; la lenteur scrupuleuse de son jugement le défendait contre les préjugés vulgaires ; enfin l'isolement de sa vie le protégeait contre les entraînements des partis. Métaphysicien absolu, il fut un politique modéré. « Les Ecos-
» sais sont libéraux, » dit quelque part M. de Rémusat. « La plupart de leurs écrivains, Smith,
» Reid, Ferguson, sont des whigs modérés (2). »
Hume mérite d'être associé à cette honorable tradition. Libre de toute attache, étranger à toute intrigue, éclairé par une érudition historique qui lui faisait défaut en philosophie, Hume, du fond de son cabinet, pouvait juger les choses de la politique avec une indépendance que ne sauraient maintenir au même degré les hommes d'action dans la mêlée des événements qui les aveuglent et les passionnent. D'un autre côté, l'habitude des réflexions abstraites et l'intensité de l'étude avaient éteint ou du moins amorti dans son âme la vivacité du sentiment, dissipé les fantômes

---

(1) Burton, tome I, p. 136.
(2) *Revue des Deux-Mondes*, 1856.

de l'imagination, établi sur toutes ses facultés la domination de l'idée, et, par suite, préparé les qualités d'un sage et impartial historien.

Les *Essais* parurent en deux volumes, le premier en 1741, le second en 1742. Par la nouveauté relative de quelques sujets, qui, même après Sidney, après Locke, n'étaient pas épuisés; par la prodigieuse variété de lectures qu'attestent les titres de ces études : *la Liberté de la presse, la Superstition et l'Enthousiasme, l'Origine du gouvernement, le Progrès des arts et des sciences, la Polygamie et le Divorce, l'Eloquence*, etc.; enfin, par une originalité persistante que le poids de l'érudition n'avait point étouffée, Hume était digne du succès qu'il obtint, succès d'autant plus remarquable, que l'auteur ne faisait d'avances à aucun parti ! C'est à tort, en effet, que M. Macaulay représente Hume comme un partisan passionné du pouvoir absolu. Sans doute, Hume n'est rien moins qu'un révolutionnaire; et même, avec les progrès de l'âge, son goût pour la monarchie parut grandir. Dans son *Histoire d'Angleterre* particulièrement, il lui arrive souvent de prendre le parti des tories contre les whigs. Et plus tard encore, lorsque, quelques années avant sa mort, il relut ses *Essais* pour en préparer une édition nouvelle, il eut soin de corriger ou de supprimer les passages qui lui paraissaient trop favorables aux idées démocratiques. Il n'en est pas moins vrai qu'il a été toute sa vie un libéral modéré, suspect par suite à tous les partis extrêmes, et que des amis plus ardents de la liberté ont dû regarder comme leur adversaire, parce qu'il semble que la liberté ne soit pas aimée, quand elle l'est froidement !

En même temps qu'il jouissait à Ninewells des satisfactions d'amour-propre que lui apporta, après la publication des *Essais*, un premier souffle de renommée, Hume cherchait aussi, tout en préparant de nouveaux travaux, à étendre ses relations. Il charmait les loisirs que lui laissait l'étude par un échange de lettres amicales avec quelques-uns des hommes les plus distingués de son temps. Ses correspondants les plus célèbres furent d'abord Hutcheson, le docteur Blair; plus tard Montesquieu, auquel il offrit de surveiller une édition anglaise de l'*Esprit des Lois;* Reid, qui lui communiqua, en 1763, ses *Recherches sur l'esprit humain* (1); Robertson et Gibbon, ses rivaux dans le genre historique, tous deux plus jeunes que lui, et auxquels il adressait, avec une cordialité parfaite, ses réflexions et ses conseils ; Mme de Boufflers, qui lui recommanda Rousseau, et dont il ne cessa jamais d'être l'ami (2); enfin, et surtout Adam Smith, qu'il aimait tendrement, et de l'amitié duquel il reçut, après sa mort, ce beau témoignage, qui remet en mé-

---

(1) *Les Recherches sur l'esprit humain* (*Inquiry into the human mind*) ne parurent qu'un an après, en 1764.

(2) Mme du Deffand, qui n'aimait pas Hume, qu'elle appelait *le paysan du Danube*, et qu'elle jugeait d'un mot : « il m'a déplu, » accorde pourtant des éloges à une lettre que Hume, quatre ou cinq jours avant sa mort, écrivit à Mme de Boufflers, à l'occasion de la mort du prince de Conti. « Cette lettre, » dit-elle, « m'a paru » de la plus grande beauté; j'en ai demandé une copie : je l'au- » rai. » *Lettres à H. Walpole*, tome II, p. 118.

moire les touchantes paroles des disciples de Socrate pleurant la mort de leur maître : « J'ai toujours » pensé que M. Hume s'était approché, autant que la » nature humaine le permet, de l'idéal de la perfec- » tion et de la sagesse (1). »

Le penseur hautain et tranchant, que les premiers écrits de Hume nous révèlent, n'avait rien de commun avec le correspondant affable et conciliant dont nous pouvons par nous-mêmes apprécier l'aimable indolence, ni avec le causeur enjoué qu'aimait et qu'appréciait la société distinguée d'Edimbourg. Ses lettres n'ont rien de dogmatique et de pédant. Hume écrit, non pour faire triompher des idées, mais pour communiquer des impressions, surtout pour s'abandonner aux charmes de l'intimité. N'est-ce pas lui qui a dit, dans un élan de cœur inattendu et qu'il n'a du reste justifié qu'à moitié : « Sans l'amour et l'ami- » tié, la vie n'aurait aucun prix! » Chez Hume, comme chez tous les hommes, il y a ainsi de ces profonds contrastes, qui déjouent les jugements absolus que l'on s'efforce en vain de porter sur leurs caractères ; car ces jugements n'expriment jamais l'étonnante variété et la souplesse admirable dont la nature a doué les âmes humaines. Comment, par exemple, ne pas être surpris d'apprendre que, dans ses entretiens, Hume, le grave et austère Hume, ne quittait guère le ton de la plaisanterie? Sa plaisante-

---

(1) Lettre d'Adam Smith sur la mort de Hume. *OEuvres philosophiques* de Hume, tome I, p. xxix.

rie, d'ailleurs, au témoignage d'Adam Smith, n'était que l'expansion naturelle de sa bonne humeur, tempérée par la délicatesse de son goût; il n'y mêlait jamais la plus légère teinte de malignité (1).

Ce qui peut étonner encore, c'est que Hume, malgré la dissidence radicale de ses opinions religieuses, ait su se concilier des sympathies, et qu'il ait même rencontré de profondes amitiés dans les rangs du clergé d'Ecosse, parmi ces presbytériens exaltés, dont la tolérance ne passait pas pour être la plus solide vertu. C'est cependant avec quelques-uns des membres les plus influents de cette Eglise qu'il a entretenu des relations étroites, qui ne se sont terminées qu'au tombeau. La plupart lui pardonnaient une impiété dogmatique, qui n'altérait ni la pureté de sa vie, ni la bonté de son âme. Quelques-uns aussi, qui ne soupçonnaient pas quelle inattaquable ténacité de conviction recouvrait la douceur de son caractère, ne désespéraient peut-être pas de le ramener, et de faire tôt ou tard une conversion. D'ailleurs, dans ces causeries comme dans ces lettres, la philosophie et la religion étaient, par un accord tacite, des sujets réservés. Les amis religieux de Hume se taisaient avec lui sur ces questions, comme on se tait devant un infortuné sur le malheur qui l'a frappé. Et de son côté, Hume, qui n'avait pas l'esprit de propagande, et qui savait assez de psychologie pour ne pas se faire illusion sur l'efficacité de la discussion, évitait d'engager des contro-

---

(1) Adam Smith, lettre déjà citée.

verses, qui aigrissent et divisent les cœurs, sans presque jamais rapprocher les esprits.

Enfin, parmi les ecclésiastiques que Hume fréquentait, quelques-uns peut-être n'étaient pas éloignés de s'entendre avec lui. Il semble qu'il ne fût pas rare alors de trouver en Ecosse et en Angleterre des *Vicaires savoyards*, qui prêchaient l'Evangile sans y croire, et pour qui l'Eglise n'était qu'une carrière. Il semble même que cette fausseté de conscience parût presque légitime, et qu'elle ne choquât pas, autant qu'il eût convenu, des esprits délicats et élevés. Témoin Hume lui-même, qui n'hésitait pas à calmer les scrupules d'un jeune homme, un peu imprudemment entré dans les ordres : « C'est accorder, » lui écrivait-il, « un trop grand respect au vulgaire et à ses
» superstitions, que de se piquer de sincérité vis-à-
» vis de lui. Peut-on se faire un point d'honneur de
» dire la vérité à des enfants ou à des fous ? Je vou-
» drais bien qu'il fût encore en mon pouvoir d'être
» hypocrite sur ce point. Les devoirs de la société
» imposent cette hypocrisie, et la profession ecclé-
» siastique ne fait qu'augmenter un peu cette dissi-
» mulation, ou plutôt cette réserve innocente, sans
» laquelle il est impossible de traverser la vie (1). »
Ajoutons que ces maximes commodes, qui font de toute une vie un mensonge officiel, Hume, s'il a eu le tort de les conseiller aux autres, ne les a jamais pratiquées pour lui-même.

---

(1) Burton, tome II, p. 187.

C'est au contraire par la franchise déclarée de ses opinions que Hume échoua toutes les fois qu'il voulut se faire admettre dans les universités d'Ecosse. Lorsqu'en 1745, il sollicita à Edimbourg la chaire de psychologie et de morale (*ethics and pneumatic philosophy*), il fut de nouveau combattu avec acharnement, et au premier rang de ses adversaires se distinguaient ses propres amis, le docteur Leechmann et Hutcheson. Plus tard, il renouvela ses efforts, sans jamais parvenir à désarmer l'opposition de ses compatriotes. La philosophie de Hume, nous le reconnaissons volontiers, n'était pas faite pour devenir classique ; mais quelque justes qu'aient été les raisons qui firent exclure Hume du haut enseignement, il n'en est pas moins regrettable que son vœu n'ait pu être réalisé. En possession de la chaire qu'il convoitait, il eût désormais appartenu tout entier à la philosophie. Peut-être la nécessité de parler à des jeunes gens, de concilier ses croyances avec les nécessités de la vie sociale, eût-elle modéré, adouci, les tendances extrêmes de ses opinions. En tout cas, les efforts philosophiques de Hume auraient eu certainement plus de suite. Quoiqu'il n'ait jamais cessé d'être fidèle à la science qui avait eu ses premières affections, la médiocrité de sa fortune, les soucis pratiques de l'existence, le forcèrent à dissiper une partie de son temps dans des occupations plus lucratives que littéraires, qui profitèrent à son revenu plus qu'à ses études. Professeur à l'université d'Edimbourg, il eût été à l'abri des soucis matériels de l'existence ; il n'aurait pas été réduit, comme nous allons maintenant le raconter, à se faire tour à tour précepteur, secrétaire d'état, secrétaire d'ambassade.

En acceptant ces diverses fonctions, Hume n'avait qu'un but : accroître son modeste patrimoine. C'est ainsi qu'en 1745, il se résigna à devenir, dans une grande maison d'Angleterre, le précepteur, ou plutôt le garde-malade de lord Annandale. Ce qu'il fallait à ce jeune seigneur, qui, par ses équipées, s'était fait quelque réputation, c'était plutôt un médecin résolu, qu'un doux et savant professeur. Aussi Hume eut-il à subir d'amers déboires, et cette année peut être comptée comme la plus malheureuse de toute sa vie. Ce fut une véritable domesticité, entrecoupée de scènes violentes ou ridicules, où notre philosophe eut bien de la peine à sauvegarder sa dignité (1). Il fit, pendant quelques mois, la dure expérience de cette servitude morale, à laquelle les rigueurs de la fortune condamnaient, à la même époque, celui qui devait un jour se rencontrer sur le chemin de Hume, l'infortuné Jean-Jacques Rousseau.

Ce triste épisode, qu'on pourrait appeler le roman, d'ailleurs fort trivial, d'un jeune précepteur pauvre, ne mériterait pas même d'être cité, s'il ne mettait en tout son jour un trait essentiel du caractère de Hume: la ténacité stoïque avec laquelle il affrontait toutes les privations plutôt que de renoncer à ses desseins. Il

---

(1) Burton a consacré un long chapitre de 40 pages au récit de cette aventure, tome I, p. 170-208.

voulait, non pas faire fortune, mais, au prix d'une servitude passagère, acquérir assez de ressources pour assurer, jusqu'aux derniers jours de sa vieillesse, l'indépendance de sa pensée et de ses travaux.

C'est pour le même motif qu'il se fit nommer, en 1746, secrétaire du général Saint-Clair. Ce personnage avait été choisi par le gouvernement anglais pour commander une expédition navale, qui, dirigée d'abord contre le Canada, se retourna contre la France, et vint échouer misérablement dans une attaque contre le port de Lorient. Il s'en fallut de peu que Hume ne fût séduit par les avantages de sa nouvelle situation, et qu'il ne se décidât à suivre désormais la carrière des armes. La vie des camps l'attirait; il y entrevoyait une série de spectacles instructifs. Il ne lui eût pas déplu d'assister par lui-même à de grands événements dont il aurait pu, sur ses vieux jours, écrire la relation. On a conservé les quelques pages qu'il consacra à raconter l'échec du général Saint-Clair. C'est le premier essai de sa plume dans le genre historique. L'écrivain d'histoire s'y révélait déjà avec ses qualités et ses défauts : plus de précision que de chaleur, plus de netteté que de mouvement. Il se piquait avant tout de véracité, et attaquait assez aigrement Voltaire, pour s'être montré, dans un récit satirique de l'expédition manquée, plus soucieux d'intéresser ses lecteurs, que de s'assurer lui-même de la vérité des faits.

Nous possédons aussi le journal de voyage que Hume composa pour son frère, lorsque, en 1748, il

accompagna le même général Saint-Clair, dans son ambassade à Turin. Malgré l'importance des villes qu'il visita, Cologne et Francfort, Wurtzbourg et Vienne, et d'autres encore, les observations de Hume offrent peu d'intérêt. Il n'avait pas cette vivacité d'imagination qui saisit d'un coup d'œil les détails pittoresques d'un pays, d'une cité. D'ailleurs, son voyage fut un voyage politique, encombré d'affaires officielles, de présentations cérémonieuses, et accompli avec une précipitation qui excluait les incidents. Le récit s'est ressenti du caractère diplomatique du voyageur. Il a la tenue correcte, mais dépourvue d'abandon, que l'étiquette impose à un secrétaire d'ambassade. L'esprit positif de Hume s'y complaît dans des observations judicieuses, mais froides et sèches. Les beautés de la nature et de l'art ne le touchent pas. Il passe insensible devant la cathédrale de Cologne. Il aime la nature bien cultivée plutôt que les sites poétiques. Economiste plutôt que poète, c'est surtout l'apparence du comfort qui le charme. Aussi admire-t-il beaucoup l'Allemagne, dont il dit : « L'Al-
» lemagne est certainement un beau pays, habité par
» un peuple honnête et industrieux. Si elle était unie,
» elle serait la plus grande puissance du monde (1). »

L'Italie, elle aussi, — le pays de Virgile, de celui qui avait été de tout temps son poëte de prédilection, et qui, par son génie mesuré et doux, devait séduire un écrivain correct et discret, disposé, quoi-

---

(1) Burton, tome I, p. 257.

que Anglais, à mettre dans son admiration Racine au-dessus de Shakespeare, — l'Italie semble avoir ému le cœur de Hume par ses souvenirs classiques et par ses beautés éternelles : mais le journal s'arrête précisément sur le salut d'enthousiasme qu'il lui adresse, et rien dans sa correspondance, ni dans ses autres écrits, n'indique que son séjour en Italie ait laissé dans son âme des traces profondes.

Dans ses fonctions délicates de secrétaire du général Saint-Clair, Hume donna carrière aux aptitudes éminemment pratiques qui distinguaient un côté de son esprit. Il eut d'autant plus de mérite à réussir, que sa tournure gauche, ses allures pesantes, dont Grimm se moqua plus tard, ne disposaient pas en sa faveur les premières impressions de ceux qu'il abordait. Un Irlandais célèbre, lord Charlemont, qui eut occasion de le voir à Turin, nous le dépeint fort ridicule dans son uniforme d'ordonnance. En sa qualité d'aide de camp, il avait endossé l'habit militaire, bien qu'il souffrît déjà de cette corpulence disgracieuse qui, avec l'âge, ne fit que se développer, et dont il aimait à plaisanter : « Je mériterais qu'on m'appliquât, » disait-il, « la loi gauloise qui imposait une amende à » ceux dont l'embonpoint dépassait les proportions » ordinaires. »

Les trois années que Hume passa loin de l'Ecosse (1746-1748) ne furent pas perdues pour la philosophie. Malgré les séductions de la vie active, les préoccupations spéculatives avaient toujours le dessus. « Je » ne suis qu'un philosophe, » écrivait-il, « et je ne

» serai jamais que cela. » Et en effet, pendant son séjour à Turin, paraissaient à Londres les *Essais sur l'Entendement humain*, en même temps qu'une troisième édition des *Essais moraux et politiques* (1).

Les *Essais sur l'Entendement humain*, réduction élégante d'une partie du *Traité de la Nature humaine*, étaient destinés à ramener vers les principes de l'auteur, par la modération des idées, par le charme de la composition, la partie du public qu'avait effarouchée la hardiesse un peu crue du Traité (2). Par une feinte habile, Hume faisait semblant d'abandonner complétement les théories de son premier ouvrage. Dans son avertissement, il demandait avec instance qu'on ne regardât plus comme l'expression de sa pensée « une œuvre de jeune homme, projetée par l'au-
» teur avant qu'il fût sorti du collége et terminée
» peu de temps après. » Malgré ce désaveu public, Hume ne faisait que reproduire, sous une forme populaire et plus brève, les doctrines dont il avait déjà donné une exposition complète et didacti-

---

(1) Intitulé d'abord *Philosophical essays concerning Human Understanding*, et plus tard *An inquiry concerning Human Understanding*, cet ouvrage parut pour la première fois à Londres, en 1748, sans nom d'auteur. L'avertissement ne date que d'une édition postérieure.

(2) Il ne nous paraît pas exact de dire par conséquent, comme le fait M. Villemain : « Hume s'occupait alors de refaire son *Traité*
» *de la nature humaine* sans pouvoir le rendre assez sceptique,
» assez scandaleux, pour réveiller l'apathie de l'orthodoxie angli-
» cane. » Villemain, *Tableau de la littérature au dix-huitième siècle*, tome II, p. 365.

que. Nous avons d'ailleurs, là-dessus, le propre témoignage de l'auteur : « Je pense, » écrivait-il à son ami Gilbert Elliot, « que les *Essais philosophiques* con-
» tiennent toutes les observations importantes, relati-
» ves à l'intelligence, que vous pourriez trouver dans
» le traité. Aussi vous engagerai-je à ne pas lire ce
» dernier ouvrage. En abrégeant et en simplifiant les
» discussions, je les rends en réalité plus complètes.
» *Addo dum minuo*. Les principes philosophiques sont
» les mêmes dans les deux livres (1)... »

Ainsi, après dix ans de réflexions nouvelles, Hume ne voyait rien à modifier dans ses principes philosophiques. Cette absence complète de mouvement, de progrès dans les idées, montre jusqu'à quel point Hume s'était laissé dominer par son système. Il est de ceux qui ne se débarrassent des préjugés du vulgaire que pour s'asservir à leurs propres préjugés. Et ce philosophe indépendant, qui se flattait volontiers de n'être le disciple de personne, a été toute sa vie l'élève docile de quelques théories qu'il avait conçues vers la vingt-cinquième année !

Ce fut surtout par le chapitre célèbre « *sur les Miracles* » que les Essais excitèrent l'attention, et provoquèrent des réfutations violentes. L'évêque Warburton écrivait en 1749, avec l'aménité qui lui était habituelle : « J'ai envie de lancer en passant quelques
» traits contre Hume, et de faire justice de ses argu-
» ments contre les miracles. Mais est-il connu parmi

---

(1) Burton, tome I, p. 337.

» vous ? S'il ne l'est pas, et si par son propre poids
» il reste plongé dans l'obscurité, je serai fort cha-
» grin de contribuer à le rendre illustre et à le rap-
» procher d'un autre endroit que le *pilori* (1). » Une
polémique, qui débutait par de pareilles intempérances
de langage, n'était guère engageante. Hume la dédai-
gna. Jaloux de sa tranquillité personnelle, convaincu
d'ailleurs de la stérilité des discussions engagées entre
philosophes qui partent de principes différents, il
maintint toute sa vie cette inflexible ligne de conduite
de ne point répondre aux attaques et de mépriser les
injures. Il n'eut qu'un tort : ce fut d'oublier un jour
ces sages résolutions, et de sortir de son calme habituel, pour charger et accabler Rousseau de ses invectives et de ses récriminations.

De retour d'Italie, Hume se remit à l'étude avec
une ardeur nouvelle. Les deux ans qu'il passa encore
à Ninewells, quoique attristés par la mort de sa
mère, furent peut-être les plus laborieux de sa vie.
Il écrivait alors ses *Dialogues sur la Religion Naturelle*,
que Schopenhauer considérait comme le plus remarquable de ses ouvrages (2) ; il apprenait le grec, qu'il

---

(1) Burton, tome I, p. 286. C'est ce Warburton dont Voltaire
disait : « Les philosophes anglais lui reprochent l'excès de la
» mauvaise foi et celui de l'orgueil ; l'Eglise anglicane le regarde
» comme un homme dangereux ; les gens de lettres comme un
» écrivain sans goût et sans méthode, qui ne sait qu'entasser ci-
» tations sur citations ; les politiques comme un brouillon, etc. »

(2) Ces dialogues ne furent publiés qu'après la mort de Hume,
en 1779, par les soins du neveu de l'auteur.

ne savait encore que très-imparfaitement ; il lisait Strabon et les historiens anciens ; il préparait ces fameux « *Discours Politiques,* » qui devaient répandre sa gloire jusque sur le continent (1) ; il amassait d'énormes provisions de notes (la Bibliothèque d'Edimbourg en possède encore quelques cahiers), qui furent plus tard utilisées, les unes par Hume lui-même, les autres par Adam Smith : preuve nouvelle de l'intimité de ces deux grands esprits. Enfin, il refaisait la dernière partie du *Traité de la Nature humaine* ; il composait ses « *Recherches sur les principes de la morale,* » le dernier de ses ouvrages philosophiques, et celui qu'il jugeait le meilleur. Absorbé par tant de travaux, il pouvait, avec quelque vérité, répondre à ceux de ses correspondants qui lui demandaient comment il employait son temps : « Je ne saurais vous le dire :
» pensez-vous que je puisse faire tenir dans le court
» espace d'une lettre une encyclopédie tout en-
» tière ? »

Les *Discours politiques*, publiés en 1752, et aussitôt traduits en français, firent à Hume une véritable popularité dans notre pays. C'était la première fois que

---

(1) « La traduction se débite à Paris comme un roman, » écrivait à Hume un de ses interprètes français.

Les *Discours politiques* ont été traduits trois fois en français : 1º en 1753, par Mauvillon ; 2º en 1754, par l'abbé Leblanc. Pour donner, en passant, une idée de l'érudition de cet abbé, il suffit de noter ce trait, qu'il avait traduit *Sextus Empiricus* par *Sextus l'Empereur* ; 3º en 1766 et en 1767, à Paris et à Amsterdam, par Mlle de La Chaux.

dans des études suivies un auteur spéculait sur les conditions matérielles de la prospérité d'un peuple. Hume est avant Adam Smith le fondateur de l'économie politique. Le *Traité de la Richesse des Nations* ne parut en effet qu'en 1776. L'observation des faits économiques, qui exige un grand effort de sagacité et de patience, et qui se passe de tout enthousiasme, de toute délicatesse d'imagination, s'accommodait merveilleusement aux qualités et aussi aux défauts de Hume. Nous le retrouvons, avec son énergie de travail, dans l'*Essai sur la Population des nations de l'antiquité;* avec sa subtilité dialectique, quand il distingue, dans une longue énumération, les avantages et les inconvénients qui résultent pour un État de l'extension de la dette publique; avec sa finesse piquante, quand il écrit par exemple : « A voir les rois et les peuples » se livrer des guerres, malgré les dettes qui pèsent » sur eux et les engagements qui les lient, je crois » assister à une partie de quilles qui se jouerait dans » la boutique d'un marchand de porcelaine, » mais nous le retrouvons aussi avec ses préjugés, avec son impuissance habituelle à s'élever, faute d'imagination, au-dessus des faits observés, comme par exemple dans cette affirmation téméraire : « Aucune ville dans l'ac-» croissement de sa population ne dépassera les limites » que Londres atteint aujourd'hui ; » Londres ne comptait alors que sept cent mille habitants. Du reste, avec Hume comme avec Smith, l'économie politique est plutôt l'analyse exacte et l'explication des faits accomplis, qu'elle n'est la recherche originale de nouvelles institutions. De là ce mérite singulier, pour un livre qui a inauguré la science économique, que si les successeurs de Hume ont établi un grand nombre de théories nouvelles, du moins ils n'ont presque rien changé à celles qu'il avait lui-même exposées. Et il y avait quelque force d'esprit à démêler avec cette simplicité, avec cette justesse, les lois du commerce, de la circulation de l'argent, du crédit public; à s'avancer avec cette sûreté dans une science où les premiers pas sont difficiles; à écrire enfin ce qu'on pourrait appeler la grammaire de l'économie politique, alors qu'en France Mirabeau n'en écrivait que l'*Apocalypse* (1).

La publication des *Discours politiques* marque dans la vie de Hume le commencement d'une ère nouvelle. La gloire lui était désormais acquise. Il sut aussi s'assurer dans sa vie intérieure le bonheur que comportait la modération de ses goûts. En 1752, il vint s'établir à Edimbourg, et il y vécut, le reste de sa vie, dans une retraite studieuse, qui ne fut guère interrompue que par son second voyage en France.

C'est à cette époque qu'il sollicita de nouveau, et sans plus de succès, une chaire de philosophie : la chaire de logique de l'université de Glasgow, laissée vacante par Adam Smith, qui devenait professeur de morale. Hume n'eut pas de peine à se consoler de son échec. Une grande joie l'attendait, la plus grande que

---

(1) C'est ainsi qu'on appelait, au dix-huitième siècle, le livre de Mirabeau, *l'Ami des hommes*, qui fut composé en partie pour répondre à l'*Essai* de Hume sur la population chez les peuples anciens.

pût ressentir un homme voué tout entier au travail de la pensée. Il fut nommé conservateur de la bibliothèque des avocats d'Edimbourg. Ses compatriotes préféraient lui donner des livres à garder que des jeunes gens à élever. Et cependant les protestations ne manquèrent pas. Un détail à noter, c'est que les femmes étaient pour lui. Elles soupçonnaient peut-être moins le péril de doctrines qu'elles ignoraient, et par suite ne se défiaient pas de Hume. Le philosophe leur plaisait d'ailleurs par son attitude respectueuse et son amabilité désintéressée. Il recherchait volontiers leur société, et les flattait, quoique avec moins de goût que de zèle. « Il n'y a pas de lois, » écrivait-il à une de ses amies, « qui puissent déterminer avec rigueur
» le caractère des femmes; ce sont les seuls corps
» célestes dont il soit impossible de calculer les
» orbites ! »

Une fois maître des richesses que renfermait la bibliothèque qui lui était livrée, Hume ne connut plus rien à désirer. Il exprimait son bonheur dans une lettre qui nous peint en traits assez vifs sa philosophie pratique : « Depuis sept mois environ, » disait-il, « j'ai
» installé une maison au grand complet, composée
» d'un chef (c'est moi-même) et de deux membres
» subalternes, une bonne et un chat... Qu'ai-je à
» désirer de plus? L'indépendance? je la possède au
» suprême degré. Les honneurs? je n'en suis pas com-
» plétement dépourvu. La grâce? elle viendra en son
» temps. Une femme? ce n'est pas une des nécessités
» indispensables de la vie. Des livres? voilà une de

» ces nécessités, et j'en ai plus que je n'en peux
» lire (1)... »

Le passage de Hume à la bibliothèque des avocats d'Edimbourg (de 1752 à 1757) décida du reste de sa vie littéraire, et le détermina à mettre enfin à exécution ses projets historiques. Dans l'espace de dix ans, Hume composa en entier cette *Histoire d'Angleterre*, qui a plus servi que tous ses travaux philosophiques à l'illustration de son nom. Des critiques se sont plaints que l'auteur ait mis quelque précipitation dans la composition d'un aussi grand ouvrage. Ils oublient dans quelles conditions Hume travaillait. Nul souci, nulle passion n'interrompait le cours de ses recherches. Il trouvait sous la main, à sa portée, la plupart des documents dont il avait besoin. Les plaisirs de la correspondance se mêlaient seuls à ses travaux, et parfois son ardeur au travail était telle qu'il en oubliait même les devoirs de l'amitié : « Je regarde comme une ba-
» gatelle, » écrivait-il au docteur Cléphane, « d'ex-
» pédier un volume in-4º en quinze ou dix-huit mois,
» et je ne suis pas capable d'écrire une lettre tous les
» deux ans. »

Cette continuité de loisirs, ce calme absolu qu'assurait aux moines du moyen âge l'état d'une âme consacrée à Dieu, l'isolement de la vie et l'absence de passion les réalisaient chez Hume. Les passions d'autrui, les fureurs religieuses auraient seules pu troubler son recueillement. Mais les pamphlets lancés contre

---

(1) Lettre au Dr Cléphane, 1753. Burton, t. I, p. 376.

lui, ou même des événements plus graves, la condamnation de ses ouvrages prononcée en 1755, par l'assemblée générale de l'Eglise d'Ecosse, n'atteignaient pas, ne troublaient pas l'impassibilité de son âme.

Nous n'avons pas ici à faire l'éloge de l'*Histoire d'Angleterre*. Le secret du succès qu'elle obtint fut dans la nouveauté du sujet, dans l'intérêt national d'une pareille entreprise, et aussi dans la netteté, la clarté admirable du style de l'auteur. Il avait pris les anciens pour modèles, et prétendait imiter Thucydide, au moins pour la concision du langage. Hume fut d'ailleurs bien inspiré dans le choix des diverses périodes qu'il étudia successivement. Commencer par l'histoire de la Maison des Stuarts, par l'histoire de la Révolution, qui avait laissé au cœur des Anglais tant de souvenirs, tant de regrets ou d'enthousiasme, c'était un coup d'habileté. Une composition historique écrite sur une pareille époque ne pouvait manquer d'éveiller l'attention, et, si elle était bien faite, d'obtenir vite la popularité. L'auteur pouvait ensuite sans danger remonter dans le passé jusqu'à la maison des Tudors, et enfin jusqu'aux origines de la nation anglaise : il était sûr d'être suivi, dans ces recherches moins séduisantes, par des lecteurs fidèles dont l'approbation était déjà conquise.

Quelque admiration qu'on ait en général accordée aux écrits historiques de Hume, les critiques ne lui furent pas ménagées. On lui reprocha surtout sa partialité pour les tories. Les whigs lui firent un crime d'avoir témoigné quelque pitié pour le sort de Char-

les Ier, d'avoir donné une larme à Strafford, et, en quelques endroits, défendu la prérogative royale. « Les whigs, » écrivait-il à Smith, « sont furieux contre moi ;
» mais je ne leur réponds pas. Si mes précédents
» écrits ne prouvent pas suffisamment que je ne suis
» pas jacobite, dix volumes in-folio ne le prouveront
» pas (1) ! » A vrai dire, quelques appréciations hasardées justifiaient la colère des whigs. A force de viser à l'impartialité et de vouloir tenir la balance égale entre les partis, Hume en était venu à excuser, à justifier trop souvent le parti monarchique. Les whigs étaient tout-puissants à l'époque où il écrivait. Par humeur d'opposition et de contradiction, ou plutôt par suite de cette excellente tendance d'un esprit critique qui cherche le faible des opinions régnantes, qui insiste de préférence sur les défauts du parti victorieux, Hume se laissa souvent entraîner à des jugements sévères. « Mes vues sur les choses, » disait-il,
« sont plutôt conformes aux principes des whigs ;
» mes portraits de personnes sont plutôt d'accord avec
» les préjugés des tories ; et je passe plus souvent
» pour un tory que pour un whig, ce qui prouve
» que les hommes font plus attention aux personnes
» qu'aux choses. »

---

(1) La première traduction française des œuvres historiques de Hume paraît être celle que l'abbé Prévost publia en 1760. Il ne s'agissait encore que de l'histoire de la maison des Stuarts. Mme Belot traduisit, en 1763, l'histoire de la maison des Tudors, et en 1765 la dernière partie du travail de Hume. Hume n'était guère heureux

D'ailleurs, il faut l'avouer, malgré ses efforts pour rester libéral, Hume était conduit par les tendances de son système à devenir, sans le vouloir, un peu indulgent pour l'absolutisme. Disciple de Hobbes en philosophie, il n'est pas étonnant qu'il se soit parfois rencontré avec lui sur le terrain de la politique. Quand on nie le libre-arbitre, quand on réduit la raison à n'être qu'un ensemble d'habitudes, n'est-il pas naturel qu'on se défie des innovations, qu'on doute du progrès, et que, par un faux esprit de conservation, on en vienne à accepter, à chérir même le pouvoir absolu ? De plus, par son atticisme et son bon goût, Hume avait une propension naturelle à aimer le parti monarchique : autant l'élégance aristocratique, le courage malheureux et digne de Charles Ier et de ses amis l'attiraient et le charmaient, autant il était rebuté dans sa délicatesse naturelle, dans son amour de la mesure, par les passions vigoureuses et ardentes du parti opposé, par ce langage plébéien et grossier que Voltaire appelait « le galimatias prophétique de Cromwell. »

Quoi qu'il en soit, nous croyons pouvoir affirmer que Hume n'a apporté, dans ses jugements sur cette époque tourmentée de l'histoire d'Angleterre, aucun parti pris d'adhésion ou de blâme. Si ses conclusions se sont en maints endroits écartées de la vérité, est-il nécessaire, pour expliquer ces inexactitudes de juge-

---

en fait de traducteurs. Mme Belot traduisait, par exemple, *the Polish aristocracy* par ces mots : *aristocratie polie.*

ment trop naturelles à la faiblesse humaine, de recourir, comme l'a fait M. Macaulay, à une imputation de mauvaise foi (1)?

Aucun incident remarquable ne troubla les patientes recherches que pendant dix années Hume poursuivit à Edimbourg, pour amasser les matériaux et achever la composition de son Histoire. En 1757, il publia l'*Histoire naturelle de la religion*, le plus piquant peut-être de ses ouvrages. En 1760, il se mêla à la polémique que souleva en Ecosse l'apparition des prétendus poemes d'Ossian. Hume, très-amoureux de la gloire nationale, très-sympathique à tout ce qui en relevait l'éclat, se déclara d'abord le partisan de Macpherson; mais son esprit critique reprit promptement le dessus, et il reconnut volontiers son erreur. Enfin, en 1763, Hume avait terminé sa grande œuvre historique (les derniers volumes parurent en 1762); il s'apprêtait à passer tranquillement le reste de ses

---

(1) « Hume, sans affirmer positivement plus qu'il ne pense, met » en relief toutes les circonstances qui favorisent son opinion. Il » glisse légèrement sur celles qui lui sont contraires... Tous les » actes du parti qu'il combat sont examinés avec la plus grande » sévérité ; toute circonstance équivoque devient matière à com- » mentaires et à invectives. Ce qui ne peut être nié est au moins » atténué ou passé sous silence. Parfois il fait des concessions, » mais cette candeur insidieuse ne fait qu'accroître l'effet de cette » masse énorme de sophismes (*vast mass of sophistry*). *Edimburg Review*, Macaulay. Grimm était presque du même avis : « Je n'ai » qu'un grief contre M. Hume, c'est d'aimer trop le paradoxe, ce » qui le fait déraisonner quelquefois, et d'être jacobite » (tome I, p. 181, édition de 1829).

jours à Edimbourg, lorsque les événements le rejetèrent de nouveau dans la vie active.

L'ambassadeur lord Hertford lui proposa de l'accompagner à Paris, avec la promesse de l'y nommer secrétaire d'ambassade. Hume refusa d'abord : il redoutait l'opinion parisienne. Il ne se sentait ni d'âge ni d'humeur à réussir dans une société qui passait pour être aussi légère que brillante. Les instances de lord Hertford entraînèrent cependant sa résolution, et Hume n'eut pas à s'en repentir. Dans cette longue vie, que remplissent les travaux de tout genre pour obtenir le succès, et, le plus souvent, le chagrin de ne l'avoir pas obtenu, le voyage à Paris vint à propos pour couronner par un véritable triomphe la plus laborieuse des existences. Le séjour de Hume en France ne fut qu'une série d'ovations. Il nous l'apprend dans ses Mémoires : « Ceux qui n'ont pas vu les étranges » effets de la mode ne pourront pas s'imaginer l'ac- » cueil qui me fut fait à Paris par les hommes et les » femmes du rang le plus élevé. Plus je voulais ré- » sister à leurs civilités excessives, plus je recevais » de louanges. Il y a une véritable satisfaction de » vivre à Paris, à cause du grand nombre de gens » sensibles, éclairés, polis que contient cette cité, » supérieure en cela à toute autre ville du monde (1). »

Plusieurs causes contribuèrent à l'engouement des Parisiens. Hume avait déjà des amis en France : Helvétius, Mme de Boufflers lui firent le plus engageant

(1) Hume, *My own life*, p. xx.

accueil. Sa réputation était grande : réputation un peu factice, car, parmi les admirateurs qui lui faisaient cortége, la plupart ne l'avaient pas lu, et seraient devenus ses détracteurs, s'ils avaient connu ses ouvrages. D'un autre côté, sa qualité d'étranger désarmait la jalousie des hommes de lettres. On pardonnait volontiers son succès à un Ecossais de passage, comme on pardonne sa gloire à un mort qui n'en jouit plus. Enfin, son caractère officiel, uni à ses titres littéraires, fixait l'attention et appelait les hommages. Aussi fut-il fêté dans tous les salons : chez M. de Choiseul, chez Mme de Pompadour, même à la cour (1).

Quelques railleries se mêlèrent aux compliments et aux flatteries. Hume, enivré d'encens, ne distingua

---

(1) On connaît la délicieuse anecdote qu'il raconte dans une lettre à Robertson : « Voici ce qui m'est arrivé la semaine der-
» nière, lorsque j'ai eu l'honneur d'être présenté aux fils du Dau-
» phin, à Versailles. Le duc de Berry (Louis XVI), l'aîné, un
» enfant dix ans, s'arrêta droit devant moi, et me dit combien
» j'avais d'amis et d'admirateurs dans ce pays, ajoutant qu'il se
» mettait du nombre, par le plaisir qu'il avait trouvé à lire plu-
» sieurs passages de mes ouvrages. Quand il eut achevé, son
» frère, le comte de Provence (Louis XVIII), de deux ans plus
» jeune, prit la parole et me dit que j'avais été longtemps et
» impatiemment attendu en France, et qu'il attendait pour son
» compte un grand intérêt de la lecture de ma belle histoire.
» Mais ce n'est pas tout ; quand je fus devant le comte d'Artois
» (Charles X), qui n'est âgé que de quatre ans, je l'entendis bal-
» butier quelques mots, qui me parurent faire partie d'un compli-
» ment qu'on lui avait sans doute appris et que l'enfant n'avait
» pas retenu tout entier... » Burton, tome II, p. 177.

que les éloges. On connaît le malicieux portrait que Grimm écrivit : « Ce qu'il y a de plaisant, » dit-il, « c'est que toutes les jolies femmes se le sont arra- » ché, et que le gros philosophe écossais s'est plu » dans leur société. C'est un excellent homme que » David Hume : il est naturellement serein ; il en- » tend finement ; il dit quelquefois avec sel, quoi- » qu'il parle peu ; mais il est lourd ; il n'a ni cha- » leur, ni grâce, ni agrément dans l'esprit, ni rien » qui soit propre à s'allier au ramage de ces char- » mantes petites machines qu'on appelle des jolies » femmes. O que nous sommes un drôle de peu- » ple (1) ! » Rien n'est amusant comme de voir, dans les Mémoires de Mme d'Epinay, les efforts tentés par ces Parisiennes élégantes et frivoles pour faire du bon Ecossais un homme à la mode et un bel esprit ; on allait jusqu'à lui faire jouer des charades, et il n'y brillait pas (2). Idole improvisée, il avait de la peine à justifier tant d'enthousiasme.

---

(1) Grimm, vol. V, p. 125.

(2) « ... Il fit son début chez Mme de T... ; on lui avait destiné » le rôle d'un sultan assis entre deux esclaves, employant toute » son éloquence pour s'en faire aimer ; les trouvant inexorables, » il devait chercher le sujet de leurs peines et de leur résistance : » on le place sur un sofa entre les deux plus jolies femmes de » Paris, il les regarde attentivement ; il se frappe le ventre et les » genoux à plusieurs reprises, et ne trouve jamais autre chose à » leur dire que : *Eh bien ! mesdemoiselles... Eh bien ! vous voilà donc !* » *Eh bien ! vous voilà... vous voilà ici !* Cette phrase dura un quart » d'heure, sans qu'il pût en sortir. Une d'elles se leva d'impa- » tience. Ah ! dit-elle, je m'en étais bien doutée ; cet homme n'est

Ses succès mondains ne lui faisaient d'ailleurs pas négliger quelques relations plus sérieuses. Parmi tous les hommes distingués ou éminents que renfermait alors Paris, il semble s'être attaché de préférence à d'Alembert et à Turgot. Après eux, ceux dont il préférait la conversation et le caractère étaient Diderot, Helvétius, et aussi Duclos, le président Hénault ; enfin Buffon, dont il disait à ses amis d'Ecosse : « Buffon ressemble à un maréchal de France. »

Au milieu des caresses un peu affectées qu'on lui prodiguait, Hume avait eu quelque peine à garder son sang-froid. Le contraste de l'aménité et de la gentillesse françaises avec la froideur et la prud'homie de ses compatriotes le frappait vivement. La séduction fut si forte, qu'il faillit se fixer pour toujours à Paris. « On a beaucoup parlé de la Grèce, » disait-il, « la
» France vaut mieux encore ; il n'y a pas de pays où
» l'on sache rendre honneur au génie comme à
» Paris. » Et ailleurs : « Le goût des lettres n'est pas
» en décadence ici, comme parmi les barbares des
» bords de la Tamise (1). »

Cependant sa pensée se retournait sans cesse vers sa calme et modeste retraite d'Edimbourg. Du milieu

---

» bon qu'à manger du veau ! Depuis ce jour il est relégué au rôle
» de spectateur et n'en est pas moins fêté et cajolé. » Mémoires de Mme d'Epinay, vol. III, p. 284.

(1) Il y aurait une étude intéressante à faire sous ce titre : la société française au dix-huitième siècle d'après la correspondance de Hume. Sauf quelques traits d'affectation ridicule ou de frivolité, ce tableau serait tout à l'honneur de notre pays.

des hommages qui l'obsédaient, le regret du pays natal lui venait au cœur. Aussi, lorsque lord Hertford fut rappelé en Angleterre, Hume, après avoir prolongé de quelques mois son séjour à Paris en qualité de chargé d'affaires, ne tarda pas, malgré quelques hésitations, à reprendre le chemin de l'Ecosse. Il dit sans ennui adieu aux grandeurs, et se replongea, sans murmure, dans l'humilité de sa vie. Il emportait dans la solitude la conscience d'avoir dignement rempli ses fonctions, le doux souvenir de la faveur qu'il avait rencontrée en France, de quoi enfin embellir et consoler par l'imagination la tristesse de ses derniers jours. C'est sous un ciel serein que se fût écoulée sa vieillesse, si sa brouillerie avec Rousseau, et plus tard ses souffrances physiques, n'y avaient jeté quelques ombres et semé quelques nuages !

Triste histoire que celle des événements qui rapprochèrent un moment deux grands esprits, dignes de s'entendre et de s'aimer, pour les séparer ensuite par une querelle bruyante, et les animer l'un contre l'autre d'une haine mortelle ! C'est Mme de Boufflers qui fut l'introductrice de Rousseau auprès de Hume. Dès 1764, elle était entrée en relations avec l'historien écossais, en lui écrivant une lettre emphatique, dans le goût du temps. Hume, peu cajolé dans son pays, dut sourire à entendre parler de son « *sublime ouvrage,* » de sa « *divine impartialité ;* » mais il fut sensible à d'aussi gracieuses avances ; et lorsque Mme de Boufflers lui recommanda Rousseau, il s'empressa de lui offrir ses services et sa protection : « J'ai de l'es-

» time, » écrivait-il alors, « j'allais dire de la véné-
» ration, pour la vertu et le génie de J.-J. Rousseau.
» Je révère cette grandeur d'âme qui lui fait éviter
» les obligations et la dépendance; et j'ai la vanité
» de penser que, durant toute ma vie, je me suis
» efforcé de lui ressembler dans la pratique de ces
» maximes. » Mais il suffit de pousser quelques
lignes plus loin la lecture, pour se convaincre que
Hume n'entendait pas l'indépendance dans le même
sens que Rousseau : « Nous sommes maintenant assez
» heureux pour posséder un roi ami des lettres; et
» j'ai pensé que Rousseau ne dédaignerait pas les
» bienfaits d'un aussi grand monarque. » C'était bien
mal connaître ce misanthrope exalté, ce maniaque
d'indépendance, qui voyait dans tout protecteur un
maître, et qui appelait la reconnaissance la plus
lourde des chaînes !

La vraie cause de la rupture fut précisément la
dissemblance profonde de deux caractères, qui avaient
cru se convenir, dans un premier élan d'admiration
réciproque, mais qui ne tardèrent pas à se heurter.
Hume, dans ses rapports avec Rousseau, laissa trop
éclater sa supériorité d'homme bien posé et bien
renté. Il accabla le pauvre fugitif de ses offres de service; il laissa trop naïvement paraître la joie qu'il
éprouvait à présenter à l'Angleterre, sous son patronage, un aussi grand homme. Il se fit avec trop d'affectation, si je puis dire, le *montreur* de Rousseau :
« J'espère, » disait-il, « être bientôt à Londres pour
» y installer Rousseau, Rousseau qui a refusé les in-

» vitations de la moitié des princes et des rois de
» l'Europe ; je ne pouvais désirer une meilleure bonne
» fortune, que le privilége de le *montrer* à qui je
» voudrais. »

Il n'en fallait pas davantage pour effaroucher une âme délicate et aigrie par l'infortune. Avec son bon sens un peu épais, avec son flegme impassible, Hume n'avait pas assez de finesse pour comprendre un caractère aussi compliqué que celui de Rousseau. Il ne sut pas ménager ce cœur endolori, ni satisfaire cette sensibilité maladive. Enfin, il pécha surtout par maladresse et par excès de zèle.

Il pécha aussi, après coup, et plus gravement, lorsqu'il s'emporta jusqu'à publier les lettres de Rousseau, pour se défendre, il est vrai, contre d'injustes soupçons. Il n'en eut pas moins le tort de vouloir trop bruyamment avoir raison. Il aurait dû pardonner à Jean-Jacques, le traiter en enfant, en malade, et non décrier amèrement celui qui avait été son ami. Ce jour-là, chose rare dans sa vie, Hume manqua de sang-froid et de philosophie. Il convient néanmoins d'être indulgent pour lui comme pour Rousseau. Il avait tout fait pour être utile à son hôte. Ses torts envers lui furent involontaires : et nous le croyons incapable d'avoir trempé dans le pamphlet d'Horace Walpole, cause principale de la querelle. Ce qui prouve, à nos yeux, la sincérité, la loyauté de ses intentions, c'est la tristesse avec laquelle il s'écriait :
« Je regarde cette aventure comme le plus grand malheur de ma vie. »

Tandis que Rousseau repartait pour la France, le cœur ulcéré, pour y reprendre son existence vagabonde et misérable, Hume, bientôt remis de l'émotion qu'il avait un instant ressentie, rentrait dans le calme de sa vie studieuse. Il n'en sortit plus qu'une fois, en 1767, lorsque le général Conway l'appela à Londres, pour occuper au ministère des affaires étrangères les fonctions de sous-secrétaire d'Etat. Après un court passage au pouvoir, Hume retourna à Edimbourg (1769). « Je me trouvais, » nous dit-il, « très-
» riche et très-heureux (car je possédais un revenu
» annuel de 1000 livres). Quoique un peu affaibli par
» l'âge, j'avais l'espoir de jouir longtemps de mon
» aisance et d'assister aux progrès de ma réputa-
» tion. » L'affaiblissement rapide d'une santé usée par l'excès du travail trompa les espérances de Hume. Cette vieillesse, dont il voulait consacrer les loisirs à la correction de ses œuvres, aux joies de la correspondance ou de la conversation, fut attristée et abrégée par une maladie douloureuse qui le consuma lentement. Les sept années qu'il vécut encore ne furent pour ainsi dire que le long et insensible épuisement de ses forces physiques. Quant à son esprit, il resta jusqu'au bout jeune, libre, inflexible. Des préoccupations patriotiques à l'occasion de la guerre avec l'Amérique, quelques velléités d'écrire l'histoire de l'Angleterre au dix-huitième siècle, une correspondance assez active avec Gibbon et Robertson, des entretiens familiers avec ses amis, surtout avec Adam Smith, pour lequel son affection croissait avec

l'âge, et dont les succès ne le rendaient point jaloux ; enfin et surtout la préparation d'une nouvelle édition de ses œuvres, telles furent les dernières pensées, les dernières actions du vertueux philosophe, auquel une grande dame anglaise (lady Elliot Murray) écrivait avec une admiration méritée : « Vous êtes un saint dans votre genre ! »

Ce n'est pas sans émotion qu'on lit dans les lettres d'Adam Smith le récit de la mort de Hume. Prévue de longue date, presque prédite à jour fixe par un esprit courageux qu'elle ne troublait pas, elle fut accueillie sans murmure, comme l'événement le plus simple du monde. C'est bien ainsi qu'on rêve la mort d'un sage : sans illusion sur la petitesse humaine, il ne se révolte point contre le trépas ; il s'étonne plutôt, faible qu'il est, d'avoir vécu si longtemps. Satisfait des jours que la nature lui a comptés, il fait tranquillement ses préparatifs de départ, et expire au milieu de ses amis, en plaisantant doucement, avec de mélancoliques sourires, sur la brièveté de nos espérances !

Ce détachement des choses humaines, cette impassibilité devant la mort suppose d'ailleurs, avouons-le, un cœur vide de grandes affections. Hume n'avait rien autour de lui qui l'attachât fortement à l'existence. Ses amis, ses parents pouvaient à la rigueur se passer de lui. Il se réjouissait de les laisser tous dans la plus complète prospérité : « J'en ressens une » véritable satisfaction, » disait-il à Smith dans un entretien qui nous donne, mieux que tout commen-

taire, la note exacte de douceur calme, de courage aimable, qui marqua ses derniers moments. « Cette
» satisfaction est si complète, » ajoutait-il, « que
» l'autre jour, en lisant les *Dialogues des morts* de
» Lucien, je faisais cette réflexion qu'il me serait
» impossible de trouver une excuse qui pût contenter
» Caron, lorsqu'il m'engagera à monter dans sa bar-
» que. Je n'ai pas de maison à achever, pas de fille à
» marier, pas d'ennemi dont je désire me venger.
» Tout au plus pourrai-je lui dire : — Cher Caron,
» je suis en train de corriger mes ouvrages ; accorde-
» moi encore un peu de temps. — Mais Caron me
» répondrait : Lorsque tu auras constaté le succès
» de tes corrections, tu voudras en faire de nouvelles,
» et cela ne finira jamais. — Prends patience, excel-
» lent Caron ; laisse-moi achever d'ouvrir les yeux
» du public. Si je vis quelques années encore, je
» verrai tomber peut-être quelques-unes des idées
» superstitieuses qui dominent aujourd'hui. — Alors
» Caron, perdant patience : Mais cela n'arrivera
» que dans plusieurs centaines d'années : crois-tu que
» je veuille t'attendre jusque-là (1)?... » C'est sur ce ton de bonne humeur, et avec cette inaltérable tranquillité, que Hume parlait de sa fin prochaine, et pour ainsi dire jouait avec l'idée de la mort. Les progrès de la maladie n'altérèrent ni l'égalité de son caractère ni la vigueur de ses convictions philosophiques. Il acheva de mourir le 25 août 1776. Il avait soixante-cinq ans.

(1) Burton, tome II, p. 511.

On discutera longtemps encore la valeur des opinions de Hume. Cette discussion durera autant que la philosophie elle-même. Mais ce qu'on ne saurait contester sans injustice, ce que ce livre, nous l'espérons, contribuera à montrer, c'est que Hume a été un assez grand agitateur d'idées. En histoire, en économie politique, dans toutes les parties de la philosophie, dans la critique littéraire, il s'est signalé par ces efforts féconds qui, en secouant les esprits, préparent la découverte de la vérité, alors même que passagèrement ils aboutiraient à l'erreur.

Ce qui est aussi chez Hume au-dessus de toute contestation, c'est le talent de l'écrivain, l'excellence des qualités littéraires. Il est sans doute difficile de prononcer un jugement sur un livre écrit dans une langue étrangère. Les erreurs que Hume lui-même a commises, dans ses appréciations sur les écrivains français, doivent nous inviter à la prudence. Ne s'est-il pas avisé, en effet, de louer le naturel et la sublime poésie du style de Fléchier? Il nous paraît cependant permis de dire que l'exposition philosophique de Hume est admirable de clarté et de netteté. Les historiens aussi sont unanimes à reconnaître ses grandes qualités de narrateur. Toujours égal et facile, son style est cependant plus simple, plus expressif dans le *Traité de la Nature humaine*. Dans les *Essais*, avec plus d'art et plus d'élégance, il y a trop d'apprêt et trop d'agrément (1); et,

---

(1) Nous avons peine à comprendre qu'un critique de Hume ait

comme le dit Dugald Stewart : « C'est dans le Traité
» que le talent métaphysique de Hume se montre le
» plus à son avantage. Je ne crois pas, d'un autre
» côté, qu'il ait jamais déployé plus d'habileté ou
» fait preuve de plus de goût au point de vue de
» l'exposition (1). » Quel que soit par conséquent le
jugement que l'on porte sur les doctrines de Hume,
il lui reste, avec le mérite d'avoir vécu en honnête
homme, la gloire d'avoir été malgré tout un profond
penseur et un excellent écrivain.

Ce qui fait surtout à nos yeux l'unité et la beauté
de sa vie, c'est son infatigable amour pour la philosophie et les lettres. Son existence n'a été ni animée
par de grandes passions, ni féconde en événements;
mais elle nous offre le spectacle encourageant des labeurs opiniâtres du plus studieux des hommes. Ce
que les lettres peuvent pour occuper une âme, pour
la purifier, pour l'élever sans cesse, on le sait,
quand on connaît David Hume. Les vertus, que d'autres pratiquent par amour de Dieu, ou par conscience
du devoir, et dont on est quelquefois disposé à faire
bon marché, quand on a perdu la foi religieuse et
même la foi philosophique, l'amour des lettres les lui
conserva. Il fut tempérant, courageux, patient, parce
qu'il avait souci de sa pensée, parce qu'il veillait avec

écrit : « Le style des *Essais* est aussi facile, clair et agréable que
» celui du *Traité* est obscur et embarrassé. » V. *Dictionnaire des
sciences philosophiques*. Art. *D. Hume.*

(1) Dugald Stewart, « *Of the progress of philosophy,* » partie II,
p. 171.

un soin jaloux sur le trésor d'idées qu'il portait en lui. D'un autre côté, tout ce que la culture de l'esprit peut produire de qualités dans le caractère, la bienveillance pour les autres, la politesse et l'affabilité, l'intégrité scrupuleuse, la loyauté dans les engagements, tout ce qui constitue en un mot la tenue extérieure de l'honnête homme, Hume l'apprit encore à l'école des lettres. Pour elles il fut, à certains jours, un héros de résignation et de courage; et les viriles énergies dont il fit preuve jusqu'au dernier jour, c'est l'ardeur sainte de l'étude qui en rallumait sans cesse le foyer dans son cœur !

Si la passion des lettres donne à la vie de Hume un certain air de noblesse, c'est pour avoir été incapable de toute autre passion que son caractère demeure comme découronné et incomplet, et qu'il nous force à l'estime sans entraîner l'admiration. Ce je ne sais quoi, qui charme dans certains hommes, qui provoque la sympathie, qui nous les fait aimer à travers les siècles, c'est la sensibilité, c'est l'abondance de cœur, la flamme divine de l'enthousiasme, que l'histoire nous révèle chez eux. Ce je ne sais quoi fait entièrement défaut à Hume. Et voilà le secret de l'irrémédiable infériorité de son âme, grande néanmoins par tant de parties. A vrai dire, Hume fut un égoïste: sans doute un égoïste à la façon des hommes supérieurs, de ceux dont le moi se confond avec les plus hautes pensées, avec les œuvres les plus sublimes de l'esprit; mais enfin il ne sortit jamais de lui-même. Il ne donna son âme et son cœur ni à d'autres êtres vivants, ni même à une cause politique ou religieuse. Il ne fut ni un patriote, ni un homme d'état. Il ne vit dans son passage aux affaires qu'un moyen d'améliorer son sort, pour vaquer plus facilement ensuite à la culture de son esprit. Il ne fut pas davantage un philosophe d'action et de propagande. C'est avec une nonchalance tout épicurienne, et quelque dédain du monde, qu'il laissait tomber de sa plume ses pensées philosophiques, sans s'inquiéter de l'effet salutaire ou pernicieux qu'elles pourraient produire sur les hommes. En un mot, il ne fut, toute sa vie, que le serviteur de sa propre intelligence. Il n'ouvrit jamais largement son âme à des affections désintéressées. Cette stérilité de cœur est la cause de l'impression de tristesse que nous laisse, après tout, sa vie, même étudiée avec déférence et sympathie. Ceux là seuls, parmi les hommes, obtiennent d'être aimés complétement, qui ont aimé eux-mêmes autre chose que des abstractions et des idées pures !

LA PHILOSOPHIE
DE
DAVID HUME.

CHAPITRE PREMIER.

LES ORIGINES DE LA PHILOSOPHIE DE D. HUME. LES CARACTÈRES PRINCIPAUX DE SA METHODE.

Hume est avant tout un psychologue. Le scepticisme de ses conclusions a généralement fait oublier le caractère psychologique de ses recherches : mais il n'est pas nécessaire de l'étudier longtemps pour se convaincre que l'effort de sa pensée a surtout porté sur l'analyse de la conscience. Cela est si vrai que la connaissance de la nature humaine lui paraît la seule science à laquelle puisse aspirer l'humanité (1). Par là Hume appartient aux grandes traditions de la philosophie anglaise. L'observation des phénomènes de

---

(1) « *Human nature is the only science of man.* » Œuvres phil., tome I, p. 336.

l'âme a été en effet de tout temps la vocation presque exclusive des philosophes de la Grande-Bretagne, et il est à remarquer que leurs écrits en ce genre ont plus d'une foi exercé une influence décisive sur les penseurs de notre pays. C'est ainsi que remonte à l'Angleterre le mouvement d'où est sorti Condillac et son école. Le *Traité des Sensations* ne descend-il pas en ligne directe de l'*Essai sur l'Entendement*? Et de même, sans rien ôter à l'originalité des philosophes qui, au dix-neuvième siècle, ont tenu dans leurs mains les destinées de la psychologie française, n'est-il pas certain que par leur méthode ils se rattachent intimement à l'école écossaise ?

Cette suprématie presque incontestée dans les études qui se rapportent à la nature humaine, l'Angleterre ne paraît pas d'ailleurs disposée à l'abandonner. Avec l'école écossaise ne s'est pas épuisée la séve psychologique de cette race d'observateurs et de méditatifs. Voici en effet qu'après Reid, après Dugald-Stewart, après Hamilton leur dernier disciple, disciple plus grand que ses maîtres, une nouvelle école de psychologie s'est fondée, qui atteste sa fécondité par des travaux considérables, et qui groupe autour d'elle dans des croyances communes, malgré la diversité des talents et des physionomies, un grand nombre de savants illustres en leur pays, M. Stuart Mill, M. Bain, M. Spencer, et d'autres encore (1).

---

(1) Voir, sur ce sujet, le livre instructif de M. Ribot, le premier ouvrage français qui nous ait présenté un tableau complet de l'école

Mais si les philosophes anglais s'accordent dans leur goût prédominant pour les recherches psychologiques, il s'en faut que dans ces études, vers lesquelles les attire une prédilection naturelle, et où les retient un succès marqué, ils apportent le même esprit et obéissent aux mêmes tendances. La psychologie anglaise a toujours suivi un double courant; et jamais le contraste entre les deux écoles rivales n'a été plus saisissant que de nos jours. A côté de spiritualistes convaincus, qui, tout en se complaisant dans l'observation des phénomènes de l'âme, n'y cherchent que des fondements solides pour une métaphysique future, se rangent, et en grand nombre, sous un autre drapeau, des philosophes empiriques, qui s'autorisent précisément des conclusions de leur psychologie pour prononcer la condamnation de toute métaphysique. Limitant leurs recherches aux phénomènes que nous offre, pour ainsi dire, la surface de l'âme, ces philosophes s'interdisent d'en étudier le fond et l'essence, soit qu'ils refusent à l'esprit humain le pouvoir de pénétrer jusque-là, soit que, plus absolus encore, ils ne considèrent les substances et les causes que comme de vaines et imaginaires entités.

Quel est l'avenir réservé à ce développement positiviste de la psychologie anglaise? Est-il destiné à s'accroître encore, ou à disparaître avec les hommes qui en sont aujourd'hui les promoteurs? C'est une

---

anglaise contemporaine : *La Psychologie anglaise (Ecole expérimentale).* 1 vol. Ladrange, 1870.

question qu'il serait téméraire de vouloir préjuger. Mais ce qu'il est dès à présent permis d'éclaircir et de reconnaître, ce sont les origines de cette école, moins nouvelle qu'elle ne le paraît au premier abord. La psychologie expérimentale ou phénoménale, telle que l'entendent quelques-uns des plus brillants esprits de l'Angleterre contemporaine, est née il y a longtemps. C'est à l'époque où David Hume publia son *Traité de la Nature humaine*, c'est à l'année 1739 qu'on peut rapporter la date précise de sa naissance. Hume, sans doute, a eu lui aussi ses devanciers, ses inspirateurs : nous allons essayer de le montrer tout à l'heure. Mais il est le premier qui ait inauguré avec des développements considérables, et en écartant tout principe rationnel, cette méthode exclusivement empirique, dont une véritable légion d'observateurs fait aujourd'hui l'instrument de ses investigations et de ses découvertes. Aussi n'est-il guère de question sur laquelle il n'y ait accord entre Hume et ces prétendus novateurs, qui semblent parfois avoir oublié le nom d'un maître, dont les leçons leur ont cependant profité sur tant de points. Quelque originales, quelque inattendues que paraissent les conceptions contemporaines, elles n'en sont pas moins le plus souvent conformes aux théories exprimées, ou aux espérances entrevues par Hume. Et ce résultat n'étonnera personne, si l'on veut bien considérer que des penseurs qui partent de principes semblables, et qui emploient une méthode identique, doivent nécessairement aboutir à des conclusions analogues.

Mais Hume lui-même, quelque disposés que nous soyons à faire grande sa part d'originalité, Hume s'est largement inspiré des philosophes qui l'ont précédé. Quoiqu'il n'aime guère à présenter sa doctrine sous le patronage de la tradition, quoiqu'il ne fasse presque pas de citations, et qu'il semble plutôt prendre soin de dissimuler les rapports qui le rattachent historiquement à ses devanciers, il est certain qu'il a été avant tout le disciple conséquent de Locke et de Berkeley. Certes, pour dégager des principes de ces philosophes tout un système rigoureusement lié, il fallait être, sinon « un métaphysicien de génie » (c'est le jugement de Cousin), du moins un penseur habile et subtil (1). Mais nous ne ferons pas tort à notre admiration pour Hume, en affirmant et en essayant de prouver que, pour la plupart, ses théories étaient contenues en germe dans les écrits de ses prédécesseurs.

I

Bien que les traditions du rationalisme aient été en Angleterre brillamment représentées, au dix-septième siècle et au commencement du dix-huitième, par des hommes tels que Cudworth, Clarke, Wollaston, Shaftesbury, les tendances générales s'accentuaient de plus en plus dans le sens de l'empirisme.

---

(1) « Hume, métaphysicien de génie et homme excellent. » Cousin, *Philosophie écossaise*, 1819, p. 20.

Bacon et Hobbes, on le sait, furent les initiateurs de ce développement considérable du sensualisme. Sans doute, le matérialisme absolu de Hobbes effraya les écoles et les universités anglaises, et son succès se réduisit à soulever de très-vives polémiques. Il y eut même contre un empirisme aussi grossier une réaction violente, qui se marqua par un retour aux théories platoniciennes. Mais il n'en est pas moins vrai que Hobbes avait le premier formulé des principes qui, après avoir d'abord rebuté le sens commun de ses contemporains, s'acclimatèrent insensiblement dans l'esprit des Anglais, et que nous retrouverons, avec des adoucissements et des atténuations, dans les ouvrages de Hume. D'un autre côté, si Bacon s'est médiocrement occupé de philosophie morale, si, tout entier à son dessein de réformer l'étude de la nature physique, il a dédaigné l'analyse psychologique, et regardé comme un travail stérile le soin de défaire, fil par fil, la trame de l'esprit humain, il faut, en revanche, convenir qu'il a été, volontairement ou non, l'instigateur de tous les efforts qui furent tentés dans ce but par ses successeurs. La méthode qu'il avait surtout conçue comme l'instrument des sciences de la nature passa des mains des physiciens dans les mains des psychologues, et Hume s'est constamment efforcé, quoiqu'il y ait rarement réussi, de diriger ses recherches selon les lois et les règles du *Novum Organum*.

Hobbes, pour y revenir encore, est véritablement le premier ancêtre de Hume. Il suffirait, pour s'en convaincre, de constater que Hobbes est le premier philosophe moderne qui ait donné quelque attention aux lois de l'association des idées : lois qui sont, d'après Hume, les ressorts essentiels de l'esprit. L'origine des idées ramenée à l'unique source de la sensation, la négation de toute substance immatérielle, le doute touchant le monde extérieur, le nominalisme absolu, qui ne voit de réalité que dans les mots, et qui repousse comme illusoire et creuse toute idée générale, la critique des mathématiques, voilà les traits principaux des spéculations de Hobbes (1). Comment n'y pas reconnaître un air de parenté très-voisine avec les opinions de Hume ? Sur quelques points, Hume n'a fait que développer, avec tous les artifices d'une dialectique souple et ingénieuse, des théories que Hobbes s'était contenté d'affirmer, si j'ose dire, brutalement.

Le spiritualisme anglais, dans la résistance qu'il organisa pour enrayer le mouvement et le progrès du sensualisme, se borna malheureusement à faire preuve de foi plutôt que de science, et opposa aux doctrines de ses adversaires des objurgations pieuses plutôt que de solides arguments. Aussi l'empirisme se propagea de plus en plus, et on le vit aboutir promptement aux conclusions sceptiques, qu'il contient en germe. Ainsi un élève de Hobbes, Collins, l'adversaire de Clarke, composait un livre entier pour exprimer ses doutes sur la liberté humaine et soutenir la doctrine

---

(1) V. *Revue des Deux-Mondes*, 1870. Article sur Hobbes, de M. de Rémusat

de la nécessité (1) : « Je ne connais pas d'argument, » dit Dugald Stewart, « employé par les philosophes » les plus récents pour combattre la liberté, dont on » ne trouve de germe dans les *Essais* de Collins. » Quelques années auparavant, Glanvill, le premier en date des sceptiques anglais, avait attaqué cette notion de causalité qui est le fond de tout dogmatisme, et préparé ainsi une des théories capitales du *Traité de la Nature humaine*, la confusion de la causalité avec la succession habituelle : « Toute connais- » sance des causes, » disait Glanvill, « est déduc- » tive ; nous n'en connaissons aucune par simple » intuition ; nous les saisissons seulement par leurs » effets. Ainsi, nous ne pouvons conclure qu'une » chose est la cause d'une autre, sinon de ce qu'elle » l'accompagne constamment ; car la causalité elle- » même n'est pas perceptible (*is insensible*). Mais » déduire d'une simple concomitance la causalité, ce » n'est pas une conclusion certaine : au contraire, on » s'expose, par un procédé semblable, à d'évidentes » déceptions (2). » Enfin, un autre philosophe du même temps, Collier, contemporain et admirateur de Berkeley, un de ces pieux esprits qui, avec l'imprudence et la naïveté d'une foi sûre d'elle-même, portent parfois des coups terribles à la raison, Collier insiste longuement pour établir qu'il n'y a pas d'autre

---

(1) Collins, « *A Philosophical inquiry concerning Human Liberty*, » 1717. Cet ouvrage a été réfuté directement par Clarke.

(2) Glanvill, « *Scepsis scientifica*, ou l'Ignorance reconnue, Chemin de la Vérité. » Londres, 1665, p. 142.

différence entre l'imagination et la perception sensible, que la vivacité supérieure de la dernière (1) ; et il tirait aisément de ces principes la négation du monde extérieur.

Nul doute que Hume n'ait profité de ces indications diverses, et qu'il n'ait recueilli, épars dans les écrits de ses devanciers, ces arguments de scepticisme. Si, à la façon de Marc-Aurèle, il eût voulu détailler, d'après les souvenirs de sa jeunesse, les influences auxquelles il devait, non ses vertus, mais ses motifs de doute, il aurait pu presque toujours nommer le philosophe dont l'inspiration l'avait guidé dans les différentes parties de son système. Mais au-dessus de tous ceux qui, par quelques opinions isolées, avaient agi sur son esprit, c'est Locke, c'est Berkeley qu'il eût distingués comme ses maîtres privilégiés. C'est à l'école du premier qu'il a surtout contracté ses tendances sensualistes, et c'est avec le second qu'il a appris comment ces tendances pouvaient conduire à une négation rigoureuse et sans réserve de la substance matérielle. Faisons voir en peu de mots comment les doctrines de ces deux philosophes ont contribué à faire éclore et mûrir dans l'esprit de Hume la conception d'un sensualisme complet, ayant assez conscience de lui-même pour avouer qu'il se confondait avec le scepticisme.

Il est impossible de résumer en quelques lignes

---

(1) Collier, « *Clavis universalis*, » imprimé pour la première fois à Londres en 1837, p. 11.

une philosophie aussi compliquée et par endroits aussi inconsistante que celle de l'illustre Locke. Qu'il nous suffise de signaler les traits principaux qui sont communs à son système et à celui de Hume. D'abord Locke prend pour point de départ de toutes ses recherches l'analyse de l'entendement humain. En second lieu il n'admet ni idées innées, ni principes *a priori*, et attribue toutes nos connaissances aux sens et à la réflexion : c'est-à-dire, malgré la signification indécise de ce mot, au sens intime. Telle est la méthode et tel est le principe fondamental de l'*Essai sur l'entendement*. Hume a pratiqué l'une et adopté l'autre.

Voici maintenant les conclusions générales, auxquelles Locke aboutissait quand il était conséquent avec lui-même, mais qu'il corrigeait presque toujours par des restrictions et des réserves, afin d'obéir à ses instincts religieux et spiritualistes. Il est impossible en effet de se rendre compte des contradictions apparentes de sa philosophie, si l'on n'a pas remarqué qu'il est sans cesse partagé entre les exigences de la philosophie sensualiste et les tendances contraires du sens commun. Le rôle de Hume fut surtout de développer jusqu'au bout ces aspirations sensualistes, en dédaignant le plus possible les protestations du bon sens. Ainsi :
1° La théorie de la connaissance, telle qu'il l'avait conçue, ne permettait pas à Locke d'admettre la réalité de l'idée de substance. Ni les sens, ni la réflexion ne nous font rien connaître de la substance. Et cependant Locke rétablit jusqu'à un certain point cette idée, en déclarant que nous avons la représen-

tation obscure d'un je ne sais quoi, que nous nous figurons comme le support ou le substratum des choses ; il est même si loin de nier la connaissance des substances que, fidèle au dualisme cartésien, il en distingue de deux espèces : la matière et l'esprit. Hume, reprenant les principes, et supprimant les atténuations n'aura qu'à nier énergiquement toute substance. 2° Quant à l'existence des choses sensibles particulières, Locke tend évidemment à en douter ; car la sensation lui paraît insuffisante à garantir la réalité d'un monde extérieur ; il faudrait invoquer un principe général pour interpréter la sensation, et ce principe n'est pas à la disposition de Locke. Mais pour sortir d'embarras, Locke fait appel à ce qu'il appelle l'évidence sensible : « A la connaissance intuitive (conscience),
» à la démonstration (raisonnement mathématique)
» nous pouvons ajouter la connaissance sensitive que
» nous obtenons par l'existence des objets extérieurs
» particuliers. » Ici encore Hume n'aura qu'à faire disparaître les tergiversations de Locke. 3° Quant à la matière en général, Locke, qui nie toute substance, qui affirme que l'essence des choses est insondable, peut-il admettre qu'elle existe ? Evidemment non. Et néanmoins, par sa distinction des propriétés primordiales et des propriétés dérivées de la matière, les unes saisies immédiatement par leur action sur les sens et qui s'évanouiraient avec eux, les autres qui ne se révèlent à nous que par leurs effets sur les corps extérieurs et qui constituent véritablement la matière, Locke, avec une inconséquence manifeste, ra-

mène en quelque sorte, sous une forme mitigée, la croyance à la réalité de la substance matérielle. On prévoit quel sera le jugement de Berkeley et de Hume sur une distinction aussi précaire. 4° Quant à l'esprit, Locke tombe dans des contradictions analogues. A vrai dire, puisque la réflexion, comme la sensation, ne fournit aucune représentation claire de la substance, il devrait douter de l'identité du moi. Ce qui prouve que par moments il en doute en effet, et considère la pensée comme une succession de phénomènes, c'est qu'il est embarrassé pour expliquer que l'entendement puisse produire autre chose qu'une série d'idées successives, c'est-à-dire un raisonnement, un véritable enchaînement d'idées et de jugements. Et cependant il maintient que nous avons directement l'intuition du moi. Pouvait-on ne pas être frappé d'un défaut de cohérence aussi évident? et, par suite, comment échapper à l'alternative, ou bien de renoncer aux principes de Locke, ou bien de les accorder avec les conséquences qu'ils entraînent, en niant catégoriquement l'existence de l'âme?

Nous en avons assez dit pour faire comprendre comment Locke a été l'inspirateur de Hume. Les vraisemblances qui suffisaient au maître ne purent longtemps satisfaire l'esprit plus décidé du disciple. Locke, dans l'histoire des idées sensualistes, représente ce moment où l'esprit philosophique hésite et tâtonne, n'avançant de quelques pas que pour reculer aussitôt. Dans cet *Essai*, admirable par tant de parties, dans ce livre de bonne foi, pour lequel nous ne saurions partager les sévérités de la critique allemande (1), Locke avait sans doute ébranlé les fondements du rationalisme et de toute science; mais il avait sincèrement espéré maintenir l'édifice des croyances humaines, en l'étayant d'appuis dont il ne soupçonnait par la fragilité. Il appartenait à l'esprit entreprenant de Hume de renverser à la fois et ces fragiles appuis et l'édifice tout entier.

Berkeley lui donna d'ailleurs l'exemple : avec une rigueur toute nouvelle, il tira des principes de Locke les conséquences qu'ils comportaient au point de vue de l'idéalisme. Par une association étrange de doctrines, Berkeley représente l'alliance raisonnée du sensualisme et de la foi métaphysique. Ce philosophe, à qui il n'a manqué que d'être né en France et d'avoir mieux approfondi les principes de Descartes, pour être un Malebranche, accepte sans scrupule, comme point de départ, l'empirisme, et le suit dans quelques-unes de ses conséquences extrêmes. Rompant avec les indécisions de Locke, Berkeley rencontre déjà sur plusieurs points les opinions radicales de Hume. Nous ne parlons pas seulement de son idéalisme absolu à l'égard des choses sensibles, qu'il ne

___

(1) « On s'étonne qu'une doctrine d'une valeur si faible ait pu
» exercer une influence aussi considérable... L'*Essai sur l'Entendement humain* n'offre rien de bien nouveau... C'est l'œuvre d'un
» amateur qui, sans méditations suffisantes et sans profondeur
» d'esprit, passe en revue les faits de la science... » Ritter, *Histoire de là philosophie moderne*. Traduction Challemel-Lacour, tome II, p. 102 et suiv.

considère que comme des apparences dans l'âme : nous y reviendrons plus tard. Mais dans d'autres questions encore, principalement dans sa discussion sur l'idée de substance, dans sa polémique contre les idées générales et contre les mathématiques, enfin dans sa conception d'un entendement passif, incapable d'agir sur la liaison des idées, Berkeley a devancé ou préparé le travail philosophique de Hume.

Dans les explications qu'il donne sur l'idée de substance, au moins de substance sensible, Berkeley innove surtout par sa façon d'entendre le développement de cette notion illusoire. La notion de substance, dit-il, me vient uniquement de ce que je remarque différentes sensations ou idées, qui s'accompagnent toujours : « Je les désigne alors par un nom, et elles sont réputées être une chose (1). » Les substances ne sont donc que des collections de représentations, et la liaison qui les associe dans notre esprit est la seule cause qui nous les fasse rattacher à un principe unique. Cette liaison d'ailleurs est toute subjective, comme les représentations elles-mêmes. Nous verrons que pour Hume aussi la substance n'est pas autre chose qu'une association opérée par l'imagination et par l'habitude entre des représentations idéales.

Ce n'est pas une des moindres étrangetés des ouvrages de Berkeley, d'y voir aussi vivement combattue par un idéaliste la valeur de toute notion, de toute vérité générale. Berkeley n'admet pas d'autre

---

(1) Berkeley, *Principes de la Conn. Hum.*, p. 148.

existence que l'existence individuelle. « Il n'existe rien, » dit-il, « que de particulier. » Par suite les idées elles-mêmes ne sont jamais générales ; et aux mots généraux correspondent toujours, dans l'imagination, des représentations particulières. Les mathématiques ne sont pas exceptées de ce nominalisme absolu auquel Hume accordait les plus grands éloges ; et Berkeley n'a jamais plus affaibli le rationalisme, qu'il prétendait cependant défendre, qu'en affirmant que dans les mathématiques elles-mêmes nous ne nous élevons jamais au-dessus du sensible.

Enfin, un dernier point à noter, c'est que l'intelligence, au moins dans le domaine des choses sensibles (et ce domaine comprend jusqu'à la géométrie), est dépouillée par Berkeley de toute activité véritable. L'âme sans doute lui paraît être éminemment une force active ; mais cette force, il en fait surtout le privilége de la volonté. Quant à l'intelligence elle-même, il semble ne lui reconnaître qu'une attitude entièrement passive. Elle subit les représentations que lui impose l'intervention mystérieuse de Dieu. Dépouiller ainsi l'esprit, sinon l'âme, de toute activité et de toute force, n'était-ce pas aplanir la voie à une philosophie qui, supprimant l'action divine, et maintenant l'inaction de l'intelligence, essaierait d'expliquer par les lois d'un pur mécanisme tous les phénomènes intellectuels ?

Je sais bien que quand Berkeley arrive à la métaphysique, il s'empresse d'accepter des théories contraires à celles que je viens d'indiquer. Ici, en effet, il fait appel à l'entendement et à la raison, qui nous révèlent les vraies causes et les substances permanentes, les esprits. Mais en quelque sorte il était trop tard : le mal était fait et l'impulsion donnée. Si, par ces contradictions, Berkeley échappe lui-même à des conclusions sensualistes, il ne peut du moins se sauver du reproche d'avoir favorisé en général l'empirisme, et d'avoir exercé sur l'esprit de Hume une influence profonde, qui détermina en grande partie la direction sceptique de ses idées (1).

Locke et Berkeley sont l'un et l'autre des philosophes assez considérables pour qu'il ne soit pas permis de s'étonner du crédit et de l'autorité dont ils jouirent auprès de Hume. Il faut cependant ajouter que l'ignorance relative de Hume, à l'égard de la philosophie ancienne, contribua à rendre plus puissante encore sur ses travaux l'action presque exclusive des sensualistes anglais.

Il suffit d'avoir lu les œuvres de Hume pour se convaincre des lacunes de son érudition en matière de philosophie. Il cite très-rarement les anciens. Il ne s'essaie presque jamais à analyser leurs systèmes.

---

(1) Ce fut en Ecosse surtout que les doctrines de Berkeley obtinrent du succès. Des jeunes gens d'Edimbourg fondèrent une société dans le but unique de demander à l'auteur des *Dialogues d'Hylas et de Philonous* des explications sur quelques points obscurs ou équivoques de sa doctrine. « J'ai entendu raconter, » écrit D.-Stewart, « que Berkeley avait coutume de dire que ses raisonnements » n'avaient nulle part été mieux compris que dans ce cercle de » jeunes Ecossais. » *On the progress of philosophy*, part. II, p. 112.

Quatre portraits qu'il intitule : « *Le Stoïcien*, *l'Epicurien*, *le Platonicien*, *le Sceptique*, » et qui font partie des *Essais moraux*, sont plutôt des esquisses générales du caractère humain, et l'exposé des diverses conceptions du bonheur, que des études historiques écrites avec le souci de la vérité (1).

Le mépris que Hume professe pour la philosophie ancienne nous est une nouvelle preuve de son ignorance. On ne peut la mépriser, qu'à condition de ne pas la connaître. Or, Hume ne l'envisage que comme un amas d'erreurs. Il n'en recommande l'étude qu'à la façon dont les logiciens de Port-Royal conseillent de faire connaissance avec l'astrologie et l'alchimie. « Les moralistes, » dit-il, « recommandent quelque-
» fois d'examiner les rêves de nos nuits pour juger de
» notre état moral : de même il peut être bon de pas-
» ser en revue les rêveries des anciens philosophes. »
Et quelques pages lui suffisent pour s'acquitter de cette besogne (2). Dans la philosophie grecque, il ne distingue guère que la théorie des formes substantielles et des qualités occultes, dont il se moque d'ailleurs avec quelque verve et quelque *humour* : « La nature
» semble avoir usé en toutes choses de justice et de
» bonté, et elle n'a pas négligé les philosophes plus
» que le reste de la création : elle leur a réservé une
» consolation au milieu de tous leurs désappointe-

(1) *OEuvres*, tome III, p. 150 et suiv.
(2) Voir les deux chapitres intitulés : « *De la philosophie ancienne* » et « *De la philosophie moderne*, » t. I, p. 274 et suiv.

» ments. Cette consolation consiste principalement
» dans l'invention du mot *faculté* et du mot *qualité oc-*
» *culte* (1) » Ce n'est pas seulement Aristote et Platon, c'est Descartes et Leibnitz que Hume paraît ignorer. En tout cas, s'il les a connus, il n'a tenu aucun compte de leurs théories. C'est donc à des influences modernes, en même temps qu'à des influences anglaises, qu'il a emprunté l'inspiration première de sa philosophie. Pour achever de faire connaître le point de départ de cette philosophie, il nous reste à indiquer les caractères de la méthode dont Hume a fait usage.

II

On ne saurait contester à Hume le mérite d'avoir saisi plus nettement encore que Locke le rôle que la psychologie est appelée à jouer dans la philosophie moderne. Nul n'a senti mieux que lui la nécessité de chercher dans la conscience humaine le principe de toute science, et de trouver dans une critique de l'esprit la règle sûre pour écarter les vains systèmes. A ce point de vue, ce n'est pas Reid, c'est Hume qui devrait être regardé comme le chef de l'école écossaise; ce n'est pas Kant, c'est Hume qui a fondé la philosophie critique : celle qui, débutant par une analyse minutieuse de l'intelligence humaine surprend à leur source les principes de toute erreur et de toute

(1) *OEuvres*, tome I, p. 279.

vérité. Il faut voir avec quel enthousiasme celui qu'une opinion trop répandue nous représente comme un sceptique insouciant rappelle les philosophes à l'observation de l'esprit, et quels fruits il leur promet de cette étude : « Il est impossible de dire quels
» changements et quels progrès pourraient être accom-
» plis dans toutes les branches de connaissance, si
» nous connaissions exactement l'étendue et la force
» de l'intelligence humaine, si nous pouvions éclair-
» cir la nature de nos idées et le mécanisme de nos
« raisonnements (1)! » Et plus loin : « Renonçons à
» la longue et fastidieuse méthode que les philosophes
» ont jusqu'à présent suivie ; et au lieu de prendre
» tantôt un château, tantôt un village sur la frontière,
» marchons droit au cœur, à la capitale, au centre de
» toute science, je veux dire à la nature humaine
» elle-même. » A vrai dire, Hume ne tendait, dans ses analyses, qu'à rétrécir le domaine de l'intelligence et à restreindre ses ambitions. Nous lui reprocherons plus tard d'avoir singulièrement réduit et amoindri cet esprit humain qu'il n'a tant désiré connaître que pour mieux en nier la portée; mais enfin, n'est-ce pas un progrès philosophique remarquable d'avoir aussi clairement compris, qu'en approfondissant la nature de la raison on met la main sur la clé de voûte de l'édifice entier des sciences humaines ?

De même qu'il faut savoir gré à Hume d'avoir admirablement visé le but principal de la philosophie,

---

(1) Préface du *Traité de la nature humaine*, t. I, p. 7.

quoiqu'il ne l'ait pas précisément atteint, de même nous le louerons d'avoir énergiquement recommandé la vraie méthode psychologique, bien qu'il ne l'ait pas lui-même toujours appliquée. C'était d'ailleurs une vérité banale du temps de Hume, que la nécessité d'appliquer aux sciences morales les procédés des sciences physiques. Après Locke, après Shaftesbury, le sous-titre du *Traité de la Nature humaine* : *Essai tenté pour introduire la méthode expérimentale de raisonnement dans les sciences morales*, n'était pas précisément une nouveauté. Hume le reconnaît lui-même, et il félicite son pays d'avoir, depuis quelques années, engagé dans la voie de l'expérience les recherches psychologiques.

Mais il est dans les destinées des maximes logiques d'être, comme les vérités morales, plus louées que pratiquées, et Hume n'est pas le premier qui ait célébré les vertus d'une méthode sans en appliquer les lois. Rien de moins expérimental, en effet, que les procédés habituels de Hume. Le système tout entier repose, nous le savons déjà, sur un préjugé que Hume emprunte à Locke et aux idées régnantes de son temps : à savoir, que toutes nos connaissances dérivent de quelques impressions primitives. « Toutes les percep-
» tions de l'esprit humain se réduisent à deux espè-
» ces distinctes que j'appellerai les *impressions* et les
» *idées*. » C'est par cette affirmation que s'ouvre le *Traité de la Nature humaine*. On s'imagine peut-être que Hume va donner des exemples et procéder à une revue générale des différents faits que l'observation

constate dans la conscience, afin de justifier une division aussi absolue. Il n'en est rien. Je m'en remets, dit-il, au bon sens de chacun, qui saisit facilement la différence entre la sensibilité et la pensée (*betwixt feeling and thinking*), c'est-à-dire entre les impressions et les idées ; et aussitôt il pose des lois générales, qui devraient être le dernier mot et le résultat de ses investigations, et qu'il place au contraire en tête de ses recherches comme des axiomes psychologiques qui dirigeront et éclaireront sa marche. « Toutes nos idées » simples, dans leur première apparition, dérivent » d'impressions simples qui leur correspondent et » qu'elles représentent exactement (1). » C'est ainsi que dans des analyses d'où l'auteur prétend exclure tout *a priori*, et où ne figurent pas en effet les principes réels de la raison, s'introduit furtivement un faux *a priori*, c'est-à-dire un certain nombre de généralisations empiriques dont on se dispense de faire la preuve, et qui deviennent les fondements de tout le reste. Hume observe, sans doute ; mais, comme la plupart des hommes, il observe pour vérifier après coup quelques opinions préconçues qu'il est bien décidé à ne pas sacrifier. Ses classifications sont presque toujours arbitraires. Il pousse quelquefois la négligence jusqu'à citer lui-même des faits qui sont en contradiction avec son système. Ces faits, avec une inexplicable indolence, il les expose, sans chercher à réfuter les conclusions qu'ils suggèrent ; et

---

(1) *OEuvres*, t. I, p. 17, 18.

violant ainsi toutes les règles de la méthode, il laisse subsister, en face l'une de l'autre, sa thèse radicale et absolue, et des observations qu'il ne sait comment concilier avec elles : « Supposons, » dit-il, « une » série de couleurs qui se dégradent de nuance en » nuance : si une nuance manque, tout œil humain » s'apercevra de cette solution de continuité; il aura » l'idée de cette couleur, quoiqu'il ne l'ait jamais vue. » Ici l'idée devance l'impression, puisque l'impression » n'existe pas. L'idée se passe de l'impression (1). » Contradiction flagrante avec le principe que toute idée simple correspond à une impression. Il est vraiment étrange que Hume, qui se pique d'analyse, ait laissé subsister dans son système cette exception, et qu'il se soit contenté d'ajouter : « Ce cas est si parti- » culier qu'il ne mérite guère qu'on s'y arrête, et je » ne pense pas que pour lui seul il faille réformer » notre maxime générale. »

Rien ne ressemble moins aux lenteurs, aux indécisions d'une observation désintéressée de tout système et indifférente à toute conclusion, que les brèves et impérieuses affirmations familières à notre auteur. Le raisonnement pur, la liaison rigoureuse des conséquences déduites avec les principes admis, l'enchaînement presque géométrique des pensées, tels sont les traits habituels des œuvres de Hume. Si quelquefois il fait semblant de chercher et de tâtonner, c'est

---

(1) *OEuvres*, tome I, p. 20; tome IV, p. 19; cité par Garnier, *Traité des facultés de l'âme.*

à la façon d'un faux aveugle qui sait parfaitement où il va, mais qui hésite dans sa marche pour tromper les passants (1). Enfin, s'il a fait lui même au préalable des expériences et des observations, il ne les confie pas le plus souvent au lecteur; de sorte que dans une méthode qui prétend être expérimentale, les hypothèses paraissent dominer.

De toutes les promesses de sa préface, il n'y en a qu'une seule qu'il ait tenue jusqu'au bout : celle de ne pas demander à l'éloquence seule, aux séductions de la parole, la puissance qui commande l'assentiment. Dans le *Traité de la Nature humaine* particulièrement, c'est par la rigueur d'un raisonnement sévère, non par le charme d'un style insinuant, que Hume prétend conquérir les lecteurs à ses principes; et il a d'autant plus de mérite à n'avoir pas cherché le succès dans les artifices du style, qu'il savait mieux que personne l'influence que l'art de la parole exerce sur les convictions : « Dans les luttes philosophiques, » dit-il spirituellement, « ce n'est pas la raison, c'est
» l'éloquence qui le plus souvent emporte le prix. La
» victoire appartient non pas aux soldats en armes, à
» ceux qui manient la pique et l'épée, mais aux
» trompettes, aux tambours, aux musiciens du régi-
» ment (2). »

Il est trop naturel aux hommes de ne pas mettre

---

(1) Voir plus loin le détail de la méthode qu'il applique à l'analyse de l'idée de cause, ch. IV.

(2) *OEuvres*, tome I, p. 6.

en pratique les maximes qu'en théorie ils estiment le plus, pour qu'il nous paraisse difficile d'expliquer les infractions trop fréquentes que Hume a commises à l'égard de la méthode expérimentale. Dugald Stewart dit avec raison que Hume a négligé la méthode qu'il avait le dessein de mettre en usage, parce qu'il ne s'en était pas fait une idée assez nette. « La preuve » de ce que j'avance, » ajoute Dugald Stewart, « c'est » qu'il n'a tenu aucun compte du mérite extraordinaire » de Bacon. Il n'accorde qu'un éloge froid et compassé » à cet homme de génie, dans un des passages les » plus travaillés de l'*Histoire d'Angleterre* (1). »

Nous ajouterons que, quand il s'agit d'appliquer à la nature humaine la méthode d'observation, rien n'est plus facile que de se faire illusion, et de croire qu'on observe encore, quand depuis longtemps déjà on raisonne d'après ses préjugés et ses hypothèses. Quelque effort d'impartialité que fasse le philosophe, il n'étudie jamais, quand il s'étudie lui-même, qu'un esprit déjà imbu d'idées préconçues, que les lectures et les méditations personnelles ont modifié dans un sens ou dans un autre. L'observation de nous-mêmes

---

(1) ... « Si nous considérons Bacon simplement comme un au-
» teur et comme un philosophe, le rang que nous lui accorderons,
» quoique très-honorable, sera cependant inférieur à celui de son
» contemporain Galilée et peut-être à celui de Képler... La vanité
» nationale, qui domine chez les Anglais, fait qu'ils ont répandu sur
» le nom de Bacon des louanges et des applaudissements qui parais-
» sent souvent empreints de partialité et d'exagération. » *The His-
» tory of England*, vol. VIII, p. 248.

n'est le plus souvent qu'une expérimentation mal faite ; car ici la nature ne suit plus son libre cours sous l'œil d'un observateur étranger. L'observateur psychologue intervient au contraire à chaque instant dans les faits qu'il considère : il y mêle ses souvenirs, ses croyances, les tendances que l'éducation a développées en lui. Il est donc tout naturel que, rencontrant dans sa propre raison des déductions et des inductions suggérées par l'autorité trompeuse de tel ou tel principe, le psychologue les prenne pour des faits d'expérience, et qu'il s'imagine rester dans son rôle d'observateur de la nature humaine en général, quoiqu'il ne fasse plus que noter des faits qui lui sont personnels. La conscience est un miroir sans doute, mais un miroir, pour ainsi dire, si rapproché de nous, qu'il est sans cesse terni par notre propre souffle, et que notre image individuelle, qui s'y reflète, nous masque la vue de la vraie nature humaine.

Si Hume a trop souvent manqué aux exigences de la méthode expérimentale, il ressemble donc en cela à la plupart des psychologues. Les difficultés de l'entreprise ont déconcerté ses bonnes intentions. Il n'en est pas moins vrai qu'il a prétendu faire de la psychologie une science tout à fait expérimentale ; et même, comme nous allons le montrer, il a, en un sens, exagéré plutôt que déprécié le rôle de l'observation, puisqu'il interdit absolument au psychologue toute démarche au delà de l'expérience (1).

---

(1) « *We cannot go beyond experience.* » *Traité*, tome I, p. 9.

Comment entendait-il l'objet de la psychologie? Elle a, pense-t-il, deux résultats à atteindre : il faut d'abord qu'elle classe les phénomènes, qu'elle distingue les uns des autres ces faits de conscience dont les différences ne se révèlent qu'à un regard subtil et pénétrant ; en d'autres termes, qu'elle fasse la géographie de l'âme. Mais là ne s'arrête pas la science de la nature humaine. Après qu'elle aura distribué en différentes provinces les différentes opérations qui constituent l'âme, c'est surtout à déterminer l'ordre de succession des phénomènes, leur liaison, leur enchaînement et leurs lois que tendra son principal effort. Les opérations de l'âme dépendent les unes des autres (1). Le déterminisme psychologique que l'école anglaise contemporaine a mis fort à la mode, Hume l'a connu, et en a fait le but suprême de ses recherches. Reste à savoir si les tendances générales de son système lui permettaient d'établir une liaison, une dépendance réelle entre les divers phénomènes de l'âme.

D'un côté, Hume nous présente l'âme humaine

---

(1) « Il faut espérer... que la philosophie découvrira, au moins
» dans une certaine mesure, les secrets principes et les ressorts
» qui déterminent les opérations de l'esprit humain... Il est pro-
» bable que chaque opération, chaque principe de l'esprit humain
» dépend d'autres opérations, d'autres principes qui peuvent eux-
» mêmes être ramenés à d'autres plus généraux encore. Jusqu'où
» peuvent être poussées de pareilles investigations, c'est ce qu'il
» est d'ailleurs difficile de déterminer exactement. » *Essais philosophiques*, tome IV, p. 12. Voir, sur les caractères de la psychologie, telle que l'entend Hume, toute la dernière partie de l'*Essai* I.

comme une machine admirable, dont toutes les parties, comme autant de ressorts, s'engrènent les unes dans les autres, et par une série d'actions et de réactions réciproques produisent, avec des éléments extrêmement simples, les résultats les plus compliqués. Mais, d'autre part, Hume nie toute cause, toute substance, et par suite il dissout et désagrège les diverses parties de ce tout si bien lié; il met en pièces, pour ainsi dire, l'âme humaine, et la divise en une infinité de morceaux qui, radicalement isolés les uns des autres, ne sauraient produire l'unité apparente de l'esprit que par un prodige tout à fait inexplicable (1).

Nous abordons ici, pour la première fois, une discussion qui nécessairement se renouvellera plusieurs fois dans le courant de cet ouvrage, parce qu'elle se rattache à toutes les questions philosophiques, mais qui doit nous arrêter dès à présent, parce qu'elle a trait aussi à l'objet et à la destinée générale de la psychologie. Sans doute, la vraie psychologie sera celle qui montrera que dans l'âme tout s'enchaîne, et que les faits les plus simples y préparent les plus complexes. Mais ce déterminisme psychologique nous semble rendre plus nécessaire encore la croyance à

---

(1) « L'essence de l'esprit nous est aussi inconnue que l'essence
» de la matière... Toute hypothèse qui prétend expliquer les prin-
» cipes et les qualités fondamentales (*the ultimate original quali-*
» *ties*) de la nature humaine, doit être rejetée comme présomp-
» tueuse et chimérique. C'est une succession d'impressions qui
» seule constitue l'esprit.» (*Traité*, passim.)

certaines forces, à certaines facultés, dont les énergies cachées expliquent le développement régulier, la liaison rigoureuse de nos sentiments et de nos pensées. C'est pour avoir repoussé la notion de ces forces et de ces facultés, qu'il rejette comme des abstractions chimériques, que Hume, après avoir admis l'existence des lois psychologiques, l'enchaînement réel de tous nos états de conscience, en est venu peu à peu à les nier, et à n'admettre entre nos idées ou nos passions que des rapports factices, suggérés par l'imagination et entretenus par l'habitude.

La psychologie empirique ou phénomènale, dont nous regardons Hume comme le chef, s'abuse en effet elle-même, quand elle aspire à déterminer les lois de la pensée, les lois de la sensibilité. Au contraire, la négation de toute loi, ou, en d'autres termes, de toute liaison réelle entre les phénomènes, n'est que le corollaire nécessaire d'une théorie qui exclut de la psychologie, aussi bien que de la physique, toute idée de cause et de force. On parle des lois de l'association : on dit, par exemple, que « les idées des phénomènes » semblables ou celles qui ont été conçues en conti- » guité intime l'une avec l'autre, ont une tendance à » se présenter ensemble à l'esprit (1). » Je laisse de côté le mot *tendance*, quoiqu'il soit peut-être un aveu implicite de la vérité, puisqu'il exprime, avec quelque atténuation, l'idée de pouvoir et de force. Je de-

---

(1) Stuart. Mill, *La philosophie d'Hamilton*. Traduction Cazelle, p. 212.

mande ce qu'on entend au fond, et en dehors des mots dont on pourrait dire qu'ils ne sont qu'un sacrifice sans portée à l'usage commun du langage, je demande ce qu'on veut dire, quand on constate ainsi dans l'esprit l'union constante des idées qui représentent des phénomènes semblables. Il n'y a que deux hypothèses possibles. Entend-on qu'il y a une raison objective et réelle qui force et contraint les idées semblables à s'associer ? Dans ce cas, il faut bien admettre aussi qu'il y a dans les faits autre chose que les faits eux-mêmes, qu'une raison intérieure les unit; et cette raison, que peut-elle être, sinon une force secrète, une tendance qui pousse les idées l'une vers l'autre ? Et alors il semble que ces nouveaux psychologues, qui se séparent avec tant d'éclat de la vieille psychologie, ne sont pas au fond très-éloignés de s'entendre avec elle. Ou bien on ne reconnaît entre les phénomènes aucune relation réelle, on n'admet que des associations fondées sur l'expérience et l'habitude; et je ne vois pas alors de quel droit on affirme qu'une loi constante les unit. L'observation permanente de l'union de deux faits ne peut produire aucun résultat scientifique, à moins qu'on ne la considère comme le signe d'un rapport réel entre ces faits, comme la preuve que le premier contient la raison d'être du second. L'uniformité habituelle de succession peut bien être l'indice presque infaillible de l'existence d'une loi : mais elle ne peut, par elle-même, équivaloir à une loi.

Hume l'avait compris; et comme il se voyait condamné, par son système, à ne voir dans les faits de la nature humaine qu'une poussière inconsistante, et comme des grains de sable que rien ne relie, il s'est réfugié dans l'hypothèse bizarre qui donne à l'imagination le pouvoir de créer entre les choses les relations que la nature ne produit pas. Les lois psychologiques deviennent alors, aussi bien que les lois physiques, des manières de voir toutes subjectives, quelque chose d'analogue aux formes de la sensibilité, telles que Kant les admet : avec cette différence considérable que, pour Kant, ces principes sont des tendances primitives et nécessaires, l'expression de notre constitution intellectuelle, de notre raison innée ; pour Hume, au contraire, ces lois subjectives sont le résultat en quelque sorte fortuit et lentement acquis des mouvements habituels de notre imagination.

Une autre conséquence de la négation des facultés, des forces inhérentes à l'âme, c'est que les phénomènes psychologiques, ceux du moins que Hume considère comme des phénomènes primitifs et irréductibles, outre qu'ils n'ont pas entre eux de rapports réels, ne dérivent d'aucun principe qu'on puisse préciser. Hume ne se cachait pas de cette ignorance à laquelle sa méthode le condamne touchant l'origine des faits intérieurs. « Toute hypothèse qui prétend découvrir les » premiers principes de l'âme (*the ultimate principles of* » *the soul*) doit être rejetée d'emblée comme présomp- » tueuse et chimérique (1). » L'âme n'est qu'un ensem-

---

(1) *Traité*, t. I, p. 9.

ble de phénomènes. Quel est le principe de ces phénomènes, c'est une question que Hume ne croit pas nécessaire de poser, et que l'esprit humain serait d'ailleurs incapable de résoudre, s'il avait la curiosité de l'agiter. Il n'y a de possible et de vrai qu'une description superficielle des faits. Dans cette chaîne de pensées et de sentiments dont se compose la vie morale de l'homme, rattachez, si vous voulez, un anneau à un autre; mais ne vous demandez pas à quoi tient et est suspendue la chaîne tout entière. La conscience n'est pour ainsi dire qu'une éclaircie de ciel de toutes parts environnée de nuages. Tel est l'empirisme psychologique de Hume, empirisme qui ne se contente pas d'exclure la recherche de la cause première du monde, mais qui renonce même à l'investigation des causes secondes les plus rapprochées de nous, les causes de nos impressions. Hume parle quelque part de la naïve facilité avec laquelle les premiers hommes se bornaient, dans l'explication des choses, à reconnaître légèrement quelques antécédents. Ils s'arrêtaient vite dans la détermination des causes, et s'ils avaient pu reculer leur ignorance de quelques pas, ils se tenaient pour satisfaits. Cette indolence d'une pensée incurieuse, qui se contente à bon marché, est très-naturelle chez des esprits simples et primitifs : mais peut-elle être le dernier mot de l'esprit philosophique parvenu à son plus haut degré de raffinement? Le monde moral doit-il rester pour nous ce qu'était le monde physique connu des anciens: quelques terres explorées dont les limites sont inconnues, et dont les contours se perdent dans un Océan vague et indéterminé ? Que penser d'une psychologie qui débute en affirmant que les sensations dérivent de principes cachés, qu'il est impossible de connaître ? « Expliquer les premiers » principes de nos opérations mentales est chose » impossible (1). »

Hume a donc été conduit par ses principes à exclure de la psychologie toute les questions fondamentales, à écarter la question de l'origine des impressions primitives, sinon celle de l'origine des idées dérivées ; enfin, à n'étudier que quelques faits, que l'imagination relie seule les uns aux autres, et qui, dans leur ensemble ne se relient à rien. Il faut cependant remarquer, pour être juste, que Hume tend plutôt à modérer les prétentions de l'esprit humain dans la recherche des causes et des premiers principes, qu'à nier absolument l'existence de ces causes et de ces principes. Il est de ces philosophes, de plus en plus nombreux, qui regardent les phénomènes comme le seul objet de la conception ou de la connaissance humaine, mais qui inclineraient à croire qu'ils ne sont pas la seule réalité. Ce serait sortir cependant de la vérité, que faire honneur à Hume d'une conception précise de ce monde supérieur à toute expérience, de ces *noumènes*, qu'il a laissé à Kant l'honneur de concevoir le premier.

Ce n'est pas seulement dans les tendances générales de sa psychologie, c'est aussi sur plusieurs points par-

---

(1) *Traité*, t. I, p. 40.

ticuliers de sa méthode que Hume est d'accord avec les psychologues anglais de notre temps. Comme eux, il compte, parmi les procédés essentiels de la méthode psychologique, la confrontation de la raison humaine avec l'instinct des animaux. Plusieurs chapitres du *Traité* sont consacrés à ces recherches de psychologie comparée, où Hume espère trouver de nouveaux arguments en faveur de ses théories. A coup sûr, c'est une heureuse inspiration de la philosophie moderne, inspiration d'ailleurs qui n'est pas nouvelle et dans laquelle Aristote a devancé nos contemporains, d'avoir compris qu'il est utile de poursuivre dans les espèces animales les plus humbles manifestations de la vie intellectuelle, afin de s'élever, par des comparaisons bien faites, à une vue plus nette et plus complète de la nature humaine. Mais ici encore Hume a compromis par ses défauts habituels l'application d'un procédé très-légitime de la méthode expérimentale (1). Il part, en effet, dans ses études sur les animaux, de ce préjugé que la raison humaine et l'intelligence des bêtes doivent nécessairement se ressembler. Tout ce qu'il observe dans l'animal, il croit pouvoir *a priori* et par analogie l'affirmer de l'homme. Par exemple, il n'a pas de peine à établir que les inductions de l'animal ne sont fondées sur aucun principe explicitement formulé ; et que le raisonnement

---

(1) *Traité*, liv. I, part. III, sect. XVI, tome I, p. 224; liv. II, part. I, sect. XII; part. II, sect. XII, p. 61, 145. — *Essais*, sect. IX, tome IV, p. 118.

est une opération trop compliquée pour des intelligences aussi imparfaites. « C'est la coutume seule qui » détermine les animaux, à propos de chaque objet » qui frappe leurs sens, à inférer l'objet qui d'ordi- » naire l'accompagne (*its usual attendant*). » — « Et » cette conclusion, » ajoute-t-il, « une fois établie » pour certains êtres, nous avons de fortes raisons de » supposer, d'après toutes les règles de l'analogie, » qu'elle doit être acceptée pour tous les autres, sans » exception ni réserve. » C'est ainsi que Hume croit avoir cause gagnée, quand il a prouvé que les animaux agissent en effet, comme il suppose que les hommes le font. Ce qui serait pour le sens commun une raison de repousser, sans examen, une théorie psychologique, devient pour notre auteur un motif sans réplique d'y ajouter foi. Le sens commun, nous en convenons, aurait tort : car la distinction radicale de l'intelligence de l'homme, et de celle de la bête est un préjugé; et il faut savoir reconnaître, quand l'expérience les signale, les ressemblances qui rapprochent des êtres différents. Trop souvent on a raisonné ainsi : les animaux n'ont pas ces facultés supérieures qui sont le privilége de la raison humaine; donc ils ne sont en aucune façon intelligents. Mais n'est-ce pas raisonner plus mal encore que dire : l'animal est doué de quelque intelligence, et cette intelligence obéit à certaines lois : donc l'esprit humain est soumis dans ses développements aux mêmes conditions, et enfermé dans les mêmes limites? Quand, à l'appui des théories qu'il propose touchant des faits directement observables, Hume invoque des hypothèses bâties sur l'inaccessible conscience des animaux, n'est-il pas vrai qu'il raisonne en quelque sorte de l'inconnu au connu, et qu'il tombe dans une illusion analogue à celle de Condillac, qui croit avoir démontré de l'homme tout ce qu'il a prouvé de sa statue imaginaire?

Si Hume a mal usé de quelques-uns des procédés de la méthode expérimentale, il en est d'autres qu'il a complétement méconnus; et parmi eux il faut compter l'observation physiologique. Sans doute, c'est un mérite d'avoir distingué les domaines trop souvent confondus de la psychologie et de la physiologie : et Hume, sur ce point, a été mieux inspiré que la plupart de ses successeurs. « Il a su, » dit Stewart, « séparer complétement ses recherches sur la philo- » sophie morale, de toute hypothèse physiologique » sur la nature des rapports de l'âme et du corps (1). » Et il ajoute : « A cet égard, son exemple a été d'une » grande utilité aux autres philosophes écossais. » Dugald Stewart se trompait ici gravement. Il faut certainement séparer le monde physique du monde moral; mais cette distinction de deux sciences ne doit pas s'entendre comme le devoir pour l'une d'ignorer l'autre. L'étude du corps, et particulièrement du système nerveux, est le préambule nécessaire de l'étude de l'âme. Le trop grand dédain que les psychologues ont témoigné pour les observations physiologiques a

---

(1) D. Stewart, *On the progress of philosophy.*

autorisé et justifié l'excès contraire : l'oubli complet où les physiologistes sont restés des phénomènes de l'âme. Les hypothèses matérialistes ont été encouragées, plus qu'on ne croit, par l'ignorance où les philosophes se sont complu relativement aux phénomènes cérébraux. Or, sur ce point, le silence de Hume est absolu.

En un seul endroit de ses ouvrages, il fait allusion à l'influence du cerveau sur la pensée (1); mais il n'a pas l'air d'attacher grande importance à cette question, et il en parle en homme qui l'ignore, ou qui la dédaigne. Le monde psychologique, tel que Hume l'a arbitrairement délimité, n'est qu'une série fragmentaire et indéterminée de phénomènes, sans commencement ni fin, dont il ne cherche le principe ni dans l'âme ni dans le corps (2). Cette omission de toute recherche physiologique est d'autant plus étonnante que, vers la même époque, un compatriote de Hume, le médecin Hartley, exposait un système qui, par une exagération opposée, attribuait le mouvement des idées à des principes matériels.

Quand on a exposé l'usage incomplet ou l'abus que Hume a fait des procédés de l'expérience, on a tout

---

(1) « ... *That little agitation of the brain which we call thougth,* » ainsi parle, non pas Hume, mais un personnage de ses *Dialogues sur la Religion naturelle,* le sceptique Philon.

(2) Ce dédain des observations physiologiques est du reste un des caractères généraux de la philosophie écossaise, et par suite, de la psychologie française. Hume subissait ici l'influence idéaliste de Berkeley.

dit sur sa méthode générale. Nous verrons plus tard comment il entend les règles et le détail de sa logique. En définitive, Hume a été, en psychologie, un théoricien habile plutôt qu'un grand observateur. Les conditions mêmes dans lesquelles s'est développée sa philosophie le destinaient à être un penseur systématique, et non un sage et lent expérimentateur. Je ne parle pas seulement de la brièveté hâtive avec laquelle a été composé son *Traité de la Nature humaine;* mais une fois ce système établi, il n'a plus observé qu'à la lumière des principes qu'il y avait un peu témérairement posés. De plus, il n'a guère étudié que son propre esprit. Son caractère, l'étrangeté hardie de ses opinions l'éloignaient du monde. Son célibat l'a privé du doux bénéfice que le philosophe trouve parfois à faire de ses propres enfants l'objet de ses observations. Aussi n'a-t-il jamais parlé de cette méthode, plus en faveur aujourd'hui, et non sans raison, qui recommande aux psychologues d'étudier, non pas seulement l'homme fait, mais les enfants, les jeunes gens, afin d'assister à la formation graduelle des facultés et en quelque sorte à la naissance de l'âme. Enfin, Hume était lui-même un être trop personnel, trop enfermé dans un cercle étroit d'habitudes et de sentiments, pour qu'il pût retrouver dans son cœur et dans sa raison tous les grands traits de la nature humaine.

Il n'en a pas moins observé, avec une pénétration remarquable quelques parties de la nature humaine, et sa philosophie est un fragment admirable de psychologie. Si, renonçant au titre trop ambitieux de *Traité de la Nature humaine*, Hume s'était contenté de présenter son livre comme un traité de l'habitude; s'il n'avait prétendu rendre compte que d'une moitié de l'homme, l'homme instinctif, dominé par les sens et la coutume, sa méthode et les résultats qu'il en a obtenus seraient presque satisfaisants. Mais il a cru être allé au delà, et avoir embrassé l'âme tout entière. Quelques faits lui ont suffi pour échafauder tout un système. Doué d'une remarquable puissance de généralisation, c'est avec un art merveilleux qu'il faisait sortir d'un infiniment petit psychologique une multitude de conséquences. Et c'est ainsi que l'expérience n'a été entre ses mains qu'un instrument d'hypothèse et de déduction.

Quoi qu'il en soit, il faut louer Hume d'avoir, par sa franchise et la rigueur de sa méthode, donné à l'empirisme l'achèvement et la perfection que comporte toute doctrine quelque fausse qu'elle soit. Lorsque Reid, lorsque Kant, ont étudié Hume avec la passion que l'on sait, c'est qu'ils y trouvaient la preuve, et aussi l'aveu, que le sensualisme, poussé jusqu'à ses dernières conséquences, est impuissant à constituer une science certaine. Jusqu'à Hume, on avait pu croire que le sensualisme se conciliait avec les vieilles croyances humaines. Chez Locke, en effet, l'empirisme avait été tempéré par toute sorte de réserves. Prudent et timoré, l'auteur de l'*Essai sur l'Entendement* n'avait pas suivi jusqu'au bout ses prémisses, retenu qu'il était par la timidité naturelle de son esprit, par le bon sens auquel il s'adressait comme à un juge suprême, enfin par sa foi religieuse si forte et si sincère. Berkeley, de même, avait échappé au scepticisme en mêlant à ses tendances sensualistes des conceptions théologiques et presque mystiques. Le grand mérite de Hume est de n'avoir pas connu ces timidités et ces atermoiements, et d'avoir parcouru avec une même logique inexorable presque toutes les parties de la philosophie. Rien n'est appréciable et utile, dans l'histoire de la pensée humaine, comme ces livres où un système se développe en entier, pur de tout alliage, et dans lequel des opinions étrangères, admises sans aucun lien qui les rattache au système, ne viennent pas dissimuler et voiler le vrai caractère de la doctrine. Le scepticisme de Hume a rendu un service de ce genre à la philosophie moderne : il nous a montré les fruits de l'empirisme. Le remède qu'il a prétendu apporter aux conséquences sceptiques d'un sensualisme logiquement conduit à son terme définitif, il l'a présenté sans confiance, en avertissant lui-même son lecteur que ce remède était fictif et imaginaire. De sorte que si le positivisme moderne a raison de se reconnaître dans Hume, il aurait tort d'invoquer le témoignage et l'autorité de ce philosophe pour justifier sa prétention à être une philosophie vraie, fondée sur des principes solides. Le positivisme est dans Hume; mais Hume lui-même n'a pas cru à la valeur scientifique du positivisme.

CHAPITRE II.

LES ÉLÉMENTS DE LA CONNAISSANCE. LES LOIS DE L'ASSOCIATION DES IDEES.

Le principal objet de la psychologie de Hume, c'est l'histoire de nos idées, la description de notre organisme intellectuel. Sans doute, il n'a pas négligé les autres parties de l'âme : la volonté, les passions surtout lui ont inspiré des réflexions originales. Mais l'analyse de l'intelligence n'en est pas moins le fait capital de ses œuvres philosophiques. La plus grande partie du *Traité de la Nature humaine*, et la plupart des *Essais*, n'ont d'autre but que de décomposer les ressorts de l'entendement (1).

Dans cette étude de l'intelligence humaine où nous allons suivre Hume, il y a deux parties à distinguer : 1° une description en quelque sorte abstraite des éléments de la connaissance et des lois qui règlent en général le développement de l'esprit; 2° l'examen particulier des diverses croyances qui constituent le fond de la pensée humaine : la croyance au monde extérieur, la croyance au moi, la croyance à Dieu.

(1) *Traité*, liv. I, II, III. *Essais* II, III, IV, V, VI.

De ces deux parties, la plus faible est encore la première ; celle où il analyse les principes et les lois élémentaires de toute connaissance. Ce serait s'exposer à une déception que s'attendre à y trouver des discussions précises et approfondies sur l'origine de nos idées. Sur ce sujet, Hume s'est contenté de quelques esquisses qui soulèvent de graves difficultés, qu'il n'a ni réussi, ni même toujours cherché à pallier.

Pour lui, l'esprit humain n'est qu'une série de perceptions : d'abord de perceptions isolées et distinctes, qui sont autant d'états primitifs de conscience ; ensuite de perceptions associées, liées ensemble, d'après certaines lois, et qui forment nos idées les plus complexes. Cette association d'ailleurs a deux origines : — tantôt des relations naturelles, inhérentes aux idées elles-mêmes, unissent entre eux les éléments primitifs de la connaissance, et produisent les seules affirmations dont Hume reconnaisse la certitude ; nous les étudierons dans un chapitre à part (1) ; — tantôt les lois d'une association fortuite et artificielle, les lois de l'habitude, viennent déterminer de nouvelles liaisons d'idées, et donnent lieu à des opinions ou croyances qui s'étagent à tous les degrés de la probabilité.

Ainsi des impressions primitives, qui par des transformations successives deviennent des souvenirs, des images, des conceptions abstraites ; et des associations qui résultent ou d'une intuition immé-

(1) Chap. III, *Des vérités certaines et de la démonstration.*

diate, ou des effets de l'habitude, telles sont, dans leur simplicité, les théories de Hume sur l'origine de nos connaissances. Simplicité séduisante, au premier coup d'œil, par le petit nombre de principes auxquels elle réduit les matériaux nécessaires à la formation de l'esprit; mais, si l'on y regarde de plus près, simplicité trompeuse, qui cache les plus grandes complications. En effet, plus est restreint et diminué le nombre des éléments constitutifs, plus sont laborieuses et compliquées les opérations nécessaires pour que l'intelligence, avec de si minimes ressources, puisse se développer autant qu'elle le fait. Dans les artifices ingénieux auxquels Hume a recours pour se rendre compte de la production de nos pensées, il nous sera facile de reconnaître l'imagination déliée et subtile d'un philosophe de talent, qui dépense beaucoup d'esprit pour sortir à son honneur d'une entreprise dans laquelle il s'est témérairement engagé ; mais nous n'y retrouverons pas la démarche franche et aisée de cette puissance créatrice qui agit toujours par les voies les plus simples et les plus naturelles.

I

Arrêtons-nous d'abord à considérer quels sont, selon Hume, les éléments de la connaissance. Nous verrons ensuite comment l'association des idées intervient pour former avec ces éléments les idées générales, et déterminer les opérations les plus compliquées de l'esprit.

« Toutes les *perceptions* de l'esprit humain, » dit Hume, « se réduisent à ce que j'appelle les *impressions* » et les *idées* (1). » Ces mots un peu arbitraires ont besoin d'être éclaircis. Les *impressions*, ce sont tous les phénomènes que dans le langage de la psychologie française nous appellerions des sensations et des perceptions (2). Hume entend par là, en effet, aussi bien les passions, les émotions sensibles que les faits intellectuels. « Sous ce nom, je comprends toutes nos » sensations, passions, émotions, lorsqu'elles font » leur première apparition dans l'âme. » Quant aux *idées*, il appelle ainsi « les images affaiblies des im- » pressions, telles qu'elles se présentent dans la » pensée et dans le raisonnement » (*in thinking and reasoning*) : en d'autres termes, les souvenirs et les représentations de l'imagination.

Que tout se réduit aux impressions et aux idées, c'est là un premier point que Hume ne prend pas la peine de démontrer : c'est comme le postulat de toute sa philosophie. Il insiste seulement pour faire comprendre qu'il y a entre les impressions et les idées une différence marquée de force et de vivacité. « Un » homme pris d'un accès de colère est affecté bien » autrement que celui qui ne fait que penser à cette » passion. Si vous me parlez d'une personne trans-

---

(1) *Œuvres phil.*, tome I, p. 15; tome IV, *Essai* II, p. 16.

(2) A vrai dire, Hume n'a pas le droit d'employer le mot *impression*, qui suppose un objet; car Hume n'admet pas l'existence de l'objet.

» portée d'amour, je comprends aisément le sens de
» vos paroles, et je me fais une idée juste de l'état
» qu'elles expriment : mais je ne confondrai jamais
» cette idée avec le désordre et l'agitation qui se
» produiraient dans mon âme, si moi-même j'éprou-
» vais réellement ce sentiment. Lorsque nous réflé-
» chissons sur nos émotions passées, notre pensée est
» comme un miroir fidèle qui reflète ces objets avec
» exactitude ; mais les couleurs qu'elle emploie sont
» éteintes et pâles, en comparaison de celles dont
» nos perceptions primitives étaient revêtues... Par
» le mot *impression* je désignerai donc toutes nos
» perceptions les plus vives, celles de l'ouïe, de la
» vue, du toucher, de l'amour, de la haine, du dé-
» sir, de la volonté. Et je distingue de ces impres-
» sions les *idées*, qui sont nos perceptions les moins
» vives, celles dont nous prenons conscience, lorsque
» nous réfléchissons après coup sur quelqu'une des
» sensations ou des émotions que je viens d'indi-
» quer (1). »

Le second principe de Hume, c'est que toute idée dérive nécessairement d'une impression antérieure. « Tous les matériaux de la pensée sont pris dans
» notre sensibilité extérieure ou interne ;... et les
» idées, c'est-à-dire les perceptions plus faibles,
» sont toutes des copies de nos impressions, c'est-à-
» dire de nos perceptions les plus vives (2). » La

---

(1) Tome IV, *Essai* II, p. 16.
(2) *Ibid*, p. 17.

conséquence de ce principe, c'est qu'il faut rejeter comme creux et sans valeur tout mot qui est le signe d'une idée à laquelle ne correspond aucune impression.

Le point de départ de l'intelligence, c'est donc la sensation et la réflexion, si on entend par réflexion la sensibilité intérieure. La théorie de Hume n'est pas nouvelle par conséquent : c'est celle de Locke ; c'est celle qu'acceptent, en la renouvelant sous des formes diverses, les sensualistes de tous les temps. L'école anglaise contemporaine l'adopte en la modifiant légèrement. Voici comment M. Stuart Mill s'exprime : « Toutes les fois qu'un état de conscience a
» été déterminé par une cause quelconque, un état
» de conscience ressemblant au premier, mais d'in-
» tensité moindre, peut se reproduire sous la pré-
» sence d'une cause semblable à celle qui l'avait pro-
» duit d'abord... On énonce cette loi en disant :
» chaque impression mentale a son idée (1). » Hume, plus catégorique, disait : « Il n'y a pas d'idée qui ne
» dérive d'une impression. » Mais, au fond, les deux philosophes ne diffèrent que dans l'expression de leur pensée. M. Stuart Mill agit ici avec la circonspection qu'exige la méthode expérimentale, et qui n'est pas dans les habitudes de Hume ; mais, en définitive, il pense, comme Hume lui-même, que ces états secondaires de l'esprit, qu'on appelle des idées, sont tous excités par des impressions ou par d'autres idées qui

---

(1) M. Stuart Mill, *Logique*, tome II, p. 437.

elles-mêmes, en dernière analyse, remontent dans leur origine à des impressions primitives : de telle sorte que l'hypothèse d'un esprit actif, introduisant par lui-même de nouveaux éléments dans la trame de nos connaissances, devient inutile et chimérique.

D'autres distinctions importantes complètent la théorie de Hume. Les impressions peuvent être divisées en deux classes : les impressions de *sensation* ; les impressions de *réflexion*. « Les premières se pro-
» duisent originellement dans l'âme et résultent de
» causes inconnues. Les autres dérivent en grande
» partie de nos idées, et cela de la façon suivante.
» Une impression frappe d'abord nos sens et nous
» fait percevoir le chaud ou le froid, la faim ou la
» soif, le plaisir ou la peine. De cette impression
» l'esprit garde, pour ainsi dire, une copie, qui per-
» siste après que l'impression a disparu : c'est ce que
» nous appelons une idée. Cette idée de plaisir ou de
» peine, lorsqu'elle reparaît dans l'esprit, produit des
» impressions nouvelles de désir ou d'aversion, d'es-
» pérance ou de crainte, que nous pouvons appeler
» proprement des impressions de réflexion, puisque
» c'est la réflexion qui les produit. Ces impressions
» sont à leur tour copiées par la mémoire et l'imagi-
» nation, et deviennent des idées, qui peut-être en-
» gendreront elles-mêmes d'autres impressions et
» d'autres idées; de telle sorte que les impressions de
» réflexion, si elles précèdent leurs idées correspon-
» dantes, sont cependant postérieures aux impres-
» sions de sensation d'où elles dérivent. L'étude de

» ces sensations appartient aux anatomistes et à l'ob-
» servateur naturaliste plutôt qu'au philosophe ; aussi
» ne nous en occuperons-nous pas. Quant aux impres-
» sions de réflexion, les passions, les désirs, les
» émotions, elles méritent notre attention ; mais
» comme elles dérivent le plus souvent des idées, il
» est nécessaire de renverser la méthode qui aurait
» pu paraître d'abord la plus naturelle, et d'étudier
» en premier lieu les idées (1). »

Il y a, d'après Hume, deux manières d'avoir des idées : tantôt, lorsque l'impression reparaît, elle garde encore un degré considérable de sa vivacité primitive ; tantôt, elle a perdu entièrement sa vivacité : elle est devenue *une idée parfaite* (*a perfect idea*). Dans le premier cas, nous avons affaire à la *mémoire*; dans le second, à l'*imagination*. Ces deux facultés (Hume emploie le mot sans croire à la chose) diffèrent encore en ce que l'imagination n'est pas astreinte à reproduire les impressions primitives dans le même ordre et sous la même forme ; la mémoire, au contraire, est rigoureusement soumise à cette loi. « Le carac-
» tère principal de la mémoire n'est pas tant de con-
» server les idées simples que de maintenir leur ordre
» et leur situation. » L'imagination remplit un tout autre rôle: elle peut inventer ce qui n'a jamais été vu ni entendu, et au premier abord elle semble jouir d'un pouvoir illimité de conception. Qu'on ne s'y trompe pas cependant : ce pouvoir se réduit « à associer, à

---

(1) Tome I, *Traité*, p. 22.

» transposer, à augmenter, à diminuer les matériaux
» fournis par les sens et par l'expérience (1). »

A cette théorie de l'imagination se rattache la distinction capitale des idées en deux catégories : les *idées simples* et les *idées complexes*. Il n'y a pas deux impressions, Hume le dit formellement, qui soient simples, qui soient absolument indivisibles. Les idées qui leur correspondent seront par conséquent complexes elles-mêmes. Mais l'imagination, usant de son pouvoir, distinguera, séparera les éléments de ces idées. « Partout où l'imagination saisit une différence » entre les idées, elle n'a pas de peine à opérer une » séparation (2). » Principe important — quoique Hume le jette, pour ainsi dire, négligemment et en passant, à la fin d'un chapitre — car il est le seul éclaircissement que nous ayons rencontré dans ses œuvres sur la formation des idées abstraites. D'un autre côté, l'imagination possède la faculté d'associer, d'unir les idées de manière à former des notions plus complexes encore ; et c'est à ce nouvel emploi de l'imagination que sont dues les idées générales et les idées universelles. Dans ce travail de liaison, de rapprochement entre les idées, l'imagination est d'ailleurs guidée par quelques lois constantes qui seules peuvent régulariser la marche d'une faculté aussi capricieuse, et qui sont précisément les lois de l'association des idées. Ce que sont ces lois et comment elles

---

(1) Tome IV, *Essai* II, p. 17.
(2) Tome I, *Traité*, p. 25.

gouvernent en général notre esprit, c'est ce qui nous restera à exposer, pour achever de faire connaître la théorie de Hume sur les opérations essentielles de l'intelligence.

Mais avant d'en arriver là, reprenons, pour les mieux comprendre, les premières réflexions de Hume. La plus grave, celle qui résume toutes les autres, c'est que les idées, quelles qu'elles soient, correspondent toujours à des impressions primitives. Pour établir ce principe, Hume ne fait valoir que deux raisons. La première n'est guère que l'affirmation du fait. Hume laisse à ses adversaires l'*onus probandi*. « Ceux, » dit-il, « qui n'admettent pas que toute » idée est copiée sur une impression semblable n'ont » qu'un moyen de me réfuter : c'est de produire des » idées qui, dans leur opinion, ne dérivent pas de » cette source. Ce sera alors pour nous une nécessité, » si nous voulons maintenir notre doctrine, de citer » l'impression ou la perception vive qui correspond à » cette idée(1). » Or, les adversaires que Hume défie ne font guère, dans leurs ouvrages, que citer, à tort ou à raison, des idées et des principes auxquels ils attribuent précisément ce caractère d'être supérieurs à l'expérience, et de ne pas dériver de la sensation. La logique exigerait, ce semble, que Hume eût prêté quelque attention à ces listes de catégories, de notions premières et innées, que l'école rationaliste s'est toujours complu à dresser. C'est vraiment une exécu-

---

(1) Tome IV, *Essai* II, p. 18.

tion par trop sommaire, que le procédé par lequel Hume, sans le moindre examen, fait rentrer ces notions fondamentales dans la catégorie des idées dérivées, calquées sur des impressions ou combinées par l'imagination. Le croirait-on, dans ce système prétendu expérimental, il n'y a pas une seule expérience directe, pour établir que les conceptions de la raison peuvent être ramenées à des sensations primitives ! De toutes les notions rationnelles, l'idée de Dieu est la seule que Hume veuille bien rappeler; et en trois lignes, il prétend en faire justice, sans aborder véritablement les difficultés qu'elle soulève, et sans avoir l'air de se douter de la portée des expressions qu'il emploie lui-même : « L'idée de Dieu, c'est-à-dire d'un
» Dieu *infiniment* intelligent, sage et bon, dérive de
» ce que nous réfléchissons sur les opérations de notre
» propre esprit, et de *ce que nous concevons comme illi-*
» *mitées* ces qualités de sagesse et de bonté (1). »
Que la raison prenne dans l'âme humaine l'étoffe, pour ainsi dire, avec laquelle elle façonne les attributs moraux de la divinité, c'est ce que tout spiritualiste s'empressera d'accorder à Hume; mais la forme que la raison donne à ces qualités, l'infinité qu'elle leur confère, et que lui-même ne leur dispute pas, où donc est l'impression ou l'ensemble d'impressions qui sert de modèle à ces conceptions métaphysiques? Ne faut-il pas reconnaître qu'elles expriment une tendance innée de notre esprit, qui reçoit sans

(1) T. IV, p. 18.

doute de l'expérience la matière de ses pensées, mais qui donne de lui-même, et fournit de son propre fonds, encore plus qu'il n'a reçu, par la forme dont il revêt ces éléments empiriques ?

Le second argument de Hume voudrait être une contre-épreuve du premier. Après avoir affirmé, sans le prouver, que les idées ressemblent toutes à des impressions antérieures, Hume, joignant à ce que ses successeurs appellent *la méthode de concordance*, cette vérification nouvelle qui constitue *la méthode de différence*, Hume déclare que dans tout esprit où manque une série d'idées, ce défaut tient à une lacune correspondante dans nos impressions primitives. Ici, du moins, Hume développe un peu sa pensée, et cite quelques exemples. Un aveugle ne saurait concevoir la couleur, ni un sourd imaginer le son. Rendez à ces infortunés les sens qui leur manquent : en ouvrant cette nouvelle source d'impressions, vous créez pour chacun d'eux une nouvelle source d'idées. Il en est de même si le sens, quoique normalement organisé, n'a jamais rencontré l'objet propre à exciter telle ou telle sensation : ainsi un nègre, un Lapon, n'a pas l'idée du goût du vin. Et quoiqu'il n'y ait pas d'exemples aussi frappants de semblables lacunes dans les impressions morales, si une âme n'a jamais ressenti certaines passions, si elle en est tout à fait incapable, la même observation s'applique encore avec quelque justesse à ce monde nouveau des sentiments intérieurs. Un homme de mœurs douces n'aura pas l'idée de la cruauté ni d'un ressentiment implacable. Un égoïste ne comprendra pas le sublime de l'amitié, ni les douceurs de la générosité.

Observations très-justes en un sens, s'il s'agit de cette vivacité d'esprit, de cette finesse de cœur, qui seules peuvent saisir toutes les nuances d'une pensée, toutes les délicatesses d'un sentiment! L'expérience personnelle est nécessaire pour donner à certains mots, qui sont sur les lèvres de tous, cette valeur expressive, cette signification secrète, qu'ils ne possèdent que pour un petit nombre d'âmes. Avant qu'un sentiment se développe en nous, l'idée que nous nous en faisons est vague et incertaine; la réalité seule renouvelle dans leur fraîcheur première ces notions traditionnelles. Mais autre chose est se représenter avec force, avec toute la puissance de l'imagination, une émotion du cœur, autre chose est en avoir l'idée. La conception d'un sentiment, que nous n'éprouvons pas, que nous n'avons pas éprouvé, Hume nous la refusera-t-il? Réduisez autant que vous voudrez son minimum de représentation, l'idée de ce sentiment dont nous n'avons pas fait l'expérience n'en existe pas moins dans notre esprit.

Hume, il est vrai, pourrait nous répondre que nous avons observé chez les autres, sinon expérimenté en nous-mêmes, les émotions dont nous avons quelque idée. Telle est, en effet, l'origine des notions confuses et obscures que nous laisse tout sentiment dont nous n'avons pas fait l'épreuve personnelle. Nous l'accordons volontiers à Hume, qui d'ailleurs n'a pas pris la peine de pousser l'analyse jusque-là. Mais ce qui est vrai de nos sentiments, et de la plupart de nos idées, l'est-il aussi de toutes les formes de la pensée humaine ? Les faits rapportés par Hume ne justifient pas une conclusion aussi absolue. Son affirmation dépasse singulièrement la portée des exemples qu'il produit, et qui sont tous empruntés au monde de l'expérience. Les conditions que Hume impose avec raison aux conceptions qui ont leurs racines dans les faits, faut-il les étendre aussi aux idées qui passent généralement pour se développer *à priori* ? Cela est possible, mais Hume ne prouve aucunement que cela soit. Il y a là tout au moins un défaut de méthode à signaler. La démonstration notoirement insuffisante du *Traité de la Nature humaine* n'est pas faite pour nous détourner de considérer l'esprit comme une puissance active et indépendante, qui non-seulement soumet l'expérience à ses lois, mais qui encore est capable de s'élever par elle-même plus haut et plus loin que l'expérience.

Si Hume s'était contenté de dire que pour nous représenter un objet nous avons besoin de trouver dans les choses sensibles un point d'appui ou un symbole, nous pourrions être d'accord avec lui. Telle nous paraît être, en effet, la loi de l'esprit humain, que nous sommes incapables de penser, si nous ne concevons en même temps, ou une représentation imaginative (souvenir d'impression morale, ou image sensible), ou tout au moins un mot, un signe convenu qui tombe sous nos sens ou frappe notre imagination.

Ce dernier point, l'intervention du signe, a été d'ailleurs trop négligé par Hume. C'est une des grandes lacunes de sa psychologie que l'omission de toute étude sur le langage. S'obstinant à ne voir dans l'esprit qu'un ensemble isolé de phénomènes, il n'a cherché ni les rapports de notre pensée avec le cerveau, ni les liens qui l'unissent avec les signes. Il a dédaigné de marcher dans des voies que Locke et Berkeley lui avaient cependant ouvertes; où Condillac s'est engagé avec une imprudence qui l'a mené trop loin, mais où une sage psychologie trouverait à recueillir une foule d'observations utiles. Il nous semble, quant à nous, que lorsque l'image, lorsque le souvenir moral ou sensible fait entièrement défaut, un mot est indispensable pour que notre pensée abstraite se développe. Par exemple, je ne puis penser *l'infini* sans que les trois syllabes dont ce mot se compose se représentent à mon esprit, soit sur le papier où il est écrit, soit par une vague apparition mentale. Si le mot *infini* ne se présente pas lui-même, ce seront, du moins, d'autres signes équivalents : Dieu, l'être parfait. Que chacun s'interroge sur ce point : nous croyons fermement que tout effort de pensée abstraite, si haut qu'il place son objet, est soumis à cette condition nécessaire d'une représentation sensible, quelle qu'elle soit d'ailleurs; et que notre esprit, pour ainsi dire, ne peut prendre son vol dans les régions métaphysiques qu'en restant par une partie de lui-même appuyé sur les réalités empiriques.

Mais autre chose est considérer la présence de ces

représentations sensibles (l'objet lui-même, ou le mot qui en est le substitut), comme une des conditions de la pensée; autre chose soutenir, comme le fait Hume, qu'elles constituent à elles seules tous les éléments de la pensée. Pour nous, les notions premières, et en général tous les phénomènes intellectuels, ne sauraient s'expliquer sans une puissance interne de penser, qui s'aide, sans doute, des images, des souvenirs, des mots, mais qui reste distincte de ces conditions sensibles, et leur est supérieure. Par exemple, la seule représentation matérielle de l'infini qui soit possible, c'est le mot *infini* lui-même. Ici il n'y a ni sensation, ni impression d'aucune sorte, qui nous aide à concevoir, en tant qu'il est infini, l'être que désigne ce mot. Mais il y a en dehors du mot qui se présente à l'imagination, un acte intellectuel par lequel nous interprétons ce mot et concevons à son occasion l'attribut divin qu'il exprime.

A quoi bon insister d'ailleurs sur une question que Hume a éludée et non résolue? Ces notions que Kant rattache à la constitution native de l'esprit, que d'autres philosophes considèrent comme les intuitions directes d'essences suprasensibles, ne pouvaient être admises dans un système où l'activité propre de l'esprit est rigoureusement niée, et la sensation proclamée comme l'unique source de nos connaissances. Les idées *a priori*, si elles existent réellement, seraient, dans l'ordre spéculatif, ce que nos volontés semblent être dans l'ordre pratique : des actes absolument irréductibles de l'esprit, qui surgiraient spontanément dans la série de nos phénomènes de conscience, indépendants de tout ce qui les précède. Il est évident que Hume ne peut leur donner place ni parmi les impressions primitives, qui sont toutes *a posteriori*, ni parmi les idées qui dérivent directement des impressions.

Si dans cette question, toujours controversée et toujours obscure, de la raison et des conceptions *a priori*, Hume a évité de s'expliquer, il n'est guère plus satisfaisant ni plus clair, lorsqu'il veut rendre compte de la formation des idées abstraites. Ici, cependant, il pouvait, en un sens, justifier et maintenir son principe : que les idées résultent des impressions. C'est l'expérience en effet qui fournit la matière avec laquelle l'esprit fabrique les notions abstraites. Mais encore faut-il que l'esprit existe ; qu'il y ait pour séparer les éléments des impressions primitives, un travail intérieur d'attention, dont une force intellectuelle seule est capable. Or, Hume ne l'entend pas ainsi. L'idée abstraite n'est pour lui que la sensation primitive, affaiblie, amincie, si je puis dire, devenue souvenir ; et enfin se divisant d'elle-même en autant de morceaux qu'elle contenait de parties. Sans compter qu'il résulterait de là que les idées abstraites seraient vagues, et dépourvues de toute vivacité (ce qui est contraire à l'expérience et ce qu'un mathématicien n'admettrait jamais), il est impossible de comprendre comment ce travail si délicat de l'abstraction, qui néglige certaines qualités des choses, pour ne mettre en lumière que celles qu'il importe d'étudier, pourrait s'accomplir mécaniquement, sans le concours d'une raison active. Cette nécessité d'une activité raisonnable est si évidente qu'elle s'impose à Hume lui-même ; lorsque, se démentant jusqu'à un certain point lui-même, il invoque pour expliquer les idées abstraites, l'influence de l'imagination, qui, comme nous l'avons déjà dit, peut opérer une séparation partout où elle saisit une différence. N'est-ce pas reconnaître, après l'avoir niée, l'existence des facultés et des pouvoirs de l'esprit ?

Comment d'ailleurs, si l'esprit n'agit pas, expliquer je ne dis pas seulement l'abstraction, ou les idées de la raison, mais aussi ces impressions primitives, dont Hume nous dit qu'il n'y en a pas deux qui ne soient complexes ? Or, si elles sont complexes en réalité, comment se fait-il qu'elles apparaissent comme simples ? Cette simplicité apparente n'exige-t-elle pas déjà l'intervention d'un esprit qui soumette la diversité réelle des éléments de l'objet à l'unité subjective de la perception ?

Hume ne s'est pas préoccupé de ces difficultés. Il n'a pas songé à rendre compte de l'origine de ces impressions primitives qu'il considère comme le point de départ de toute connaissance. Elles existent par une sorte de création miraculeuse : voilà tout ce qu'il en sait. C'est là, même au point de vue logique, un vice fondamental, que les empiriques modernes ont en général tenu à éviter. L'école contemporaine anglaise, si elle n'admet pas plus que Hume des facultés originelles, s'efforce au moins de chercher, soit dans l'organisation du cerveau, soit dans l'hérédité, dans les impressions accumulées des individus et des races, dans ce que M. Spencer appelle l'*évolution*, des raisons qui puissent expliquer la production des phénomènes primitifs de la conscience.

Si Hume n'a pas même tenté d'expliquer les perceptions élémentaires de l'esprit, il a fait du moins un grand effort pour déterminer l'origine des idées dérivées, c'est-à-dire des idées générales; origine dont les lois de l'association des idées contiennent, d'après lui, le secret. Nous touchons ici à un des points les plus importants de la philosophie de Hume ; mais, avant d'exposer ses propres idées sur ce sujet, quelques explications générales sont nécessaires pour faire comprendre le rôle que sa théorie est appelée à jouer dans l'histoire de la psychologie.

II

Une des plus grosses difficultés que soulève le sensualisme, particulièrement celui de Condillac, c'est l'impossibilité de comprendre ce merveilleux pouvoir de transformation, qui d'un élément unique, la sensation, fait sortir tous les phénomènes du sentiment et de la pensée. L'histoire de la pensée est alors comme une série de miracles qui renouvellent et multiplient sous toutes les formes un seul et même principe. Hume et les sensualistes anglais, qui se sont condamnés, eux aussi, à prouver que quelques impressions primitives suffisent à la génération de toutes nos idées, ont du moins suivi une méthode plus ingénieuse et en apparence plus satisfaisante. Ce n'est point par d'inexplicables métamorphoses de la sensation qu'ils rendent compte de nos pensées; c'est à l'association des idées, c'est au mélange ou à la combinaison d'un certain nombre d'éléments primitifs qu'ils attribuent la production de tous les phénomènes intellectuels ou sensibles.

Quand on veut se passer de l'âme et de ses facultés, il en est de l'explication de l'esprit comme de l'explication du monde, quand on écarte la croyance à Dieu. Deux solutions seulement s'offrent au choix des philosophes : ce sont précisément celles qu'avaient déjà rencontrées les premiers philosophes grecs, quand ils se représentaient le monde, tantôt comme l'effet varié d'un élément unique, qui, dans ses évolutions perpertuelles, se prête à toutes les formes; tantôt comme l'assemblage complexe d'une multitude de principes qui, s'associant entre eux de mille manières, réalisent l'infinie variété des choses. C'est de la même façon que les sensualistes modernes voient dans l'esprit tantôt les transformations multiples de la sensation, tantôt les associations diverses de quelques impressions élémentaires.

L'école anglaise contemporaine s'est ralliée à cette dernière hypothèse. L'association est devenue pour elle comme un mot magique qui éclaire tous les mystères du cœur et de l'esprit. Les idées les plus hautes, les conceptions les plus générales, que l'école rationaliste considère comme données *a priori*, l'école expérimentale les explique par l'association des idées. Les substances ne sont plus alors, que des groupes de phénomènes simultanés, associés par l'habitude. Les causes et les effets ne sont pas autre chose que des successions invariables de phénomènes, associés encore par l'habitude. Et de même, les sentiments les plus élevés ne sont probablement que des associations d'idées et de sentiments plus simples; mais ici l'école expérimentale hésite encore, et malgré les analyses récentes de M. Bain sur les émotions, elle n'est pas arrivée sur ce point à se satisfaire elle-même (1).

Il serait à coup sûr exagéré de faire remonter à Hume seul l'honneur d'avoir provoqué, par ses réflexions, les analyses ingénieuses ou profondes où se complaît de notre temps la psychologie anglaise. La théorie de l'association, considérée comme la faculté maîtresse de l'esprit humain, ou plutôt comme la loi unique des phénomènes de l'âme, ne s'est pas fondée en un jour. Elle a son histoire; elle est passée par diverses vicissitudes. En 1820, Dugald Stewart, dans son livre sur les progrès de la philosophie, la considérait comme abandonnée, et en proclamait la chute: « Cette théorie, » disait-il, « est à peu près tombée » dans l'oubli; la popularité éphémère dont elle a » joui en Angleterre a cessé, en grande partie, de-

---

(1) « Il est certain, » dit M. Mill, « que les efforts des psycho-
» logues *de l'association*, ayant pour but d'expliquer par l'associa-
» tion les phénomènes de la sensibilité, n'ont guère été couronnés
» de succès. » *Revue des Cours littéraires*, sixième année, p. 604.

» puis la mort de son infatigable apôtre, le docteur
» Priestley (1). » Cette théorie, dont Dugald Stewart
annonçait prématurément la ruine, c'est la même qui,
dès cette époque, prenait, dans les méditations et les
écrits de Thomas Brown et de James Mill, de nouveaux développements, et qui devait, quelques années plus tard, devenir le signe de ralliement de
toute une école (2). M. Stuart Mill et ses amis acceptent volontiers le nom nouveau d'*Associationnistes*.

C'est Hartley qu'il est d'usage, en Angleterre, de considérer comme le fondateur de la théorie de l'association des idées. Et, à vrai dire, cette théorie lui doit
beaucoup. C'est lui qui a imaginé l'ingénieuse distinction, sans cesse reproduite par M. Stuart Mill,
entre ces associations d'idées, qui ne sont que des *mélanges*, et ces associations plus intimes, qui deviennent
de véritables *combinaisons*, analogues aux combinaisons chimiques. Tantôt l'idée complexe, l'idée d'une
rose, par exemple, est telle qu'on peut y retrouver,
avec un peu de réflexion, tous les éléments primitifs
qui la composent : certaines idées simples de forme,
de couleur, de parfum; de même qu'en mêlant une
poudre bleue et une poudre jaune, on obtient une
masse qui, à distance, paraît verte, mais dans laquelle on distingue de près les grains bleus et les

---

(1) Le docteur Priestley avait publié, en 1790, une seconde édition du livre de Hartley : « *Theory of the human Mind on the principle of the association of ideas.* »

(2) Thomas Brown, *Esquisses de la physiologie de l'Esprit humain*, 1820. James Mill, *Analyse de l'Esprit humain*, 1829.

grains jaunes : jusque-là nous ne dépassons pas les idées de Locke. Tantôt, au contraire, les idées simples s'unissent si intimement, qu'il est impossible de reconnaître dans l'idée complexe les éléments dont elle est formée; de même que dans un composé, comme l'eau, on ne saurait démêler l'hydrogène de l'oxygène. Par cette vue pénétrante et par d'autres théories encore, Hartley mérite sans doute d'être placé au premier rang parmi les chefs de la nouvelle école (1). Mais Hume doit partager tout au moins cet honneur avec lui. Comme Hartley, il s'est servi de l'association des idées pour expliquer les principales croyances de l'humanité, et, de plus, il l'a fait avant lui. Le *traité de la Nature humaine* date de 1737, et Hartley ne publia ses « *Observations sur l'homme* » qu'en 1749 (2).

Hume s'est rendu à lui-même ce témoignage, qu'il est le premier qui ait étudié avec quelque attention les phénomènes de l'association des idées : « Je » ne connais pas de philosophe qui ait entrepris » d'énumérer et de classer tous les principes d'asso- » ciation (3). » Hobbes, en effet, s'était contenté d'indiquer quelques-uns des rapports qui, le plus or-

---

(1) Voir, sur la théorie de l'association dans Hartley, une étude intéressante de M. A. Maury, *Le Sommeil et les Rêves*, p. 467.

(2) Il n'est pas inutile de remarquer que Hume ne cite jamais Hartley : il semble ne pas le connaître. Il ne l'eût pas suivi d'ailleurs dans les considérations physiologiques dont Hartley abuse, et dont Hume, on le sait, s'est toujours abstenu.

(3) *Essai* III, tome IV, p. 23.

dinairement, unissent nos idées ; il n'avait point cherché à établir une classification rigoureuse et méthodique de ces rapports. Aristote seul avait déjà donné l'exemple d'un pareil essai. Dans son petit *Traité sur la Mémoire*, il affirme en passant que nos souvenirs ne se rattachent guère les uns aux autres que de trois manières distinctes : « soit par ressemblance, soit par
» différence, soit par proximité (1). » Et il n'y a pas loin de cette classification à celle de Hume, qui ramène tous les principes d'association à trois : la ressemblance, la contiguïté dans le temps et dans l'espace, enfin la relation de la cause à l'effet, la seule dont Aristote ne parle pas (2).

A vrai dire, c'est seulement par complaisance pour le sens commun que Hume met à part le troisième principe : celui de causalité. Dans son système, la relation de cause à effet ne saurait être sérieusement distinguée de la contiguïté dans le temps et dans l'espace. L'idée de causalité n'est en effet pour lui qu'une idée dérivée, factice, une fiction de l'imagination, fondée sur la liaison habituelle de deux phénomènes qui se suivent. De sorte que la causalité est plutôt le résultat de l'association qu'un principe distinct d'as-

---

(1) Aristote : Περὶ μνήμης ... ἀφ' ὁμοίου, ἢ ἐναντίου, ἢ τοῦ σύνεγγυς. Tauchnitz, tome VII, p. 123.

(2) Une preuve que Hume n'a point assez mûri son système pour en accorder toutes les parties, c'est la contradiction, au moins apparente, qui ressort de sa doctrine sur les trois principes d'association et de sa théorie sur les sept relations qui peuvent exister entre les idées. Voir plus loin, chap. III.

sociation. Quoique Hume ne l'ait pas reconnu formellement, les principes qu'il distingue se réduisent donc à la contiguïté et à la ressemblance. Toute l'école anglaise contemporaine se range à son opinion ainsi interprétée. « Des lois d'association, » dit M. Mill, « la première est que les idées semblables tendent à
» s'éveiller l'une l'autre ; la seconde, que deux im-
» pressions fréquemment éprouvées ensemble, simul-
» tanément ou dans une succession immédiate, ten-
» dent aussi à se rappeler (1). » Et de même, M. Bain, dans son livre *sur les Sens et l'Intelligence*, consacre deux longs chapitres à l'étude de l'association dans ses deux variétés : l'association par contiguïté, l'association par ressemblance (2). La réduction de tous les principes d'association à deux, tel est donc le mot d'ordre de l'école tout entière. La contiguïté dans le temps et dans l'espace, la ressemblance, voilà les deux chevilles ouvrières de l'esprit humain. Ajoutons qu'en un sens la contiguïté dans l'espace se réduit, pour des idéalistes comme Hume, comme Mill, à la contiguïté dans le temps, à la simultanéité, ou à la succession. Enfin, le mouvement qui entraîne les philosophes de l'école expérimentale à ramener au plus petit nombre possible les principes de l'association est si vif, si accentué, que nous avons vu un de leurs imitateurs, M. Mervoyer, affirmer que c'était encore trop de deux rapports distincts, et ramener la

---

(1) Stuart Mill, *Logique*, tome II, p. 437.
(2) Voir aussi Spencer.

contiguïté elle-même à n'être qu'une forme de la ressemblance (1).

Nous sommes loin, on le voit, de la théorie de Dugald Stewart, qui comptait sept ou huit principes, et qui ne prétendait pas les avoir découverts tous. Nous sommes loin aussi de l'esprit de sagesse et de prudence qui faisait dire à Hume, comme s'il se fût repenti de sa classification un peu systématique : « Que notre » énumération soit complète, et qu'il n'y ait pas d'au- » tres principes d'association que ceux que j'ai indi- » qués, c'est ce qu'il serait difficile de prouver (2). » Il n'en a pas moins maintenu, dans ses *Essais*, la doctrine du *Traité*.

Ce n'est pas d'ailleurs dans la classification des principes de l'association que consiste l'originalité véritable de Hume, c'est dans l'usage qu'il fait de ces principes pour expliquer nos idées et aussi nos croyances. Nous aurons à étudier, en particulier, ses tentatives pour ramener à une association d'idées la croyance au monde extérieur, la croyance à l'âme elle-même. Pour le moment, montrons comment l'association des idées est, d'après lui, le vrai principe des idées générales.

A ne lire, dans le *Traité* ou les *Essais*, que les chapitres que Hume a consacrés directement à l'association

---

(1) Mervoyer, *Essai sur l'association des idées*, 1864.
(2) En note, Hume fait remarquer qu'on pourrait distinguer encore le contraste ou la différence comme un principe spécial, quoique, par une analyse subtile, il soit possible de confondre ce rapport avec ceux de la causalité et de la ressemblance. *Essai* III, tome IV, p. 28.

des idées, on ne se douterait pas qu'il en fait le ressort principal de l'esprit. Quelques lignes lui suffisent pour exposer ses vues. Il signale vaguement aux philosophes les conséquences qu'on pourrait tirer de l'étude de l'association, comme s'il ne s'était pas chargé lui-même de les déduire : « L'explication de ces prin-
» cipes et de leurs effets nous conduirait à des rai-
» sonnements trop profonds et trop longs pour ces
» Essais. » Et ailleurs : « Je réunis ces quelques traits,
» afin d'exciter la curiosité des philosophes, et leur
» faire soupçonner, si je ne puis les en convaincre,
» que beaucoup d'opérations de l'esprit dépendent de
» l'association des idées (1). » La plupart des théories de Hume ne sont cependant que des applications rigoureuses de sa doctrine sur l'association. Mais il n'aimait pas, on le sait, ces expositions didactiques qui, rapprochant les conséquences des principes, annoncent d'avance les résultats auxquels on doit aboutir. Il conduit son lecteur de surprise en surprise, et le mène en aveugle jusqu'au bout de ses déductions; comptant précisément, pour mieux s'emparer de son esprit, sur l'ignorance où il le laisse des dangers que courent ses croyances en compagnie d'un guide aussi aventureux. Méthode habile qui, dissimulant des conclusions inquiétantes, afin de faire plus sûrement accepter ses prémisses, ne démasque le but que lorsqu'elle nous y a insensiblement conduits !

Ce ne sont pas les idées de la mémoire, qui, selon

---

(1) Tome IV, *Essai* III, p. 29.

Hume, peuvent être soumises aux lois de l'association ; car la mémoire conserve fidèlement l'ordre des impressions primitives; ce sont seulement les conceptions de l'imagination : c'est-à-dire les souvenirs affaiblis. En même temps que diminue la vivacité des souvenirs, s'évanouit aussi l'enchaînement qui les maintenait dans un certain ordre, de telle sorte que l'imagination ne nous présente que des idées désunies, éparses comme les grains d'un collier dont on aurait coupé le fil. C'est précisément parce que l'imagination est libre dans son action, parce qu'elle ne connaît plus ces liaisons inséparables qui s'imposaient encore à la mémoire, que les idées dont elle dispose ont besoin d'être guidées par quelques principes d'association, et se prêtent à la formation d'idées nouvelles, en obéissant à certaines affinités. Si les images se groupent d'une façon à peu près uniforme, il ne faut pas voir là l'effet d'une raison véritable, ni d'une réflexion sachant ce qu'elle fait. L'imagination est comme une collection d'idées, qui s'éparpilleraient dans tous les sens, ou se mêleraient tout à fait au hasard, si elles n'étaient à peu près régularisées dans leur marche par quelques lois d'association, qui, sans posséder sur elles un empire absolu, les dominent néanmoins le plus souvent, grâce à la force modérée (*a gentle force*) dont elles sont douées. D'où vient l'autorité de ces principes de liaison? c'est ce qu'il est impossible de dire. Tout ce qu'on peut avancer, c'est que la nature désigne, en quelque manière, à chacun de ces principes, « celles des idées simples qui sont le

» plus propres à être unies dans des idées com-
» plexes (1). »

Ici, comme dans la question des impressions primitives, Hume écarte la recherche des causes et se contente de signaler les effets : « Les trois principes
» d'association que j'ai indiqués tiennent lieu, pour
» les idées de l'imagination, de cette connexion insé-
» parable qui les unissait dans la mémoire. Il y a ici
» une espèce d'*attraction* morale, qui a des effets aussi
» extraordinaires que l'attraction physique... Ses effets
» sont partout manifestes ; mais ses causes sont le
» plus souvent inconnues, et elles doivent être com-
» prises parmi ce qualités *originelles* de la nature hu-
» maine, que je n'ai pas la prétention d'éclair-
» cir (2)... »

Quels sont donc les effets de l'association des idées ? C'est grâce à elle, d'abord, que l'imagination, guidée par le principe de la contiguïté ou celui de la ressemblance, produit la conception de la substance. Ici Hume ne fait guère que généraliser les explications esquissées, par Berkeley, pour rendre compte des substances sensibles. L'idée de la substance ne peut passer pour la copie d'une impression primitive : ni les sensations, ni les émotions ou les passions ne nous représentent ce que nous appelons une substance. Cette idée n'est qu'une « collection d'idées simples, unies par l'imagination. » Cette collection reçoit d'ailleurs un

---

(1) Tome I, *Traité*, p. 26.
(2) *Id.*, p. 28.

nom particulier qui nous permet de nous rappeler l'ensemble de qualités qu'il représente (1).

Les substances ne sont donc que des fictions de l'imagination, déterminées par des mots. L'illusion à laquelle nous cédons, quand, derrière ces mots, nous imaginons des objets réels et distincts, dérive de ce que nous nous sommes accoutumés à passer, par une succession régulière, de l'une à l'autre des différentes qualités que nous rapportons à ces entités fictives. Et cette habitude elle-même résulte de la proximité ou de la ressemblance qui relie et associe entre elles ces diverses qualités.

Ce qui est vrai des idées complexes qui représentent des substances l'est aussi, selon Hume, de ces autres notions composées qui représentent des modes, c'est-à-dire, en d'autres termes, des idées générales. La ressemblance qui existe, par exemple, entre la blancheur du lait et la blancheur de la neige nous conduit doucement à unir, à confondre ces deux impressions en une seule, et à former l'idée générale de la blancheur.

Hume reconnaît cependant, qu'il y a une différence entre l'idée de substance et l'idée de mode. Dans le premier cas, nous rapportons l'ensemble des qualités conçues par l'imagination à *quelque chose* d'inconnu (*an unknown something*), qui est le substratum où toutes ces qualités s'unissent. Dans le second cas, il n'en est rien, puisque les qualités dont se compose

---

(1) Tome I, *Traité*, p. 32.

l'idée d'un mode sont dispersées sur un grand nombre d'objets. D'où vient cette différence ? Comment se fait-il que l'imagination ne se laisse pas glisser sur la pente qui devrait naturellement l'entraîner à voir une substance derrière toute collection de qualités ? C'est ce que Hume, avec son inexplicable indolence pour toutes les questions d'origine, n'a pas pris soin de nous dire.

Quoi qu'il en soit, toute généralisation n'est qu'un travail d'imagination dirigé par les lois de l'association des idées. Une idée générale, c'est la tendance que l'imagination contracte à se représenter successivement des images qui se ressemblent, ou qui se lient selon d'autres rapports ; et cette tendance se caractérise par un nom. C'est à peu près ce que pense un auteur français contemporain, disciple, lui aussi, des empiriques anglais : « Ce qui se dégage en nous, après
» que nous avons vu une série d'objets semblables,
» c'est une tendance finale... Il n'y a en nous, quand
» nous pensons une idée générale, qu'une tendance à
» nommer un nom... Ce nom a pour caractère la pro-
» priété d'évoquer en nous les images des individus
» d'une classe, et de cette classe seulement (1)... »

---

(1) M. Taine, *De l'Intelligence*, 1ᵉʳ volume.
Dans cette question des idées générales, Hume reconnaît s'être inspiré de Berkeley. « Un grand philosophe a affirmé que toutes nos idées générales ne sont pas autre chose que des idées particulières, unies à un mot qui leur donne une signification plus étendue, et qui leur permet de rappeler, à l'occasion, d'autres idées particulières semblables à elle. » Tome I, p. 33. Voir Berkeley, *Principes de la Connaissance humaine*. Introduction.

Enfin, ce ne sont pas les idées générales seulement dont Hume explique l'origine par le concours de l'imagination et de l'association des idées. Les jugements, les croyances lui paraissent issus de la même source. Et dans son système, il n'y a aucune difficulté à admettre cette nouvelle conclusion : car le jugement et la croyance ne sont pour Hume que des impressions plus vives que les autres. Or, l'imagination peut, dans certains cas, assurer aux images, qui en elles-mêmes ne sont que des impressions affaiblies, ce degré supérieur de vivacité, nécessaire pour déterminer l'affirmation. Nous étudierons plus au long et en détail ce nouvel et ingénieux emploi des principes de l'association des idées; mais, sans anticiper sur ces théories, nous pouvons dès à présent juger le rôle que Hume attribue à ces principes dans la formation de nos connaissances.

Que Hume et ses disciples aient méconnu, autant qu'ils l'ont fait, la riche variété des rapports qui unissent nos pensées, c'est ce dont on s'étonnera moins, si l'on considère que les philosophes anglais entendent l'association des idées tout autrement que nous. C'est une différence de points de vue qu'il importe de saisir. Pour les psychologues français, l'association n'est qu'une loi qui gouverne, qui range dans un certain ordre, les phénomènes de la mémoire et de l'imagination, mais qui ne produit directement aucune pensée. Pour Hume, elle est une des facultés essentielles de l'esprit, ou du moins, si ce mot répugne à des théories positivistes, le principe presque unique de notre développement intellectuel. Autre chose est donc ne voir dans l'association qu'un ensemble de rapports qui lient un souvenir à un autre souvenir, une image à une autre image : un enchaînement qui écarte de la trame de nos pensées toute conception qui ne s'y rattacherait pas par un lien ou par un autre ; autre chose croire que l'association, en éveillant les idées semblables ou contiguës, les groupe si ingénieusement, ou les unit si intimement, qu'elle nous fait prendre ces assemblages d'idées pour des idées nouvelles.

L'association des idées n'est plus alors confinée au seul rôle que nous lui attribuions, d'être l'introductrice perpétuelle, qui après une idée en fait paraître une autre sur la scène de l'esprit : elle devient une puissance effective, la source de production de nos idées générales. Sur ce point Hume n'a guère été devancé ; ni Hobbes ni Aristote n'avaient vu dans l'association autre chose que la loi qui règle le renouvellement de nos souvenirs, ou qui ordonne les fictions de notre imagination. Locke, par sa théorie des idées complexes, et Berkeley, par quelques aperçus, semblent seuls avoir préparé les voies aux doctrines beaucoup plus hardies de Hume et de Hartley.

Dans l'étude des principes sur lesquels repose l'association, l'école expérimentale anglaise s'est donc contentée de rechercher les rapports véritablement féconds, ceux qui, d'après elle, sont capables de produire de nouvelles conceptions. Interrogée sur les rapports quels qu'ils soient qui peuvent lier nos souvenirs „ je crois qu'elle nous en accorderait volontiers la multiplicité. Ce qui contribue, en effet, à augmenter le nombre de ces relations (on ne l'a pas assez remarqué) c'est qu'elles peuvent exister soit entre les objets de nos idées, soit entre les idées elles mêmes, soit enfin entre les mots qui les expriment. L'incohérence des idées n'est souvent qu'une liaison superficielle entre les mots. Il peut suffire d'une syllabe, d'une lettre, quelquefois, pour jeter notre pensée dans une direction nouvelle. Le mot et l'idée sont si intimement unis dans l'esprit que le mouvement de l'un entraîne le mouvement de l'autre; et qu'asservie au langage la pensée subit le joug des associations fortuites, qui surviennent entre les symboles matériels, qu'elle a créés pour se rendre sensible. Et de même l'association peut exister entre les objets mêmes que notre esprit conçoit ; ce sont précisément les liaisons les plus philosophiques. Quant à donner une classification exacte de nos principes d'association entre les mots, les objets et les idées elles-mêmes, c'est ce qu'il serait présomptueux de tenter.

Il ne faut pas oublier, d'ailleurs, que le progrès et l'enchaînement de nos pensées tient à d'autres causes qu'à l'association et à ses principes. Les puissances actives de l'esprit, soit par la perception, soit par la réflexion, interviennent à chaque instant dans nos pensées pour en changer le courant. Le jeu des facultés intellectuelles, des sens et de la conscience, l'effort du raisonnement sont les causes principales qui modifient sans cesse la suite de nos pensées, et qui renouvellent constamment, pour ainsi dire, le décor de notre esprit. Et enfin, si l'on voulait épuiser le sujet, il faudrait aussi tenir compte, pour expliquer la succession de nos idées, de l'influence mystérieuse que peuvent exercer sur nos pensées le travail physiologique du cerveau et les modifications qui s'accomplissent d'instant en instant dans sa substance. Tous les psychologues ont remarqué que, dans nos rêveries, le lien des idées nous échappe souvent : il y a comme des ponts invisibles par lesquels passe notre imagination. Ces rapports, qui n'apparaissent ni entre les idées, ni entre les objets, ni entre les mots, doivent être cherchés dans le travail inconscient de nos facultés, ou dans l'action sourde et latente du cerveau.

Mais Hume ne l'entend pas ainsi : l'association des idées remplace, à ses yeux, les facultés que les spiritualistes attribuent à l'esprit, les forces que les matérialistes accordent au système nerveux. Comment admettre cependant que l'attraction et l'affinité des idées suffisent, par elles seules, à produire les idées complexes? Quand Hartley nous représente une idée générale comme une combinaison, analogue à celle que le chimiste détermine, lorsque, par l'effet d'une étincelle électrique, il transforme certains volumes d'hydrogène et d'oxygène en une substance nouvelle qui n'a aucun rapport avec ses éléments constitutifs, la comparaison nous semble ingénieuse; mais nous demandons précisément quel est, dans l'esprit, le pouvoir, la faculté, qui joue le rôle de l'étincelle électrique, et qui, trouvant rapprochées l'idée de Paul, l'idée de Pierre, l'idée de Jacques, en fait l'idée complexe d'humanité. Peut-on comprendre une pareille opération, si on ne reconnaît pas à l'esprit une activité propre; si, en dehors de ces éléments simples que l'association rassemble, on n'admet pas une intelligence capable de saisir le rapport de ces éléments et d'en constituer l'unité? Hume d'ailleurs n'est pas de l'avis de Hartley : il ne croit pas que l'idée générale soit un composé nouveau, dans lequel on ne démêle plus les éléments simples. Pour lui, comme pour Berkeley, pour les nominalistes de tous les temps, concevoir les universaux, c'est seulement avoir à sa disposition un nom, pour représenter les idées individuelles qu'une secrète tendance nous pousse à grouper ensemble et à entrevoir rapidement dans une intuition vague (1). Dans ce cas, l'action d'un esprit est encore plus rigoureusement requise. Qui donc, en effet, peut avoir groupé ces images particulières, dont la série compose l'idée générale? Dira-t-on qu'elles sont venues se ranger d'elles-mêmes dans un certain ordre, comme les atomes des épicuriens s'alignaient et s'ajustaient par le pur effet du hasard? Au fond, c'est à peu près ce que pensent les philosophes de l'école empirique; car la doctrine de l'association des

---

(1) Comme le fait remarquer Dugald Stewart, qui est un peu de l'avis des nominalistes, Hume a tort d'attribuer à Berkeley l'originalité d'une opinion que Berkeley n'a fait que défendre et exposer après beaucoup d'autres.

idées, telle qu'ils l'entendent, n'est que l'application à l'âme de la théorie atomistique. Les phénomènes psychologiques ne sont alors, dans l'origine, que des molécules d'une espèce particulière, dont le jeu et les divers groupements réalisent l'apparente variété de nos états de conscience. Mais il reste toujours à expliquer comment et pourquoi ces groupements s'accomplissent. Et, à moins de déclarer qu'ils sont entièrement fortuits, il faut bien en venir, comme Hume, à supposer l'influence de certaines lois, de certains principes. Or, si ces lois agissent réellement sur les idées, si elles ont, comme dit Hume, une force d'action modérée, mais néanmoins efficace, elles ne sont plus des lois empiriques, de simples constatations de faits; elles deviennent, sous un autre nom, de véritables facultés, les forces primitives de l'esprit. Tant il est vrai que la philosophie ne parviendra jamais à rendre compte des phénomènes, sans concevoir derrière eux une puissance, une force qui les dirige.

Resterait la question de savoir s'il faut croire, avec Hume, que l'idée générale n'est pas autre chose qu'une tendance à se représenter une série d'idées simples, tendance soutenue par un mot qui, comme un bref symbole, résume toute la série, et nous dispense de la parcourir tout entière. Si l'on affirme que ces idées simples ne sont que les représentations des individus compris dans l'idée générale, nous ne saurions accepter une théorie qui réduirait à l'imagination seule toutes les facultés de notre esprit. Mais, si l'on soutient seulement que l'idée générale n'est pas un acte simple de l'intelligence, qu'elle enveloppe un certain nombre de conceptions distinctes, nous ne voyons pas comment on pourrait repousser une explication de ce genre. Comme toute opération qui s'élève au-dessus des choses sensibles et des perceptions de l'expérience, l'idée générale se compose de plusieurs éléments qui peuvent être analysés; elle est formée d'une série d'états de conscience. Notre esprit est ainsi fait, que quand les représentations sensibles ou les impressions intérieures lui font défaut, il ne peut plus saisir, en un moment et par une seule perception, les objets qu'il conçoit; il est réduit à s'appuyer, pour ainsi dire, sur une série de conceptions, d'où se dégage, en raison de l'unité de notre intelligence, et grâce aussi à l'intervention des mots, une idée en apparence une. Quand nous pensons l'humanité, par exemple, ou bien nous n'avons devant nous qu'un mot vide de sens, ou bien nous concevons rapidement, avec l'agilité merveilleuse qui caractérise les opérations intellectuelles, les caractères essentiels qui constituent l'humanité, et qui rentrent dans sa définition : la vie, la raison, l'existence. Ce n'est pas que les représentations imaginatives, la figure humaine, les différents détails de la physionomie ne puissent concourir à former cet état complexe, d'où dérive la conception générale de l'espèce humaine. Quelques hommes peut-être ne s'élèvent pas au-dessus de ces imaginations sensibles; et quand ils pensent l'humanité, ils conçoivent seulement, en raccourci et avec une extrême promptitude, quelques-uns des individus humains dont la représentation est familière à leur imagination. C'est le propre des esprits réfléchis de mettre sous les idées générales autre chose que des images, je veux dire des conceptions abstraites, des rapports constatés par une comparaison attentive. Mais, dans tous les cas, les idées générales nous paraissent résulter d'une certaine coordination de conceptions simples et élémentaires, symbolisée par un mot unique : de sorte que quand ce mot se présente à notre pensée, il nous dispense le plus souvent de considérer une à une les idées qu'il résume, et qu'il suffit, pour les besoins de la pensée et du discours, de se représenter un ou deux éléments de cet ensemble d'idées abstraites ou concrètes.

Les observations qui précèdent sont en partie conformes à l'opinion de Hume, mais elles s'en séparent sur un point essentiel : l'existence d'un esprit actif, qu'il ne veut point admettre. C'est par là que pèche, en définitive, toute théorie qui rattache à l'association des idées le développement de nos connaissances. On a beau analyser les ressorts de l'esprit, détailler et compter les rouages de son mécanisme, il y a toujours quelque chose que l'analyse ne saisit pas, et qu'elle ne peut saisir, le principe d'activité qui dirige toutes ces opérations, et qui en est le moteur caché (1). A

---

(1) M. Stuart Mill accorde qu'il *paraît* impossible que l'association des idées rende compte de *l'activité* mentale ; mais il prétend que cette impossibilité n'est *qu'apparente*, et il loue l'hypothèse de M. Bain, qui place dans l'activité propre du cerveau, développée sous l'influence du « stimulus organique de la nutrition, » le prin-

ne regarder les choses que par le dehors, en quelque sorte, nos idées générales dérivent sans doute de ce que plusieurs fois l'image individuelle d'un objet se présente à nous. Mais la répétition de ces images ne servirait de rien, sans un esprit qui sache les comparer, qui leur fasse subir une certaine élaboration, qui, de concrètes qu'elles étaient, les transforme en idées abstraites, qui enfin accumule peu à peu en lui-même les éléments d'où se dégagera finalement l'idée générale. Les théories fondées sur l'association des idées peuvent suffire à expliquer le mécanisme superficiel de notre esprit, mais elles laissent de côté la cause originelle des tendances qui nous poussent à associer quelques idées plutôt que d'autres. Et comme le dit M. Maury à propos de Hartley : « L'hypothèse des
» philosophes anglais nous ramène, dans tout ce que
» l'existence a de mécanique, à une force simple, et
» dont les modes engendrent la diversité des phéno-
» mènes; mais cette force elle-même, nous ne saurions
» pénétrer jusqu'à son point de départ; et quand, par
» un effort suprême, qui est le *summum* de la com-
» plexité des opérations intellectuelles et de la faculté
» pensante, nous arrivons, en nous repliant sur nous-
» mêmes, à constater ce que nous sommes et à véri-
» fier notre existence par le fait même de la pensée,
» la conscience s'éveille en nous au-dessus d'un mé-
» canisme matériel et d'une coordination multipliée

---

cipe de nos *actions* morales. M. St. Mill, *Revue des Cours littéraires,* sixième année, p. 601.

» de mouvements; il y a alors un moteur qui ne sau-
» rait être la substance nerveuse en vibration (ni une
» série d'idées associées les unes aux autres); ce mo-
» teur mystérieux, dans l'homme comme dans toute
» la nature, se dérobe à l'expérimentation (1). »

(1) A. Maury, *Le Sommeil et les Rêves*, p. 48.

CHAPITRE III.

DES VERITES CERTAINES ET DE LA DEMONSTRATION. HUME ET L'ESTHETIQUE TRANSCENDANTALE DE KANT.

Il résulte de ce que nous savons déjà des doctrines de Hume, que dans son système la connaissance ne peut jamais atteindre les objets, les substances réelles : elle est confinée dans le domaine des impressions et des idées qui en dérivent. Mais elle peut saisir les rapports, les relations qui unissent les idées, et, d'après Hume, ces rapports sont de deux sortes. Malgré la tendance qui l'entraîne à élargir le rôle de l'association des idées, il n'admet pas que toutes nos croyances soient le résultat de l'habitude, de la liaison fréquemment expérimentée entre deux conceptions. Il croit, au contraire, qu'à côté des jugements fondés sur l'association et l'habitude, et qui ne possèdent qu'une probabilité plus ou moins grande, il y a un certain nombre de connaissances certaines fondées sur des relations d'idées immédiatement saisies (1). Ces connaissances ne sont autres que les vérités mathématiques.

(1) V. *Traité de la Nature humaine*, liv. III, sect. I, et *Essais philosophiques*, sect. IV, part. I.

« Tous les objets de la raison humaine peuvent
» être divisés en deux catégories : *les relations d'idées*
» *et les questions de fait.* A la première catégorie ap-
» partiennent la géométrie, l'algèbre, l'arithmétique :
» en un mot, toute affirmation qui est intuitivement
» ou démonstrativement certaine. *Dire que le carré de*
» *l'hypothénuse est égal au carré des deux autres côtés,*
» c'est exprimer le rapport de ces figures. *Dire que*
» *trois fois cinq égalent la moitié de trente,* c'est expri-
» mer une relation entre ces nombres. Les proposi-
» tions de ce genre se découvrent par de simples
» opérations de la pensée, et ne dépendent en rien
» de ce qui existe dans l'univers. N'y eût-il ni cercle,
» ni triangle dans la nature, les théorèmes démon-
» trés par Euclide n'en conserveraient pas moins leur
» évidence et leur éternelle vérité. Les relations de
» faits (*matters of fact*), qui sont la seconde classe
» d'objets sur lesquels la raison s'exerce, n'établis-
» sent pas de la même manière la certitude qui leur
» est propre; quelque grande que soit cette certitude,
» elle ne ressemble pas à la précédente. Le contraire
» de tout fait demeure toujours possible, parce qu'il
» n'implique jamais contradiction, et que l'esprit, par
» conséquent, le conçoit aussi aisément, aussi distinc-
» tement que s'il était vrai. La proposition : *Le soleil ne*
» *se lèvera pas demain,* est aussi intelligible et n'impli-
» que pas plus contradiction que celle-ci : *Le soleil se*
» *lèvera.* Nous nous efforcerions en vain de démontrer
» sa fausseté; car si elle était démonstrativement
» fausse, elle impliquerait contradiction, et ne pour-

» rait être conçue distinctement par l'esprit (1). »

La distinction que Hume établit ici, entre les vérités intellectuelles et les probabilités de l'expérience, a son principe dans une division préalable des rapports de nos idées. Il y a, d'après lui, sept relations d'idées, trois qui se rapportent aux questions de fait, quatre qui sont, dans un sens absolu, de pures relations d'idées. Les trois premières, qui, pour donner naissance à des jugements, exigent l'expérience, c'est-à-dire le renouvellement des impressions, sont l'identité, la causalité, la situation dans le temps et dans l'espace. L'identité, pour être conçue, suppose en effet le retour d'une même impression. La causalité ne peut non plus dériver d'une sensation unique : elle n'est, selon Hume, que le résultat tardif et lentement accumulé dans l'esprit d'une succession constante de phénomènes. Enfin la situation, dans le temps et dans l'espace, d'un objet par rapport à un autre objet, peut varier indéfiniment, bien que les objets restent en eux-mêmes invariables ; la considération de l'idée seule ne peut, par conséquent, entraîner la connaissance immédiate des rapports de temps et d'espace. Mais il y a quatre autres relations d'idées qu'une intuition immédiate (Hume aurait dû dire une expérience unique) suffit à nous découvrir : ce sont « la ressem-
» blance, la contradiction, les degrés dans les qualités,
» les proportions dans la quantité ou le nombre (2). »

---

(1) Tome IV, *Essai* IV, p. 30.
(2) Après un chapitre de quatre pages seulement, Hume conclut

Rien de moins net que cette théorie. Hume l'exprime avec une brièveté dédaigneuse, qui ne laisse pas d'inspirer quelque défiance, quand on songe surtout à toutes les questions qui, de loin ou de près, s'y rattachent (1).

Les quatre dernières relations d'idées donnent lieu d'ailleurs à une nouvelle distinction. Elles sont pour la plupart découvertes par l'esprit à première vue ; une seule exige, pour être saisie, les procédés artificiels de la démonstration. S'il s'agit de la ressemblance de deux idées, et par suite de deux objets, une seule intuition suffit évidemment à la révéler. La contradiction, c'est-à-dire l'impossibilité qu'une chose existe et n'existe pas à la fois, résulte aussi de la comparaison de l'impression qui est produite avec l'impression contraire qui ne l'est pas. De même, pour les degrés d'une qualité, qui est plus ou moins réalisée dans les objets, la seule confrontation de deux impressions nous éclaire et nous permet de prononcer que l'une est supérieure ou inférieure à l'autre. « Ces trois relations, » dit Hume, « rentrent plutôt dans » le domaine de l'intuition que dans celui de la dé- » monstration. » Mais à la démonstration appartient en propre toute appréciation relative à la quantité et au nombre. C'est sur ce dernier rapport que se fon-

---

en disant : « Voilà tout ce que je crois nécessaire d'observer sur ces quatre relations qui sont le *fondement de la science.* » Tome I, p. 100.

(1) Tome I, *Traité*, p. 95.

dent les trois sciences auxquelles Hume réserve le privilége de la démonstration : la géométrie, l'algèbre et l'arithmétique.

Rapports de ressemblance et de degré, contradiction absolue, rapports mathématiques de quantité, tel est le domaine de l'intuition et de la démonstration. Quelle est la portée des concessions que Hume semble faire ici au sens commun ? La distinction qu'il établit entre les relations de faits et les relations d'idées a-t-elle une valeur véritable? Peut-il assurer, sans contredire son système, un fondement solide à la certitude mathématique? Les concessions de Hume ne sont-elles pas, au contraire, plus apparentes que réelles? Et n'est-il pas certain, quoi qu'il en dise, que toutes les vérités sont réduites, condamnées, par les principes de sa philosophie, à passer sous le niveau commun de l'empirisme? Telles sont les principales questions que nous avons à résoudre.

Remarquons d'abord que la théorie de Hume sur ce point ne contredit en rien le principe fondamental de son système : à savoir, que l'esprit humain est incapable de former d'autres idées que celles dont les impressions primitives fournissent le type. Les critiques qui se sont autorisés, en cet endroit, des affirmations de Hume, pour le mettre en contradiction avec lui-même, ont mal compris le sens général de sa philosophie et la portée de cette distinction nouvelle : « N'y eût-il ni cercle, ni triangle dans la nature, » dit Hume, « les théorèmes démontrés par Euclide n'en » conserveraient pas moins leur évidence et leur

» éternelle vérité (1). » Et à la suite de cette citation, Garnier ajoute : « Si les idées géométriques ne dépen-
» dent en rien des choses qui existent dans l'univers,
» elles ne sont pas des copies d'impression ou des
» réminiscences, et la théorie de D. Hume reçoit de
» l'auteur lui-même un nouveau démenti (2). » Garnier oublie que Hume ne croit pas à l'existence de la matière, et que pour lui les choses qui existent dans l'univers ne sont que des états de conscience. L'idée de la nature équivaut à une succession d'impressions subjectives, sans cesse renouvelées dans le même ordre. Et, lorsque Hume admet des vérités indépendantes de la nature, il entend simplement que les impressions qui les produisent n'ont pas besoin d'être réitérées, que, du premier coup et à leur seule inspection, se révèle la relation qui les unit. La critique échoue le plus souvent contre une doctrine aussi rigoureusement liée dans toutes ses parties quand, pour la réfuter, elle se contente d'y chercher des traces de contradiction.

C'est donc dans un sens subjectif que l'on doit entendre la certitude accordée par Hume aux propositions qui dérivent de l'intuition ou de la démonstration. Il ne faut pas se laisser prendre aux apparences, et croire Hume sur parole, lorsque, en apparence infidèle à son scepticisme, il nous parle de démonstration, d'intuitions certaines, avec l'assurance du rationaliste le

---

(1) Hume, *Essais*, sect. IV, part. I.
(2) Garnier, *Traité des facultés de l'âme*, tome II, p. 197.

plus décidé. Il admet que nous sommes capables, en comparant telle durée à telle durée, tel espace à tel espace, de déterminer intuitivement ou démonstrativement les rapports de ces deux quantités; mais cette intuition n'a de valeur que pour nous-mêmes.

Dans ces limites, du moins, Hume accorde-t-il à la certitude subjective des mathématiques une précision absolue? Il faut bien reconnaître que non. Dans la dernière partie du *Traité de l'Intelligence*, comme s'il se repentait d'avoir trop généreusement octroyé le mérite de la rigueur parfaite à l'arithmétique et à l'algèbre, il revient sur son premier mouvement, et fait déchoir de leur rang les vérités mathématiques elles-mêmes, pour les précipiter dans la probabilité. Si les règles des sciences démonstratives, dit-il, sont certaines et infaillibles, l'esprit humain ne l'est pas, et dans l'application qu'il fait de ces règles, il apporte avec lui sa faiblesse, ses défaillances naturelles (1). De là, même dans les propositions en apparence les plus certaines, des chances d'erreur qui altèrent toute certitude, et qui ouvrent au doute un légitime accès jusqu'au cœur des sciences qui paraissaient au-dessus de ses atteintes. On pourrait faire remarquer à Hume que, pour être logique, il aurait dû contester

---

(1) Tome I, *Traité*, p. 229. « Dans les sciences démonstratives,
» les règles sont en elles-mêmes certaines et infaillibles; mais lors-
» que nous les appliquons, nos facultés, qui, elles, sont au con-
» traire incertaines et faillibles, sont exposées à s'écarter de ces
» règles, et par conséquent à commettre des erreurs. De cette
» façon toute *connaissance* dégénère en *probabilité*. »

aussi la rigueur et la certitude des règles elles-mêmes ; car, enfin, ces règles, que sont-elles, sinon l'œuvre de l'esprit humain ? Et par quel prodige pourraient-elles ne point participer des défauts de l'intelligence qui les a créées ? Ajoutons qu'en arguant contre les règles mathématiques de l'infirmité de l'esprit qui les a produites, Hume nous donne une nouvelle preuve de ces tendances sophistiques, auxquelles il cède trop volontiers : il raisonne ici, en effet, comme s'il acceptait la doctrine qui, dédoublant l'esprit, y distingue à la fois le principe de la pensée et les actes de la pensée. Or, son système ne lui laisse en aucune façon le droit d'opposer à l'esprit en lui-même, c'est-à-dire à une substance, à une force permanente, les règles, les méthodes particulières qui en seraient l'expression phénoménale.

Quoi qu'il en soit, comment Hume entendait-il, enfin, cette liaison immédiate qui assemble naturellement certaines idées ? Que deux fleurs se ressemblent dans leurs formes ; que la couleur de l'une est plus vive que la couleur de l'autre ; qu'elle est bleue ou rouge, et qu'elle ne peut être, par conséquent, colorée en même temps d'une autre nuance ; enfin, que les cinq pétales de l'une égalent en quantité les cinq pétales de l'autre ; voilà des exemples des quatre relations, en quelque sorte *a priori*, d'où découlent les seules connaissances certaines auxquelles l'homme puisse prétendre. Impatient d'exposer son scepticisme sur ce qu'il appelle les relations de faits, sur les rapports de cause à effet, il passe dédaigneusement sur les liaisons immédiates des idées, liaisons auxquelles il attribue pourtant une grande importance, puisqu'il déclare lui-même qu'elles sont le fondement de la science (*the foundation of the science*).

A vrai dire, l'intuition qui unit certaines idées n'est, pour Hume, qu'un fait qu'il constate sans en chercher l'origine : un fait primitif et inexplicable, tout comme l'apparition des premières impressions sensibles. De même qu'il y a une affinité acquise pour ainsi dire, que l'habitude et la répétition développent peu à peu entre les idées soumises aux lois de l'association, de même il y a une affinité naturelle, immédiate, entre les idées mathématiques. Il ne peut donc être question de déterminer un principe sur lequel repose cette évidence, cette certitude immédiate; c'est par elles-mêmes que les idées de cette classe se lient et s'associent en raison d'une relation naturelle. Et cependant Hume parle sans cesse du principe de contradiction, et semble le considérer comme le fondement des seules connaissances qui soient certaines. C'est ce principe qui limite le pouvoir de conception de l'imagination; c'est parce que le contraire d'une vérité de fait n'implique pas contradiction, que cette vérité est seulement probable; c'est parce que leur négative est contradictoire, que les vérités mathématiques sont certaines. D'autres philosophes ont considéré, comme Hume, l'impossibilité de concevoir le contraire comme le caractère propre de ces propositions que la philosophie rationaliste appelle des vérités universelles et nécessaires. C'est, par exemple, l'opinion de M. Spen-

cer : « L'inconcevabilité de la négative est l'épreuve
» par laquelle nous vérifions si une croyance donnée
» existe invariablement ou non... La seule raison as-
» signable de l'autorité de nos croyances primordiales
» est leur invariable existence, certifiée par l'avorte-
» ment de l'effort fait pour établir leur non-exis-
» tence (1)... » Mais, pour M. Spencer, comme pour
la plupart des empiriques, les vérités nécessaires ne
sont que les premières inductions de l'expérience, et
l'impossibilité de concevoir la négative n'est que le
résultat d'une expérience toujours la même qui n'a
jamais été démentie. Cette impossibilité n'est donc
qu'une habitude de l'esprit et non un principe premier qui dominerait l'expérience, au lieu d'en représenter l'uniformité. Pour Hume, cette même impossibilité semble être tout simplement le résultat d'une
expérience fondamentale.

C'est ici le lieu d'examiner une assertion que Kant
répète souvent, et qui mérite de nous occuper. Hume
n'aurait pas rejeté toute connaissance *a priori*, s'il
avait su que les vérités mathématiques étaient de véritables propositions synthétiques, tandis qu'il les a
prises pour des propositions analytiques, et qu'il a cru
se tirer d'affaire et sauver ces vérités du scepticisme
universel de son système, en les fondant exclusivement sur le principe de contradiction : « Les mathé-
» matiques échappaient à ce scepticisme, » dit Kant,
« parce que Hume regardait toutes leurs propositions

---

(1) Spencer, *Principes de Psychologie.*

» comme analytiques, c'est-à-dire comme allant d'une
» détermination à une autre en vertu de l'identité,
» c'est-à-dire suivant le principe de contradiction (ce
» qui est faux, car, au contraire, ces propositions
» sont toutes synthétiques, et quoique la géométrie,
» par exemple, n'ait pas à s'occuper de l'existence
» des choses, mais seulement de leur détermination
» *a priori* dans une intuition possible, cependant elle
» va, tout comme si elle suivait le concept de la cau-
» salité, d'une détermination A à une détermination B,
» tout à fait différente, et pourtant liée nécessaire-
» ment à la première). Mais, cette science si vantée,
» pour sa certitude apodictique, doit aussi tomber à
» la fin sous l'empirisme des principes, par la même
» raison qui engage Hume à substituer l'habitude à la
» nécessité objective dans le concept de cause; et,
» malgré tout son orgueil, il faut qu'elle consente à
» montrer plus de modestie dans ses prétentions, en
» n'exigeant plus *a priori* notre adhésion à l'universa-
» lité de ses principes, mais en réclamant humble-
» ment le témoignage des observateurs qui voudront
» bien reconnaître qu'ils ont toujours perçu ce que les
» géomètres présentent comme des principes... Ainsi
» l'empirisme de Hume dans les principes conduit iné-
» vitablement à un scepticisme qui atteint même les
» mathématiques, et qui, par conséquent, embrasse
» tout usage scientifique de la raison théorique (1). »

(1) *Critique de la Raison pratique*, T. Barni, p. 211. Voir aussi *Critique de la Raison pure*, T. Barni, tome I, p. 63 et suiv.

Jusqu'à quel point l'opinion de Kant exprime-t-elle l'exacte vérité? Nous ne pouvons nous empêcher de penser que le philosophe allemand a attribué à Hume une théorie que ne comportait pas son système, quand il affirme qu'il a fondé sur le principe de contradiction les vérités mathématiques. Hume était en effet bien loin de croire qu'il y eût au fond de notre esprit, au-dessus de nos jugements particuliers, des principes universels, tels que le principe de contradiction. Kant s'est trompé aussi, en supposant que Hume avait eu l'intention de soustraire les mathématiques au scepticisme général, qui, selon lui, atteint toute connaissance. Enfin, c'est sans plus de raison qu'il lui prête l'opinion qui considère les propositions géométriques comme des jugements analytiques. Insistons en quelques mots sur chacun de ces points.

Que faut-il entendre par le principe de contradiction? Il nous semble que Kant exprime par là, avec tous les philosophes, la nécessité qui s'impose à l'esprit, une fois certains principes admis, d'écarter toute proposition qui serait en contradiction avec ces principes. Et c'est bien ainsi qu'on définit en général le principe de contradiction : deux propositions contradictoires ne peuvent pas être toutes deux vraies. Or, il n'est pas question, chez Hume, d'une pareille nécessité logique. Les vérités mathématiques ne sont fondées, comme nous le montrerons tout à l'heure, que sur l'apparence, sur une apparence irrésistible sans doute, qui entraîne la conviction, mais, enfin, sur une intuition subjective, sur une expérience abstraite, qui nous fait voir l'égalité, les rapports des nombres et des figures. Le principe de contradiction a donc perdu, dans la philosophie de Hume, le sens qu'on lui donne généralement. Il n'a plus la valeur d'une vérité rationnelle, fondement de toute logique : il n'est plus que l'expression d'un fait, à savoir, l'impuissance de l'esprit à penser à la fois une chose et son contraire. Si l'esprit, tel que Hume l'imagine, est certain des vérités mathématiques, c'est que la représentation du contraire de ces vérités ne s'est jamais produite. Parler d'impossibilité, de nécessité, c'est sortir des limites de la nature.

Nous avons déjà dit que Hume n'a pas excepté les mathématiques de la menace d'incertitude et d'erreur qu'il fait planer sur toutes nos connaissances. La géométrie lui paraît particulièrement indigne de la réputation de rigueur absolue qu'on lui a faite. « Les idées les plus essentielles à la géométrie, c'est-
» à-dire celles de l'égalité et de l'inégalité, celles de
» la ligne droite et de la surface plane, sont loin
» d'être exactes et déterminées comme nous le
» croyons communément (1)... » Et ailleurs : « Le
» critérium suprême des figures géométriques étant
» fondé sur les sens et sur l'imagination, il est ab-
» surde de parler d'une perfection supérieure à celle
» que ces facultés peuvent atteindre ; puisque la véri-
» table perfection d'une chose consiste dans sa confor-

---

(1) Hume, tome I, p. 73.

» mité à son critérium (1). » Il n'est donc pas vrai de dire que Hume eût reculé devant son scepticisme, s'il avait compris que ce scepticisme entraînait, comme conséquence, la négation des mathématiques pures (2).

Enfin, il est permis de douter que Hume ait jamais entrevu la distinction à laquelle Kant a fait jouer un si grand rôle dans la métaphysique : la distinction des jugements analytiques et des jugements synthétiques. S'il est une vérité désormais acquise à la philosophie, c'est celle que Kant a si nettement établie, que les propositions mathématiques sont, pour la plupart (Kant dit toutes), des vérités synthétiques, c'est-à-dire des vérités qui ne peuvent dériver de l'analyse seule des concepts, et qui supposent une intuition nouvelle dans laquelle l'esprit trouve de quoi déterminer sa première idée. Tout le monde est aujourd'hui d'accord pour admettre cette théorie, qu'il faut, pour fonder les mathématiques, des vérités primitives qui soient synthétiques et, par là, fécondes, grosses de conséquences. Une science ne saurait se composer uniquement de vérités analytiques. Avec ces propositions-là, si elles étaient seules, la géométrie ne pourrait faire un pas en avant; car le principe de contradiction, par lui-même, est bon pour écarter l'erreur, mais non pour découvrir des vérités. Et comme le dit très-justement Kant : « Si le
» principe de contradiction peut nous faire admettre

---

(1) Hume, tome I, p. 73.
(2) Kant, *Critique de la Raison pure*, t. I, p. 64.

» une proposition synthétique, ce ne peut être qu'au-
» tant qu'on présuppose une autre proposition syn-
» thétique, dont elle puisse être tirée. »

Sur ce terrain les partisans de l'empirisme contemporain se rencontrent avec Kant. M. Mill s'exprime, en effet, ainsi : « C'est un préjugé vulgaire de croire
» que les propositions arithmétiques et algébriques
» sont purement *verbales* (ce mot peut être considéré
» comme synonyme d'*analytique*). L'assertion *deux et
» un égalent trois*, considérée comme appliquée à des
» objets, — par exemple : deux cailloux et un caillou
» sont égaux à trois cailloux, — paraît une absolue
» identité... Ceci cependant, quoique plausible en
» apparence, ne supporte pas l'examen. Les mots
» *deux cailloux et un caillou* et les mots *trois cailloux*,
» sont les noms des mêmes objets, mais de ces objets
» dans des états différents. Quoiqu'ils dénotent la
» même chose, leur connotation est différente. Trois
» cailloux en deux parts séparées, et troix cailloux
» en un seul tas, ne font pas la même impression sur
» nos sens, et l'assertion que les mêmes cailloux peu-
» vent, par un changement d'ordre ou d'état, exciter
» l'une ou l'autre sensation, n'est pas une proposition
» identique (1). » N'est-ce pas, quoiqu'il est vrai à un point de vue empirique, la démonstration même que Kant expose dans son introduction à la *Critique de la raison pure* (2)?

---

(1) M. Stuart Mill, *Logique*, trad. L. Peisse, tome I, p. 202.
(2) Conférez Kant, tome I.

Il est donc avéré que les propositions mathématiques sont synthétiques, et Kant a, sur ce point, cause gagnée. Mais il nous est impossible d'adhérer à ses conclusions, quand il rejette Hume dans l'opinion contraire. Ce qui a pu le tromper, c'est que, préoccupé du point de vue logique, il a cru que Hume entendait comme lui le principe de contradiction; il a cru qu'en parlant de vérités dont le contraire serait contradictoire, Hume entendait des propositions où l'attribut serait déduit par analyse du concept qui sert de sujet. Or, tout cela suppose une logique que Hume n'a jamais admise. Hume n'a jamais pensé que l'esprit fût capable, par la considération d'une seule idée, d'en déterminer une autre qui serait la conséquence de la première. Il supposait simplement que, parmi les idées qui se développent en nous, quelques-unes se rapportaient assez l'une à l'autre, par leur ressemblance ou leur contraste, par les degrés de leurs qualités ou les proportions de leur quantité, pour qu'intuitivement ou démonstrativement l'esprit aperçût ce rapport. On le voit, s'il était possible d'appliquer à Hume une distinction qu'il ne paraît pas avoir soupçonnée, loin de dire qu'il a considéré les vérités mathématiques comme des propositions analytiques, nous serions plutôt tentés de soutenir le contraire. Mais le plus vrai est que Hume n'a pas même soupçonné les vues profondes de Kant, et qu'avec son indifférence habituelle, il s'est contenté d'affirmer la certitude propre aux mathématiques sans chercher à en rendre un compte exact. S'il eût prévu, d'ailleurs, les difficultés que

Kant lui oppose, on peut être certain qu'il n'eût pas pour cela désavoué son scepticisme, ni accepté l'existence de vérités synthétiques pures, supérieures à l'expérience. Il se serait retranché dans un système analogue à celui qu'acceptent les sensualistes modernes, M. Mill, par exemple, qui reconnaît franchement l'origine empirique des mathématiques.

Pour M. Mill, comme pour Kant, nous venons de le dire, les vérités mathématiques supposent une intuition. Le débat se réduit à savoir si cette intuition est *a priori* ou *a posteriori*. M. Mill n'hésite pas à soutenir que cette intuition est empirique, qu'elle n'est qu'un abstrait des sens et de l'imagination. Quant à l'évidence surabondante des axiomes mathématiques, elle n'a pas à ses yeux d'autre cause que la nature idéale ou imaginaire des objets auxquels ils se rapportent. De cette nature spéciale des nombres et des figures dérive, en effet, la possibilité de nous les représenter mentalement, aussi souvent que nous le voulons, et de vérifier, par conséquent, un nombre indéfini de fois, le rapport que nous avons saisi dans une première intuition. De cette vérification, indéfiniment renouvelable, résultent les propriétés caractéristiques des axiomes : la nécessité et l'universalité. Si nous pouvions nous représenter les autres relations qui existent entre les objets aussi facilement que les rapports de quantité, nous attacherions bien vite à ces relations les mêmes idées de nécessité et d'universalité. « Il faut tenir compte d'une des propriétés
» caractéristiques des formes géométriques, qui les

» rend aptes à être figurées dans l'imagination avec
» une clarté et une précision égales à la réalité (1). »
Et ce qui est vrai des figures géométriques, l'est
sensiblement de tous les autres objets des mathématiques. C'est évidemment à ce système que Hume
se fût définitivement arrêté, s'il avait été un peu plus
sérieusement préoccupé. d'expliquer la nécessité et
l'universalité des vérités mathématiques.

Pour Kant, au contraire, — et c'est à le démontrer
qu'est consacrée l'*Esthétique transcendantale*, — toute
connaissance sensible suppose elle-même une intuition
à priori. Les perceptions de l'expérience ne seraient
point possibles, si l'esprit ne possédait en lui-même
la *forme* dans laquelle s'ordonne, selon certains rapports, la *matière* fournie par la sensation. La géométrie suppose donc une intuition pure, l'espace. Que
cette représentation de l'espace ne dérive pas de la
sensation, c'est ce que prouvent, entre autres raisons,
la nécessité de concevoir une étendue illimitée, avant
de se représenter les choses qui en occupent telle ou
telle portion : l'impossibilité de croire que l'espace
n'existe pas, et, enfin, la grandeur infinie qui caractérise cette conception. Ce qui est vrai de l'espace
l'est encore de l'idée du temps.

Hume a, lui aussi, longuement étudié les notions
d'espace et de temps, et il y a une analogie remarquable entre la *Critique de la Raison pure* et le *Traité
de la Nature humaine*, pour l'importance et la place

---

(1) M. St. Mill, *Logique*, tome I, p. 266.

que les deux auteurs ont données à leurs réflexions sur ce sujet. C'est par l'Esthétique transcendantale que s'ouvre la *Critique* de Kant; et de même, après quelques observations trop courtes sur les idées en général, c'est la question de l'espace et du temps que Hume s'empresse de discuter. Tout son deuxième livre n'est qu'un effort tenté pour faire rentrer les mathématiques dans la catégorie des vérités empiriques; de même que l'Esthétique transcendantale a surtout pour objet de donner à la géométrie un fondement *a priori* (1).

C'est sur la divisibilité à l'infini que porte principalement la discussion de Hume. Il n'a traité la question de l'infinité que par un bout, l'infiniment petit. En montrant que l'espace ne peut être infiniment divisé, il prétend prouver que l'espace est une représentation sensible. L'esprit, dit-il, est limité dans ses conceptions, et ne peut jamais atteindre une représentation adéquate de l'infinité. Or, toute chose divisible à l'infini doit être composée d'un nombre infini de parties. Penser une chose divisible à l'infini est donc impossible; car une pareille conception supposerait une puissance intellectuelle que nous ne possédons pas : la représentation d'une infinité de parties. L'esprit, par cela même qu'il est borné, doit arriver à un terme, à un *minimum* qu'il ne peut dépasser, dans la division de ses idées. Et si l'idée n'est pas divisible à l'infini, l'objet qu'elle représente ne l'est pas davantage. Nous

---

(1) *Traité* : le livre II tout entier.

atteignons vite, dans notre division de l'étendue, un *minimum visibile* qu'il n'est pas possible de franchir. L'étendue n'est donc autre chose qu'une série de points colorés, et, par suite, étendus, disposés dans un certain ordre. On peut la définir la juxtaposition de parties visibles. Prenons, dit encore Hume, une partie de l'espace aussi petite que possible : une partie indivisible. Est-elle l'étendue? Non ; car l'étendue est divisible. N'est-elle donc rien? Il faut qu'elle soit quelque chose, puisque l'addition de parties semblables à celle-là constitue l'espace. Qu'est-elle donc? Elle est une impression aussi petite que possible, l'impression d'un atome tangible ou coloré.

L'espace n'est donc qu'une intuition sensible. Hume le dit formellement : « Nous ne pouvons en avoir » l'idée que si nous le considérons comme l'objet de » la vue ou du toucher (1). » On voit quelles conséquences en résultent pour la géométrie. Cette science, comme toutes les autres, n'est fondée que sur l'apparence des objets ; et, par suite, elle n'a pas plus de précision ni de rigueur que n'en comporte l'expérience. L'égalité, le plus, le moins, dit Hume, ce sont des proportions que nous jugeons à première

---

(1) Des arguments semblables avaient été déjà invoqués par Collier, pour établir l'impossibilité de l'existence de la matière : « Une matière extérieure, en tant que créature, est évidemment » finie, et en tant qu'extérieure, elle n'est pas moins évidemment » infinie quant au nombre de ses parties ou à la divisibilité de sa » substance, et cependant il ne peut rien être imaginé de plus » absurde qu'une telle divisibilité. » *Clavis Universalis*, p. 50.

vue, mais sans être à l'abri de toute erreur ; par réflexion, par juxtaposition, par l'emploi de communes mesures, nous réformons nos premiers jugements, mais sans arriver encore à une précision absolue. Il n'y a pas, en géométrie, d'idées rigoureusement exactes. Elles participent toutes à ce qu'il y a de vague, d'indéterminé dans les impressions de nos sens. La ligne droite, la ligne courbe, la surface plane ne peuvent être déterminées avec une exactitude parfaite. Toute mesure de détermination absolue est une fiction et une chimère. Les points indivisibles dont se compose l'étendue sont si petits, que l'addition ou la soustraction d'une de ces parties ne peut être discernée par nos sens, et, par suite, nous sommes exposés à mille chances d'inexactitude et d'erreur.

Que deviennent alors les définitions de la géométrie? Des hypothèses qui peuvent ne pas être d'accord avec la réalité; des suppositions auxquelles ne correspond jamais exactement l'objet qu'elles définissent. Hume raisonne encore ici comme nos contemporains, comme M. Mill. Nous ne concevons pas, dit M. Mill, une ligne sans largeur, et cependant c'est ainsi que la géométrie considère la ligne. Notre idée d'un point est toujours l'idée d'un *minimum visibile*. Une ligne, un point, tels que les définissent les géomètres, sont parfaitement inconcevables. Si on s'imagine les concevoir, ajoute-t-il, c'est qu'on suppose que, sans cette conception, les mathématiques ne seraient pas possibles, supposition tout à fait fausse. Et il conclut par

ce raisonnement étrange : « Puisque donc il n'y a,
» ni dans la nature, ni dans l'esprit humain, aucun
» objet conforme aux définitions de la géométrie, et
» que, d'ailleurs, on ne peut admettre que cette
» science ait pour objet des non-entités, il ne reste
» qu'une chose à dire : c'est que la géométrie a pour
» objet les lignes, les angles et les figures tels qu'ils
» existent (1). » De la même façon, Hume juge que
les définitions géométriques affichent une rigueur et
des prétentions qu'elles ne comportent ni ne justifient.
Elles supposent des intuitions imaginaires que l'esprit
ne peut concevoir. Elles sont le résultat des vains
efforts que fait l'esprit pour se hausser en dehors de
l'expérience, jusqu'à des conceptions idéales où notre
esprit ne saurait atteindre, enchaîné qu'il est dans les
liens du monde sensible.

Nous n'avons qu'une réponse à faire à Hume et à
M. Mill. Ces définitions existent; eux-mêmes le reconnaissent. La géométrie nous présente un objet tout
à fait différent de celui que la réalité expérimentale
offre à nos sens. Elle s'exerce sur une étendue idéale,
dans laquelle les points n'ont pas d'étendue, les lignes point de largeur, les surfaces point d'épaisseur.
Elle combine des quantités que rien n'arrête, ni dans
leur divisibilité, ni dans leur multiplication à l'infini.
Comment les confondre avec des notions empiriques,
grossièrement empruntées aux sens ? Que la première
origine des conceptions mathématiques se trouve dans

---

(1) M. St. Mill, *Logique*, tome I, p. 256.

l'expérience, nous ne le contestons pas, mais à condition qu'on accorde à l'esprit humain le pouvoir de les transformer, en les soumettant à une élaboration intérieure, en leur appliquant les lois de la raison. La difficulté est de concilier, dans la formation de ces notions, ce qui dérive des sens et ce qui nous est fourni par l'esprit; et de comprendre comment l'expérience nous suggère des conceptions qui, cependant, la dépassent et la dominent. C'est parce qu'on recule devant la solution de ce problème, qu'on se précipite dans des affirmations exclusives, qu'avec Kant on regarde l'espace comme une intuition pure entièrement *a priori;* qu'avec Hume on n'y voit qu'une impression empirique. Quant à nous, il nous semble vraisemblable que, primitivement empiriques, ces notions s'épurent dans l'esprit, en vertu de la répétition même de l'impression d'où elles procèdent, et sous l'influence de notre raison, qui les idéalise, qui les soumet à ses principes, qui leur applique sa tendance générale à pousser les choses à l'infini. De cette façon, on sauvegarde le caractère nécessaire des propositions mathématiques, mais, en même temps, on reconnaît une vérité qui nous parait incontestable, la part d'observation empirique que contient, comme élément primordial, toute idée abstraite.

Hume qui, dans cette question, hésite et tâtonne un peu, avoue lui-même que nos conceptions mathématiques peuvent dépasser les limites de l'imagination. « Si vous me parlez de la millième et dix-mil-
» lième partie d'un grain de sable, j'ai une idée

» distincte de ces nombres et de leurs différentes
» proportions; et cependant je ne peux pas obtenir
» de mon imagination une représentation inférieure
» à celle du grain de sable lui-même. » Aveu important dont il aurait dû, ce semble, tirer d'autres conclusions.

En résumé, Hume, malgré les apparences, n'est pas sorti de l'empirisme, même dans l'explication des vérités mathématiques. Il y a cette seule différence, entre les probabilités de l'expérience et les affirmations certaines des sciences abstraites, que les unes résultent de la liaison naturelle et immédiate des idées; les autres exigent, au contraire, plusieurs vérifications successives. Par là, et au premier abord, Hume semblerait se rapprocher de Kant et des partisans de l'*a priori*, plutôt que de l'école anglaise contemporaine. Mais, au fond, il n'en est rien, car le résultat est le même, soit que l'on prenne les axiomes, comme le veulent MM. Spencer et Mill, pour des généralisations de l'expérience, soit qu'on les considère comme des faits primitifs, à la manière de Hume.

C'est donc par abus de langage que les mots d'intuition et de démonstration se sont introduits dans la logique de Hume, où ils sont tout à fait imprévus. Hume respecte le plus souvent les mots philosophiques, mais il est rare qu'il en maintienne la vraie signification. L'intuition, — pour l'école qui emprunte quelquefois son nom à cette opération de l'esprit, et que les empiriques anglais se plaisent à appeler l'école *Intuitive,* — l'intuition s'entend de la connaissance d'un objet ; elle suppose ou bien la croyance à l'être dont elle est la représentation, ou bien l'affirmation que la vérité qu'elle saisit s'applique à tous les cas possibles. Pour Hume, l'intuition n'est, au contraire, qu'une impression, un fait, un état particulier de l'esprit ; elle ne représente rien, à vrai dire, puisqu'elle n'est qu'un phénomène subjectif, et qu'elle n'a point d'autre objet qu'elle même. Et, d'un autre côté, elle n'a pas d'extension, c'est-à-dire d'application possible à un grand nombre de cas, puisqu'elle n'est qu'un moment de la conscience, un point intellectuel, absolument circonscrit dans les limites de son existence propre.

Quant à la démonstration, il est encore bien plus difficile à Hume de donner à ce mot son sens véritable. La démonstration n'est intelligible que pour ceux qui admettent au moins deux choses : 1° la continuité et la permanence d'un esprit, qui, ayant ce caractère singulier qu'à la fois il dure et il passe, peut établir entre les diverses parties d'un raisonnement une liaison véritable ; qui enfin ne se représente des propositions nouvelles qu'en les rattachant à d'autres vérités, précédemment conçues, dont il subit encore la domination, quoiqu'elles soient momentanément effacées de la conscience ; 2° la possibilité de découvrir, par réflexion, de nouveaux rapports entre les choses, en s'aidant de principes universels qui embrassent une foule de conséquences. Or, la philosophie de Hume ne satisfait à aucune de ces deux conditions. L'esprit n'est pour lui, nous le savons, qu'une collection, un assemblage et non une unité vivante, qui, tout en étendant sa pensée sur différents objets, peut se concentrer tout entière sur le lien qui les unit. L'esprit humain, dans le système de Hume, saute d'une idée à une autre sans qu'il puisse rendre raison de ce changement ; ou, pour mieux dire, une impression, dans ce défilé incessant et mobile qui constitue notre activité intellectuelle, prend la place d'un autre. Mais l'effort intellectuel qui, malgré la pluralité des éléments dont se compose le raisonnement, en saisit les rapports, et, après les avoir soumis à une commune élaboration, les ramène vigoureusement à une conclu-clusion unique, comment est-il possible, si l'esprit n'existe pas ?

CHAPITRE IV.

LES PROBABILITÉS DE L'EXPÉRIENCE. LA CAUSALITÉ.

Deux questions dominent toute controverse relative à la causalité. Il s'agit, d'abord, de résoudre cette alternative : ou bien la notion de cause est une notion spéciale, *sui generis*, irréductible à toute autre, et dont il importe de connaître l'origine ; ou bien la causalité n'est qu'un mot nouveau et ambitieux, imaginé pour représenter la liaison, la succession constante de deux événements inséparables. Quelle que soit la réponse sur ce premier point, il reste encore à expliquer pourquoi, dans la vie comme dans la science, nous prenons sans cesse pour guide de nos pensées ce que nous appelons, à tort ou à raison, la notion de cause ; pourquoi, enfin, il y a une nécessité, réelle selon les uns, fictive et illusoire selon les autres, à chercher la raison d'être de toute existence. En d'autres termes : 1° Quel est le sens, quelle est la valeur représentative de l'idée de causalité ; 2°. de quelque façon qu'on l'entende, comment comprendre qu'elle devienne un principe nécessaire de la pensée, la loi directrice de nos investigations ?

Tel est le double problème que Hume a prétendu

résoudre sans franchir les limites de son système (1). Il comptait même trouver, dans ses explications sur ce sujet, une confirmation nouvelle de ses théories. Pour lui, l'idée de cause, puisqu'elle ne correspond à aucune impression initiale, est une invention des philosophes. Rien, ni dans les émotions intimes, ni dans les observations des sens, ne nous suggère la notion prétendue d'une force, d'une énergie productive. Et quant à la nécessité apparente qui lie une cause et un effet donnés dans l'expérience, l'habitude, ou, comme on dirait aujourd'hui, l'association suffit pour l'expliquer. Sur ce point, il n'y a, entre Hume et ses disciples du dix-neuvième siècle, d'autre différence que celle qui distingue une hypothèse, présentée timidement et avec quelque embarras, comme il convient à un novateur, d'une affirmation décidée et tranchante, comme il est naturel à des imitateurs qui prétendent avoir vérifié les conjectures du maître. M. Stuart Mill n'hésite pas à dire : « Pour ce qui est » du sentiment de la nécessité, ou ce qu'on appelle » une nécessité de la pensée (la nécessité réelle ou » objective n'est pas en question pour ces philoso- » phes), c'est, de tous les phénomènes, celui que l'as- » sociation est le plus capable de produire (2). »

Quelque incomplètes et inexactes que nous paraissent les vues de Hume sur la causalité, il faut au moins lui rendre cette justice que, mieux que per-

---

(1) Œuvres phil., tome I, de la page 95 à la page 224.
(2) M. Mill, Hamilton, p. 349.

sonne avant lui, il a su poser la question et discuter les différentes parties du problème. Il n'a, pour ainsi dire, laissé à ses successeurs que le choix entre les différentes hypothèses qu'il a lui-même examinées. L'opinion de Maine de Biran, moins nouvelle qu'on ne le croit généralement, a été exposée tout au long et repoussée par Hume ; et ce n'est pas une des moindres curiosités du *Traité de la Nature humaine*, que d'y trouver réfutée à l'avance, par un philosophe empirique, une théorie que les spiritualistes n'ont mise formellement en avant qu'un siècle après, et qui est devenue depuis ce temps, selon les expressions de M. Mill, « le boulevard de l'Ecole intuitive. »

On ne saurait non plus refuser à Hume le mérite d'avoir compris l'importance du sujet. Ce n'est pas sans quelques précautions oratoires qu'il aborde, dans la troisième partie du *Traité de la Nature humaine*, ce qu'il appelle « une des questions les plus élevées de » la philosophie. » Il savait qu'en attaquant le principe de causalité, il touchait aux fondements de toute métaphysique, bien plus, de toute science ; et, quelque peu inquiet de la hardiesse de ses vues, c'est avec des détours que ne comporte pas d'habitude l'allure hautaine de son génie, qu'il expose prudemment une théorie dont il voudrait dissimuler la témérité.

Il faut voir combien il s'ingénie à faire croire au lecteur que sa conclusion n'a rien de prémédité et de voulu, et qu'il la rencontre comme par hasard, sans s'y attendre, au bout d'une longue et impartiale re-

cherche. En cet endroit, sa méthode, plus savante qu'elle n'en a l'air, est pleine d'artifice, et manque un peu de franchise. Donnons-en un exemple. Après avoir analysé les éléments que contient l'idée de cause : 1° la contiguïté dans l'espace, 2° l'antériorité dans le temps, 3° et surtout la liaison nécessaire, il cherche, sans la trouver, l'impression initiale d'où dérive une pareille notion : « Faut-il donc, » s'écrie-t-il, « abandonner mon système, et reconnaître que je
» possède une idée qui n'a été précédée d'aucune
» impression correspondante ? Non ; car la vérité de
» mon système a déjà été démontrée. Que faire alors ?
» Il faut imiter ceux qui, n'ayant pas rencontré ce
» qu'ils cherchaient à l'endroit où ils comptaient pré-
» cisément le trouver, battent le terrain tout autour,
» *sans aucun plan ni dessein déterminé*, dans l'espé-
» rance que leur bonne fortune les mettra d'elle-même
» sur la voie (1). » Hume ne se fie pas au hasard autant qu'il le dit ; mais, avec une feinte naïveté, il veut paraître ignorer où il va, et, par un procédé qui rappelle la méthode de Socrate, donner à une théorie habilement construite l'apparence d'une vérité qui s'offre d'elle-même, et qui a d'autant plus de chance d'être vraie, qu'elle a été moins prévue. « Je ferai
» remarquer au lecteur, » dit-il à la fin de son travail, alors qu'il s'est enfin décidé à démasquer son jeu, et à parler de la succession constante, qui est, d'après lui, le principe de l'idée de cause, « je ferai

---

(1) *Traité*, tome I, part. III, sect. II, p. 105.

» remarquer que cette nouvelle relation s'est décou-
» verte à nous, au moment où nous y pensions le
» moins, et tandis que nous étions entièrement ab-
» sorbé par un autre sujet (1). »

Venons maintenant au fond des choses, et, dépouillant de ses artifices oratoires l'exposition de Hume, résumons ses théories, tout en les critiquant.

Sur le premier point, c'est-à-dire sur la valeur représentative de la notion de cause, Hume n'hésite pas : il nie l'idée de causalité. N'est-ce pas la nier, en effet, que la réduire à ne représenter que l'antécédent, qui devance l'effet, sans qu'on puisse dire qu'il le produit? Ici le scepticisme de Hume ne se contente pas de refuser à nos conceptions la valeur objective que nous leur accordons; il conteste la notion elle-même, et assure, par exemple, que nous ne nous entendons pas, quand nous parlons de force, de pouvoir, de cause active et efficace.

Dans ce premier débat, c'est avec le sens commun que Hume a d'abord affaire; car le sens commun ne se laissera pas facilement convaincre qu'il ne conçoit pas ce qu'il croit si nettement concevoir, c'est-à-dire des énergies agissantes et productrices. Mais c'est avec Maine de Biran surtout que la doctrine du philosophe écossais entre en lutte; car Maine de Biran ne constate pas seulement le fait de l'idée de cause : il en donne l'explication philosophique, et en détermine avec précision l'origine.

---

(1) *Traité*, sect. VI, p. 117.

Sur un point, Hume est d'accord avec Maine de Biran, avec Dugald Stewart, avec presque tous les philosophes : c'est lorsqu'il insiste pour montrer que l'expérience sensible par elle-même, ne nous permet, en aucun cas, de saisir directement l'acte producteur que nous appelons une causalité. S'ils ne s'aidaient de la conscience et de la raison, c'est-à-dire d'une notion préalablement conçue de la cause en général, les sens n'apercevraient jamais, dans les choses physiques, que des liaisons constantes ou des coïncidences fortuites de phénomènes : les causes et les effets, dans le monde matériel, ne leur seraient connus qu'à titre d'antécédents et de conséquents. Mais ici, on le sait, les idées de Hume sont moins originales que justes, et il n'a pas le mérite d'avoir le premier exprimé une vérité que Hobbes avait déjà saisie, et qui était devenue, après lui, un lieu commun dans la philosophie anglaise. Dans des termes qui annoncent le *Traité de la Nature humaine*, Hobbes avait dit : « Ce que nous » appelons expérience n'est que le souvenir de tels » ou tels antécédents suivis de certains conséquents. » Butler, Collins, Berkeley, Locke, ont tous soutenu la même opinion. C'est qu'en effet rien n'est moins contestable. Les analyses les plus profondes de la physique et de la chimie s'arrêtent toujours aux apparences. Elles ne soulèvent jamais le voile qui couvre les forces cachées de la nature; et, si nous ne pouvions introduire, dans notre conception du monde extérieur, que les idées sensibles, l'univers resterait pour nous un immense assemblage de phénomènes qui se déploieraient, sans doute, dans un certain ordre de temps et de lieu, mais dont on ne pourrait jamais dire quelle est leur raison d'être, et quelle cause les détermine à se développer suivant cette loi de succession régulière.

Mais s'il en est ainsi du monde où ne plonge encore que le regard des sens, les choses changent et la nature prend un autre aspect, quand les phénomènes qu'elle présente à nos yeux sont interprétés et expliqués par l'esprit humain tout entier. En vain nous dit-on que les forces, que les causes, ne sont que de vaines entités scolastiques, qui doivent rejoindre, dans le pays des chimères, les qualités occultes et les formes substantielles! En vain les théories modernes, excluant du monde physique ces puissances, ou vivantes, ou tout au moins actives, que la vieille science admettait, nous représentent-elles la nature comme une machine qui ne diffère des autres que par ses proportions infinies ; une machine où d'innombrables ressorts font jouer d'autres ressorts, sans qu'on puisse jamais découvrir, sans qu'on doive jamais chercher le moteur, la force initiale ! Nous nous obstinons, malgré tout, à voir, dans ces couples de phénomènes que les lois scientifiques déterminent, autre chose que des faits qui se succèdent. Déjà vive quand il s'agit des phénomènes de la matière inorganisée, notre croyance à la force devient irrésistible en présence des fonctions de la vie. Cette croyance est-elle trompeuse? A coup sûr, elle est universelle et invincible. Le jour même où il serait démontré que dans

l'univers phénoménal tout peut être expliqué par le mécanisme, et où la conjecture actuelle deviendrait une certitude, nous n'en persisterions pas moins à supposer que derrière les apparences se dérobent à nos yeux, ou des milliers de causes distinctes, ou une cause unique et infinie ; et, selon les propres expressions de Maine de Biran, « l'idée d'une force pro-
» ductive se présenterait encore obstinément à notre
» esprit, et subsisterait, malgré nous, dans l'intimité
» de la pensée (1). »

C'est ce que Hume ne veut pas admettre, et la conscience ou la raison n'ayant rien à ajouter, d'après lui, aux perceptions des sens, le monde reste vide de toute cause, de toute force active. En raisonnant pour établir sa thèse, Hume commet d'ailleurs une confusion assez grave, il attribue à ses adversaires une prétention qu'ils n'ont jamais eue : « Si notre es-
» prit, » dit-il, « était capable de découvrir le pou-
» voir et l'énergie d'une cause quelconque, nous
» pourrions prévoir et prédire l'effet sans avoir re-
» cours à l'expérience. » Les partisans les plus décidés de la notion de cause ne se sont jamais flattés d'une pareille puissance de divination. Comme Hume, ils reconnaissent que l'expérience physique ne saisit directement que des successions de phénomènes ; mais ils soutiennent que, ces couples une fois déterminés par l'observation, l'esprit voit dans le premier fait plus qu'un antécédent. Comme Hume ils accor-

---

(1) Maine de Biran, *OEuvres inédites*, éd. Naville, tome I, p. 257.

dent encore que la raison elle-même est incapable de déterminer à l'avance quel sera précisément l'effet d'une cause donnée ; mais ils soutiennent qu'*a priori* l'esprit humain affirme qu'entre deux phénomènes, qui se trouveront dans telle et telle condition, il y aura un rapport de causalité. En d'autres termes, ce que l'esprit fournit ici comme partout, c'est la forme : ce que l'expérience apporte, c'est la matière. Et Hume, qui raisonne très-justement si son argumentation ne porte que contre des philosophes excessifs qui voudraient tirer de la raison même des connaissances expérimentales, Hume échoue, s'il dirige ses attaques contre ceux qui voient dans la raison, non la source de connaissances positives et particulières, mais seulement le principe de vérités générales et régulatrices.

Quoi qu'il en soit, sachons gré à Hume d'avoir établi fortement que l'idée de causalité ne peut avoir son principe dans l'expérience extérieure. Qu'il ait eu le tort de ne pas reconnaître à la conscience des droits qu'il avait raison de refuser aux sens, comment s'en étonner, si l'on songe que la question de causalité est pour ainsi dire solidaire de la question de substance, et que Hume niait toute substance (1) ?

Mesurons en effet dans toute sa portée l'affirmation de ceux qui prétendent expérimenter en eux-mêmes une cause véritablement active et directement saisie. Parler ainsi, ce n'est rien moins qu'affirmer que l'es-

(1) Voir chap. II.

prit humain peut, en un cas au moins, sortir du phénomène, et pénétrer jusqu'à une réalité substantielle, qui ne se révèle pas seulement par des manifestations extérieures, mais qui se laisse apercevoir en elle-même et dans les profondeurs de son être. Or, Hume faisait passer sous le même niveau les faits extérieurs et les faits de l'âme, et les réduisait, les uns et les autres, à n'être que de purs phénomènes. Et alors que la lumière des faits elle-même lui montrait, sans qu'il pût la repousser, ce fait unique, nouveau dans la nature, qui ne ressemble à rien, et qu'on appelle la conscience humaine, il ne se décidait pas à comprendre que, dans ce fait nouveau, l'esprit, placé dans d'autres conditions, peut recueillir d'autres notions que dans l'expérience sensible.

Tel est le principe général du scepticisme que Hume professe à l'endroit de toute explication psychologique de l'idée de cause; scepticisme d'autant plus remarquable qu'aucune des solutions qui ont été proposées, avant ou après Hume, n'a échappé à son œil scrutateur.

En effet, quoique les philosophes spiritualistes s'accordent généralement à faire des actes de la volonté le type primitif d'après lequel nous formons notre idée de cause et de pouvoir producteur, ils ne s'entendent pas tout à fait sur la question de savoir quel est le point précis de notre activité volontaire, où apparaît la notion de cause, et ils ont présenté sous diverses formes la théorie qui leur est commune. Ces différents points de vue, Hume les a tous distingués.

« On pourrait prétendre, » dit-il, « que nous avons à
» tout instant conscience d'un pouvoir intérieur, pou-
» voir que nous sentons en nous-mêmes toutes les
» fois que, par un simple commandement de notre vo-
» lonté, nous pouvons mouvoir les organes de notre
» corps (1). » Maine de Biran reconnaît dans ces
lignes l'expression de sa propre théorie. Plus loin,
Hume se demande « si l'impression originale qui sert
» de modèle à l'idée de cause ne serait pas cet effort,
» ce *nisus*, dont nous avons conscience, quand nous
» rencontrons une résistance de la part des corps
» étrangers (2). » Ceci est précisément l'opinion de
M. Engel, ce philosophe berlinois auquel Maine de
Biran reprochait d'avoir déplacé l'origine de l'idée de
force ou de causalité; car M. Engel soutenait que « la
» véritable essence de la force consiste dans la possi-
» bilité de saisir et de déterminer une force étrangère,
» extérieure, de se mettre en conflit et action avec une
» force étrangère qui résiste (3). » Et, enfin, Hume examine une troisième hypothèse : celle où l'idée de cause
dériverait, non de l'action que notre volonté exerce sur
le corps, sur les muscles, mais de celle qu'elle exerce
en quelque sorte sur elle-même, en donnant naissance à de nouvelles idées (4). Cette nouvelle modification de la théorie de la causalité fondée sur la

---

(1) *Essais*, sect. VII, p. 74.
(2) Même essai, p. 77.
(3) Maine de Biran, *OEuvres inédites*, p. 269.
(4) *Essais*, sect. VII, p. 77.

volition, a encore rencontré son défenseur, son propagateur spécial; puisque, à peu près de la même façon, un philosophe anglais contemporain, un disciple de Hamilton, un adversaire de l'école empirique, M. Mansel, cherche l'origine de l'idée de cause, non dans l'action de la volonté sur les mouvements corporels, mais dans la production de la volonté par nous-mêmes : « Dans tout acte de volition, j'ai pleinement
» conscience qu'il est en mon pouvoir de former une
» résolution ou de m'abstenir : c'est là ce qui consti-
» tue la conscience représentative de la volonté libre
» et de la puissance (1). »

Cette diversité de points de vue, chez des philosophes qui tendent tous à une même conclusion, serait plutôt contraire que favorable à la thèse que défend l'école spiritualiste. Car, pourrait-on dire, si le sentiment de notre causalité personnelle est aussi irrésistible, aussi manifeste que le prétend Maine de Biran, comment se fait-il que, dans son école même, son avis n'ait pas unanimement prévalu, et qu'on se soit vu obligé de chercher ailleurs que dans l'action de notre volonté sur nos organes, le prototype de notre idée de force? Nous aimons mieux, cependant, expliquer cette variété d'opinions dans une thèse commune, par une vaine recherche d'originalité, que par une impuissance radicale de l'esprit humain à se saisir lui-même comme une force active et productrice. Nous croyons,

---

(1) Voir M. Stuart Mill, *Hamilton*, p. 352, et aussi M. de Rémusat, *Philosophie religieuse*.

avec Maine de Biran, que l'énergie d'une cause agissante ne se montre jamais mieux à nous que dans l'acte musculaire, quoiqu'elle puisse se révéler encore, mais à un moindre degré, soit dans l'action que notre être tout entier exerce sur les autres êtres de ce monde, soit dans la conscience de ce pouvoir incontestable par lequel notre volonté domine et maîtrise notre intelligence et notre sensibilité. Mais il n'en est pas moins inutile de chercher ailleurs que dans le fait particulier signalé par Maine de Biran, l'origine de la notion de cause; il est inutile de sortir de nous-mêmes pour percevoir l'effort qui nous inspire l'idée de la force; et il est chimérique de vouloir, avec M. Mansel, saisir cette action efficace dans je ne sais quel pouvoir mystérieux, qu'un moi absolu, incompréhensible, distinct de nos facultés elles-mêmes, exercerait sur nos volontés. Quand on a saisi dans notre conscience intime le pouvoir volontaire, il nous paraît impossible d'aller au delà. Laissons donc la question sur le terrain où l'a placée Maine de Biran. C'est là qu'est la vérité, et nous allons montrer que les arguments de Hume ne réussissent pas à en détruire l'évidence.

D'une façon générale, l'argumentation de Hume se réduit à tirer de l'hypothèse qu'il combat des conséquences exagérées qu'elle ne comporte pas; à prouver, ce qui lui est facile, que ces conséquences ne se vérifient pas dans l'expérience; et, par suite, à repousser une théorie dont il a habilement confondu la cause et les destinées avec la vérité des conséquen-

ces qu'il lui attribue. S'il est vrai que nous avons conscience d'un pouvoir intérieur, dit Hume, nous devrions, d'avance et antérieurement à toute expérience, prédire l'effet de ce pouvoir. Or, rien de pareil n'arrive ; et c'est seulement après coup que nous apprenons si notre volonté a réellement réussi à mouvoir nos membres. De même, si cette conscience était réelle, nous devrions connaître tous les intermédiaires par lesquels notre volonté d'agir se transmet jusqu'au membre qui agit ; or, les nerfs, les muscles, toutes les parties matérielles que la volonté met en jeu pour exécuter le mouvement qu'elle a résolu, nous les ignorons. Après cet éclair de lumière, que la volonté fait luire dans notre conscience, vient la nuit profonde, et nous ne connaissons rien des opérations mystérieuses de notre corps. Enfin, en troisième lieu, si nous avions conscience de notre pouvoir volontaire, nous devrions être en état d'expliquer pourquoi ce pouvoir n'a d'empire que sur quelques-unes de nos facultés, « sur la langue et sur les doigts, par exem-
» ple, non sur le cœur (1). »

Hume triompherait s'il prouvait, à la fois, que ces conséquences présumées de la théorie qui est en discussion ne se confirment pas dans l'expérience, et qu'elles résultent cependant nécessairement de la thèse spiritualiste. Mais, victorieux sur le premier point, Hume ne l'est pas sur le second, et dès lors toute son argumentation tombe.

(1) Tome I, p. 206.

Demander, en premier lieu, que la conscience du pouvoir producteur soit accompagnée d'un instinct prophétique qui détermine *a priori* la nature de l'effet, c'est demander l'impossible. En fait, la volonté de mouvoir nos membres est toujours suivie, sauf dans des cas exceptionnels, de l'exécution immédiate de ce mouvement musculaire. C'est dans cette production réelle d'un effet particulier par une cause donnée, que nous saisissons expérimentalement l'idée de force ou de pouvoir. L'école spiritualiste ne prétend pas davantage. Elle ne sort pas de la réalité comme fait Hume; elle ne se place pas dans l'hypothèse chimérique d'une volonté inefficace, et, si je puis dire, d'un pouvoir impuissant, qui ne produirait pas l'effet qu'il veut, et auquel Hume demande cependant d'avoir conscience d'une action qu'il n'accomplit pas. Comme le dit Maine de Biran, il ne s'agit pas de prévoir, » mais de bien sentir ou apercevoir ce qui existe (1). » Hume, je le répète, n'a pas remarqué qu'il poussait l'exigence jusqu'à réclamer que la volonté eût conscience d'un pouvoir qu'elle n'exercerait pas, et que, dans l'énergie de la cause, on saisît d'avance un effet qui ne serait pas encore produit. Or, il est bien évident que cette énergie ne peut se révéler à la conscience que lorsqu'elle agit réellement. C'est dans cette expérience de la cause effectivement agissante et immédiatement suivie d'effet, que nous pouvons percevoir la force et la causalité. Il ne faut point aller

---

(1) Maine de Biran., *OEuvres posthumes*, tome I, p. 260.

au delà de cette unique affirmation : l'action causale est un fait que nous saisissons en nous quand il se produit. Et Maine de Biran lui-même a tort quand il admet que l'énergie de la cause, considérée en elle-même, avant toute production d'effet, « emporte avec » elle une sorte de pressentiment ou de prévoyance » du succès. » Confusion manifeste : car, à vrai dire, l'énergie de la cause ne se sépare pas de l'effet produit, et nous ne savons pas, quant à nous, ce que serait une cause qui ne produirait pas d'effet.

Hume exige encore une condition impossible à réaliser, quand il prétend que la cause ne peut se connaître elle-même que si elle saisit en même temps tous les ressorts par lesquels les volitions s'exécutent (1). Que le mouvement de nos membres ne soit que le résultat d'une longue série d'opérations inaperçues pour la conscience, c'est ce que personne ne peut contester. Mais est-il nécessaire que notre conscience aille jusque-là ? Ne suffit-il pas, pour qu'elle se connaisse véritablement comme une cause libre et efficace, qu'elle saisisse l'acte initial qui est le point de départ de cette série de phénomènes et qui met en mouvement toute cette chaîne d'opérations ? Et, de plus, cette connaissance est-elle possible ? Une force qui se sait agissante, et qui puise cette science dans un sentiment intérieur, peut-elle en même temps se représenter les organes matériels qui servent d'instru-

---

(1) Ce raisonnement de Hume a été reproduit par Hamilton, et cité par M. Mill, qui le trouve péremptoire.

ments à son action, et que les sens seuls peuvent nous faire connaître? Demander que la conscience saisisse les opérations physiologiques qui s'accomplissent dans le corps à la suite de l'acte volontaire, c'est une erreur analogue à celle que commettent les physiologistes, quand ils déclarent qu'ils nieront l'âme jusqu'à ce qu'ils l'aient rencontrée au bout de leur scalpel. Maine de Biran a admirablement montré que cette connaissance des organes matériels est inutile à la conscience de l'action, et en même temps impossible, contradictoire en elle-même. Il n'y a rien à ajouter à sa démonstration.

Enfin, quand Hume s'étonne que la cause active dont nous avons conscience ne se rende pas compte à elle-même des limites de son empire, que réclame-t-il autre chose, sinon qu'une force qui agit connaisse ce qui est en dehors de son action? Qu'une grande partie de nos fonctions organiques échappe à la domination de notre volonté, c'est un fait d'expérience; mais pourquoi en est-il ainsi? C'est ce qu'il est difficile de savoir, c'est ce qu'il est en tout cas impossible que sache, par une conscience immédiate, une force qui n'intervient pas dans ces opérations. La conscience est en proportion de l'action, et notre volonté, dans le sentiment qu'elle a d'elle-même, ne peut dépasser les bornes de son activité. Il ne faut donc pas être surpris que nous ne sentions pas l'énergie de notre volonté dans des fonctions auxquelles elle ne se mêle pas. Et quand Hume, à l'appui de son raisonnement, nous fait remarquer qu'un amputé ou un paralytique croit encore avoir le pouvoir de remuer ses membres, et que l'illusion d'une force agissante survit ainsi aux instruments sur lesquels elle ne peut plus s'exercer, Hume invoque des faits qui peuvent aisément se retourner contre lui ; car cette croyance persistante prouve péremptoirement que pour avoir la conscience de notre énergie, il n'est nullement besoin de connaître les ressorts que cette énergie met en jeu, puisque, les ressorts une fois disparus, cette énergie subsiste encore.

En définitive, Hume se croit autorisé à nier le fait de la conscience intérieure d'un pouvoir actif, pour trois raisons : 1° parce que le sentiment de la cause ne contient pas la prédiction de l'effet; 2° parce que la conscience de la volonté qui ordonne ne comprend pas la représentation des ressorts qui exécutent ; 3° parce que la volonté qui agit quelquefois, ignore pourquoi elle n'agit pas toujours. N'est-il pas de toute évidence que ces raisonnements ne sauraient prévaloir contre la conscience de notre pouvoir personnel, si réellement cette conscience existe ?

Si Hume la nie, nous savons pourquoi. La force n'est que la manifestation de la substance. La cause n'est qu'une substance qui agit. Qui nie l'une nie l'autre. Pour un spiritualiste convaincu que le monde est un ensemble de forces, de substances distinctes, il n'y a rien d'étonnant à ce que l'une de ces forces soit douée d'intelligence; que, par conséquent, elle prenne conscience d'elle-même, de ses efforts, de son action. Mais pour un empirique qui ne voit dans l'esprit que des impressions, dans l'univers que des phénomènes, l'idée de cause, si elle était réelle, serait un prodige inexplicable. Et le système emporte la vérité ; l'idée préconçue domine les observations les plus claires.

Il nous semble, en effet, que, pour tout esprit exempt de préjugés, il n'est pas contestable que l'exercice de notre volonté nous donne la notion d'un pouvoir réel. Que l'on dise que cette conscience est une illusion, et qu'on le prouve : alors nous nous rendrons aux raisons de nos adversaires. Mais ce qui doit éveiller notre défiance, c'est que, dans cette discussion, Hume ne nie pas seulement l'autorité du fait, il nie le fait lui-même. Et cependant, que ce soit une illusion ou non, le fait existe : nous sentons en nous-même une énergie véritable, tantôt languissante et molle aux heures d'énervement et d'affaissement, tantôt vigoureuse et forte, lorsque les ressorts de la vie se sont retrempés ; et cela, non pas seulement pour les mouvements musculaires, mais pour tous les actes auxquels notre volonté participe. Quand nous prenons l'initiative d'une action quelconque, quand, dans la plénitude de notre liberté, nous nous déterminons à une résolution grave, n'est-il pas vrai que le sentiment de notre énergie, de notre causalité, déborde pour ainsi dire de notre âme ?

D'ailleurs, sans insister sur l'origine de l'idée, il y a une chose incontestable, Hume le reconnaît : l'idée existe ; la notion de force est familière à l'esprit humain. D'où vient-elle ? Qu'est-ce que cette idée vulgaire, universellement répandue, de pouvoir actif, de puissance productrice ? Une invention des philosophes ? Mais elle se développe dans tous les esprits ! C'est qu'elle est formée, répond Hume, de ce sentiment d'effort que nous éprouvons, en présence d'une résistance extérieure, de ce *nisus animal*, dont nous faisons alors l'expérience. Nous sommes donc capables de sentir l'effort de notre énergie physiologique. Et pourquoi l'effort intellectuel, le *nisus* intérieur, ne serait-il pas, lui aussi, saisi par la conscience ? Pourquoi n'entrerait-il pas, comme élément essentiel, dans la formation de l'idée de cause ?

En accordant qu'il y a dans la notion de force un élément additionnel qui dérive de ce qu'il appelle un *nisus animal*, Hume est sur le point d'avouer qu'il y a, dans l'idée de cause, autre chose que la conception d'un antécédent invariable, et de dire avec M. Stuart Mill : « Nous faisons l'expérience d'un effort toutes les
» fois que nous mettons un objet en mouvement, et,
» par suite, nous formons naturellement et inévi-
» tablement notre première conception de toutes les
» forces de l'univers, par analogie avec les volitions
» humaines (1). »

Mais ce ne sont là que des inconséquences et des aveux involontaires. Hume maintient, malgré tout, que la notion de cause, considérée comme la représentation d'un fait spécial, immédiatement perçu, n'est qu'une chimère. « L'esprit n'a aucune idée des choses
» qui n'affectent ni les sens, ni la conscience. Il sem-

---

(1) M. Stuart Mill, *Hamilton*, p. 355.

» ble donc nécessaire de conclure que nous n'avons
» aucune idée de connexion et de pouvoir, et que ces
» mots n'ont aucune espèce de sens. »

Avec des conclusions aussi absolues, on se met en opposition, non pas seulement avec telle ou telle philosophie, qui explique à sa façon l'origine de l'idée de cause, mais avec la science qui fait de cette notion le principe de ses recherches, avec l'humanité tout entière qui s'en inspire dans tous ses actes. Or, si Hume ne craint pas de combattre les systèmes philosophiques, il est du moins très-disposé à s'incliner devant le sens commun ; et s'il ne croit pas à la solidité des principes qu'admettent la majorité des hommes, il est cependant fort préoccupé de les expliquer et de s'en rendre compte, surtout quand il s'agit de principes dont il comprend l'importance. Et la notion de cause est de ce nombre. « Certes, s'il y a entre les
» objets une relation qu'il nous importe de connaître,
» c'est celle de cause et d'effet. Sur cette relation reposent
» sent tous les raisonnements qui concernent les questions
» tions de fait, les vérités d'existence. Grâce à cette
» relation seule, nous obtenons quelque certitude
» touchant les objets qui échappent au témoignage de
» nos sens ou de notre mémoire (1). » Il importe donc de savoir quelle est cette nécessité secrète qui nous force à considérer deux phénomènes comme dépendants l'un de l'autre, comme produits l'un par l'autre. C'est ici la seconde question que nous avons

---

(1) *Essais*, sect. VII, p. 87.

signalée au début de ce chapitre. Hume, comme nous le verrons, la résout d'une façon véritablement originale, et sa théorie a directement provoqué celle qui défraie aujourd'hui la logique inductive de M. Stuart Mill et de ses amis.

Distinguons, d'abord, deux choses : la vérité générale, qui nous paraît une loi de la raison, et que Hume définit ainsi : « Tout ce qui commence à exister doit » avoir une cause, une raison d'être; » et, en second lieu, l'application particulière que nous faisons de ce principe à la recherche expérimentale des causes dans le monde physique et moral : ce qui revient à discuter la légitimité et le fondement de l'induction.

Hume, qui ne saurait admettre que le principe de causalité soit antérieur à l'expérience, a du moins pris la peine de discuter la valeur de ce principe. La plupart des philosophes, dit-il, le considèrent comme certain ; les uns croient pouvoir le démontrer, les autres le prennent pour une vérité intuitive. Il faut donc, avant de présenter une nouvelle théorie, critiquer les anciennes et prouver que le principe en question n'est ni une vérité intuitive, ni une vérité de raisonnement (1). Hume a beau jeu contre les philosophes qui, comme Hobbes, Clarke et Locke, ont tenté une démonstration *a priori* du principe de causalité : « Il est le premier, à ma connaissance, » dit D. Steward, « qui ait prouvé d'une façon satisfaisante

---

(1) Tome I, p. 106 et suiv.

» que toute démonstration tendant à établir la nécessité
» d'une cause pour toute existence nouvelle ne peut
» être que fausse et sophistique (1). » Lorsque Clarke,
par exemple, veut fonder l'évidence de ce principe sur
l'absurdité qu'il y aurait à ce qu'une chose fût à elle-
même sa propre cause; lorsque Locke, par un raisonnement analogue, insiste sur l'impossibilité de soutenir qu'un être a pour cause le néant (*is produced by
nothing*), ces deux philosophes font un cercle vicieux,
puisque l'absurdité sur laquelle ils s'appuient ne
demeure une absurdité qu'autant que l'on respecte le
principe même dont ils recherchent la démonstration.
Si, par hypothèse, on écarte un instant le principe de
causalité, il n'y a plus aucune nécessité à dire que
les choses ont le néant pour cause, ni qu'elles sont à
elles-mêmes leurs propres causes; puisque c'est uniquement le principe de causalité qui nous fait une loi
de la recherche des causes.

Toute tentative pour démontrer le principe de causalité est donc impuissante, et condamnée à n'être
qu'un cercle vicieux. Les philosophes qui s'imposent
cette tâche ingrate oublient que, quoi qu'ils fassent,
ils n'échapperont pas dans leurs raisonnements à la
domination d'un principe qui est au fond de la raison
humaine. La réfutation que Hume présente ici, nous la
retrouvons, presque dans les mêmes termes, dans Hamilton, qui attribue à Wolf et aux disciples de Leibnitz le raisonnement que Hume combat chez Clarke et

---

(1) D. Stewart, *Dissertation*, etc., p. 178.

chez Locke. « Ecoutez, » dit Hamilton, « ce qu'on
» donne pour une démonstration. Tout ce qui est pro-
» duit sans cause n'est produit par rien, ou, en d'au-
» tres termes, a rien pour cause. Mais rien ne peut
» pas plus être une cause qu'être quelque chose. La
» même intuition qui nous apprend que rien n'est pas
» quelque chose nous montre que chaque chose doit
» avoir une cause de son existence. A cet argument
» nous répondrons que l'existence des causes étant le
» point en litige, il ne faut pas la prendre pour vraie
» dans le raisonnement même qui doit prouver sa
» réalité. En excluant les causes, nous excluons toutes
» les causes, et, par conséquent, nous excluons rien
» considéré comme cause : on ne peut donc pas, con-
» trairement à l'effet de cette exclusion, supposer que
» rien soit une cause, et de l'absurdité de la supposi-
» tion conclure à l'absurdité de l'exclusion même. Si
» toutes les choses doivent avoir une cause, il s'en-
» suit que, par la raison qui a fait exclure les autres
» causes, il faut faire de rien une cause. Mais c'est là
» précisément le point en question : on veut savoir si
» toutes les choses ont une cause ou non ; on viole
» donc le premier principe du raisonnement en pre-
» nant pour vrai l'objet du débat (1). » Les idées et
les expressions de Hamilton se trouvent presque tex-
tuellement dans le *Traité de la Nature humaine*.

Sur ce premier point, Hume a facilement raison de

---

(1) Hamilton, *Lectures*, II, 391, 392. Conférez Hume, tome I, p. 108.

ses adversaires. Mais nous sommes moins disposé à le suivre, quand il affirme que le principe de causalité n'est pas davantage une vérité évidente par elle-même, une intuition de la raison. Il n'y a, on le sait, que quatre relations d'idées qui donnent lieu, d'après Hume, à une certitude immédiate. La causalité ne rentre dans aucune d'elles ; elle ne peut donc aspirer à être intuitivement saisie. Mais sur ce point, la théorie de Hume est tout à fait arbitraire ; il n'a aucun droit de réduire à quatre catégories les rapports immédiatement aperçus par l'esprit, et, par suite, les conséquences qu'il tire de cette supposition tombent avec le système qui leur sert de principe.

Mais il insiste, et reconnaissant que l'impossibilité de concevoir le contraire du principe de causalité, à savoir, un commencement d'existence sans cause, prouverait, si elle était réelle, que ce principe est une intuition *a priori*, Hume s'attache à montrer que cette impossibilité n'existe pas. Il admet qu'un commencement d'existence peut se produire sans cause productrice, que l'esprit humain, tout au moins, conçoit qu'il en peut être ainsi. Nous nions absolument que la raison se prête à cette supposition, bien que, par une hypothèse bizarre, des rationalistes comme M. Mansel acceptent cette possibilité, et rêvent des étoiles où la loi de causalité ne régnerait plus en souveraine. La raison dément de pareilles hypothèses. Il n'y a pas de vérité que l'esprit humain affirme plus résolûment que la nécessité d'une cause. Cela est si vrai, qu'il est quelquefois difficile de faire comprendre à certaines intelligences que Dieu, la Cause Suprême, n'a pas de cause ; de même que les chimistes ont de la peine à faire admettre aux enfants qu'il y a des corps simples, dont toutes les molécules sont de même nature.

La fausseté de l'opinion de Hume, et la nécessité de considérer le principe de causalité comme une loi primitive de notre esprit, ressort d'ailleurs de la faiblesse même des explications qu'il donne pour établir que cette vérité se fonde sur l'expérience (1). Voici sa théorie, qui pourrait se résumer dans cette phrase de Maine de Biran : « L'habitude » nous crée des causes dans l'ordre des successions, ». comme des essences dans l'ordre des coexisten» ces (2). »

Si nous étudions de près ce qu'on nomme vulgairement une cause et un effet, nous remarquons, entre ces deux phénomènes, deux premières relations : ils sont contigus dans l'espace, et celui qu'on appelle « la cause » précède toujours celui qu'on appelle « l'effet. » — On pourrait déjà contester à Hume la vérité de ces deux assertions. La cause est-elle toujours antérieure à l'effet ? Non, si l'on admet l'existence des causes finales. Il est vrai que la cause finale est prévue par l'intelligence qu'elle détermine ; et, dans ce sens, elle est idéalement antérieure ; mais

---

(1) C'est dans le *Traité sur la Nature humaine* qu'il faut chercher les longues explications de Hume sur ce sujet. Dans les *Essais* il a fort abrégé sa théorie. Tome I, p. 111 et suiv.

(2) Maine de Biran, *Mémoire sur l'habitude*.

c'est une antériorité dont Hume n'a aucune idée. Il considère, d'ailleurs, la négation des causes finales comme un corollaire de sa doctrine sur la causalité. Il n'y a, dit-il, qu'une seule espèce de causes : les antécédents invariables. Quant à la seconde condition de la causalité, la juxtaposition dans l'espace, Hume, ici encore, nous paraît dans l'erreur. N'y a-t-il pas une multitude de causes, connues comme telles, qui agissent à distance, et qui, par suite, échappent à la loi générale que Hume admet sans discussion ?

Quoi qu'il en soit, Hume reconnaît que la contiguité et la succession de deux phénomènes ne suffisent pas à nous inspirer l'idée de la liaison nécessaire qu'en fait nous concevons entre un effet et sa cause. Dans une seule expérience de deux faits contigus et successifs, nous ne trouvons rien qui ressemble à la nécessité. Trouverons-nous donc cette nécessité au bout de plusieurs expériences ? Hume le croit. Comment cela est-il possible ? « Comment, » dit-il lui-même, « ce que nous n'apprenons pas à la vue d'un » objet, pourrions-nous l'apprendre à la vue de cent » objets absolument semblables au premier ? » C'est qu'à chaque apparition nouvelle des deux phénomènes, une nouvelle impression se produit, et que l'esprit contracte ainsi l'habitude de passer de l'un à l'autre. Une goutte d'eau est assurément impuissante à creuser le moindre trou dans la pierre, et cependant un million de gouttes d'eau semblables aura peut-être ce pouvoir. De même, ce qu'une seule apparition des phénomènes n'avait pu faire, la répétition constante

des phénomènes le fera ; et, en effet, nous remarquons qu'après un fréquent retour des mêmes couples de faits, l'imagination est déterminée par l'habitude à penser, en présence de l'antécédent, à son conséquent ordinaire (*its usual attendant*). « La répétition constante
» de deux objets ne découvre rien de nouveau en eux,
» et c'est cependant de là que dérive l'idée de pouvoir,
» de liaison nécessaire... C'est que, si cette multiplicité
» d'exemples, d'où dérive l'idée de cause, ne découvre,
» *dans les objets*, aucune qualité nouvelle qui puisse
» servir de modèle à cette idée, du moins l'*observation*
» de cette succession constante produit une nouvelle
» impression *dans l'esprit :* c'est cette impression qui est
» le modèle réel de l'idée de cause... La nécessité n'est
» donc que l'effet de cette observation d'exemples semblables ; elle n'est pas autre chose qu'une impression
» interne de l'esprit, une tendance à passer, par la
» pensée, d'un objet à un autre (1). »

Le lien nécessaire par lequel nous unissons les faits n'est donc qu'une tendance de l'imagination. Il en est de l'esprit humain comme de ces menteurs qui, à force de répéter leurs mensonges, finissent par en être dupes eux-mêmes. A force de voir des phénomènes associés, l'esprit imagine une relation de causalité, une relation nécessaire entre des phénomènes où, en réalité, il n'y en a pas trace.

Cette relation, effet de l'imagination, est entièrement subjective. Il y a cette seule différence, de Hume à

---

(1) Tome I, p. 210 et suiv.

Kant, que pour Kant le *subjectif* est le résultat immédiat de la constitution intellectuelle de l'homme : pour Hume le *subjectif* est l'effet de l'habitude. L'esprit qui, par une fiction, a créé l'univers, par une autre fiction crée les rapports qui paraissent unir les phénomènes dont se compose cet univers. Hume avoue que c'est là le plus étonnant paradoxe (*the most violent*) de toute sa philosophie ; mais il ne croit pas pour cela se tromper, et il espère que ses arguments seront assez décisifs pour convaincre à peu près tout le monde que les objets de la nature n'ont entre eux d'autres relations que celles de contiguïté et de succession ; que tout le reste n'est qu'un poeme, en quelque sorte, surajouté par notre imagination à la réalité.

Le moyen proposé par Hume pour obvier aux difficultés que soulève la nécessité reconnue d'une liaison causale dans une doctrine empirique, ne saurait nous satisfaire ; mais il n'en est pas moins le meilleur, le seul peut-être qu'on puisse imaginer pour conserver, dans un pareil système, l'ombre et l'apparence de la nécessité dans les rapports des phénomènes. Nul doute que M. Mill et son école n'adhère à cette théorie, quoiqu'il ne l'ait pas expressément déclaré. C'est ce moyen que, dans un récent travail, un philosophe de l'école française présentait au philosophe anglais comme l'unique voie à suivre pour se tirer d'embarras. Comme il n'est guère possible de mieux résumer l'opinion de Hume, nous citerons en entier ce passage, emprunté à la thèse de M. Lachelier sur le *Fondement de l'Induction :* « Supposons, d'abord, que

» l'induction spontanée ne soit pas un jugement porté
» par notre esprit sur la succession objective des phé-
» nomènes, mais une disposition subjective de notre
» imagination à les reproduire dans l'ordre où ils ont
» frappé nos sens; on peut accorder, sans franchir les
» bornes de l'empirisme, que cette disposition, d'abord
» purement virtuelle, se développe en nous sous l'in-
» fluence de nos premières sensations, et l'on conçoit,
» en même temps, que, faible à son début, elle soit
» incessamment fortifiée par l'ordre invariable dans
» lequel se succèdent, en fait, toutes ces sensations.
» Supposons, en second lieu, que la probabilité con-
» siste pour nous dans une habitude puissante de
» l'imagination, et la certitude dans une habitude
» invincible, le passage de la probabilité à la certitude
» n'a plus, à son tour, rien d'inconcevable, pourvu
» que l'on n'attache pas au mot *invincible* un sens
» trop absolu, et que l'on avoue que notre croyance
» à la causalité universelle, fondée sur un nombre
» prodigieux d'impressions conformes, pourrait être
» ébranlée à la longue par le choc répété d'impressions
» contraires (1). » Quoiqu'il s'agisse ici du principe
d'induction, et non, à proprement parler, du principe de causalité, les lignes que nous venons de citer
contiennent, *mutatis mutandis*, l'expression exacte de
la pensée de Hume (2).

---

(1) M. Lachelier, *Du fondement de l'induction*, p. 28, 29.
(2) Voici comment Hume résume sa théorie : « L'*idée* de la
» nécessité dérive de quelque *impression*. Il n'y a pas d'impression

Nous lui objecterons d'abord l'impossibilité de confondre une tendance de l'imagination, quelque entraînante qu'elle soit, avec une affirmation aussi invincible que la croyance à une cause pour toute existence nouvelle. Nous trouvons tous, dans notre expérience personnelle, des habitudes invétérées contractées par notre imagination : or, y a-t-il quelque ressemblance entre les conceptions qu'elles nous suggèrent et les jugements nécessaires que nous impose le principe de causalité? De plus, combien serait lent et compliqué le développement de cette tendance imaginative ! Il faudrait, pour lui donner une force même modérée, un nombre considérable d'observations. Cela peut-il se concilier avec la spontanéité de nos affirmations, avec la curiosité instinctive de l'enfant?

Si le mot *cause* n'exprime pas un rapport spécial de dépendance entre deux phénomènes, s'il représente seulement la succession constante, pourquoi donc

» fournie par les sens qui puisse donner naissance à cette idée. Il
» faut donc qu'elle dérive d'une impression intérieure ou d'une im-
» pression de réflexion. Or il n'y a pas d'impression intérieure qui
» se rapporte au sujet qui nous occupe, si ce n'est cette inclination,
» effet de l'habitude, qui nous pousse à passer d'un objet à l'idée de
» l'objet qui l'accompagne ordinairement. C'est, à n'en pas douter,
» cette inclination qui constitue la nécessité (*is the essence of neces-*
» *sity*). En un mot, la nécessité existe dans l'esprit, non dans les
» objets, et il ne nous est pas possible de nous faire la moindre idée
» de cette nécessité considérée comme une qualité des choses. Ou
» bien nous n'avons aucune idée de la nécessité, ou la nécessité
» n'est que la tendance de la pensée à passer des causes aux effets
» et des effets aux causes, conformément à leur liaison constatée
» par l'expérience. » T. I, p. 212.

n'intervertissons-nous pas quelquefois les termes d'une relation aussi fragile? Deux phénomènes se suivent sans cesse. Ne pourrions-nous pas appeler indifféremment *cause* et *effet* chacun de ces phénomènes, puisque le mot *cause* et le mot *effet* ne désignent que des faits successifs? Et cependant, en réalité, nous mettons dans ces deux termes une énergie de sens tellement spéciale, que toute confusion est impossible. Dira-t-on que ce qui empêche la confusion, c'est seulement l'antécédence invariable? Mais si nous appelons *cause* le premier phénomène perçu, celui qui sert de point de départ à l'inférence, et *effet* celui qui est inféré, n'y a-t-il pas des cas où nous devrions appeler *cause* ce que nous appelons *effet*? Si, par exemple, sans voir le feu, nous éprouvons de la chaleur, et concluons à l'existence du feu, ne devrions-nous pas, conformément aux règles de la logique de Hume, considérer la sensation de chaleur comme la cause du feu? Pour rendre cette absurdité possible, il suffirait que les deux phénomènes se produisissent un certain nombre de fois dans l'ordre fortuit et renversé que nous venons d'indiquer. En d'autres termes, on ne s'expliquerait plus la régularité admirable que la science conçoit dans la nature, si les liaisons qu'elle détermine dépendaient seulement de l'uniformité supposée de nos perceptions, uniformité qui est si souvent troublée.

C'est à tort que Hume prétend tirer un argument en faveur de sa théorie, de l'existence de ces systèmes qui, supprimant toutes les causes secondes, attribuent à Dieu seul l'énergie causatrice ; car, là encore, se retrouve, avec la difficulté, que nous ne contestons pas, d'expliquer comment les choses agissent les unes sur les autres, la conviction profonde qu'il y a quelque part un pouvoir actif infini. Que ce pouvoir soit réparti entre les différents êtres créés, ou concentré tout entier dans la substance divine, cela revient au même ; dans les deux cas on croit à la causalité : ici, à la nécessité d'une multitude de causes secondes dépendantes d'une cause première ; là, à la nécessité d'une cause unique qui intervient à chaque instant pour assurer la succession des phénomènes dans un certain ordre. Des deux côtés, on le voit, Hume ne saurait recruter des adhérents.

Nous n'avons pas besoin de redire, après tant d'autres, et comme Reid l'a fait observer le premier, que la succession constante, universelle de deux phénomènes, n'équivaut pas toujours à une liaison causale ; que l'habitude, par exemple, de voir le jour succéder à la nuit, ne nous fait pas croire que le jour a pour cause la nuit. M. Mill repousse cette objection, quoiqu'il avoue qu'elle est « très-plausible, » en déclarant que la succession invariable ne suffit pas, qu'il faut encore qu'elle soit inconditionnelle ; c'est-à-dire que l'expérience nous ait prouvé « qu'il n'y a pas d'autres
» conditions (comme, dans l'exemple cité, le lever du
» soleil) d'où dépende la séquence invariablement ob-
» servée (1). » Mais n'est-ce pas renverser les fonde-

---

(1) M. Stuart Mill, *Logique*, tome I, p. 381.

ments du système, sous prétexte de l'étayer, et reconnaître qu'il y a en nous quelque puissance de raisonnement capable de surmonter les tendances les plus fortes de notre imagination? Il ne saurait y avoir, en effet, de succession plus frappante pour nos sens, plus répétée que celle du jour et de la nuit. M. Mill a beau dire que l'expérience seule, en nous montrant que le lever du soleil précède le jour, empêche notre esprit de voir une liaison causale entre deux phénomènes qui, simplement, se succèdent; il est certain que l'imagination, si elle était le vrai principe des liaisons causales, ne tiendrait aucun compte des expériences particulières relatives à l'apparition du soleil, et qu'elle passerait outre sans scrupule, tant l'observation générale de la succession du jour et de la nuit l'emporte sur l'autre par le nombre des constatations faites.

Pour toutes ces raisons, il est permis de conclure que l'empirisme de Hume est impuissant, malgré ses efforts, à trouver une explication solide de la loi de causalité. La frêle liaison qu'il établit entre les phénomènes, et dont il confie la garde à une faculté aussi indécise que l'imagination, peut un instant faire illusion, et maintenir jusqu'à un certain point un ordre factice et précaire entre les phénomènes; mais ce tissu fragile et inconsistant de lois, fondées sur l'habitude, ne résiste pas à la moindre analyse. La science, création passagère de l'imagination, n'a pas plus de valeur et de réalité que les modes artificielles, que les goûts éphémères des hommes, qui, fondés sur l'habitude, sur l'usage prolongé, peuvent disparaître un jour ou l'autre. Les prétendues vérités scientifiques ne sont que des préjugés un peu plus durables que les autres. Il n'y a pas de raison pour que les successions uniformes jusqu'à présent constatées, se maintiennent toujours. Un jour peut renverser l'ordre entier de la nature, mettre les effets à la place des causes, les causes morales à la place des causes matérielles, et réciproquement. La nature n'est plus qu'un assemblage incohérent de phénomènes qui sont ordonnés aujourd'hui dans certains rapports de succession, mais qui demain peuvent prendre un ordre contraire. Sans doute, Hume, qui ne croit pas à la nature, ne s'inquiétera pas du sort que lui fait son système ; mais il se trompe s'il croit pouvoir au moins maintenir quelque liaison solide entre les perceptions elles-mêmes. La nature intérieure échappe, elle aussi, à toute loi scientifique, à toute connaissance réelle, si nous n'avons, pour déterminer ses phénomènes, d'autres instruments que l'habitude et l'imagination. De sorte que ce dogmatisme empirique, qui croit trouver dans les mouvements de l'imagination quelque fondement aux affirmations générales de la science, est au fond le plus complet des scepticismes.

CHAPITRE V.

DE L'INDUCTION. LA LOGIQUE DE HUME ET LA LOGIQUE DE M. STUART MILL.

La négation du principe de causalité n'a pas seulement pour résultat de détruire le rapport effectif de dépendance qui unit les causes et les effets observés, et par conséquent la certitude objective des lois de la science ; elle a encore cet inconvénient grave, de nous laisser sans aucun principe qui puisse nous conduire au delà de nos observations, et de nous enfermer rigoureusement dans les limites, non pas seulement de l'expérience possible, mais des expériences réellement accomplies par nous. En d'autres termes, la suppression de toute liaison entre les phénomènes rend impossible toute induction légitime. L'induction suppose, en effet, une loi de notre raison qui, bien que diversement formulée, revient toujours à cette maxime : les mêmes causes produisent les mêmes effets. Cette affirmation est la traduction immédiate d'une croyance plus fondamentale encore : il y a de l'ordre dans la nature. Or, quand on prétend que les phénomènes se succèdent, sans qu'ils aient une raison intrinsèque de suivre un ordre de succession plutôt qu'un autre, quand on leur refuse toute puissance intime de s'engendrer mutuellement, n'est-il pas certain qu'on ôte, par là même, toute raison d'être au principe de l'induction? Il y a une corrélation évidente, entre la loi de la pensée qui veut que nous donnions une cause à tous les phénomènes, et celle qui veut aussi que nous attribuions en tout temps, en tout lieu, la même cause au même phénomène. Car, s'il nous paraît nécessaire de croire que le cours de la nature ne change pas, c'est que nous pensons trouver, dans l'essence de chaque cause, des caractères spéciaux qui déterminent l'effet, qui l'obligent à être tel et non autre. Mais, si la cause n'est plus considérée que comme l'antécédent invariable de l'effet, il n'y a plus de motif qui nous porte à croire que le rapport, jusqu'à présent constaté, se maintienne toujours. « Toute chose peut » produire toute chose » (*any thing may produce any thing*). C'est, nous l'avons vu, la conclusion avouée de la théorie de Hume sur la causalité. N'est-ce pas précisément s'interdire toute inférence des cas observés à ceux qui ne le sont pas, toute affirmation en dehors des faits positivement constatés?

Nous ne saurions donc partager l'avis de M. Mill, qui prétend que l'on peut établir l'induction sur des bases solides, et donner toute sa force, toute son autorité à la loi de causalité universelle, sans avoir préalablement pris parti sur la nature du rapport de causalité. « A la vérité, si la logique inductive exi-
» geait, pour se constituer, que les disputes si longues
» et si acharnées des différentes écoles de philoso-

» phie sur l'origine et l'analyse de l'idée de causa-
» lité, fussent décidément étouffées, la promulgation
» ou du moins l'adoption d'une bonne théorie de l'in-
» duction pourrait être considérée, pour longtemps
» encore, comme désespérée. Mais heureusement, la
» science de l'investigation de la vérité par la voie
» de la preuve est indépendante des controverses qui
» troublent la science de l'esprit humain, et n'est pas
» nécessairement tenue de poursuivre l'analyse des
» phénomènes intellectuels jusqu'à cette dernière li-
» mite qui, seule, pourrait contenter un métaphysi-
» cien (1). »

Quoi qu'en dise M. Mill, la science empirique, si elle persiste à écarter la raison et ses principes, est condamnée à ne pas dépasser ces inductions fausses, ces « inductions ainsi improprement appelées, » (comme le dit M. Mill lui-même), qui ne sont que le résumé, le catalogue abréviatif des faits observés. Un astronome a considéré successivement toutes les planètes : il pose en loi que tous ces astres brillent d'une lumière empruntée au soleil. Un navigateur découvre une terre dans l'Océan, et en fait rapidement le tour : il prononce que c'est une île. Ce sont là des descriptions, des *colligations*, comme on dit en Angleterre, que l'expérience suffit à légitimer, puisqu'elle en fournit tous les éléments. Mais comment aller au delà ? Qu'est-ce qui pourrait autoriser la pensée humaine à porter ses affirmations sur des objets que non-seule-

---

(1) M. Mill, *Logique*, tome I, p. 368, 369.

ment elle n'a pas observés, mais que l'observation ne peut atteindre? On sait comment M. Mill répond à ces questions. Rappelons brièvement sa théorie, afin de faire mieux comprendre combien elle se rapproche des opinions de Hume.

D'après M. Mill, l'esprit humain débute par des inductions spontanées et naturelles, dont les expériences quotidiennes augmentent sans cesse le nombre. Ces inductions consistent à généraliser les uniformités partielles que l'observation a constatées dans la nature. En elles-mêmes, ces inductions ne sont fondées sur rien. Elles supposent cependant un postulat, qui, impliqué dans chacune d'elles, n'est autre que la croyance à l'ordre de l'univers. « Il faut d'abord ob-
» server qu'il y a un principe impliqué dans l'énoncé
» même de ce qui est l'induction, un postulat relatif
» au cours de la nature et à l'ordre de l'univers, à
» savoir : qu'il y a dans la nature des cas parallèles ;
» que ce qui arrive une fois arrivera encore dans des
» circonstances suffisamment semblables, et, de plus,
» arrivera aussi souvent que les mêmes circonstances
» se représenteront (1). » Mais il faut bien se garder de croire que cette croyance à l'uniformité de la nature soit l'origine et le principe du procédé inductif. L'affirmation que la nature est gouvernée par des lois générales est elle-même une induction, la plus vaste de toutes. Nous constatons d'abord les uniformités partielles, et, d'induction en induction, nous nous

---

(1) M. Mill, *Logique*, tome I, p. 347.

élevons peu à peu à l'uniformité universelle. Cette généralisation suprême n'en est pas moins la garantie de toutes les généralisations précédentes. Elle est à la fois le résumé de toutes les inductions particulières, et l'affirmation qui en assure la légitimité.

Il y a là un cercle vicieux évident. Dans le système de M. Mill, ni les premières inductions n'ont de raison d'être, puisqu'elles ne sont que des faits instinctifs, qu'aucune vérité générale ne garantit et ne soutient encore, ni la dernière induction n'a de valeur et d'autorité, puisqu'elle repose uniquement sur les premières. Les principes n'y sont vrais que si la conclusion est certaine; et la conclusion elle-même n'est certaine que si les principes sont vrais. La loi de causalité universelle n'est donc que l'usurpation finale d'une imagination qui s'enhardit, et qui, d'empiétement en empiétement, arrive à un coup d'état décisif. Si l'expérience seule est au fond de nos inductions, la loi de causalité n'est que le total des inductions partielles; et ces inductions partielles, n'ayant qu'une valeur expérimentale limitée, ne sauraient, dans leur ensemble, s'égaler à une affirmation universelle, comprenant tous les temps et tous les espaces.

M. Mill a été conduit à cette théorie par les nécessités de son système, mais on peut croire qu'il a été aussi guidé par des apparences trompeuses. A ne regarder que la surface des choses, il semblerait que la réalité lui donnât raison. L'homme commence, en fait, par induire spontanément, sans se rendre compte de l'opération qu'il accomplit, et sans réfléchir aux principes qui la légitiment. Demandez à l'enfant pourquoi il a peur du feu ; au sauvage, pourquoi il se défie d'une bête fauve : ils seront tout au plus capables de vous répondre en citant les expériences particulières où ils ont fait l'épreuve du danger qu'ils redoutent. Quant à l'universalité des lois naturelles, ils n'en ont pas le moindre soupçon ; et cependant ils s'attachent à ces généralisations instinctives avec une confiance invincible. Mais cet instinct qui gouverne l'intelligence du sauvage ou de l'enfant, qu'est-il autre chose, sinon la manifestation obscure d'une raison encore latente et incapable de formuler ses principes ? Le philosophe qui va au fond des choses ne doit-il pas démêler, dans les développements inconscients de la nature primitive, les principes qui, seuls, donnent à l'entendement quelque autorité ? Ou l'induction n'a aucune valeur et n'est qu'un mouvement arbitraire de l'esprit, ou elle repose sur une vérité préalable, la certitude de l'uniformité universelle de la nature. Que cette vérité se présente ou non à l'intelligence qui induit, peu importe. Au point de vue objectif, il est nécessaire que cette vérité soit certaine, pour que l'induction soit légitime. Dire que la loi de causalité universelle, couronnement de toutes les inductions spontanées, assure la solidité de ces inductions, c'est raisonner comme un architecte qui prétendrait, par une toiture appuyée sur des fondements et des murs chancelants, consolider un édifice ; ou comme un théologien qui, pour démontrer les miracles, invoquerait un miracle plus grand que les autres.

Il serait faux d'attribuer à Hume le mérite d'avoir le premier conçu la théorie qui sert de principal étai à la Logique inductive de M. Mill. Nul doute, cependant, qu'une inspiration commune n'ait présidé au travail des deux philosophes : c'est ce que nous allons montrer.

En étudiant les vues de Hume sur la causalité, on se demande, non sans embarras, comment, avec de pareilles données, une logique inductive serait possible. L'embarras n'existe guère pour Hume. La logique qu'il ne peut déterminer, il ne la croit pas nécessaire. Après avoir indiqué quelques règles générales que nous examinerons tout à l'heure, et qu'il édicte comme autant d'oracles, il a soin d'ajouter lui-même : « Voilà » toute la logique que je crois à propos d'employer » dans mes raisonnements ; et peut-être même ces » règles n'étaient-elles pas nécessaires, pouvant être » aisément suppléées par les principes naturels de » l'entendement (1). » Combien nous sommes loin des longues théories que M. Mill, en deux volumes, s'efforce d'asseoir sur la base fragile de l'empirisme ! Plus conséquent avec lui-même, Hume a reconnu l'impossibilité de tirer des principes de son école une logique fondée en raison, et d'une valeur véritablement scientifique. « Il ne peut pas y avoir, » dit-il positivement, « d'arguments démonstratifs pour prou- » ver que les cas dont nous n'avons pas fait l'expé- » rience ressemblent à ceux que nous avons expéri-

---

(1) *Traité,* tome I, p. 223.

» mentés. Nous pouvons concevoir un changement
» dans le cours de la nature, ce qui prouve suffi-
» samment qu'un tel changement n'est pas impossi-
» ble (1). » Il était dans la destinée de Hume de
désillusionner tous ceux qui s'imagineraient pouvoir,
en niant les principes de la raison, maintenir quand
même les croyances de l'humanité, et de décrier,
après coup ou à l'avance, par ses pénétrantes analyses, tous les efforts tentés par l'empirisme pour se
mettre d'accord avec le bon sens. On a souvent redit
que, par ses observations sur les perceptions sensibles, il avait percé à jour l'erreur et l'inconséquence
de ceux qui maintiendraient l'idée de cause dans des
systèmes où toute idée dériverait des sens. De même,
et avec autant de justesse, on peut dire que, par ses
propres aveux, il a dévoilé d'avance l'impuissance de
M. Mill et de l'école empirique à établir une logique
inductive.

Hume est de ces esprits décidés et francs qui ne
se paient jamais de mots, et qui éclairent d'une impitoyable clarté toutes les conséquences de leur pensée,
trahissant, pour ainsi dire, en enfants terribles, les
secrets de la maison.

Ecoutons-le, en effet : « Il nous est impossible de
» trouver, dans notre raison, de quoi justifier d'une
» façon satisfaisante l'extension que nous faisons de
» notre expérience au delà des cas particuliers obser-
» vés par nous... » — « Cette supposition que le futur

---

(1) Tome I, p. 119.

» ressemble au passé ne s'appuie sur aucune espèce
» d'arguments : elle dérive entièrement de l'habitude,
» qui nous détermine à attendre pour l'avenir la
» même suite d'objets à laquelle nous sommes accou-
» tumés (1). » — « Soyons convaincus pleinement de
» ces deux principes : 1° il n'y a pas d'objet, consi-
» déré en lui-même, qui possède des qualités telles
» que nous ayons le droit d'en tirer une conclusion ;
» 2° même après l'observation de la liaison fréquente
» ou constante des objets, nous n'avons aucun motif
» de tirer une inférence relative à quelque objet, en
» dehors de ceux dont nous avons déjà fait l'expé-
» rience (2). »

Il n'est pas possible de refuser plus nettement à l'esprit toute autorité inductive, et de l'enfermer plus rigoureusement dans le cercle des expériences faites. Au fond, M. Mill pense bien, comme Hume, que l'association des idées seule, ou l'habitude, peut étendre nos conclusions au delà de l'expérience ; mais il ne l'avoue pas aussi nettement. Et quoique les théories des deux philosophes se ressemblent, il y a cette différence que M. Mill a bâti devant la sienne une magnifique façade qui fait d'abord illusion ; Hume n'a presque pas songé à masquer, à dissimuler la faiblesse et l'insuffisance de sa doctrine.

Si Hume n'admet pas que l'induction ait une valeur

---

(1) Tome I, p. 174.
(2) *Ibid.*, p. 181.

scientifique, s'il ne lui reconnaît pas de fondement rationnel, il est du moins obligé de tenir compte du fait, et d'expliquer, sinon la légitimité, au moins l'existence de l'induction. Voici comment il résout la difficulté.

D'après lui, nous ne pouvons nous représenter les événements futurs que comme probables ou possibles. La possibilité est une vue vague, mal déterminée de l'objet; la probabilité, c'est la conception du même objet, plus précise et plus nette. Le nombre des expériences assurera aux idées le degré de force et de vivacité nécessaire pour que, de possibles, elles deviennent insensiblement probables. En effet, les images qui survivent aux expériences particulières s'unissent et se fondent dans une seule image totale, dont la netteté croîtra évidemment en proportion des expériences. Chaque nouvelle observation, conforme aux précédentes, est comme un nouveau coup de pinceau qui avive l'image, et renforce sa couleur et son éclat, sans agrandir ou changer la forme de l'objet. Si les expériences ont été uniformes, l'habitude qui nous porte à induire est pleine et entière. S'il y a des exceptions, des contradictions, l'impulsion de l'imagination est enrayée, mais la tendance subsiste, tant que le nombre des expériences contraires ne dépasse pas celui des expériences conformes. Si ce dernier cas se présentait, l'impulsion primitive s'effacerait pour faire place à une impulsion en sens opposé, parce que dans ce cas l'image de l'objet contraire, formé d'un plus grand nombre de représentations particulières, serait plus vive et plus forte, et, par suite, entraînerait de son côté la croyance (1).

En d'autres termes, si nous affirmons que les cas non observés ressemblent à ceux qui l'ont été, c'est que la conception de l'objet, sous la forme qui s'est offerte à nous, est devenue peu à peu, par l'accumulation des images semblables, une impression très-nette et très-déterminée qui domine l'esprit. Pour que nous affirmions l'existence future de cet objet, il suffit qu'il soit en relation avec une des perceptions que l'expérience actuelle nous fournit. La perception présente entraînera, par association, l'idée de l'objet qui lui est uni par un rapport quelconque; la perception, en même temps, communiquera à l'idée quelque chose de sa vivacité, et la transformera en croyance. Si l'impression présente n'est pas directement associée à l'idée, il pourra y avoir entre les deux termes des intermédiaires nombreux ; et alors la force communi-

---

(1) « La supposition que *le futur ressemble au passé* n'est pas fon-
» dée sur le raisonnement; elle dérive entièrement de l'habitude...
» La tendance à transporter le passé dans l'avenir est aussi forte
» que possible (*is full and perfect*) ; et par suite le premier mouve-
» ment de l'imagination dans ce cas est lui aussi complet et parfait...
» Si, en considérant les expériences passées, nous en trouvons de
» contraires, bien que la tendance reste parfaite en elle-même, l'ima-
» gination nous offre un certain nombre d'images en désaccord avec
» les autres. Le premier mouvement de l'imagination est, par suite,
» divisé, et l'imagination s'éparpille sur chacune de ces images...
» Les images contraires ont pour résultat de produire une croyance
» imparfaite, en divisant l'*habitude parfaite* (*perfect habit*) qui nous
» fait conclure en général que les cas non expérimentés ressem-
« blent à ceux qui l'ont été. » Tome I, p. 176, 177.

quée par l'impression se perdra peu à peu, s'affaiblira en traversant les intermédiaires par lesquels elle se transmet à la conclusion.

Si donc il s'agit d'un événement très-éloigné, soit dans le passé, soit dans l'avenir, la probabilité s'efface peu à peu, parce qu'elle s'écoule, en quelque sorte, à chaque anneau de la chaîne qui relie l'événement à notre conception présente. Il semblerait en résulter, Hume le reconnaît, que la certitude de l'histoire ancienne se perd à mesure que la série des intermédiaires augmente. La croyance n'étant qu'un certain degré de vivacité, qui dérive d'une impression originale, et se transmet aux idées associées à cette impression, elle doit décroître par l'effet d'une transmission trop prolongée. Pour se tirer d'embarras, Hume croit qu'il suffit de faire remarquer que les intermédiaires historiques (les témoignages concordants de plusieurs écrivains) sont de même nature. L'imagination n'a, par suite, aucune peine à se représenter successivement ces affirmations en tout point semblables; de sorte qu'elle ne dépense pas, elle conserve, au contraire, intacte, jusqu'au bout de la chaîne qu'elle parcourt, la vivacité originale dont une impression actuelle l'a animée et douée. « Cette circonstance seule, » ajoute Hume, « sauve la certitude historique (1). » Il eût mieux valu reconnaître qu'en réalité, quelque différents que soient les intermédiaires par lesquels notre pensée atteint une vérité éloignée, la force de la

(1) Tome I, p. 189.

croyance ne s'affaiblit pas, et que la certitude est aussi grande, au bout d'une longue déduction, que dans les prémisses qui lui ont servi de point de départ et de principe.

Les affirmations inductives, relatives à l'avenir, aux cas non directement observés, ne sont donc, d'après Hume, que des associations d'idées reliées à une impression présente, associations d'autant plus fortes, et, par suite, affirmations d'autant plus probables que l'habitude qui les produit se fonde sur un plus grand nombre d'expériences. Par une impulsion machinale, l'imagination transporte dans l'avenir les images du passé. Le souvenir des faits uniformément observés se grave dans la mémoire, et ne cesse de hanter l'imagination ; et la croyance au renouvellement d'un objet n'est pas autre chose qu'une conception de cet objet, avivée par son rapport avec une perception actuelle (1).

Telle est l'explication de Hume : tels sont, sur ce sujet, « les principes extraordinaires et fondamentaux de sa philosophie. » Hume ne se faisait pas illusion, d'ailleurs, sur le sort qui leur était réservé : « Quoi-

---

(1) « Il n'y a pas d'autre principe que l'action de l'habitude sur » l'imagination, pour expliquer les inférences... Les objets, grâce à » l'habitude, paraissent si inséparables que nous ne mettons pas » un instant à passer de l'un à l'autre... L'union constante de deux » objets dans les expériences passées produit dans l'esprit une » telle habitude d'association, que l'esprit ne les sépare plus l'un » de l'autre... Tous les raisonnements probables dérivent de la » même origine : c'est-à-dire *l'association des idées à une impression* » *présente.* » Tome I. p. 137, 138, 171.

» que les preuves que j'ai données à l'appui de mon
» opinion me paraissent péremptoires, je n'espère pas
» faire beaucoup de prosélytes. » Il en a, du moins,
trouvé dans notre siècle. La théorie de M. Mill ne
diffère pas sensiblement de celle de Hume. L'un et
l'autre pensent que l'expérience de la liaison constante
des phénomènes est le point de départ unique de l'induction. Seulement, Hume avoue plus franchement que
l'affirmation inductive n'est qu'une tendance subjective
de l'imagination, et n'atteint aucunement les objets.
Mais comme Mill, et c'est là le point important, Hume,
après avoir expliqué isolément les inductions une à
une, comme autant d'habitudes prises par l'esprit,
justifie d'ensemble toutes les inductions possibles,
par cette habitude suprême que contracte l'esprit
d'attendre un effet partout où il y a une cause. Et il
n'y a ici qu'une seule différence : c'est que M. Mill
appelle une *loi* de l'esprit ce que Hume appelait simplement une *habitude*.

Nous reprocherons d'abord à Hume, de ne pas
rendre compte de la distinction, pourtant si nette, que
notre pensée, dans ses inductions, établit entre le passé
et le futur. S'il n'y a, dans la généralisation de notre
esprit, que des faits associés à des faits, des idées
unies à d'autres idées, sans aucun principe qui nous
guide, on ne voit pas pourquoi nous localiserions si
fermement les faits induits, les uns dans le passé, les
autres dans l'avenir. Quelle est donc la raison qui
détermine l'imagination à prendre quelques-unes de
ses représentations pour des événements historiques,

pour des faits qui ne se reproduiront plus, les autres pour des faits universels indéfiniment renouvelables? Un chapitre d'histoire qu'on a relu cent fois, une prière qu'on redit tous les matins, voilà des impressions habituelles, dont nous ne sommes nullement tentés de faire des affirmations inductives. Un historien, qui se sera spécialement occupé d'un peuple ou d'un personnage, qui aura pris l'habitude de ne penser qu'à l'objet de ses recherches, aurait quelque peine, si Hume dit vrai, à ne pas transporter dans l'avenir des conceptions qui lui sont devenues familières. De même que, comme nous le verrons bientôt, Hume, par sa théorie sur la matière et sur l'âme, rend presque inexplicable la distinction du moi et du monde extérieur, de même, par sa manière de concevoir l'induction, il admet presque la possibilité de confondre l'avenir avec le passé, et *vice versa*. Si l'induction dépend, en effet, de l'habitude seule et d'une association d'idées, il est difficile de comprendre comment l'esprit ne s'égare pas, ne s'embrouille pas lui-même, au milieu des innombrables images qui s'offrent à lui; et comment s'élève, entre le passé et l'avenir, une barrière infranchissable, une ligne de démarcation absolue.

Mais ce qu'on s'explique moins encore, c'est que l'habitude d'observer un même phénomène puisse produire une affirmation générale comprenant tous les temps et tous les lieux. La théorie de Hume suffirait peut-être, si l'induction n'était que l'attente machinale d'un événement probable; comme il nous arrive parfois, dans un demi-sommeil, dans un état d'assoupissement et de rêverie, quand nous entrevoyons vaguement la probabilité que quelqu'un va venir, que le jour va nous surprendre. Mais cette attente incertaine et confuse, comment la prendre pour l'équivalent de ces jugements résolus et nettement formulés, que le savant prononce dans la pleine lumière de sa raison, quand il pose une loi générale de la nature? Ici, comme partout, la psychologie de Hume ne saisit qu'une moitié de l'âme humaine, les vagues et indécises tendances de l'instinct; il ne veut pas reconnaître les mouvements réfléchis de l'intelligence, qui, appuyée sur des principes dont elle a pleinement conscience, s'avance d'affirmation en affirmation, de découverte en découverte, sachant d'où elle part et où elle va. On ne peut rien expliquer, dans les opérations du raisonnement, si l'on n'admet pas que l'esprit est capable de formuler, soit *a priori*, soit par généralisation de l'expérience, des principes, des vérités universelles, qui gouvernent et dominent toute une série de réflexions; qui, ou bien expriment les lois primordiales de la pensée, ou bien résument les observations faites, et permettent ainsi à l'esprit d'aller plus avant. Les inductions ne sont pas toujours aussi simples que le croit Hume, elles se compliquent par la pluralité des causes et l'enchevêtrement des effets. Elles supposent alors une foule d'opérations savantes, de rectifications délicates, qui semblent tout à fait interdites à un esprit esclave de l'habitude et de l'association des idées. Les inductions vulgaires peuvent n'être qu'une accumulation d'expériences : mais, lorsque le physicien ou le chimiste déterminent, par quelques expériences, une nouvelle loi tout à fait inattendue, comment soutenir que l'habitude est ici encore le principe du raisonnement? Dira-t-on que l'esprit, ayant pris sur d'autres points la coutume de croire à l'ordre général de la nature, agit ici sous l'influence de cette croyance universelle (1)? Mais n'est-ce pas avouer que l'esprit contient autre chose que des faits associés à des faits ; n'est-ce pas lui reconnaître la faculté de développer peu à peu, sinon de posséder du premier coup, des tendances, des inclinations à voir les choses de telle ou telle façon? Si nous pouvons induire une vérité générale après une seule expérience, comment soutenir que l'habitude est le principe qui nous l'inspire? Ce qui reviendrait à dire que l'habitude agit et produit ses effets, même quand elle n'existe pas.

(1) Hume a prévu cette objection et il essaie d'y répondre : « Il » est certain, » dit-il, « que nous pouvons atteindre la connaissance » d'une cause particulière par une seule expérience. Or, l'habitude » ne saurait dériver d'une seule expérience : on pourrait donc en » conclure que, dans ce cas, la croyance n'est pas le résultat de » l'habitude. Mais cette difficulté s'évanouit, si l'on considère que, » bien qu'il n'y ait eu qu'une seule expérience pour cet effet particulier, nous avons plusieurs millions d'expériences pour nous » convaincre de ce principe, *que des objets semblables, placés dans des* » *circonstances semblables, produiront toujours de semblables effets...* » La liaison des idées ne peut être devenue une habitude après » une seule expérience ; mais cette liaison est comprise sous un » autre principe qui est lui-même une habitude. » tome. I. p. 139.

N'oublions pas cette autre difficulté insoluble pour Hume : comment se fait-il qu'une vérité incertaine, ou même tout à fait douteuse après un certain nombre d'expériences, acquière tout d'un coup, avec une expérience de plus, un degré de probabilité assez élevé pour ressembler presque à la certitude? Je sais bien que Hume répondra que cette transformation ne se fait pas si promptement, que la croyance passe par une infinité de degrés; qu'enfin, dans son hypothèse, tout est habilement ménagé pour rendre vraisemblable ce passage gradué et insensiblement progressif de l'incertitude à la croyance. Mais son hypothèse n'est pas d'accord avec la réalité. En fait, nous nous élevons tout à coup d'un peut-être aussi indécis que possible à des affirmations presque aussi sûres d'elles-mêmes que les jugements mathématiques. Cette soudaineté d'inspiration, qui, après une expérience concluante, enhardit le savant jusqu'à lui faire concevoir le monde entier à l'image de sa pensée d'un moment, comment la concilier avec un système dans lequel la certitude inductive, ou la probabilité qui en approche, ne serait que le pénible et tardif produit d'une longue élaboration d'idées ?

Nous n'avons pas besoin de le redire, la plus grave objection que l'on puisse faire à la théorie de Hume, c'est qu'elle ne sauvegarde en aucune façon (et elle n'en a pas la prétention) la portée objective du raisonnement inductif. Il n'y a d'autre relation, entre les objets liés par l'induction, que celle que l'habitude y introduit peu à peu. Les généralisations scientifiques n'ont pas plus de valeur que les modes arbitraires, les capricieuses inventions de l'usage. La nature n'est qu'un roman, qu'on finit, à force de le relire, par confondre avec la réalité. Ne nous étonnons donc pas de la faiblesse des suppositions imaginées par Hume pour rendre compte de l'induction. Partant de ce préjugé sceptique, que nos raisonnements inductifs sont illusoires, il est naturel qu'il ne soit pas exigeant dans le choix des moyens qu'il invoque pour expliquer des résultats aussi fragiles. Dira-t-on que quand nous cherchons à l'induction un fondement solide, nous sommes dupes d'un préjugé contraire; que nous avons commencé par croire à l'autorité de l'induction, et que, par suite, nous nous sommes en quelque sorte engagés d'avance à trouver, coûte que coûte, à inventer, s'il n'existait pas, le principe dont nous avons besoin pour justifier notre croyance? Cela est vrai; mais comment confondre un préjugé que la nature nous inspire, et duquel dépend la certitude de toute science, avec un préjugé qui ne résulte que d'un système, c'est-à-dire d'une opinion individuelle, et qui, d'ailleurs, tend à rendre impossible toute science?

Il semble que, dans un système où l'auteur avoue franchement qu'il n'y a aucune limite assignable aux combinaisons possibles des causes et des effets, le mieux serait de s'abstenir de toute prétention logique; et qu'une induction aussi peu fondée en raison ne soit guère susceptible d'être soumise à des règles, à des lois. Hume le sentait à merveille, et il ne croyait ni à la nécessité ni à la possibilité d'une logique inductive. Mais, d'un autre côté, un philosophe qui prétend rendre compte de la nature humaine est obligé de tenir compte des faits saillants que tout le monde a observés; et Hume ne pouvait ignorer que ses devanciers avaient tous entrepris de déterminer une logique à l'usage de l'induction. L'esprit humain, tel que Hume le figure, est, auprès de la réalité de l'âme, ce qu'un automate, aussi parfait que possible, serait en face du corps humain. L'artisan n'aurait pu y faire circuler la vie; mais il aurait au moins compris la nécessité de représenter en raccourci, et par des formes équivalentes, toutes les parties essentielles de son modèle réel et vivant. Pour la même raison, Hume a voulu avoir au moins une ombre, une apparence de logique inductive, sauf à déclarer ensuite lui-même que cette logique n'a aucune valeur (1).

Cette logique, il l'a résumée en quelques pages, et réduite à sept ou huit règles (2). Quelque courte qu'elle soit, elle paraît encore trop longue; soit parce

---

(1) Hume distinguait dans la raison humaine (*human reason*(trois parties : 1° la connaissance (*knowledge*), 2° les preuves (*proofs*), 3° les probabilités (*probabilities*).

« Par connaissance, j'entends la certitude qui dérive de la com-
» paraison des idées; par preuves, ces arguments qui résultent de
» la relation de cause à effet, et qui sont entièrement exempts de
» doute et d'incertitude; par probabilité, cette évidence (*that evi-*
» *dence*) qui admet quelque incertitude. » Tome I, p. 164.

La logique dont il s'agit ici ne s'applique évidemment qu'aux preuves et aux probabilités.

(2) Dans un chapitre intitulé : *Règles pour juger des causes et des effets*, tome I, p. 221.

qu'elle contient des erreurs, qui ont été parfois relevées par M. Stuart Mill, soit surtout parce qu'elle va, par ses affirmations présomptueuses, au delà de ce que comportent les principes de l'auteur.

C'est à tort, par exemple, que Hume se croit autorisé à affirmer que la cause et l'effet doivent toujours être contigus dans l'espace et dans le temps. M. Stuart Mill proteste vivement contre cette erreur. « C'est avec » cette arme, » dit-il, « que les cartésiens firent une » guerre terrible à la théorie de la gravitation, la- » quelle, impliquant, selon eux, une absurdité si pal- » pable, devait être rejetée *in limine*. Le soleil ne » pouvait pas agir sur la terre, puisqu'il n'y était » pas (1)... » A vrai dire, Hume était ici dans le véritable esprit de sa théorie empirique ; et les sensualistes me paraissent en contradiction avec leurs principes, quand ils veulent, avec le sens commun, considérer, comme la cause d'un fait, un phénomène qui en est séparé par de grands intervalles dans le temps ou dans l'étendue. Qu'il n'y ait aucune difficulté à comprendre les influences lointaines, les déterminations à longue échéance, qui proviennent d'une cause donnée, quand la cause représente une force productrice, cela se conçoit ; mais, si la cause n'est que l'antécédent de l'effet, de quel droit donner encore ce nom à un fait que de nombreux intermédiaires rejettent dans un passé reculé ou dans un éloignement considérable ? La maxime de Hume est fausse ; mais

---

(1) M. Mill, *Logique*, tome II, p. 317.

elle est la conséquence logique de sa théorie de la causalité. M. Mill rétablit la vérité; mais, en le faisant, il outre-passe les droits d'un sensualisme conséquent avec lui-même.

Hume ne fait encore que résumer sa théorie et la condenser en formules, quand il pose cette seconde et cette troisième règle : « La cause doit précéder l'ef- » fet. » — « Il doit toujours y avoir union constante » entre la cause et l'effet. » Sur le premier point, Hume peut rester fidèle à son système sans choquer le sens commun. La cause efficiente, entendue dans le sens empirique ou dans le sens spiritualiste, doit toujours être antérieure à l'effet. Il y a, cependant, des causes et des effets contemporains ; et, le plus souvent, la cause n'est pas plus tôt réalisée que l'effet l'est aussi. Il y a, alors, une simultanéité, apparente tout au moins, qui rend presque indiscernable l'antériorité du pouvoir producteur. La solution la plus précise et la plus juste de cette question incidente consisterait à dire : « L'effet ne précède jamais la cause. » Sur le second point, il est évident que Hume est contraint par ses hypothèses de soutenir une proposition inadmissible. Combien de fois, en effet, l'expérience dément-elle cette prétendue liaison constante, qui devrait exister entre la cause et l'effet ! Il arrive, à chaque instant, que des événements inattendus se produisent; effets nouveaux d'une cause qui, depuis longtemps, existait, mais qui, modifiée dans une de ses qualités, ou s'unissant à une autre cause, a été tout d'un coup provoquée à manifester des effets imprévus. Attendrons-nous, pour dire que ces phénomènes inaccoutumés ont une cause, et même pour déterminer la nature spéciale de leur cause, que l'expérience nous ait montré la liaison habituelle que réclame Hume ? Croirons-nous, comme tendrait à le faire supposer la théorie de Hume, que les événements nouveaux ou rares nous apparaissent d'abord comme des miracles que rien n'explique ; et que c'est seulement peu à peu, et quand ils se sont reproduits plusieurs fois, qu'ils acquièrent, pour ainsi dire, une cause ? La relation de causalité, telle que l'entend Hume, en réalité *n'est* pas ; elle *devient*. Elle se crée peu à peu par l'habitude, et se détruit aussi par une habitude contraire.

Jusqu'ici, dans les trois règles que nous avons indiquées, Hume s'est contenté de formuler en maximes les résultats de ses analyses sur la causalité ; mais il oublie tout à fait les limites qu'il lui est interdit de franchir, quand il ajoute, comme quatrième principe, cette vérité inadmissible pour un empirique tel que lui : « La même cause produit toujours
» le même effet, et le même effet ne peut jamais dé-
» river que de la même cause. Ce principe nous est
» découvert par l'expérience, et il est la source de
» la plupart de nos raisonnements philosophiques.
» Lorsque, par une expérience décisive, nous avons
» déterminé les causes et les effets de quelque
» phénomène, nous étendons immédiatement notre
» observation à tout phénomène de même nature,
» sans attendre cette répétition constante, d'où est

» sortie la première idée de la relation de causalité. »
Hume a bien raison de dire que nos raisonnements sont fondés sur ce principe; mais comment justifier une pareille affirmation, dans un système dont le dernier mot est celui-ci : Toute chose peut produire toute chose?

Hume n'a donc fait que sacrifier au sens commun en apparence et pour la forme, quand il a inscrit dans sa logique le principe même de l'induction. Si on prenait à la lettre le passage que nous venons de citer, il faudrait y voir un désaveu formel de sa doctrine; mais, bien évidemment, il n'entend la maxime connue: « Les mêmes causes produisent les mêmes effets, » que comme l'expression d'une tendance de l'imagination, qui nous est suggérée par l'expérience en général uniforme de la nature, et qui reste vraie jusqu'à concurrence d'observations contraires; observations dont on ne peut contester la possibilité, quand on croit qu'il n'y pas de rapport de causalité, quelque bizarre, quelque déraisonnable qu'il soit, qui ne puisse exister!

Nous en dirons autant des autres règles par lesquelles Hume termine son abrégé de Logique, et particulièrement de celles où il affirme que, si différents objets produisent le même effet, ce doit être en raison de quelque qualité qui leur est commune à tous; que si des objets semblables, au contraire, produisent des effets différents, ce doit être par suite de quelque particularité qui les distingue. De telles lois ne peuvent être solidement établies, que si l'on prend au sérieux la relation qui lie l'effet à la cause, le même effet à la même cause. Mais si, comme Hume, on n'entend par là qu'une succession habituelle, pourquoi s'étonner de voir des causes semblables produire des effets différents, des effets semblables dériver de causes différentes? Tout est possible : il n'y a, Hume le dit lui-même, que l'existence et la non-existence qui soient contradictoires. Si donc des phénomènes analogues se manifestent par des effets dissemblables, on ne comprend pas pourquoi on chercherait à s'affranchir du résultat brutal de l'expérience, et pourquoi on n'admettrait pas comme une nouvelle loi : les mêmes causes peuvent produire des effets différents.

C'est donc en vain que Hume a prétendu établir des règles fixes et stables sur un sol aussi mouvant que celui de l'empirisme. Sa logique est comme plaquée sur un fond d'idées avec lesquelles elle jure nécessairement. Le fait seul, le fait unique, rare, ou fréquent, voilà tout ce que la logique des empiriques, si elle ne se payait pas de mots, aurait le droit de déterminer. Les lois générales, qu'elle prétend fonder sur ces faits, ne sont que des agglomérations fortuites, qui, d'un moment à l'autre, peuvent être renversées par d'autres faits. Si les hommes étaient tous frappés de folie, et s'ils voyaient les rapports des choses autrement que le bon sens nous les montre, leurs inductions, fondées sur les habitudes de leurs esprits troublés, auraient tout autant de valeur que celles qui sont aujourd'hui l'honneur de la science. Si nous acceptons les doctrines de Hume, ne nous faisons donc pas illusion : notre prétendue science n'a pas beaucoup plus d'autorité que les rêveries d'un maniaque. Attendons-nous à voir, un jour ou l'autre, le monde renversé, et nos affirmations orgueilleuses remplacées par les affirmations contraires. Les choses ont jusqu'à présent suivi, ou paru suivre, un certain ordre ; qui nous dit qu'un miracle ne peut pas demain, après-demain, nous ménager la surprise d'un bouleversement complet, et nous présenter un univers nouveau, où deviendra vrai ce qui était faux dans l'ancien, et faux ce qui était vrai? Mais si nous ne pouvons nous résigner à d'aussi bizarres conséquences, revenons à la vieille doctrine qui, seule, garantit la légitimité de l'induction, et affirmons que, par une harmonie naturelle, notre raison, éclairée par l'expérience, conçoit dans la nature l'ordre qui y existe réellement.

CHAPITRE VI.

LA CROYANCE EN GÉNÉRAL.

De tous les phénomènes de l'esprit, celui que la philosophie de Hume a le plus de peine à expliquer, c'est précisément le plus simple, et en même temps le plus essentiel : le jugement, la croyance (*belief*). Tel est le sort de l'empirisme, qu'il ne compromet pas seulement les opérations un peu compliquées du raisonnement, mais qu'il rend encore impossible toute explication satisfaisante de l'acte le plus simple de croire.

Nous avons, là-dessus, les aveux de M. Mill lui-même : « La croyance est, de tous les phénomènes » intellectuels, celui que les philosophes de l'*associa-* » *tion* ont le moins réussi à expliquer ou à analyser; » et M. Bain pense, de même, que les psychologues de son école n'ont pu, jusqu'à présent, rendre compte de la croyance (1). Comment s'en étonner, si l'on remarque que la croyance est précisément le phénomène intellectuel où se manifestent le plus l'activité de

---

(1) *La Psychologie de M. A. Bain*, par M. Stuart Mill, *Revue des Cours littéraires*, sixième année, p. 607.

l'esprit et son rapport avec un objet réel? Le jugement est l'acte primitif ou final vers lequel convergent toutes les autres opérations intellectuelles; il est la manifestation d'un être un et actif. Or, pour les philosophes qui nous occupent, et pour Hume particulièrement, l'intelligence n'est qu'un tissu d'idées, unies, peut-être, l'une à l'autre, comme les fils dont est faite la trame d'une étoffe, mais qui ne supposent nullement au-dessous d'elles un foyer et un centre d'action. De plus, la croyance, quelle que soit sa forme, est toujours l'affirmation d'un objet; le mouvement par lequel l'idée sort d'elle-même pour saisir autre chose qu'elle-même. Or, pour la plupart de ces mêmes philosophes, et pour Hume tout au moins, l'esprit ne saurait franchir les limites des conceptions subjectives.

La question est donc grave; elle devait nécessairement fixer l'attention de Hume (1). Quand on admet la réalité de l'esprit et des objets que l'esprit embrasse, la croyance sera aisément définie : une affirmation par laquelle l'intelligence, mise en rapport avec les réalités, adhère à leur existence. Mais, si l'objet n'est qu'une idée qui nous fait illusion, si surtout notre esprit n'est qu'une série de phénomènes, comment comprendre que, parmi ces phénomènes, les uns restent à l'état de conceptions, que les autres, au contraire, par un entraînement irrésistible, nous

---

(1) Voir surtout : *Traité*, livre III, sections VII, VIII, tome I, p. 125.

obligent à reconnaître l'existence de l'objet auquel ils paraissent correspondre? En d'autres termes, pourquoi passons-nous de l'idée à la croyance? Tout homme a l'idée de Dieu ; mais, s'il est athée, il ne croit pas à son existence; s'il est croyant, sa foi est si vive, qu'il est prêt à mourir pour elle. D'où vient la différence? Nous connaissons assez le système de Hume pour prévoir sa réponse. S'il a eu la prudence de la dissimuler dans les *Essais*, il l'a du moins longuement exposée dans le *Traité*. La croyance n'est, pour lui, qu'une idée plus vive, dont la vivacité est l'effet de la coutume, le résultat d'une association d'idées.

Analysons, dit-il, les croyances humaines, et comparons-les aux simples idées. Au point de vue de la représentation, la conception d'un objet, qu'on l'affirme ou qu'on le nie, la conception est la même. « Lorsque nous affirmons que Dieu existe, nous nous
» formons simplement l'idée d'un être tel qu'il nous
» est représenté par le mot *Dieu;* et l'existence que
» nous lui attribuons n'est pas conçue par une idée
» particulière, qui se joindrait à l'idée de ses autres
» qualités, et qu'il serait possible de séparer et de dis-
» tinguer de ces qualités. Mais je vais plus loin : je
» ne me contente pas d'affirmer que la *conception* de
» l'existence d'un objet n'est pas un élément indé-
» pendant, qui s'ajoute à la simple conception de cet
» objet; je soutiens que la *croyance* à l'existence
» n'ajoute, elle-même, aucune idée nouvelle à celles
» qui composaient déjà l'idée de l'objet. Lorsque je

» pense à Dieu, lorsque je pense à son existence, et
» lorsque j'affirme son existence, l'idée que je me fais
» de lui n'augmente ni ne diminue. Mais, comme je
» suis certain qu'il y a une grande différence entre
» la simple conception de l'existence d'un objet et
» la croyance réelle à cette existence ; comme, de
» plus, cette différence ne consiste pas dans la com-
» position et les éléments de l'idée que nous con-
» cevons, il s'ensuit qu'elle doit consister unique-
» ment dans la *manière* dont nous concevons le
» même objet (*it must lie in the manner in which we*
» *conceive it*) (1). »

Voilà un premier point acquis. La croyance n'est qu'une idée plus vive. Nous croyons, parce que la vivacité de l'idée force notre assentiment. Mais cette vivacité particulière de l'idée devenue croyance, d'où résulte-t-elle ?

Il convient, d'abord, de mettre à part les croyances qui dérivent immédiatement de l'intuition et de la démonstration, et auxquelles Hume accorde expressément le privilége d'être déterminées par une nécessité secrète, par l'impossibilité de concevoir le contraire. Mais en laissant de côté ces jugements primitifs, il reste à expliquer la plupart des croyances humaines, les croyances expérimentales. « Ici, en
» effet, » dit Hume, « dans les raisonnements fondés
» sur la causalité, et relatifs aux faits, une nécessité
» absolue de croire n'existe pas. L'imagination est

---

(1) Tome I, p. 125, 126.

» libre de concevoir les deux côtés de la question,
» et, par suite, je demande en quoi consiste la diffé-
» rence entre croire et ne pas croire (1). »

Pour qu'une idée de fait acquière ce degré d'énergie, qui est la caractéristique de la croyance, il faut, selon Hume, que cette idée soit en rapport avec une impression actuelle. Par une loi qui n'est que l'extension à l'esprit des lois matérielles, relatives à la transmission de la force et du mouvement, Hume établit: « que les impressions qui se présentent à nous,
» non-seulement nous suggèrent toutes les idées qui
» ont des relations avec elles, mais encore commu-
» niquent à ces idées une partie de leur force et de
» leur vivacité. Toutes les opérations de l'âme, » ajoute-t-il, « dépendent en grande partie des disposi-
» tions de l'esprit au moment où il les accomplit ;
» selon que les sentiments seront plus ou moins ar-
» dents, l'attention plus ou moins fixée, l'activité de
» l'esprit aura plus ou moins de vigueur et de viva-
» cité. Lorsque, par conséquent, un objet se présente
» qui élève et anime la pensée, toutes les opérations
» auxquelles l'esprit se livre ensuite seront plus vigou-
» reuses et plus fortes, aussi longtemps que cette dis-
» position durera… Il arrive, par suite, que lorsque
» l'esprit a été une fois animé par une impression
» actuelle, il tend à se former une idée plus vive de
» tous les objets qui se rapportent à cette impression…
» L'esprit s'appliquera à la conception de ces objets

(1) Tome I, *Traité*, p. 126.

» avec toute la force et toute la vivacité qu'il tient de
» l'impression présente (1). »

Hume juge *a priori* que cette explication de la croyance est vraisemblable et séduisante en elle-même ; mais, de plus, il prétend la confirmer par des exemples empruntés aux trois relations sur lesquelles se fonde l'association des idées : la ressemblance, la contiguïté, la causalité. Le portrait d'un ami absent, non-seulement nous fait penser à lui, mais donne à l'idée de cet ami une plus grande vivacité ; et, par suite, tous les sentiments que cette idée excite, qu'ils soient tristes ou joyeux, acquièrent une nouvelle force. « A produire cet effet concourent à la fois, » dit Hume, « une relation (la ressemblance) et une impres-
» sion présente (le portrait). » Il est presque inutile de faire remarquer combien cet exemple répond peu aux prétentions de Hume. L'association des idées produit ici un redoublement de sentiment, non un acte nouveau de croyance. Il en est de même de cet autre exemple : « Les fidèles de l'Eglise catholique » (que Hume appelle une étrange superstition, *a strange superstition*), « s'excusent en général des momeries qu'on
» leur reproche, en disant que les gestes, les attitu-
» des, les actes du culte extérieur, ont ce bon résultat
» de vivifier leur dévotion, d'animer leur ferveur,
» qui s'éteindrait peu à peu, s'ils s'adressaient seu-
» lement à des objets éloignés et immatériels (2). »

(1) Tome I, *Traité*, p. 131.
2) *Ibid.*, p. 133.

Hume n'a pas mieux réussi dans les expériences qu'il emprunte aux autres relations d'idées : « Lorsque je suis à quelques milles de chez moi, tout ce » qui se rapporte à ma maison me touche bien plus » vivement que si j'étais éloigné de deux cents » lieues (contiguïté). » — « Le vulgaire superstitieux » se passionne pour les reliques des saints, dans le » but de fortifier sa piété et d'acquérir une idée plus » intime et plus puissante de ces vies exemplaires » qu'il désire imiter (causalité). » Satisfait de cette démonstration, Hume conclut : « Ces phénomènes » prouvent clairement qu'une impression présente, » avec le secours d'une relation de causalité, de conti- » guïté ou de ressemblance, peut donner plus de » vivacité à une idée ; — et, conséquemment, produire » la croyance ou l'assentiment, conformément à la » définition que nous en avons donnée (1). » Le premier point est hors de doute ; mais le second n'est qu'une hypothèse, que Hume a l'incroyable présomption de maintenir comme une vérité certaine, en dépit de l'insuffisance de ses preuves, et malgré l'impossibilité avérée de toute vérification expérimentale. Ici, comme ailleurs, c'est la déduction, c'est l'esprit systématique qui dicte à Hume ses théories ; les appels qu'il semble faire à l'expérience n'ont d'autre but que de rendre après coup plausibles les conclusions que lui ont déjà imposées ses principes. Et voilà pourquoi il n'hésite pas à affirmer « qu'il n'entre, dans

---

(1) Tome I, *Traité*, p. 135.

» les opérations de l'esprit, qu'une impression ac-
» tuelle, une idée vive, et une relation ou association
» établie par l'imagination entre l'impression et
» l'idée (1). »

Ici, comme toujours, il y a, au fond des paradoxes de Hume, une part de vérité qu'il est intéressant de démêler. Il est certain que l'âme humaine, quand elle s'est modifiée dans un sens ou dans un autre, a une tendance à se maintenir quelque temps dans les dispositions où l'a jetée tel sentiment ou telle pensée. Il est certain que nos différents états de conscience se prolongent volontiers, même quand nous appliquons nos facultés à des objets entièrement différents. Mais comment ne pas voir précisément dans ce fait une preuve considérable de l'unité de notre âme, unité qui n'admet pas ces brusques changements, ces coupures et ces solutions de continuité que les théories de Hume rendraient, au contraire, vraisemblables et même nécessaires? Prenez un homme amoureux : il est secrètement disposé, s'il est heureux, à aimer toutes choses, à mieux comprendre les beautés de la nature ou de l'art; s'il est malheureux, au contraire, à s'irriter contre toutes choses, et non pas seulement contre l'objet de son amour. Vient-on de faire en pu-

---

(1) Tome I, p. 135. Il résulte de tout cela que le jugement et le raisonnement n'existent pas à vrai dire pour Hume. Il ne saurait en être autrement, puisque, à ses yeux, l'esprit, en tant que pouvoir unique, n'est qu'une chimérique entité. Le jugement et le raisonnement ne sont que des formes particulières de la conception (*particular ways of conceiving our objects*). Tome I, p. 128.

blic une harangue, et, par suite, de soigner son langage plus que de coutume? Si, une fois le discours fini, l'on cause avec un ami, on apporte, malgré soi, dans la conversation, un apprêt involontaire, et les phrases s'arrondissent d'elles-mêmes, quoique ce' ne soit plus le moment d'être élégant et disert. Un homme s'est-il mis en colère? Même en parlant de choses indifférentes, son accent gardera encore quelque chose de passionné et d'amer. Mais à quoi bon multiplier les exemples? Il est bien évident que dans l'âme aucun événement ne passe inaperçu, que toute émotion y laisse une trace et comme un long retentissement, comme la pierre jetée dans une eau paisible en ride au loin la surface. La pierre est depuis longtemps tombée, que la dernière petite vague s'éteint encore contre la rive.

De ces faits incontestables, on ne peut faire sortir rigoureusement aucune autre conséquence que l'identité et la permanence de notre âme. Ce qui se transmet dans l'esprit, d'un moment à un autre moment, c'est la disposition mentale à considérer les objets nouveaux qui se présentent, sous tel ou tel jour, tristement ou gaiement, avec tendresse ou avec colère. Mais en même temps que l'esprit conserve quelque chose de ses impressions évanouies, il est toujours présent tout entier, avec ses forces sensibles et intellectuelles, prêt à porter de nouveaux jugements, à éprouver de nouveaux sentiments.

La théorie de Hume aurait une bien autre portée. Il ne s'agit plus pour lui des dispositions affectives de l'esprit : il s'agit de l'acte le plus essentiel de l'entendement. La croyance se transmettrait de proche en proche, et se propagerait d'écho en écho, toujours de plus en plus affaiblie, à partir d'une impression initiale. Le jugement ne serait donc plus qu'une impulsion de la sensibilité, le résultat, pour ainsi dire, d'une inclination affirmative, que toute impression vive déterminerait dans l'esprit. Une seule impression engendrerait toute une série de croyances. Il n'est pas possible de pousser plus loin l'explication mécanique des phénomènes de la pensée, et de mettre plus bas l'intelligence humaine, puisqu'il suffirait, pour croire à un objet, que cet objet eût, dans notre imagination, un rapport de contiguïté, de ressemblance ou de causalité avec une impression déjà éprouvée. C'est à peu près comme si, à la vue d'une lumière bleue ou verte qui teindrait de ces couleurs un ensemble d'objets, on disait : La lumière est la cause qui crée ces objets.

Il y a deux parties à distinguer dans la théorie de Hume : 1° l'affirmation de fait, que la croyance ne diffère de l'idée que par un degré de vivacité de plus. L'idée en elle-même est comme un trait à peine indiqué ; la croyance, c'est le même trait repassé à l'encre et plus nettement marqué ; 2° l'explication proposée pour rendre compte de la croyance, une fois ces données admises.

Comment ne pas arrêter Hume sur sa première affirmation, et ne pas lui faire remarquer combien elle est en contradiction avec l'expérience aussi bien qu'avec la raison? Si une idée se transformait en croyance, par cela seul qu'elle aurait acquis un degré nouveau de force et de vivacité, la difficulté deviendrait grande, pour un homme d'imagination, de démêler dans sa pensée les fictions qu'il a lui-même inventées et la réalité connue de tous les hommes! Rien de plus vif, de plus détaillé, que la représentation des paysages ou des caractères dans les romans ou dans les poèmes, et cependant nous ne sommes jamais tentés de croire à leur existence réelle. La conception d'un triangle, d'un cercle, n'est-elle pas beaucoup plus vive, pour le géomètre, que la conception de César, de Charlemagne pour un historien? Et cependant nous croyons que César, que Charlemage ont existé, tandis que nous prenons le cercle, le triangle, pour ce qu'ils sont, c'est-à-dire pour des abstractions et des hypothèses.

S'il était vrai que la croyance n'est qu'un degré de plus de vivacité dans l'idée, il en résulterait encore, qu'à force de penser à un objet, et d'aviver, par suite, sa représentation dans l'esprit, nous en viendrions, peu à peu, à croire à son existence; nous créerions ainsi, par le retour fréquent de l'imagination sur les mêmes conceptions, la réalité des objets fictifs qu'elles représentent, et ces croyances auraient la même valeur, elles seraient de même nature, que les croyances les plus certaines, que les suggestions primitives de nos sens ou de notre conscience. Nous retrouvons ici un défaut perpétuel chez Hume : celui de confondre le développement normal de l'esprit dans ses facultés les plus hautes et dans la pleine conscience de lui-même, avec le développement machinal de l'intelligence dominée par l'instinct ou par l'habitude. Il est incontestable que quelques croyances humaines sont le résultat de la coutume, du retour habituel d'une impression. Mais, quand l'homme se laisse glisser sur cette pente, il est sur le chemin de l'idiotie ou de la folie; et l'erreur de Hume est de croire que ces phénomènes anormaux, irréguliers, qui correspondent à l'affaiblissement ou à la décadence complète de l'intelligence, soient la loi commune de l'esprit tout entier, le dernier mot de notre puissance intellectuelle. Si Hume avait dit la vérité, il faudrait nécessairement en conclure que les croyances les plus chères à l'humanité sont à peine supérieures, puisqu'elles seraient également chimériques, aux idées fixes d'un pauvre fou.

Mais Hume applaudirait peut-être à de semblables conclusions, bien qu'il n'ait pas eu le courage de les proclamer lui-même. Ce qui le touche davantage, c'est la difficulté que nous signalions tout à l'heure (difficulté qu'il ne peut écarter par la question préalable, parce qu'elle dérive de l'expérience et se concilie avec ses principes), à savoir, qu'un grand nombre de conceptions et d'imaginations très-vives n'entraînent cependant pas la croyance. Hume avoue qu'il est fort embarrassé par ce fait que la vivacité de l'idée puisse revêtir ainsi des formes différentes, et ne pas toujours aboutir à un jugement (1). Il ne faut pas, dit-il,

---

(1) « Je dois avouer que je trouve ici une difficulté considéra-

confondre la vivacité propre à la croyance avec l'exactitude et la netteté de la représentation, ni avec l'éclat de l'imagination. Oui ; mais par quoi s'en distingue-t-elle ? Quelle est donc enfin cette vivacité particulière et mystérieuse, cette manière extraordinaire de concevoir, qui emporte la croyance ? Poussé à bout, le sceptique confesse qu'il lui est impossible de rendre compte exactement de cette forme spéciale de la conception (*this feeling or manner of conception*) (1). Elle est, ajoute-t-il, quelque chose que l'esprit ressent (*something felt by the mind*), et qui distingue les idées du jugement des idées de l'imagination. En d'autres termes, elle est quelque chose d'indéfinissable et d'inconnu, que l'empirisme n'atteint pas. L'impuissance, vainement dissimulée par Hume, d'expliquer ce qu'il entend par un degré plus grand de vivacité dans l'idée, n'est-elle pas la preuve qu'il faut chercher ailleurs l'origine de la croyance, et que ce quelque chose, qu'il ne peut définir, est l'acte même par lequel notre esprit, dans sa relation réelle avec les objets qu'il connaît, porte tel ou tel jugement ?

Hume a si bien compris que sa théorie de la croyance prêtait le flanc à la critique, qu'il s'est cru obligé d'y revenir dans un *Appendice au Traité de la Nature humaine* : « Je n'ai pas eu le bonheur, »

» ble ; et bien que je croie comprendre parfaitement la question, » je suis en peine de trouver des termes pour exprimer ma façon » de voir. » Tome I, p. 123.

(1) « Je confesse qu'il est impossible d'éclaircir complétement » cette manière de concevoir. » Tome I, p. 130.

dit-il, « de découvrir dans mon ouvrage une seule
» erreur; mais j'ai pu me convaincre, par expérience,
» que toutes mes expressions n'ont pas été choisies
» de façon à empêcher les confusions du lecteur (1). »
Et il s'efforce de mieux définir ce sentiment particulier qui accompagne l'idée quand elle devient une croyance. « Elle est alors sentie, plutôt que con-
» çue (2). » Ce sentiment est spécial, sans analogue dans la sensibilité humaine. Voilà tout ce que Hume en peut dire, et ses éclaircissements n'ajoutent presque rien à la théorie primitive. Ils ne font que rendre plus manifeste encore son impuissance à rendre compte de la croyance, et trahissent le vice fondamental d'une hypothèse qui nie que le fait de croire soit un élément distinct de la conception. « Nous n'avons
» pas, » dit-il formellement, « une idée abstraite de
» l'existence, qui puisse être séparée et distinguée
» des objets particuliers de nos conceptions. Il est
» impossible, par conséquent, que cette idée de
» l'existence puisse être ajoutée à l'idée de quelque
» objet, ou constituer la différence entre la simple
» conception et la croyance (3). »

Au surplus, admettons un instant que la croyance ne diffère, en effet, de l'idée, que par une vivacité plus grande. Ne voit-on pas que, dans cette hypothèse, il est impossible d'expliquer la différence des

---

(1) Tome II, p. 543.
(2) « *It is felt rather than conceived.* » Tome I, p. 548.
(3) *Ibid.*, p. 544.

jugements affirmatifs et des jugements négatifs ? Si la croyance n'est qu'une conception plus vive, quelle est donc la différence entre croire et ne pas croire ? Prenons les jugements les plus simples, les jugements d'existence. Les hommes, tantôt les tiennent pour vrais, tantôt les rejettent avec une conviction parfaite. Ils croient ou ils ne croient pas. Tel est le fait. Si la croyance n'était qu'une conception plus vive, tous les jugements devraient être affirmatifs. L'homme devrait croire à la réalité de tout ce qu'il se représente vivement. Il serait incapable de se refuser à cet entraînement de la sensibilité et de l'imagination. N'ayant aucune idée distincte de l'existence, il ne saurait, à la vue d'un objet, déterminer si l'existence lui appartient ou non. Incapable d'une comparaison réfléchie, cédant à l'impulsion mécanique de la conception la plus vive, il adhérerait à cette conception, comme le plateau de la balance penche sous le poids le plus fort. Et, comme les conceptions sont toujours nécessairement positives, comme elles sont les représentations de quelque chose, l'affirmation serait la seule forme et la forme nécessaire de tous nos jugements.

Hume ne paraît pas avoir prévu cette objection, qui est capitale pourtant, et contre laquelle il ne saurait défendre son système. Car la négation est un fait non moins certain que la croyance affirmative. L'athée n'a pas seulement l'idée de Dieu, il affirme que Dieu n'existe pas ; son jugement est aussi décidé que le jugement contraire. La conception est aussi nette dans son esprit que dans l'esprit du croyant. Pourquoi donc l'un affirme-t-il tandis que l'autre nie ? Hume lui-même ne croit pas à l'existence de la matière, du monde extérieur, et, cependant, puisqu'il a des sens, la représentation qu'il se fait de la matière est nécessairement aussi vive que dans l'esprit du vulgaire. Pourquoi donc, ici, la croyance affirmative ne suit-elle pas la vivacité de la conception ? Sans doute, c'est la condition même du scepticisme de se contredire lui-même, et, à vrai dire, le sceptique recherche, plutôt qu'il ne fuit, les occasions de mettre sa propre pensée en lutte avec elle-même ; car, de ces contradictions mêmes, sort un nouvel argument en faveur du scepticisme. Les fautes de l'auteur profitent, ici, au succès de la doctrine qu'il veut établir. Il ne paraît pourtant pas que Hume ait entrevu la contradiction singulière à laquelle le condamnaient les conséquences de sa théorie de la croyance. Si cette théorie était juste, en effet, le scepticisme serait impossible, car la vivacité de la conception, Hume le dit lui-même, ne dépend pas de la volonté, elle est produite par certaines causes déterminées, dont nous ne sommes pas les maîtres. Comment alors échapper à la domination de ces principes naturels qui, malgré nous, animent et vivifient nos idées ? Si l'on y échappe par réflexion, par un effort d'esprit, peu explicable d'ailleurs dans le système de Hume, comment atteindre de nouvelles croyances, radicalement contraires aux croyances naturelles ? Ces croyances nouvelles n'auraient pas d'objet, puisque notre esprit ne sait pas distinguer la non-existence de l'existence. Quand Hume nie le monde extérieur ou l'identité personnelle, il n'en a donc pas le droit : car, alors encore, il se représente le monde extérieur ou l'identité. Dira-t-il qu'il se les représente faiblement? Nous admettons que cette indécision vague de la conception l'empêche de croire et d'affirmer ; mais elle ne l'autorise nullement à ne pas croire et à nier, surtout s'il veut attribuer à ses négations quelque certitude et quelque valeur.

La seconde partie de la théorie de Hume ne soulève pas moins de difficultés que la première. Elle consiste, on le sait, à soutenir que la vivacité de l'idée qui constitue la croyance est le reflet d'une impression primitive. L'impression par elle-même est si vive qu'elle dispose l'esprit à concevoir, avec une vivacité semblable, tous les objets qui se rapportent à cette impression. Elle est, en un mot, comme un éclair de lumière, qui traverse l'esprit ; toutes les conceptions qui se trouvent dans le voisinage profitent de cette lumière, et en sont elles-mêmes éclairées.

Nous ferons tout de suite une objection à Hume. Cette transmission de la vivacité d'une première impression aux idées qui lui succèdent immédiatement ne peut se comprendre, à moins d'admettre une relation réelle entre les conceptions qui se suivent. Or, c'est un des principes les plus nets de la philosophie de Hume, que les impressions et les idées forment une succession, une série, dont tous les éléments sont distincts et n'ont entre eux aucun rapport réel.

Dans l'appendice que nous citions tout à l'heure, Hume affirme qu'il y a deux lois auxquelles il lui est impossible de renoncer : 1° toutes nos perceptions distinctes sont des existences distinctes ; 2° notre esprit ne peut jamais percevoir, entre des existences distinctes, une connexion réelle (1). C'est précisément pour obéir à ces principes que Hume a imaginé la théorie que nous examinons ; c'est parce qu'il n'y a pas de liaison réelle entre les idées que Hume, pour expliquer le jugement qui est la liaison de deux idées, suppose une communication fatale et mécanique de la force, que possède l'impression première, à toutes les idées qui s'y rattachent. Mais cette communication n'est possible elle-même que s'il y a un lien réel entre les conceptions qui se succèdent : elle exige l'existence d'un même esprit, qui passe d'une idée à une autre, et qui, ayant acquis certaines dispositions dans un premier état de conscience, les conserve et les applique aux états de conscience qui viennent après. Si bien, qu'en définitive, l'hypothèse que Hume a péniblement construite pour se passer de l'esprit dans l'explication du jugement, n'a de sens, elle-même, qu'à la condition que l'esprit existe.

Sans relever toutes les obscurités que laissent subsister les explications un peu confuses de Hume, voici encore un autre point à noter.

(1) Tome II, p. 551. Hume ajoute : « Si nos perceptions étaient
» inhérentes à un sujet simple et individuel, ou si l'esprit perce-
» vait quelque liaison réelle entre les perceptions, il n'y aurait
» plus de difficulté. »

Qu'est-ce que cette impression initiale, qui est le point d'appui de toute croyance inductive, relative aux questions de fait? Est-elle, en elle-même, une croyance spontanée, immédiate ? Il semble qu'il faille l'admettre, quoique Hume soit muet sur ce point ; car, si elle n'est pas une croyance, comment produirait-elle par contre-coup d'autres croyances ? Si les croyances dérivées ne se produisent qu'en vertu de la vivacité qu'elles empruntent à l'impression première, comment l'impression qui possède cette vivacité dans son entier ne serait-elle pas elle-même une croyance? Il est donc logique et nécessaire de l'accorder ; mais, si on l'accorde, que de difficultés nouvelles ! Il y a donc alors des croyances immédiates, même dans les questions de fait : comment les expliquer, sinon par l'existence d'un esprit capable de saisir d'emblée le rapport des idées ? Et si l'on admet l'existence de cet esprit pour rendre compte des premiers jugements, n'est ce pas à ce même esprit qu'il faut avoir recours pour expliquer les jugements ultérieurs? Hume est comme ces philosophes qui s'ingénient à faire voir que tous les êtres ne sont que les transformations multiples d'un seul et même être, d'une seule molécule matérielle peut-être. Mais cette molécule elle-même, comment comprendre son existence, sans un Dieu créateur ! Et si ce Dieu créateur est nécessaire pour expliquer la première existence, à quoi bon faire tant d'efforts pour s'en passer et pour éliminer son action dans l'explication des existences dérivées? De même, Hume bâtit toute son hypothèse du développement de la croyance sur un seul fondement, l'impression actuelle ; et cette impression elle-même ne peut avoir la valeur qu'il lui prête que si elle est déjà une croyance.

On peut encore faire remarquer que la théorie de Hume aurait pour résultat de rendre toute longue méditation impossible. Le penseur, qui, après avoir emprunté à la lecture ou à l'expérience le point de départ de ses réflexions, enchaînerait les souvenirs aux souvenirs, les pensées aux pensées, cesserait bientôt de croire aux objets que sa mémoire ou son entendement lui présenteraient tour à tour, à moins qu'on ne supposât l'impulsion initiale tellement forte, que son influence durât toujours, et que son action fût inépuisable : supposition peu conciliable avec les lois de la mécanique, sur lesquelles Hume a évidemment calqué les lois de sa psychologie.

Mais la conséquence la plus grave de la théorie de Hume, c'est qu'elle précipite la croyance dans les sphères inférieures de la sensibilité et des émotions subjectives. La croyance n'est que la sensation transformée, puisqu'elle n'est qu'une idée qui a retenu quelque chose de la vivacité de l'impression avec laquelle elle est liée. Hume ne songe d'ailleurs pas à désavouer cette conséquence. Il répète sans cesse que la croyance est plutôt un fait sensible qu'un phénomène intellectuel. « Tout raisonnement probable
» n'est qu'une forme de la sensation (et tous les rai-
» sonnements fondés sur la causalité ne sont que des
» raisonnements probables). Ce n'est pas seulement

» dans la poésie et dans la musique que nous devons
» suivre notre goût et notre sentiment, c'est aussi
» dans la philosophie. Lorsque je suis convaincu de
» quelque principe, c'est seulement parce qu'une idée
» me frappe plus fortement. Lorsque je donne la
» préférence à un argument sur un autre, je ne fais
» que me déterminer, en raison de ma sensibilité, à
» reconnaître la supériorité de son influence. Les
» objets n'ont pas entre eux de relations saisissables,
» et c'est seulement la coutume, agissant sur l'imagi-
» nation, qui peut nous autoriser à inférer, de l'ap-
» parition d'un objet, l'existence d'un autre (1). » En
d'autres termes, la sensation est la mesure de toutes
choses.

Il ne nous reste plus qu'un mot à ajouter : c'est
que, dans la pensée de Hume, l'impression initiale
est le vrai fondement de la croyance. Le rapport habituel que l'imagination établit entre l'impression et
l'idée ne joue qu'un rôle secondaire. Or, les philosophes contemporains ont, en général, écarté la théorie fondamentale de Hume, pour ne conserver que sa
théorie subsidiaire : je veux dire que, laissant de côté
l'influence d'une impression actuelle, ils n'invoquent,
pour expliquer la croyance, que la coutume, c'est-à-
dire l'association habituelle des idées. Combien, sous
cette nouvelle forme, l'explication est encore précaire
et fausse, c'est ce que M. Mill se charge lui-même de
nous apprendre. « L'opinion de MM. James Mill et

---

(1) Tome I, *Traité*, p. 137.

» Spencer, que l'acte de croire n'est que le résultat
» d'une association indissoluble entre deux idées, ne
» donnait pas une solution sérieuse de la question.
» S'il en était ainsi, la croyance serait indissoluble,
» et elle ne l'est pas... La doctrine de ces philosophes
» eût été certainement incontestable, s'ils s'étaient
» contentés d'affirmer qu'une association indissoluble
» entraîne généralement la croyance, et que, lorsqu'une
» association de ce genre existe entre deux idées, l'es-
» prit éprouve de grandes difficultés à ne pas croire à
» une liaison entre les phénomènes correspondants.
» Mais, même dans les exemples de cette nature
» qui paraissent les plus concluants, un esprit habi-
» tué à la spéculation abstraite peut repousser la
» croyance, quoique incapable de surmonter l'asso-
» ciation (1). » En d'autres termes, M. Mill le reconnaît lui-même, s'il y a des croyances fortuites, machinales, à l'usage des intelligences qui se laissent gouverner par l'instinct, il y a aussi, pour les esprits cultivés tout au moins, le pouvoir de juger s'il faut accepter ou non les croyances suggérées par l'association, le pouvoir de comparer les jugements, de les corriger les uns par les autres; une faculté, enfin, qui n'est pas soumise aux influences fatales et subjectives de la sensibilité, et qui, par elle-même, par des actes spéciaux et irréductibles, adhère à telle ou telle croyance.

(1) *La Psychologie de M. A. Bain*, par M. Stuart Mill, *Revue des Cours littéraires*, sixième année, p. 607.

CHAPITRE VII.

LA CROYANCE A LA MATIÈRE. L'IDEALISME DE HUME ET L'IDEALISME DE M. STUART MILL.

Pour bien comprendre Hume, il faut avoir lu Berkeley. Rien n'éclaire certains passages du *Traité de la Nature humaine* comme la lecture des célèbres *Dialogues d'Hylas et de Philonoüs*, ou du *Traité sur les Principes de la connaissance humaine*. Si le maître avait connu le disciple, c'eût été, à coup sûr, une grande amertume pour le pieux et enthousiaste évêque de Cloyne, de voir ses raisonnements les plus étudiés transportés dans les écrits d'un penseur incrédule, pour y devenir des instruments de scepticisme et peut-être d'irréligion. Mais il n'en est pas moins vrai que, converties, pour ainsi dire, au pyrrhonisme, quelques-unes de ses théories les plus pieusement conçues ont passé tout entières dans la philosophie de Hume. Sur la question du monde extérieur particulièrement, question capitale, comme on sait, pour Berkeley, la ressemblance est à peu près complète : les deux philosophes s'accordent dans la solution comme dans la discussion du problème. L'un et l'autre affirment que la matière n'est qu'une idée, et ils le prouvent de la même manière, quoiqu'ils ne l'entendent pas de la même façon.

Comment Berkeley avait-il été conduit à nier la réalité des choses extérieures? Il y aurait, sans doute, quelque naïveté à supposer qu'il avait préalablement suivi la longue chaîne de raisonnements qui se déroule dans ses *Dialogues*. Les philosophes, dans leurs jugements, sont quelquefois aussi peu circonspects que le vulgaire : ils concluent d'abord, sauf à raisonner ensuite pour justifier leurs conclusions. Il ne suffirait pas non plus, pour expliquer l'idéalisme de Berkeley, de rappeler les tendances mystiques d'un esprit éminemment religieux, qui, en haine du matérialisme, voudrait supprimer la matière, afin d'ôter à une doctrine impie tout prétexte à l'existence. Certainement, l'idéalisme de Berkeley lui a été suggéré en partie par sa piété, mais il a été déterminé par une cause plus particulière et plus précise : par une opinion fausse, issue d'une observation vraie qui avait vivement frappé son esprit, et qui domine toute son argumentation. Une vérité longtemps ignorée s'était fait jour au dix-septième siècle : on savait maintenant que la couleur et quelques autres qualités sensibles n'existent pas dans les objets, telles qu'elles apparaissent aux sens. De là à affirmer que toutes les qualités sensibles n'existent que dans l'esprit, il n'y a que quelques pas, et Berkeley les franchit. En vertu de cette loi, si souvent constatée, qui veut que toute pensée nouvelle absorbe complétement l'esprit qu'elle saisit pour la première fois, et que, dans cette première surprise de l'imagination, l'entendement n'ait pas assez de force pour circonscrire, dans ses justes bornes, la portée de la vérité qu'il découvre, Berkeley fut amené à exagérer ce qu'il y a de subjectif et d'idéal dans les phénomènes de la perception extérieure, et à ne voir dans les faits sensibles que la part du *moi* pensant. Après les philosophes, qui, ne sachant pas distinguer deux éléments dans le phénomène complexe de la sensation, avaient tout attribué aux objets, il s'en rencontra d'autres qui, par une confusion contraire, attribuèrent tout à l'esprit.

Si Berkeley a raison contre le système absolu qu'il combat, il s'est trompé à son tour en tombant dans un autre excès. Son argumentation est pleine de force, quand il attaque ces deux préjugés : 1º que la perception nous donne la connaissance immédiate des choses extérieures; 2º que les idées sont la représentation exacte et comme le portrait de la réalité. Mais, en poursuivant ces erreurs, Berkeley s'est égaré à son tour. Il n'a pas voulu admettre que la perception, si elle n'est pas l'image et la copie de la réalité matérielle, n'en est pas moins le signe; que les sens, s'ils ne nous représentent pas exactement la nature extérieure, sont cependant des interprètes qui nous traduisent, dans un langage spécial, les faits qui se passent hors de nous; qu'enfin, si le *moi* est pour quelque chose dans nos représentations sensibles, il ne s'ensuit nullement que le dehors n'y soit pour rien.

Hume adopte, sans y insister, les principes et l'argumentation de Berkeley. A ses yeux, la théorie qui idéalise la matière est un fait acquis, et n'a guère besoin de démonstration (1). A quoi bon, dit-il, argumenter longuement, pour confirmer une vérité *universellement acceptée*, à savoir, que l'univers et ses phénomènes sont seulement des perceptions subjectives, des formes de notre conscience? Quelle que soit la chose que nous percevons, nous la percevons en nous-mêmes; les impressions sensibles n'apportent donc avec elles aucune autre certitude que celle de leur propre existence. Poussons notre imagination aussi loin que possible, portons-la jusqu'aux dernières limites de l'univers : en réalité, nous ne faisons jamais un seul pas hors de nous (2). L'esprit seul est partout présent à lui-même, ou, pour mieux dire, l'esprit n'étant lui-même qu'une entité fictive, l'idée seule existe. Enfermés dans le cercle infranchissable de nos sensations, nous ne saisissons, en définitive, que nous-mêmes, dans des impressions où le vulgaire croit apercevoir des objets indépendants et distincts de nous (3).

(1) Voir : *Traité*, l. I, part. II, sect. VI, *De l'idée d'une existence extérieure*; part. IV, sect. II, *Du scepticisme par rapport aux sens*. Dans les *Essais*, la question n'est pas abordée.

(2) « Nous pouvons observer qu'il est universellement accordé » par les philosophes, et qu'il est en outre évident de soi, que » rien n'est présent à l'esprit, si ce n'est ses perceptions, ses » impressions et ses idées. » Tome I, p. 93. « Quant à la notion » d'une existence extérieure, considérée comme quelque chose » de distinct de nos perceptions, nous avons déjà montré qu'il » était absurde de l'admettre. » Tome I, p. 239.

(3) Locke, avant Hume, avant Berkeley, avait dit : « Les idées

Mais si Hume *sait* que le monde extérieur n'existe pas, il *croit*, comme tout le monde, qu'il existe. Et cette croyance n'est pas de sa part une concession faite aux exigences du sens commun ou à la peur du ridicule. Elle est, à ses yeux, le résultat nécessaire des lois naturelles de notre esprit. Ces lois, qui font de la croyance à la matière une illusion irrésistible, supérieure à toute réflexion, gouvernent le sceptique lui-même, et l'obligent, au sortir de son cabinet, à redevenir, dans la rue, aussi crédule que le commun des hommes (1). Il importe donc d'analyser ces lois, et en cela consiste surtout la tâche que s'est proposée Hume : il a voulu déterminer l'origine d'une opinion consacrée par le témoignage unanime des hommes, et expliquer par quel mécanisme nous en venons à fabriquer de toutes pièces, par notre seule imagination, un monde extérieur qui n'a d'autre réalité que celle que nous lui prêtons.

Il n'est pas inutile de faire remarquer que le problème qui exerce à un si haut point l'ingéniosité de Hume, et que son préjugé idéaliste le condamne à

» simples que nous recevons de la sensation et de la réflexion
» sont les limites de nos pensées, hors desquelles l'esprit, quel-
» ques efforts qu'il puisse tenter, est incapable de faire un seul
» pas. » Liv. II, chap. XXII, § 29.

(1) « Le sceptique doit adhérer au principe de l'existence des
» corps, bien qu'il ne puisse, par aucun argument philosophique,
» en maintenir la vérité. La nature ne nous a pas laissé ici la
» liberté du choix, et elle a sans doute considéré que cette croyance
» était une affaire de trop d'importance pour être confiée à la
» garde de nos raisonnements et de nos spéculations. » T. I, p. 238.

résoudre, n'existe pas au même degré pour Berkeley. Pour ce dernier philosophe, en effet, l'action immédiate de la Divinité peut, jusqu'à un certain point, rendre compte de notre tendance à projeter hors de nous nos perceptions sensibles. De plus, par une illusion singulière, Berkeley s'imagine être d'accord avec le sens commun : il n'y a, selon lui, dans la croyance vulgaire, aucune affirmation qui dépasse son propre système. Ce sont les philosophes seuls qui ont inventé la matière, et employé ce mot pour représenter une substance distincte de nos perceptions. Il y a ici, dans l'esprit de Berkeley, une confusion évidente. Il n'est pas contestable, en effet, qu'aux yeux du commun des hommes, la matière existe effectivement. Berkeley, lui-même, est revenu, dans un autre passage de ses écrits, sur cette affirmation un peu téméraire. Il veut bien reconnaître que les hommes croient généralement à la permanence des objets extérieurs, et il indique même, en quelques mots, une théorie par laquelle on pourrait expliquer la réalité de cette croyance, sans cesser d'en nier la vérité (1). D'après lui, les perceptions sensibles, puisqu'elles n'émanent pas d'une même source extérieure, sont à ce point indépendantes les unes des autres, que, dans le même moment, le livre dont nos yeux lisent les caractères n'est pas le même que le livre que nous tenons dans nos mains ; ce qui est la conséquence nécessaire et absurde de l'idéalisme. Mais ces perceptions, quelque

(1) Troisième dialogue d'Hylas et de Philonoüs.

divisées qu'elles soient, se ressemblent souvent les unes aux autres; des idées semblables reparaissent en diverses rencontres. C'est alors que, pour la commodité du langage, nous les assemblons, nous les groupons sous un même nom. Cette unité nominale une fois établie, Berkeley trouve tout naturel que nous en venions à considérer comme une seule et même chose les impressions diverses que nous représentons par un même mot. En d'autres termes, l'unité du mot créerait l'illusion de la permanence extérieure de l'objet. Je ne sais si cette explication bizarre, indiquée par Berkeley, n'a pas été pour Hume une indication précieuse, lorsqu'il chercha à son tour pourquoi nous projetons hors de nous, comme des objets permanents et distincts, des perceptions subjectives et passagères. En tout cas, il ne s'est pas contenté d'en appeler à une théorie nominaliste : c'est plus profondément, c'est dans les lois mêmes de l'esprit et de l'imagination qu'il a cherché les principes d'une théorie qui, pour être tout aussi précaire au fond que celle de Berkeley, n'en est pas moins beaucoup plus étudiée, beaucoup plus originale.

Hume établit, d'abord, que la croyance au monde extérieur se réduit, en définitive, à affirmer une existence permanente et distincte de la nôtre (*a continued, a distinct existence*). Or, ni les sens ni la raison (raisonnement), ne peuvent, selon Hume, nous suggérer ces deux notions (1).

(1) Tome I, p. 238 et suiv.

En premier lieu, comment soutenir que les sens avec leurs sensations fugitives (*perishing*), nous donnent l'idée d'un objet permanent? Ce serait prétendre qu'ils agissent quand ils n'agissent plus, et qu'ils nous font connaître ce qu'ils ne perçoivent pas. — A cela nous répondrons tout de suite que la perception, même la plus courte, dure cependant quelques instants, et que, par suite, elle nous révèle immédiatement une permanence au moins égale à sa propre durée. Que si, nos yeux une fois fermés, le sens de la vue ne nous montre plus l'objet que nous apercevions tout à l'heure, et ne peut, par conséquent, nous assurer de son existence, nous pouvons cependant, autant de fois que nous le voulons, réitérer l'expérience, rouvrir nos yeux ; et, retrouvant toujours à la même place le même objet, nous n'avons besoin que d'une rapide induction, pour affirmer que l'objet a continué à exister dans l'intervalle de nos différentes perceptions. Il est vrai que cette affirmation suppose que les sens nous ont précédemment avertis de l'extériorité de l'objet, et Hume leur conteste précisément le pouvoir de nous donner cette idée. Nous y arriverons tout à l'heure ; mais, pour le moment, nous affirmons que l'extériorité des objets sensibles étant une fois accordée, leur permanence ne semble pas pouvoir être mise en question.

D'ailleurs, parmi nos sens, un au moins, sinon tous, nous fournit directement, par la permanence de ses perceptions, l'idée de la permanence des objets. Le sens du toucher, répandu sur tout le corps, n'est pas sujet, comme tous les autres, à ces intermittences que signale Hume. Toujours en activité, au moins pendant la veille, il ne cesse de nous donner la notion d'une résistance permanente des choses extérieures. Ici, le raisonnement et l'induction n'auront besoin d'être invoqués tout au plus que pour combler les lacunes que le sommeil laisse dans notre conscience.

En second lieu, dit Hume, les sens sont incapables de nous inspirer la croyance à une existence extérieure, distincte de nous (1). Ils ne peuvent, nous le savons déjà, nous faire sortir de nous-mêmes. Les sensations sont pour ainsi dire murées, fermées sur elles-mêmes. Dira-t-on que les sens, par une illusion naturelle, nous portent du moins à admettre cette existence d'objets distincts et extérieurs? Ce n'est pas l'opinion de Hume. Ce serait peut-être aujourd'hui celle de M. Taine, qui nous semble, dans ses longues analyses sur la perception extérieure, avoir surtout cherché à montrer par quel mécanisme physiologique les sens s'habituent peu à peu à localiser, à différentes distan-

---

(1) « Les sens ne nous apportent pas autre chose qu'une per-
» ception simple (*a single perception*) et ne nous donnent jamais la
» moindre indication sur quelque chose au delà. Une perception
» simple ne peut jamais produire l'idée d'une double existence, à
» moins que ce ne soit par quelque inférence fondée sur la raison
» ou l'imagination. » Tome I, p. 239. Et plus loin, p. 242 : « Les
» sens ne peuvent produire la croyance à une existence distincte ;
» car ils ne nous offrent cette existence ni sous forme de repré-
» sentation, ni en elle-même. Pour nous la donner sous forme de
» représentation, ils devraient nous montrer à la fois *un objet et*
» *une image*, etc. »

ces, nos différentes perceptions. Dans ce système, où la connaissance du monde extérieur se réduit à une hallucination vraie, ou, plus simplement, à une perception fausse, les sens jouent un rôle que Hume leur refuse, et qu'il attribue à l'imagination. Mais, dans l'un comme dans l'autre système, l'extériorité n'est qu'un rêve. L'homme, en vieillissant, apprend à se tromper. L'enfant est protégé contre l'erreur par son inexpérience même; il est plus dans le vrai quand, avec ses yeux encore inexercés, il voit tous les objets sur le même plan, que l'homme fait qui les aperçoit à distance et dans des rapports déterminés.

Pour prouver que les sens ne sont pas la source de l'illusion qui nous présente une existence extérieure, distincte de la nôtre, Hume invoque deux raisons; mais toutes deux supposant, comme principe, la vérité de l'idéalisme, les raisonnements de Hume ne sont guère que des cercles vicieux. — Si les sens avaient le pouvoir de nous donner l'idée de quelque chose de distinct, d'extérieur, ils devraient appliquer ce pouvoir à nos sensations de douleur, à nos passions, comme à nos sensations d'étendue. Car, par hypothèse, toutes nos perceptions sont de même nature ; elles sont purement subjectives, et tendent, par conséquent, à nous apparaître toutes comme intérieures. Si donc quelques-unes nous semblent extérieures, ce n'est point par elles-mêmes qu'elles peuvent avoir acquis ce caractère. En d'autres termes, ce ne sont pas les sens, c'est l'imagination seule qui opère l'illusion et qui détermine une ligne de démarcation entre nos perceptions, les unes étant attribuées au moi, les autres au non-moi. Hume, sans paraître s'en douter, fait ici le procès à son propre système : car c'est, à coup sûr, une des plus grosses difficultés que l'on puisse opposer aux idéalistes, que cette distinction naturelle de nos sensations, dont les unes nous apparaissent au dedans de nous, les autres hors nous. Est-il possible qu'il n'y ait là qu'une apparence fondée sur les lois de l'imagination?

L'autre raison consiste à dire que les sens ne pourraient tracer la frontière illusoire qui, dans la croyance commune, sépare l'esprit de la matière, que s'ils nous donnaient d'abord l'idée de notre corps. Ici, encore, la justesse de l'argumentation dépend de la valeur de l'hypothèse idéaliste où Hume s'est placé. Si, en effet, toutes nos perceptions sont purement idéales, il est incontestable qu'elles ne peuvent pas plus nous assurer de l'existence de notre corps que de n'importe quel autre objet matériel. Le cerveau, le corps tout entier, dit Berkeley, n'est qu'une idée. Les sens ne peuvent donc établir aucune comparaison entre notre corps et le monde extérieur, ni, par suite, nous donner l'idée d'un monde extérieur. Outre que ce raisonnement n'a aucune espèce de force si l'on écarte le préjugé sur lequel il est fondé, on pourrait faire remarquer qu'il suffit que certaines de nos perceptions nous donnent, non pas l'idée du corps, mais l'idée du moi immatériel, pour que, par opposition avec ce moi, d'autres perceptions, ou les mêmes, nous apportent l'idée du non-moi. Et c'est précisément, on le sait, l'opinion de Hamilton et de Maine de Biran, qui pensent que toute sensation contient une double connaissance, celle de nous-même, et celle du monde extérieur.

Hume, quoi qu'il en soit, conclut que les sens ne produisent pas la croyance au monde extérieur. « Au » point de vue des sens, toutes les perceptions sont » les mêmes ; rien ne distingue leur manière d'être. » Le raisonnement n'est pas moins impuissant à distinguer le moi du non-moi. La preuve qu'en donne Hume est singulière. Il prétend que la croyance à la réalité matérielle, qui est naturelle à tous les hommes, ne peut être le résultat du raisonnement, qui est œuvre de réflexion. « Quelques arguments convaincants » que les philosophes s'imaginent avoir avancés pour » établir la croyance à des objets indépendants de » l'esprit, il est évident que ces arguments ne sont » connus que d'un petit nombre ; et que ce n'est point » par là que les enfants, que les paysans, enfin que la » majeure partie du genre humain, en est venue à attribuer un objet à certaines impressions, à le refuser aux autres (1). » On pourrait répondre à Hume que l'induction n'est nullement le privilége des philosophes ; qu'à défaut de la perception immédiate, le raisonnement inductif, qui nous fait passer de l'effet à la cause et que le vulgaire lui-même pratique sans cesse, peut être le principe de la croyance à la matière. Mais cette hypothèse ne saurait se concilier avec

(1) Tome I, p. 244.

les principes de Hume. Pour lui, il n'y a d'autre raisonnement que le raisonnement par identité, qui n'est pas applicable ici. Le raisonnement inductif qui nous fait passer du signe à la chose signifiée, de l'effet à la cause, est le seul qui puisse nous assurer de la certitude du monde extérieur (dans le cas où le raisonnement serait nécessaire pour cela); or, il n'est pas possible de l'invoquer dans une philosophie qui le supprime, et qui réduit le rapport des effets aux causes à n'être que la rencontre habituellement observée de deux phénomènes. D'après Hume, nous pouvons bien saisir un rapport de causalité entre deux perceptions, mais non entre les perceptions et leurs objets, lesquels restent absolument inconnus et dont nous n'avons aucun droit de supposer l'existence.

Ce n'est donc ni aux sens ni au raisonnement que nous devons de croire à une existence permanente et extérieure. La question subsiste tout entière. L'humanité croit à la matière; pourquoi y croit-elle? Voici la réponse de Hume.

Le principe de notre illusion, touchant l'existence du monde extérieur, c'est la ressemblance de nos perceptions sensibles (1). Si elles différaient toutes l'une de l'autre, nous ne songerions pas à sortir de nous-mêmes, et à rêver un monde matériel. Mais ces perceptions se représentent souvent dans notre esprit, semblables, dans leur nouvelle apparition, à ce qu'elles furent dans la première. De là, pour l'imagination,

---

(1) Tome I, p. 246 et suiv.

une tendance à confondre ces images qui se ressemblent, à les faire rentrer l'une dans l'autre, et, enfin, par un abus analogue à celui que l'on fait sans cesse dans le langage, à croire que ces impressions *semblables* ne sont qu'une *même* perception; en un mot, à prendre la ressemblance pour l'identité. Mais, une fois ce premier pas fait, l'imagination ne s'arrête pas en chemin; elle a, dit Hume, une tendance à dépasser sans cesse son objet; comme la barque qui, poussée par les rames, marche quelque temps encore après que les rameurs ont suspendu leurs mouvements. Pour s'expliquer qu'à des époques différentes la même perception se soit offerte à nous, l'imagination incline nécessairement à croire que cette perception n'a pas cessé d'exister. Une chose identique se reconnaît, en effet, à deux caractères : 1° de ne point varier dans sa nature; 2° de se perpétuer dans l'existence. Il n'est donc pas étonnant que l'imagination qui attribue déjà l'invariabilité à la perception, lui prête aussi la permanence; qu'elle passe, par une transition insensible, du premier caractère de l'identité au second.

Voilà déjà presque toute la théorie; pour la mieux faire comprendre, donnons la parole à Hume : « Après
» un court examen, on peut constater que tous les
» objets auxquels nous attribuons une existence continue, ont une *constance* particulière (*a peculiar
» constancy*) qui les distingue des impressions dont
» l'existence dépend de nos propres perceptions. Ces
» montagnes, ces arbres, ces maisons, qui sont pour

» le moment sous mes.yeux, m'ont toujours apparu
» dans le même ordre; et, si je les perds un instant
» de vue en fermant les yeux, ou en tournant la
» tête, je les retrouve aussitôt sans la moindre alté-
» ration... Cette *constance* admet cependant quelques
» exceptions. Les corps changent souvent de situation
» et de qualités, et, après une absence, même courte,
» ils peuvent devenir à peine reconnaissables. Mais,
» ici, il faut observer que, même dans ces change-
» ments, ils suivent un certain ordre (*preserve a cohe-*
» *rence*), et ont entre eux des rapports réguliers...
» Lorsque je reviens dans ma chambre, après une
» heure d'absence, je ne trouve pas mon feu comme
» je l'avais laissé; mais j'ai été précisément accoutumé
» par d'autres expériences à voir une altération sem-
» blable se produire dans le même intervalle de
» temps... Cet ordre dans les changements est donc
» un des traits caractéristiques des objets extérieurs,
» aussi bien que leur constance.

» Après avoir établi que l'opinion d'une existence
» continue des corps dépend de *l'ordre* et de la *con-*
» *stance* de certaines impressions, j'ai maintenant
» à chercher de quelle manière ces qualités donnent
» naissance à une opinion aussi extraordinaire... Je
» suis assis dans ma chambre, devant mon feu, et
» tous les objets qui frappent mes regards ne dépas-
» sent pas un rayon de quelques yards. Ma mémoire
» m'informe, sans doute, de l'existence d'un grand
» nombre d'objets; mais cette information ne s'étend
» pas au delà de leur existence passée, et la mé-

» moire, pas plus que les sens, ne peut porter té-
» moignage de la continuation de cette existence.
» Pendant que je suis assis, j'entends tout d'un coup
» comme le bruit d'une porte qui roule sur ses gonds;
» et quelques instants après, je vois un portier qui
» s'avance vers moi. De là, plusieurs réflexions.
» D'abord, je n'ai jamais observé qu'un bruit sem-
» blable à celui que j'ai entendu pût provenir d'autre
» chose que du mouvement d'une porte; c'est pour-
» quoi je conclus que le phénomène actuel est en
» contradiction avec toutes les expériences passées,
» à moins que la porte, que je me rappelle avoir vue
« de l'autre côté de la chambre, n'existe encore réel-
» lement. De plus, j'ai toujours constaté qu'un corps
» humain est soumis aux lois de la pesanteur, et
» qu'il ne peut, par suite, s'élever dans les airs; ce
» que le portier, cependant, aurait dû faire, à moins
» que l'escalier, dont j'ai gardé le souvenir, n'ait con-
» tinué à exister en mon absence. Mais ce n'est pas
» tout : le portier me remet une lettre que j'ouvre;
» l'écriture et la signature me font connaître qu'elle
» me vient d'un ami, qui, m'écrit-il, est éloigné de
» moi de deux cents lieues. Il est évident que je ne
» puis me rendre compte de ce fait, sans me repré-
» senter les mers et les continents qui nous séparent,
» sans admettre encore l'existence des postes et
» des routes, conformément à mes observations an-
» térieures. Ces faits, la venue du portier et la
» remise d'une lettre, paraissent contraires, en un
» sens, à l'expérience commune... Car, en général,

» je n'entends un tel son (le bruit de la porte), qu'à
» la condition de voir en même temps la porte en
» mouvement. Ici, je n'ai pas éprouvé à la fois ces
» deux perceptions. L'observation présente serait
» donc en contradiction avec mon expérience passée,
» si je ne supposais pas que la porte existe, et qu'elle
» s'est ouverte, quoique je ne la voie pas ; et cette
» supposition, qui paraît d'abord entièrement arbi-
» traire et hypothétique, acquiert de la force et de
» l'évidence, parce qu'elle est la seule qui puisse faire
» disparaître la contradiction... Je suis donc naturel-
» lement conduit à regarder le monde comme quelque
» chose de durable et de réel, qui continue à exister,
» même lorsque je ne le perçois pas (1). »

Voilà pour ce que Hume appelle la *cohérence*, c'est-à-dire l'ordre, la régularité propre aux impressions qui nous décident à croire au monde extérieur. « Mais, » ajoute-t-il, « quelle que soit la force de ce
» principe, je crains qu'il ne soit trop faible pour
» supporter un édifice aussi vaste que celui de l'exis-
» tence continue de tous les corps extérieurs. C'est
» pourquoi, à la *régularité* des perceptions, nous joi-
» gnons un autre principe, la *constance* de ces mêmes
» perceptions. Par inférence de ce second caractère
» des impressions, se produit l'idée d'une existence
» *continue*, idée qui précède celle d'une existence *dis-*
» *tincte*, et qui est le fondement de cette dernière.
» Lorsque nous nous sommes habitués à observer le

(1) Tome I, p. 246 et suiv.

» retour constant des mêmes impressions, et à voir
» le soleil, l'Océan apparaître devant nous après un
» intervalle, absolument semblables à ce qu'ils étaient
» dans leur première apparition, nous ne pouvons
» considérer ces perceptions interrompues comme dif-
» férentes l'une de l'autre (bien qu'elles le soient
» réellement); au contraire, nous sommes disposés à
» les considérer, en raison de leur ressemblance,
» comme étant les mêmes. Mais comme l'interruption
» de leur existence rend impossible cette identité
» absolue, nous nous trouvons enveloppés dans une
» sorte de contradiction. C'est alors que, dans le but
» d'échapper à cette difficulté, nous dissimulons, au-
» tant que possible, l'interruption réelle des impres-
» sions semblables, ou plutôt nous la supprimons tout
» à fait, en imaginant que ces impressions, bien
» qu'interrompues, sont liées l'une à l'autre par la
» continuité d'une même existence (1)... »

Hume achève l'exposition de sa théorie en essayant de la fortifier par des explications nouvelles, en montrant quelles sont les lois qui règlent l'imagination, dans les démarches, en apparence si téméraires, qui la conduisent jusqu'à la fiction d'un monde extérieur. Ces lois dérivent des principes d'association que nous connaissons déjà, mais dont il nous reste à étudier les effets dans le cas particulier qui nous occupe.

Il y a d'abord une première loi d'association, qui veut que les phénomènes semblables, non-seulement

---

(1) Tome I, p. 250 et suiv.

se rappellent l'un l'autre, mais finissent même, sous l'influence d'une répétition fréquente, par se confondre l'un dans l'autre. Ce n'est plus alors seulement un fait d'association, mais un exemple de cette pénétration mutuelle, de ce travail de combinaison intime, qui, d'après l'école anglaise contemporaine, transforme les vérités expérimentales en vérités nécessaires, lorsqu'un millier d'expériences, se soudant, pour ainsi dire, l'une à l'autre, donnent au fait qu'elles affirment une solidité qu'une ou deux expériences seraient évidemment impuissantes à lui assurer.

Une seconde loi d'association consiste dans cette tendance qui excite l'imagination à passer d'une idée analogue à une autre idée analogue, d'une partie d'une idée complexe à une autre partie de cette même idée; et Hume montre très-ingénieusement comment s'exerce cette dernière loi. L'influence de deux objets semblables sur l'esprit est naturellement de le placer dans une même disposition. D'où il résulte que tous les objets, toutes les idées qui disposent et affectent l'esprit de la même façon courent le risque d'être confondus ; et c'est ce qui arrive dans la question qui nous occupe. L'identité réelle laisse l'âme dans un état entièrement calme : en présence d'une chose qui ne change pas, l'esprit n'éprouve aucune fatigue, puisqu'il n'a pas à renouveler ses impressions. N'est-il pas évident que deux perceptions, quoique successives et distinctes, si elles sont semblables, produiront sur l'esprit un effet analogue? L'imagination glissé doucement et sans secousse, sans le moindre effort, de l'une des impressions à l'autre ; et alors, trompée par la similitude des deux cas, elle prend une simple ressemblance pour une identité réelle : elle considère comme identiques des perceptions qui, en réalité, sont multiples, et que séparent quelquefois de longs intervalles, remplis par d'autres perceptions.

Mais comment notre imagination est-elle assez puissante pour couvrir la voix des sens, la voix de la conscience, qui nous montrent ces perceptions telles qu'elles sont réellement, c'est-à-dire interrompues et coupées? Hume a beaucoup de peine à rendre compte de cette singulière et mystérieuse influence. Il y a, dit-il, un conflit, une contradiction marquée entre l'imagination qui rêve un objet identique, et la réalité qui nous montre une succession d'idées. L'esprit, embarrassé, ne peut sortir de cette difficulté qu'en sacrifiant un des termes contradictoires, et il sacrifie, en effet, celui qui n'a pas pour le soutenir l'appui de l'imagination. La raison a beau nous montrer que nos sensations sont distinctes et séparées : l'instinct de l'imagination est plus fort, et, entraînés par lui, nous en venons à nous représenter un objet permanent et invariable, pour servir de fondement et de trait d'union à nos diverses sensations.

Mais ce quelque chose de permanent, est-ce en nous-même, ou hors de nous, que nous plaçons et localisons son existence ininterrompue? Evidemment, pour qu'il n'y ait pas solution de continuité dans cet objet, nous sommes obligés de le détacher de nous, puisque nous ne sommes, nous-mêmes, que mobilité et succession ; et de considérer comme une réalité distincte cette existence continue qui n'est cependant qu'un fantôme de notre imagination. C'est donc, on le voit, la permanence qui crée, en quelque sorte, l'*extériorité*: c'est parce que nous sommes conduits à imaginer quelque chose qui dure et qui ne change pas, que, pour compléter notre illusion et satisfaire notre imagination, nous supposons encore quelque chose qui existe hors de nous, et, qui échappe, par conséquent, dans sa permanence, au courant fugitif de nos sensations.

Hume n'a plus qu'une chose à nous apprendre : comment, de cette supposition purement imaginative, nous passons, et avec nous tout le genre humain, à une croyance qui ne doute pas d'elle-même, et qui n'a contre elle que l'opinion de quelques philosophes. Mais, nous l'avons déjà vu, la transition de l'idée à la croyance n'offre aucune difficulté, dans le système de Hume. La croyance, ce n'est que l'idée plus vive, et cette vivacité, l'idée l'acquiert par son rapport avec une impression actuelle. Dans le cas particulier de la croyance à une extériorité permanente, l'impression actuelle nous est fournie par la mémoire, qui nous présente un grand nombre d'images semblables à l'image qui se renouvelle à nos yeux. D'où il semblerait résulter que la croyance au monde extérieur ne s'acquiert que peu à peu, qu'elle est, pour ainsi dire, susceptible de degrés, en proportion du nombre de souvenirs que la mémoire contient ; et qu'il faut avoir eu plusieurs fois une même perception, pour en venir à la dédoubler et à distinguer d'elle un objet illusoire. Or, l'expérience est tout à fait contraire à une semblable hypothèse, et la croyance au monde extérieur, qui a, en apparence au moins, la rapidité d'une intuition immédiate, ne peut, en aucune façon, s'expliquer par une formation aussi lente, aussi susceptible de progrès.

Remarquons, d'ailleurs, que Hume ne peut considérer l'élaboration de notre croyance au monde extérieur comme le privilége de l'enfance, de cet âge où, dans le premier éveil d'une conscience à demi éclose, s'accomplissent évidemment bien des faits que l'analyse psychologique ne peut saisir, et qui préparent les phénomèmes de la conscience adulte. Si le système de Hume était vrai, les images que la perception nous présente étant souvent tout à fait nouvelles, puisque, à vingt ans, à trente ans, il nous arrive de voir pour la première fois des objets inconnus, nous aurions, durant toute la vie, à répéter machinalement, à renouveler sans cesse, pour tous les objets qui nous sont inconnus, le travail d'imagination qui nous fait passer de la perception subjective à la croyance objective. La foi à l'existence du monde extérieur ne serait donc qu'une conquête laborieuse et successive. Or, nous n'avons aucune conscience de ces acquisitions consécutives.

Du reste, et c'est la vraie difficulté, Hume ne nous convaincra jamais qu'une fiction de l'imagination puisse devenir une croyance irrésistible, universelle, une croyance de tous les instants. Admettons les déductions ingénieuses, par lesquelles il nous montre l'imagination groupant des perceptions isolées, qu'elle fond pour ainsi dire et fusionne les unes dans les autres ; forcée ensuite de supposer leur identité, puis leur permanence, enfin, leur existence hors de nous. Admettons que l'imagination en vienne ainsi à rêver le monde extérieur comme un moyen de sortir d'embarras dans les contradictions où elle se perd : quel rapport y a-t-il, entre cette fiction inconsistante et fragile, et la certitude absolue où nous sommes tous que le monde existe ? C'est avec raison qu'un philosophe anglais contemporain, nourri cependant dans les préjugés de l'école de l'association, M. Murphy, affirme que « la loi d'association, si elle suffit à ren- » dre compte de l'origine de nos conceptions, est » totalement incapable d'expliquer nos croyances (1). » Toutes les finesses, tous les artifices de l'imagination guidée par les lois de l'association, paraissent impuissants à engendrer cette conviction profonde, cette invincible certitude, qui caractérise, en général, nos croyances, et particulièrement la foi à une réalité externe.

Dira-t-on que l'imagination, quand elle est savamment excitée par un romancier habile, nous illusionne au point de nous faire prendre des chimères pour des réalités ; qu'en lisant un auteur dramatique, nous sommes émus, notre cœur bat, comme s'il s'agissait d'événements historiques ? Nous répondrons que,

---

(1) M. Murphy, *De l'habitude*.

même alors, l'illusion n'est jamais complète. Dans le plus fort de notre émotion, nous ne croyons pas réellement à l'existence des héros de notre roman ou de notre poëme; au fond de notre conscience reste, endormie, si l'on veut, mais prête à se réveiller, la pensée que nous avons affaire à de pures inventions. Dès que nous le voulons, nous pouvons nous ressaisir nous-mêmes, et surmonter toutes les duperies de l'imagination. Y a-t-il rien de semblable dans la croyance que nous suggère la réalité du monde extérieur?

Ce qui a trompé Hume, comme la plupart de ceux qui, dans l'hypothèse idéaliste, ont fait effort pour expliquer la croyance au monde matériel, ce qui le rend peu exigeant en matière d'explication, c'est qu'il part de ce préjugé que la réalité sensible est une illusion. Comment s'étonner qu'il se soit contenté, pour fonder une croyance qu'il n'admettait pas, de motifs précaires et tout à fait insuffisants? Hume, précisément, lisait dans le monde extérieur comme dans un roman; il en acceptait les impressions trompeuses, pour satisfaire aux nécessités de la vie; une fois rendu à lui-même et à ses méditations intérieures, il se détachait facilement de son illusion. Ce retour à ce qu'ils appellent la vérité est si naturel aux idéalistes, qu'ils le croient possible et même facile pour tous les hommes : ils s'imaginent volontiers que le vulgaire n'a pas plus de foi qu'eux-mêmes à l'existence de la matière. Nous avons déjà signalé cette singulière erreur chez Berkeley. Nous la retrouvons chez Hume.

« Les philosophes seuls ont inventé la distinction du
» sujet et de l'objet. Pour le commun des hommes,
» il n'y a que les perceptions. » Et, de même,
M. Mill prétend que les hommes, si l'on met à part les
philosophes, ne croient pas à quelque chose qui existerait en dehors de la sensation possible (1). Là ne
s'arrête pas, d'ailleurs, la ressemblance entre le système de M. Mill et celui de Hume.

La doctrine bizarre du *Traité de la Nature humaine*
a, en effet, inspiré celle que M. Mill soutient aujourd'hui sous ce titre : *Théorie psychologique de la croyance
à la matière*, théorie qu'un de nos maîtres qualifiait
récemment : « le plus grand effort qui ait été fait
» pour expliquer, sans y croire, la croyance à la ma-
» tière (2). » Pleine de surprises pour le sens commun, cette opinion mériterait l'épithète que Hume
appliquait à ses propres idées sur le sujet, quand il
les déclarait très-étranges (*very curious*); mais elle est
moins originale, moins nouvelle qu'on ne serait d'abord
tenté de le croire.

Hume eût défini la matière : des groupes de sensations que l'imagination finit par nous représenter
comme permanentes d'abord, comme extérieures ensuite. Peut-être n'y a-t-il pas bien loin de cette définition à celle de M. Mill : « La matière est une possibi-
» lité permanente de sensations. » Pour établir la
vérité de son assertion, le philosophe anglais invo-

---

(1) M. Mill, *La Philosophie de Hamilton*, chap. XI, p. 220.
(2) M. P. Janet, *Revue des Deux-Mondes*.

que des principes que Hume eût signés des deux mains. Le plus important c'est que l'esprit, dit M. Mill, est capable d'*expectation*. Il ne se circonscrit pas dans la sensation actuelle : il attend, il pressent des sensations nouvelles. Hume eût ramené cette faculté d'*expectation* ou d'attente à la tendance qui pousse l'imagination à dépasser sans cesse son objet. A cette faculté s'ajoutent les lois ordinaires de l'association des idées. Une fois ces principes admis, il est facile, selon M. Mill, d'établir que les sensations de la mémoire et les sensations présentes peuvent s'associer de façon à produire la croyance à la matière. Comme Hume, M. Mill commence par réduire l'idée de la matière à l'idée de la permanence, à ce que Kant appelle *perdurabilité* (1). Comment expliquer cette permanence ? Par un système non moins ingénieux que celui de Hume. En vertu des lois de notre esprit, en même temps que nous percevons une sensation présente, nous croyons à la possibilité des sensations déjà perçues. Autour du petit noyau que forme la perception actuelle se groupent, quoique vaguement, les idées des sensations possibles, et, bien que la sensation actuelle change, ce même cortége, pour ainsi dire, accompagne sans cesse toutes les nouvelles déterminations de notre esprit. Nous sommes donc toujours entourés, pour ainsi dire, par cet ensemble fixe et permanent de possibilités de sensation. Or, c'est précisément dans l'opposition et le contraste de ces possibilités permanentes et de la

---

(1) M. Mill, *op. cit.*, p. 214.

sensation actuelle, qui varie d'instant en instant, que trouve son germe la distinction d'un moi variable et d'un non-moi immobile. C'est parce qu'il y a toujours en nous la représentation de ces perceptions possibles, c'est, par exemple, parce que, outre le livre que j'ai actuellement entre mes mains, je me représente mentalement, tout entière, la bibliothèque où je l'ai pris, que nous concevons peu à peu l'existence du monde extérieur.

Nous n'avons pas à suivre M. Mill dans l'exposé des considérations subsidiaires qu'il développe à l'appui de son système, pour montrer que l'idée de la permanence devient plus précise encore, quand la perception présente fait partie d'un groupe de sensations qui forment un tout bien lié; c'est-à-dire quand elle est une qualité particulière de ce que la philosophie du sens commun appelle une substance, ou bien quand elle est rattachée à des sensations passées ou futures par cet ordre de succession constante que cette même philosophie appelle la loi de causalité. Ici encore, l'analogie avec Hume est manifeste, car Hume insiste lui aussi pour établir que la *cohérence* des perceptions, c'est-à-dire leur succession régulière, est une des conditions essentielles de l'idée d'une existence permanente. Ce que nous avons dit suffit amplement à faire comprendre comment, pour M. Mill, la permanence des représentations dans l'imagination donne lieu à l'idée de la matière, qui n'est, en définitive, qu'un mot, par lequel nous exprimons l'attente où nous sommes de pouvoir transformer en sensations actuelles toutes les idées que notre esprit nous représente comme des sensations possibles.

Sans compter qu'il est bizarre que, pour expliquer la croyance au monde extérieur, on invoque la possibilité permanente de nos sensations, et non le fait incontestable du renouvellement de nos perceptions actuelles, la théorie de M. Mill nous paraît reposer sur un cercle vicieux. Car la croyance à la possibilité permanente de nos impressions est elle-même fondée sur la croyance préalable au monde extérieur. Si nous n'avions pas la certitude que l'univers existe, nous ne nous attendrions pas à le voir reparaître devant nous. Pour croire que nous sommes en état de percevoir de nouveau la chambre voisine de celle que nous occupons, au delà de cette chambre la rue, au delà de la rue la ville, il faut que nous soyons d'avance persuadés que tout cela existe.

Au fond, la théorie de M. Mill se réduit à soutenir que la permanence de nos perceptions exige, si elle est conçue, la croyance à l'*extériorité;* c'est sur ce point surtout (et c'est le point essentiel) que les rapports avec Hume sont frappants : « On pourrait pré-
» tendre, » dit M. Mill, « que ma théorie rend bien
» compte de l'idée d'existence permanente, qui forme
» une partie de notre conception de la matière, mais
» qu'elle n'explique pas pourquoi nous croyons que
» ces objets permanents sont extérieurs ou hors de
» nous. Je crois, au contraire, que l'idée de quelque
» chose d'extérieur tire son origine uniquement de la
» connaissance que l'expérience nous donne des pos-

» sibilités permanentes. Nous portons avec nous nos
» sensations partout où nous allons, et elles n'exis-
» tent jamais où nous ne sommes pas; mais, quand
» nous changeons de place, nous n'emportons pas
» avec nous les possibilités permanentes de sensation.
» Elles restent jusqu'à notre retour, commencent et
» finissent sous des conditions avec lesquelles notre
» présence n'a, en général, rien à faire. Et, par-des-
» sus tout, elles sont des possibilités permanentes de
» sensation pour d'autres êtres que nous, et elles le
» seront encore quand nous aurons cessé de sentir.
» Ainsi, nos sensations actuelles et les possibilités
» permanentes de sensation présentent inévitable-
» ment un contraste saillant (1). » Nos deux idéalistes ne diffèrent donc que dans l'explication de l'idée de permanence. Pour Hume, la permanence dérive surtout du renouvellement d'impressions semblables, qui, sous l'influence de l'imagination, parviennent à faire corps en quelque sorte, et s'opposent alors à la mobilité de nos impressions intérieures. Pour M. Mill, la permanence des objets extérieurs résulte du contraste frappant que présente, en face de la sensation actuelle, l'ensemble des possibilités permanentes de nos sensations. Mais, une fois l'idée de la permanence acquise d'une façon ou d'une autre, c'est de la même manière que Hume et M. Mill projettent, hors de nous, cette existence permanente qui ne peut être confondue avec notre mobilité subjective. S'il y avait

---

(1) M. Mill, *Hamilton*, p. 224, 225.

quelque intérêt à faire un choix entre deux doctrines que nous jugeons également fausses, nous indiquerions une préférence en faveur de celle de Hume. Hume nous paraît avoir mieux réussi à expliquer la formation de l'idée de permanence, ce qui est le point capital du système.

C'est, du reste, au même scepticisme, franchement avoué, que les deux philosophes aboutissent. Après avoir épuisé leur ingéniosité à expliquer comment se produit l'illusion du monde extérieur, ils déclarent ouvertement, l'un et l'autre, qu'ils ne sont pas dupes d'une pareille fiction.

Il y a, cependant, encore une différence importante à signaler. M. Mill excepte de son scepticisme l'existence des autres hommes. Il est d'ailleurs difficile de comprendre pourquoi : non pas que les raisons qu'il en donne ne soient excellentes, mais ces mêmes raisons pourraient être aussi légitimement employées à la démonstration de la matière et du monde extérieur tout entier ; et l'on ne s'explique pas que, rejetées sur un point, elles soient respectées sur un autre. La vérité est qu'il en coûte de trouver au bout de son système la négation même de l'humanité; et qu'on se décide alors à se sauver de cette conséquence, aussi affligeante qu'absurde, au prix d'une contradiction. Hume, plus absolu, et, il faut le dire, plus logique dans son scepticisme, semble ne pas faire d'exception ; et quoiqu'il ne dise nulle part qu'il doute de l'existence des hommes aussi bien que de l'existence des corps en général, son silence permet de supposer que telle était, en effet, sa conclusion. L'oubli, en pareille question, l'oubli involontaire est peu admissible; surtout quand on sait que Hume s'était nourri de la lecture de Berkeley, et que Berkeley explique longuement, en plusieurs endroits de ses ouvrages, que son scepticisme ne s'étend pas jusqu'aux âmes de nos semblables.

Tout se réduit donc, dans le système de Hume, à l'existence vague, indéterminée de nos impressions flottantes. Jamais l'idéalisme n'a été poussé si loin, et ce n'est pas sans étonnement qu'on réfléchit que de tels fruits se sont développés, pour ainsi dire, sur une tige sensualiste. On comprend mieux un Malebranche, un Berkeley idéaliste. Chez Berkeley, si la raison proteste, la logique au moins est à peu près satisfaite. Berkeley, en effet, à côté des idées perçues, maintient l'existence de l'esprit qui les perçoit; et en même temps qu'il donne à ces perceptions un point d'appui, l'âme humaine, il leur attribue une cause, la volonté divine. Mais comment comprendre un système dans lequel les impressions sensibles restent isolées, suspendues dans le vide, se suffisant à elles-mêmes comme des existences absolues? Venues on ne sait d'où, enchaînées dans un certain ordre on ne sait pourquoi, elles n'ont pas de substance, puisque l'esprit n'est qu'un mot; elles n'ont pas de cause, puisque la matière n'est qu'une illusion, et que l'action divine n'est pas invoquée!

Pour réfuter un pareil idéalisme, les raisons qu'a invoquées Reid sont peut-être insuffisantes. Il ne signifie rien, par exemple, d'invoquer l'argument de fait qui consiste à en appeler au témoignage des sens. Cette preuve, qui revient à frapper la terre d'un bout de son bâton, et que les Anglais appellent l'*argumentum baculinum*, celle dont Molière se sert dans une des plus plaisantes scènes de son théâtre, n'a aucune valeur, et n'établit qu'une chose, c'est que ceux qui l'emploient n'ont pas compris la force de la position de nos adversaires, et le sens de leur argumentation. Pour peu qu'on y réfléchisse, en effet, il est facile de se convaincre que l'idéalisme ne change rien aux apparences des choses. Les philosophes, comme Hume, comme M. Mill, ne contestent pas que nous croyions être frappés ; mais ils prétendent que ces croyances sont vaines et illusoires, et ils pensent l'avoir prouvé. On n'a donc rien fait, lorsqu'on a invoqué contre eux l'irrésistible croyance que les sens nous suggèrent. Reid plaisante à tort Hume sur les infortunes supposées auxquelles son scepticisme le condamnait dans la vie pratique. Quand il dit, par exemple, que ses amis se seraient gardé de le laisser sortir dans la rue, s'ils avaient cru qu'il fût sincère, la réflexion n'est guère piquante, mais surtout elle n'est point sérieuse. En un autre endroit, lorsque Reid remarque, comme s'il eût fait une découverte, que Hume retombe de temps en temps dans la croyance vulgaire, et qu'il n'est sceptique que durant les douze pages de son *Traité*, on a quelque envie de s'écrier : ou bien Reid n'a pas lu Hume, ou bien il ne l'a pas compris. Inutile de rappeller, en effet, que la théorie de Hume a précisément pour but d'établir que, si d'une part nos perceptions sont en réalité subjectives, d'autre part, et par le fait d'une tendance irrésistible, elles nous paraissent objectives. La réflexion nous mène au scepticisme, mais l'instinct et la nature nous ramènent à la foi. Hume aurait parlé volontiers comme un autre sceptique, l'évêque d'Avranches. A ceux qui lui reprochaient de rendre impossible, par son scepticisme, l'usage pratique de la raison, Huet répondait : « Lorsqu'il s'agit de conduire notre vie, nous cessons d'être philosophes, d'être douteux et incertains ; nous redevenons idiots, simples et crédules ! »

Ried ne se trompe pas moins, lorsque avec une insistance inexplicable, il fait de la théorie des *idées-images* l'origine du scepticisme de Hume, comme de celui de Berkeley (1). Quel rapport peut-il y avoir entre la théorie de Hume et celle qui considère les sensations comme des intermédiaires émanés d'un objet extérieur, comme des signes qui viennent nous instruire de l'existence de l'objet qu'ils représentent ? Hume, précisément, n'a jamais cru que la sensation fût autre chose qu'un phénomène absolument subjectif. Ce qui a égaré Reid, c'est qu'à ses yeux la perception extérieure est directe, immédiate. Notre esprit, d'après lui, connaît et saisit la matière comme un miroir reflète une image. La perception ne sup-

---

(1) Dugald Stewart s'étonne que Kant n'ait pas accordé la moindre attention à cette discussion sur la théorie des idées-images, que Reid considérait comme la partie essentielle de sa philosophie. Kant a-t-il eu tout à fait tort?

pose que deux éléments, un acte de l'esprit qui perçoit et un objet perçu comme distinct de cet acte. Par suite, toute doctrine qui admet des intermédiaires, entre l'esprit et la matière semblait à Reid favoriser et préparer le scepticisme, en supprimant le caractère intuitif de la perception. Et cependant, on le sait aujourd'hui, cette intuition immédiate n'existe pas ; entre les deux éléments que Reid distingue, il y a des intermédiaires nombreux : la transmission du phénomène dans le milieu ambiant, les nerfs, le cerveau. La perception n'est, par conséquent, que le dernier acte d'une série d'événements. Reid conclurait-t-il de là que la doctrine moderne favorise le scepticisme ?

Le meilleur argument de Reid est, en définitive, l'appel qu'il fait à la croyance vulgaire. Toutes les hypothèses que l'idéalisme invente pour se justifier, pour rendre compte de cette croyance, sont radicalement insuffisantes. S'il n'y avait pas d'autre raison qui nous portât à croire à la matière que les tendances de l'imagination et les lois de l'association, on ne comprendrait pas que la croyance subsistât un seul instant.

Il faut, après tout, louer Reid d'avoir protesté avec cette chaleur et cette énergie contre un scepticisme inadmissible ; mais son erreur grave est d'avoir pris la croyance à la matière pour une suggestion primitive de notre esprit, pour une intuition immédiate et directe de la réalité matérielle. A nos yeux, comme aux yeux de presque tous les philosophes, la connaissance du monde extérieur est une inférence assez rapide pour être insensible, et qui s'accomplit à un âge où nous n'avons pas encore pleine conscience de nos opérations, mais, enfin, une inférence réelle. La perception n'est que la conséquence d'une série d'antécédents, et, selon les fortes paroles de Leibnitz, « c'est à propos de ce qui se passe en elle que l'âme » conçoit ce qui se passe hors d'elle. » Dans la conscience obscure de l'enfant, il y a un travail latent de la raison naturelle qui le détermine à concevoir, en face de son moi, l'existence du principe extérieur de ses impressions sensibles plusieurs fois renouvelées. Cette croyance, résultat de l'instinct, la raison réfléchie la confirme par le principe de causalité. En outre, et là encore Reid s'est trompé, la connaissance du monde extérieur est une connaissance relative à laquelle collaborent l'esprit et la matière. Faire de nos représentations sensibles le produit exclusif du dehors est une erreur moindre, sans doute, que d'en faire la création du dedans ; mais c'est encore une erreur. A ce résultat complexe deux facteurs concourent. La perception est l'œuvre commune de l'objet et du sujet, et cette théorie se trouve d'accord avec toutes les découvertes physiques, avec toutes les observations physiologiques.

Dans ce système, l'objet extérieur n'est en lui-même ni coloré, ni résistant, ni étendu, il ne le devient que par rapport aux êtres sensibles ; car la résistance, la couleur, l'étendue, c'est la forme que notre sensibilité impose à la réalité extérieure. Mais pour avoir perdu toutes ces qualités, la matière n'en existerait pas moins en elle-même, dans un état que nous ne pouvons définir. En d'autres termes, nous sommes réduits à ne connaître le monde extérieur que par les traductions spéciales que nous en fournissent les sens. Chaque sens parle, pour ainsi dire, sa langue, et nous interprète à sa manière la nature éternellement cachée. Le monde est comme un texte, comme un modèle perdu, que nous sommes condamnés à ignorer toujours, que nous ne pouvons connaître que par des copies plus ou moins fidèles, mais qui n'en existe pas moins pour cela. Tous les efforts que l'on fait pour nier cette existence objective sont impuissants. Dira-t-on que l'étendue, par exemple, n'est qu'une série d'états subjectifs, que la continuité de l'effort intérieur est le principe de la sensation apparente d'un objet étendu? Oui ; mais analysons cette sensation prolongée, nous trouverons, à chaque moment de l'effort, la conscience du moi s'opposant à quelque chose d'extérieur, le sentiment d'une résistance.

Ce n'est pas que nous soyons disposé à chercher, avec Maine de Biran, l'origine de la croyance à la matière, dans l'opposition de l'effort musculaire dont nous avons conscience, et de la résistance qui nous est opposée par le corps. Non ; il nous semble que l'âme pénétrant toutes les parties de notre corps, la croyance au monde extérieur dérive plutôt de l'opposition du corps tout entier aux réalités extérieures. La preuve en est que, quand nous appuyons un bâton sur la terre, nous sentons la résistance au bout du bâton, non au bout des doigts. Une seule expérience ne suffit pas d'ailleurs, selon nous, pour produire la notion complète de l'extériorité. Il faut avoir plusieurs fois éprouvé la même résistance, ou, par la répétition de perceptions semblables, constaté la permanence de l'objet, pour que la certitude de l'existence matérielle s'établisse complétement dans notre esprit. Ce qui contribue surtout à la fonder et à la consolider, c'est que nous pouvons toujours, quand nous le voulons, en nous plaçant dans les mêmes conditions, renouveler les mêmes impressions. En un mot, et à l'inverse des théories de Hume et de M. Stuart Mill, nous dirions volontiers que la notion de quelque chose d'extérieur nous est donnée immédiatement ; mais l'idée de la permanence est le résultat du renouvellement fréquent de ces impressions primitives où le moi se distingue de tout ce qui n'est pas lui.

Quel motif aurions-nous d'ailleurs de mettre en doute une croyance qui se produit aussi naturellement dans notre âme? Ce serait le cas de retourner contre Hume la méthode qu'il pratique souvent lui-même, et qui consiste à rejeter sur ses adversaires l'*onus probandi*. Transformer la croyance au monde extérieur en une hallucination qui dure toute la vie, c'est se mettre dans l'impossibilité d'expliquer les hallucinations passagères dont nous sommes quelquefois les victimes ; c'est rendre l'existence de nos semblables douteuse et improbable; c'est faire de l'homme et de la création un mystère incompréhensible où la raison se perd; c'est surtout contredire à un penchant invincible dont nous n'avons aucune raison de suspecter la véracité !

Sans doute nous ne méconnaissons pas les difficultés de la question, et nous comprenons ces paroles d'un philosophe : « Quiconque n'a jamais douté de l'existence de la matière peut être assuré qu'il n'est point fait pour les recherches métaphysiques. » Mais pour résister à ces doutes, rien ne vaut le spectacle qui nous est donné par Hume, et en général par les idéalistes ; rien n'est instructif comme de suivre, dans sa laborieuse entreprise, ce dialecticien sceptique, élevant péniblement un fragile échafaudage pour expliquer l'illusion persistante des hommes à l'endroit de la perception extérieure. On se convainc, en lisant Hume, qu'en partant de cette idée préconçue, que le monde est une chimère, tout devient obscur et mystérieux ; qu'au contraire si nous acceptons comme fondée en raison la foi que nous inspire la nature, tout est clair, tout est simple. Et en voyant combien il est difficile d'expliquer de quelle façon les hommes parviennent à se tromper, on est de plus en plus porté à conclure qu'ils ne se trompent point !

CHAPITRE VIII.

LA CROYANCE A L'AME OU AU MOI. L'IDENTITÉ PERSONNELLE.

Satisfait de la méthode qu'il avait employée pour rendre compte de la croyance à la matière, Hume était trop bon logicien pour ne pas expliquer de la même façon la croyance à l'esprit. Des deux côtés, au dedans comme au dehors, son système lui interdisait de croire qu'aucune substance existât. Par suite, il ne pouvait admettre que la notion du moi fût une notion primitive, immédiatement conçue en présence de la réalité. Et cependant cette notion existe; elle est de celles que l'homme est le moins disposé à sacrifier. Il faut donc en déterminer l'origine, et, puisque la nature ne fournit pas le modèle réel dont cette idée paraît être la représentation, il faut montrer par quelle élaboration, pour ainsi dire artificielle, par quel mécanisme compliqué, surgit et se développe peu à peu la croyance illusoire au moi.

Sur ce point, l'opinion de Hume est tout à fait originale. Dans les écrits de ses devanciers, rien ne la fait pressentir. Fidèle aux principes de Descartes, Locke affirmait que la conscience de notre existence est intuitive, et que l'on se sait exister du moment que l'on pense, du moment que l'on éprouve du plaisir ou de la peine (1). Mais, par ses hésitations à l'endroit de la substance, il laissait indécise et pendante la question de savoir si l'âme est un être substantiel incessamment modifié, ou simplement une série de modifications sans substance. Les substances ne sont, à vrai dire, pour Locke, que des collections de qualités sensibles ou d'idées. Berkeley, qui pensait que, dans les objets corporels, « substance et modification sont une » même chose (2), » changeait d'avis quand il pénétrait dans le monde intérieur : « L'intelligence, l'âme » ou l'esprit existe réellement et en vérité (3). » Il ne se doutait pas que les armes dont il s'était servi contre la matière, un scepticisme subtil les retournerait contre l'esprit, et que du fond de ce système idéaliste, dont il voulait faire une forteresse contre l'impiété, sortirait un nihilisme absolu. Quant à lui, il fait dériver de la conscience, qu'il appelle réflexion et aussi intuition, la connaissance du moi. Dans quelques passages, cependant, il se laisse aller à exprimer assez vivement quelques doutes sur la démonstration de l'identité personnelle, lorsqu'on ne tire les preuves qui l'établissent que de l'unité de la conscience (4). Ailleurs, il va jusqu'à admettre que nous n'avons

---

(1) « Nous avons une connaissance intuitive de notre propre existence. » Locke, *Essai sur l'entendement humain*, IV, 9, 2.
(2) Berkeley, *Principes de la connaissance humaine*, § 49.
(3) *Id., Siris*, p. 166.
(4) *Id., Alciphron*, VII, § 11.

aucune idée claire d'un esprit (1). Mais ces doutes accidentels ne pouvaient prévaloir contre les principes de sa foi philosophique, et, avec la même assurance qu'il niait toute substance matérielle, il affirmait l'existence des substances spirituelles. Cette contradiction ne l'arrêtait pas, parce qu'il croyait voir dans l'âme un principe d'action, une force dont la matière lui paraissait complétement dépourvue.

Plus net et plus résolu que Locke, Hume tranche la question, et il la tranche dans le sens opposé à Berkeley. Il nie que l'âme existe, qu'il y ait en nous autre chose qu'une série d'événements et d'états de conscience, et ensuite, par les lois de l'association, il rétablit, comme une illusion naturelle et inévitable, cette croyance à l'identité personnelle, qu'il repousse quand elle se donne pour une vérité certaine (2).

I

Examinons d'abord les arguments par lesquels Hume combat les doctrines spiritualistes de l'existence de l'âme. Il prétend montrer que l'âme ou le moi ne peut être ni une cause dont les impressions et les idées seraient les effets, ni une substance dont les phénomènes intérieurs seraient les modes. Une fois ces

---

(1) Berkeley, *Principes de la connaissance humaine*, § 138.
(2) Hume, *Traité*, part. IV, sect. V, VI. La question n'est pas traitée dans les *Essais*. Hume y a prudemment omis tout ce qui concerne son scepticisme sur l'âme.

résultats acquis, il conclut que l'âme est un mot vide de sens, et la question de son immatérialité une question absolument inintelligible.

1° Qu'il n'est pas nécessaire d'attribuer une cause spirituelle aux phénomènes de la pensée, c'est une conséquence évidente des théories de Hume sur la causalité. L'insuffisance de sa doctrine sur ce sujet ne saurait mieux se déclarer que par l'usage qu'il en fait ici (1). En présence des événements, si profondément différents, qui composent notre vie physique et notre activité morale, les spiritualistes et le sens commun raisonnent ainsi : la matière sera toujours la matière, il n'est pas possible qu'elle soit la pensée. Pourquoi? Parce que les causes restent, dans leur développement, limitées aux actions que comporte leur nature; parce qu'elles ne peuvent dépasser leur pouvoir spécial, et produire des effets contraires à leurs qualités. Mais ces considérations n'ont aucune valeur aux yeux de Hume. Pour lui, la relation de causalité n'implique nullement dans la cause une énergie, une vertu capable de produire l'effet, puisqu'elle représente uniquement la succession constante de deux phénomènes. Dans cette hypothèse, il est évident qu'on ne saurait *a priori* limiter la nature, et déterminer l'impuissance d'une cause à produire tel ou tel effet. La vérité, c'est que tout est possible. « N'importe quoi peut produire n'importe quoi » (*any thing may produce any thing*). Voilà donc le spiritua-

---

(1) *Traité*, p. 305.

lisme désarmé dans un de ses meilleurs arguments. Il faut renoncer à spéculer sur la nature des causes par des inductions fondées sur la nature des effets. Le matérialisme seul trouverait son profit à une argumentation fondée sur la relation de causalité, dans le sens où Hume l'entend, puisque l'expérience nous montre les états de l'âme constamment unis à certains états du corps.

Nous ne reviendrons pas sur la critique que nous avons déjà faite des erreurs de Hume, relatives à la causalité. La science ne serait évidemment qu'une vaine et insignifiante chronologie, si elle était réduite à constater les uniformités de succession, et si elle ne pouvait nous expliquer quelles sont les qualités qui, dans la cause, préparent et déterminent l'effet. Les hommes ne se décideront jamais à croire qu'en disant : « Le soleil est la source de la chaleur terres- » tre, » ils affirment uniquement la coïncidence de l'élévation de la température sur notre globe avec l'apparition du soleil sur l'horizon. Ils penseront toujours, et avec raison, qu'il y a dans le soleil des forces, ou, si ce mot déplaît, des qualités, des circonstances, qui produisent nécessairement la chaleur, et qui la produiront toujours, tant que la sensibilité humaine restera ce qu'elle est. Ils croiront, par conséquent, aussi, qu'il est possible, en s'appuyant sur les connaissances que l'expérience elle-même nous a enseignées, de déterminer *a priori* quelle nature d'effets on est en droit d'attendre de telle nature de causes. Hume lui-même, quand son système ne l'aveugle pas, se rend à l'évidence, et reconnaît, par exemple, que notre confiance au témoignage des hommes est fondée sur l'expérience que nous avons faite des qualités qui, chez la plupart de nos semblables, développent et protégent l'amour de la vérité : « Si nous » ne savions, » dit-il, « que la mémoire a un certain » degré de ténacité; que les hommes ont communé- » ment une inclination à la franchise, et des principes » de probité; qu'ils sont très-sensibles à la honte » d'être surpris en flagrant délit de mensonge; si » nous n'avions déjà vérifié, par l'expérience, que » ce sont là des qualités inhérentes à la nature hu- » maine, nous ne nous reposerions jamais avec con- » fiance sur la parole d'autrui (1). » De l'observation de la nature humaine, Hume se croit donc autorisé à conclure que le mensonge et la tromperie ne peuvent être l'effet ordinaire de facultés aussi visiblement portées vers la vérité. Ce raisonnement ne ressemble-t-il pas à celui par lequel nous affirmons, d'après les propriétés connues de la matière, que la pensée dont la conscience nous a révélé les caractères essentiels ne peut être l'effet d'une cause ainsi déterminée? Il y a donc moyen, — et, sur ce point, des empiriques moins systématiques que Hume seraient eux-mêmes de notre avis, — il y a moyen, sinon d'établir *a priori* qu'une cause donnée ne produira pas tels ou tels effets (elle peut en produire d'inattendus), mais, du moins, qu'un effet dont on a complétement exploré

---

(1) *Essai sur les miracles*, tome IV, p. 127.

les qualités, ne peut pas être produit par une cause dont on connaît exactement la nature. Si le spiritualisme pouvait se flatter d'avoir approfondi entièrement l'essence de la matière, je crois que l'argument fondé sur la simplicité de la pensée opposée à la division moléculaire des corps serait un argument excellent, à l'abri de toute objection.

Il faut, en tout cas, maintenir fermement ce principe, qu'on peut, dans la nature d'un objet, démêler *a priori* la nature de ses effets. Soutenir le contraire, c'est faire du hasard le souverain du monde ; c'est considérer la nature comme une suite perpétuelle de miracles. A ce compte, en effet, les choses pourraient, du jour au lendemain, prendre une face nouvelle, à moins que les habitudes prises ne soient tout aussi puissantes sur la nature que sur le caractère humain.

2° C'est de la même manière, et par une déduction de ses principes, que Hume écarte la conception de l'âme comme substance. Par un procédé d'argumentation déjà signalé, il met ses contradicteurs au défi de lui opposer une seule impression qui corresponde à l'idée de substance, et surtout de substance immatérielle. Lui-même affirme *a priori* qu'il est impossible de rencontrer une pareille impression (1). La sub-

---

(1) « Nous n'avons d'idée claire et complète que de nos percep-
» tions. Or, une substance est entièrement différente de la per-
» ception. Nous n'avons donc aucune idée de la substance. Mais,
» dira-t-on, pour expliquer l'existence de ces perceptions, il faut
» admettre qu'elles sont inhérentes à quelque chose (*in some-*

stance, en effet, représente tout au moins quelque chose de permanent. Or, dans la succession variée de nos événements intérieurs, où rencontrer cette impression uniforme qui, seule, pourrait servir de principe à la notion de l'identité, de la permanence ? Hume triomphe de cette mobilité incessante de nos impressions. Il se moque de ces métaphysiciens qui, avec une perspicacité qu'il envie, trouvent dans leur conscience le sentiment intime et invariable de leur personnalité. Quant à lui, il a beau s'examiner, s'interroger, il ne trouve rien qui ressemble à un moi permanent et identique ; il déclare qu'il ne se considère, par conséquent, que comme un « *paquet de sensations* » (*a bundle of perceptions*) (1).

Avant d'aller plus loin, notons au passage, en protestant contre sa fausseté, une théorie qui se mêle incidemment à la discussion, et d'après laquelle une impression ne pourrait représenter une substance qu'à la condition d'être une substance elle-même. C'est là un des axiomes de la philosophie de Hume, axiome idéaliste, qui proclame l'identité de la pensée et de l'objet. Ne faut-il pas, au contraire, soigneusement maintenir le caractère représentatif de la pensée ? Cette

» *thing*). Cela ne nous paraît pas nécessaire : l'existence de la
» perception s'explique par elle-même... Comment répondre, par
» conséquent à cette question : *est-ce à une substance matérielle ou
» immatérielle que se rattachent nos perceptions*, puisque nous ne
» pouvons pas même comprendre le sens de cette question ? »
Traité, p. 291 et suiv.

(1) *Traité*, p. 311 et suiv.

croyance ne peut se démontrer, sans doute; mais nos adversaires démontrent-ils la croyance contraire? Et entre deux opinions, l'une irrésistible et inspirée par la nature, l'autre inventée par quelques philosophes, le choix peut-il être douteux? L'identité du sujet et de l'objet n'est une vérité que quand il s'agit de la conscience de nous-mêmes. En ce sens, Hume a raison de dire que l'impression qui nous donnerait l'idée de substance devrait être elle-même une substance. Généralisée et transportée aux autres parties de la connaissance humaine, cette maxime imprudente a pour premier résultat la négation du monde extérieur. Hume, il est vrai, ne s'effraierait pas pour si peu; mais n'eût-il pas reculé lui-même devant cette autre conséquence, que, pour avoir l'idée de Dieu, il faudrait être Dieu soi-même?

Dans les limites seules de la connaissance intérieure il est vrai de dire que la pensée, étant la représentation d'elle-même, doit posséder les caractères dont elle nous donne l'idée. Si donc la conscience nous suggère réellement la notion de la permanence, il faut que cette notion elle-même soit permanente. C'est précisément ce qui arrive, en dépit des dénégations de Hume. Malgré l'évolution incessante des phénomènes intérieurs, malgré cette fuite perpétuelle de nos sentiments et de nos pensées qui défilent avec une inconcevable rapidité, malgré l'opposition et le contraste de nos états de conscience, si différents en eux-mêmes qu'ils ne paraissent pas, bien souvent, appartenir au même être, n'y a-t-il pas quelque chose qui persiste et qui se maintient toujours, à savoir, l'impression qu'ils sont nôtres ? Et si nous avons cette impression qu'ils sont nôtres, c'est qu'ils nous apparaissent tous comme intérieurs; c'est qu'ils nous donnent tous l'idée de quelque chose d'interne qui s'oppose nettement aux choses du dehors. Sous la surface mobile de nos sentiments et de nos pensées, nous sentons comme un courant intime et profond, sur lequel glissent à chaque instant, pour mourir aussitôt, les vagues de nos impressions. Cette conscience accompagne tous les événements de notre vie morale, et c'est elle, à n'en pas douter, qui est le fondement, et le fondement solide de l'idée du moi.

Qu'on le remarque, en effet : il y a pour le moins trois faits certains qui semblent assurer une base de résistance inexpugnable contre ceux qui poussent le scepticisme jusqu'à douter de la personnalité humaine. 1° Chaque nouveau phénomène moral, par cela seul qu'il est un état de conscience, nous apparaît comme intérieur, et, par suite, comme nôtre. 2° A chaque moment de notre existence, nous pouvons, par le souvenir, rayonner en quelque sorte dans notre vie passée, reconnaître comme nôtres des pensées, des sentiments qui ne sont plus. 3° Enfin, de même que nous pouvons, par le souvenir, reconstituer notre passé, nous pouvons, par induction, déterminer jusqu'à un certain point notre avenir, et relier, par prévision, à notre pensée actuelle la série de nos pensées futures. Ainsi, d'une part, les différents états de conscience qui se succèdent en nous ont ce caractère qu'ils nous apparaissent tous comme intérieurs, et qu'ils amènent tous sur nos lèvres ce même mot : *moi*. De là cette continuité d'impression requise pour éveiller l'idée de la permanence et de la personnalité. Ce premier point de vue suffit à expliquer que nous regardions l'âme comme une substance ; mais les autres établissent que l'âme est une substance en effet. Si le moi n'était qu'une succession de sensations, comment comprendre que, parmi ces états de conscience, il y en ait qui, en même temps qu'ils sont des états actuels de pensée et des affirmations présentes du moi, puissent être le souvenir d'un sentiment antérieur, c'est-à-dire l'affirmation du moi dans le passé, ou, encore, la conception d'une action future, c'est-à-dire l'affirmation du moi dans l'avenir ? Qu'est-ce donc que cette sensation qui, en même temps qu'elle se saisit elle-même, dans le moment où elle existe, en saisit une autre qui n'existe plus ou qui n'existe pas encore ? Comment expliquer cette dualité, ce double aspect de nos souvenirs ou de nos prévisions, sinon en admettant que chacun de ces états de conscience n'est que la manifestation passagère d'une force unique et persistante qui se détermine sans cesse par de nouveaux actes, tout en accumulant le résidu de ses actes précédents, tout en concevant à l'avance sa future activité ?

Ces considérations ont assez de force pour émouvoir les disciples de Hume. M. Mill reconnaît formellement qu'il est impossible d'expliquer les phénomènes de la conscience humaine sans admettre un principe

d'identité. Après avoir essayé d'appliquer à l'esprit la *théorie psychologique*, qu'il regarde comme victorieusement établie pour le monde extérieur, M. Mill avoue qu'il serait manifestement absurde de faire du moi un groupe de sensations possibles, qui n'auraient entre elles d'autres liens que ceux de l'imagination. « Le lien, » dit-il, « ou la loi inexplicable qui ratta-
» che la conscience présente à la conscience passée
» qu'elle nous rappelle, est la plus grande approxi-
» mation que nous puissions atteindre d'une idée
» positive du *soi*. Je crois fermement qu'il y a quelque
» chose de réel dans ce lien, réel autant que les sen-
» sations elles-mêmes, et qui n'est pas un simple
» produit des lois de la pensée, sans aucun fait qui
» lui corresponde (1). » Et ailleurs : « Si nous regar-
» dons l'esprit comme une série de sentiments, nous
» sommes obligés de compléter la proposition, en
» l'appelant une série de sentiments qui se connaît
» elle-même comme passée et comme future ; et nous
» sommes réduits à l'alternative de croire que l'esprit
» ou le moi est autre chose que les séries de senti-
» ments ou de possibilités de sentiment, ou bien d'ad-
» mettre le paradoxe que quelque chose qui, *ex hypo-
» thesi*, n'est qu'une série de sentiments, peut se
» connaître soi-même en tant que série (2). »

Les observations qui précèdent ne lèvent pas, sans doute, toutes les difficultés. La permanence du moi

---

(1) M. Stuart Mill, *Hamilton*, p. 250.
(2) *Ibid.*, p. 235.

ne suffit peut-être pas à établir définitivement la distinction de l'âme et du corps. Car, un matérialiste pourrait objecter que la perpétuité d'un courant ininterrompu produit par les centres nerveux est le principe de la continuité de notre conscience. Il nous semble, cependant, qu'on a fait quelque chose pour la thèse spiritualiste, quand on a montré que la conscience contient autre chose que des faits isolés, démembrés pour ainsi dire ; qu'elle nous révèle, au contraire, un principe d'unité, une source et un centre d'où s'épanchent et où se replongent sans cesse les flots inépuisables de nos souvenirs du passé et de nos prévisions de l'avenir.

Ce n'est pas seulement la permanence de la conscience, c'est aussi l'indivisibilité de la pensée, qui, aux yeux des spiritualistes, exclut toute union des phénomènes intellectuels avec la matière, et implique l'existence d'une substance spirituelle. Hume a connu ce nouvel argument sans en être touché ; et c'est ici qu'on peut apprécier toute l'étrangeté hardie de son système (1). Hume n'est pas spiritualiste : mais il est encore moins matérialiste. Il reconnaît que la plupart de nos impressions (toutes, excepté celles de la vue et du toucher), ne sont pas susceptibles d'une *conjonction locale* avec la matière. Il est impossible, par exemple, de dire d'une passion, « qu'elle est à la » droite d'une autre passion. » En conclurons-nous que ces perceptions, qui n'existent pas dans la matière,

---

(1) *Traité*, p. 292.

existent dans l'âme, dans un sujet spirituel? Non, elles existent, mais elles ne sont nulle part (*an object may exist, and yet be nowhere*). L'erreur des métaphysiciens est précisément de vouloir rattacher à une substance unique des perceptions indépendantes qui ne peuvent être localisées, et qui existent en elles-mêmes, sans qu'aucune détermination de lieu soit compatible avec leur nature : « Nous n'avons le » choix, » dit Hume, « qu'entre trois hypothèses : ou » bien les impressions existent sans occuper de place; » ou bien elles sont figurées et étendues ; ou bien, » quoique indivisibles en elles-mêmes, elles sont » unies et incorporées à des objets étendus. L'absur- » dité des deux dernières propositions démontre sur- » abondamment la vérité de la première (1). » Mais n'y a-t-il pas une absurdité au moins égale à laisser nos divers états de conscience planer dans le vide, comme autant d'atomes mystérieux et absolus, qui ne se rattachent à rien, qui ne reposent sur rien ? Il reste, en effet, une quatrième hypothèse, qui nous sauve de l'absurdité des trois autres : celle qui considère ces états de conscience comme les modes d'une substance spirituelle. Si Hume avait pu consentir à admettre autre chose que des impressions indépendantes et successives, c'est de ce côté, et dans le sens de cette dernière supposition, qu'il eût penché; car il comprenait trop bien l'impossibilité de localiser les impressions indivisibles de la pensée, pour être

---

(1) *Traité*, p. 297.

jamais tenté de les attribuer à une substance matérielle.

- Il est vrai que, sur d'autres points, Hume fait des avances aux matérialistes. D'après lui, il n'y a pas seulement, dans la conscience, des impressions indivisibles et inétendues, il y a aussi les perceptions de la vue et du toucher. Ces perceptions sont elles-mêmes divisibles, comme l'étendue dont seules elles nous donnent l'idée. Elles possèdent toutes les qualités de la matière, elles sont la matière même ; c'est là une conséquence naturelle de l'idéalisme de Hume et de sa confusion perpétuelle de la pensée et de l'objet. Or, si l'âme existait, il faudrait lui attribuer ces perceptions de la vue et du toucher ; mais comment admettre que des impressions étendues et divisibles appartiennent à une substance immatérielle, c'est-à-dire indivisible ? Les perceptions de la vue et du toucher ne peuvent donc dériver d'un principe spirituel, et les matérialistes ont raison dans leur négation. Mais ils ont tort dans leur affirmation quand ils renouvellent sous une autre forme le préjugé de leurs adversaires, et admettent une substance matérielle, de laquelle ils font dépendre des impressions inétendues et indivisibles, comme toutes celles qui n'émanent pas de la vue et du toucher.

En réalité, pour Hume, il n'y a que deux séries de choses qui existent : d'une part des impressions inétendues, source de nos illusions concernant l'esprit, et des impressions étendues, source de nos illusions concernant la matière. Voilà bien le fond de la pensée de Hume. On chercherait en vain, dans la variété du vieux vocabulaire philosophique, un mot qui convienne ici. Le *nihilisme*, qui a été inventé un peu pour Hume, me paraît une expression mal faite, qui ne peut désigner complétement un système, très-sceptique à l'endroit des réalités substantielles, mais très-affirmatif à l'égard des phénomènes. Le *phénoménisme* serait le mot le plus juste, le mot nécessaire, pour caractériser, dans sa nuance vraie, une semblable conception de la nature. Un qualificatif compléterait la définition, qui serait assez exacte sous cette forme : le système de Hume est un phénoménisme psychologique. Il faut, en effet, distinguer la philosophie de Hume de ces doctrines analogues qui, bien qu'elles n'admettent d'autres réalités que les phénomènes, répugnent à l'idéalisme, et séparent avec soin les phénomènes du dehors des phénomènes du dedans.

Les conséquences de ce positivisme idéaliste apparaissent d'elles-mêmes; mais ce qu'il est intéressant de remarquer, c'est que Hume n'a pas l'air de les soupçonner. Bien plus, avec sa dextérité habituelle, et par un jeu de dialectique assez divertissant (car nous ne pouvons croire que Hume ait pris tout à fait au sérieux son argumentation sur ce point), notre philosophe renvoie à la doctrine de l'immatérialité de l'âme les accusations d'athéisme et de fatalisme qu'on ne peut guère lui épargner à lui-même (1). La philosophie, dit-il, n'est pas comptable de ses opinions,

---

(1) *Traité*, p. 298.

lorsqu'elles contredisent les autres sciences ; car elle est la souveraine des sciences, et lorsqu'elle est attaquée par elles, on peut dire qu'elle ressemble à un roi accusé par ses sujets. Cependant la philosophie se doit à elle-même de se justifier, quand elle paraît contredire la religion, « la religion, dont les droits lui » sont aussi chers que les siens propres et sont en » réalité les mêmes. » Et quand il parle de religion, il entend surtout le dogme de l'immortalité de l'âme (1). Or, il n'y a pas, dit-il, d'argument *a priori* qui puisse nous donner la certitude de la durée d'un être matériel ou immatériel : les arguments métaphysiques sont également faibles et impuissants dans les deux hypothèses. Les arguments *a posteriori* seuls, les arguments moraux sont également forts dans toutes les théories, et la négation de l'âme, si elle n'ajoute rien à la force de ces arguments, ne la détruit pas non plus. C'est une prétention analogue que nous trouvons dévelop-

(1) Hume avait consacré un Essai particulier à la question de l'immortalité de l'âme. Cet opuscule, qui devait paraître en 1757, en même temps que l'*Histoire naturelle de la religion,* fut supprimé par prudence, et ne parut qu'en 1783. Le scepticisme y domine, et la critique des arguments ordinaires de l'immortalité y est exposée avec une grande vigueur. Hume y développe ce dilemme :
« S'il y a dans le monde des marques d'une justice distributive,
» il faut conclure que la justice se déploie ici-bas, et qu'elle y est
» satisfaite. S'il n'y en a pas, nous n'avons aucune raison d'attri-
» buer à Dieu la justice telle que nous l'entendons. Si, prenant
» un juste milieu, on soutient que la justice ne se manifeste ici-
» bas qu'en partie, il n'y a encore aucun motif de prêter à Dieu
» plus de justice qu'il n'en exerce dans ce monde. » Tome IV, p. 547.

pée dans les écrits de M. Mill : « Quant à l'immorta-
» lité, il est aussi aisé de concevoir qu'une succession
» de sentiments, une série de faits de conscience,
» puisse se prolonger éternellement, que de conce-
» voir qu'une substance continue toujours à exister ;
» et une preuve bonne pour une théorie sera bonne
» pour l'autre. Sans doute, les théologiens métaphy-
» siciens y perdront l'argument *a priori*, par lequel ils
» se flattaient de prouver qu'une substance spirituelle,
» en vertu de sa constitution essentielle, ne peut
» périr ; mais ils feraient mieux d'y renoncer, et, pour
» leur rendre justice, ils s'en servent rarement au-
» jourd'hui (1). »

Après s'être justifié sur le chapitre de l'immortalité, Hume change de rôle, et se fait accusateur, dans la question de l'existence de Dieu. Il est piquant de le voir gourmander les spiritualistes, et essayer de leur prouver que non-seulement ils se trompent, mais encore qu'ils sont condamnés, par la logique, à devenir des panthéistes sans le savoir. On ne peut, sans inconséquence, assure-t-il, considérer les phénomènes de l'esprit comme les manifestations d'un seul principe, et, d'autre part, nier que les phénomènes de l'univers soient les modes d'une substance unique. Il est évident que Hume fait ici de graves confusions ; et que la doctrine de l'immatérialité de l'âme est, au contraire, la seule qui ait des affinités réelles avec la croyance à un Dieu personnel. Si quelque opinion

---

(1) M. Stuart Mill, *Hamilton*, p. 233.

favorisait le panthéisme, ce serait précisément celle qui, à l'imitation de Hume, niant toute substance seconde, ferait ainsi le vide dans l'univers, et ouvrirait comme un immense abîme, qu'une substance unique pourrait seule combler. Mais nous n'en recommandons pas moins, comme un brillant exemple de l'esprit paradoxal de Hume, tout ce passage où le sceptique écossais se plaît à agiter, devant les spiritualistes, le fantôme du panthéisme, et où, devenu le champion de la religion, il nous parle, sur le ton d'une orthodoxie effarouchée, de la mauvaise réputation de Spinosa et de son horrible hypothèse *(infamous, hideous hypothesis)*.

L'esprit humain, si l'on accepte les conclusions de Hume, n'est qu'une série de sensations (1). Il faut bien entendre, dans quel sens, tout à fait bizarre, Hume soutient cette thèse, et se distingue de ceux qui, de nos jours, considèrent aussi la personnalité comme une illusion. Pour les positivistes ou les matérialistes contemporains, si la conscience n'est qu'un phénomène fugitif et sans point d'appui spirituel, du moins il y a derrière elle des forces réelles et latentes, dont elle n'est qu'une transformation passagère. Pour eux, la conscience dans l'homme, c'est en quelque sorte comme la fleur qui, un instant, apparaît et brille au haut de la tige, puis sèche et retombe dans le néant. De même, les forces dont se compose notre

---

(1) Hume le dit formellement : « *They are the successive percep-* » *tions only that constitute the mind.* » *Traité*, p. 313.

être s'élèvent, par un dernier effort, jusqu'à cette cime de leur activité qu'on appelle la conscience et la pensée; puis, cet état éphémère, suprême efflorescence de la matière ou de la force, cesse et disparaît, mais les forces qui l'ont produit subsistent. Dans le sommeil, par exemple, lorsque la conscience est éteinte, il n'y a plus d'être pensant, puisqu'il n'y a plus de pensée; mais il y a, du moins, un être réel dans lequel survit un ensemble de forces qui s'éveilleront le lendemain, et produiront, comme la veille, une nouvelle série d'états de conscience. Pour Hume, au contraire, le sommeil, l'évanouissement, toute suppression momentanée de conscience est synonyme de néant, de néant absolu. D'où cette conclusion absurde, que l'homme qui s'assoupit et s'endort, perd avec la dernière impression vague de l'état de veille non-seulement la conscience, mais encore l'existence. C'est à de telles conséquences qu'on aboutit nécessairement quand on ne veut admettre d'autre réalité que le fait actuel, quand on repousse, comme une chimère scolastique, ce qui est cependant le fond des phénomènes, la force, la vitalité secrète, qui en est la substance et la cause!

Telle est donc la nuance particulière du scepticisme de Hume, qu'il ne rattache pas même à des forces matérielles, ou tout au moins à d'autres phénomènes préexistants, ces phénomènes de l'esprit, qui, pour la plupart des philosophes, sont la manifestation d'une force immatérielle, qui, pour tous, sont la manifestation d'une force quelconque. Singulier positivisme, qui supprime non pas seulement la recherche des causes premières, comme le positivisme contemporain, mais jusqu'à la recherche des causes secondes! Rien, en tout cas, ne ressemble moins au matérialisme que cet idéalisme tronqué et incomplet. Si Hume ressemblait à quelqu'un, ce serait à Kant, et à tous ceux qui, avec Kant, placent en dehors des limites de la connaissance, le principe et la substance inaccessible de ces apparences phénoménales, seules accessibles à l'esprit humain, et qui, par delà les phénomènes, rêvent un monde de réalités incompréhensibles, de substances impénétrables, dont une appréciation exacte de notre mesure intellectuelle exige que nous ne tentions pas vainement d'approfondir la nature (1). Admettre que les sensations successives, dont l'expérience et la raison ne peuvent pénétrer le lien et la commune origine, ont leurs racines cachées dans une réalité supérieure à notre expérience, ce serait le seul moyen raisonnable pour Hume de sortir de l'embarras où le jetait, à ses heures de réflexion triste, le spectacle des ruines que son système amoncelait. Il ne semble pas, cependant, qu'il ait jamais pris parti, avec décision, pour l'hypothèse que nous indiquons ici.

L'eût-il fait d'ailleurs, nous ne le tiendrions pas encore quitte de toute critique. Il nous semble, en effet,

---

(1) Voir comme développement de cette thèse : M. Spencer, *les Premiers Principes*. La première partie de cet ouvrage est précisément intitulée « *l'Inconnaissable.* »

que la question de la personnalité humaine est de celles que l'expérience peut résoudre, et pour lesquelles il ne convient nullement de faire appel à un noumène mystérieux. A coup sûr, les efforts de l'intelligence humaine se heurtent de toutes parts à des bornes que nous ne pouvons franchir, et qui nous cachent le fond intime des choses. Mais il s'agit précisément de savoir où commence ce domaine des choses inexplicables, dont tout esprit philosophique n'a pas de peine à reconnaître l'existence, mais dont il importe de ne pas rapprocher les frontières trop près de nous. Or, le problème de l'identité et de la personnalité humaine est de ceux qu'on aurait tort de rejeter parmi les questions insolubles ; et, comme nous avons déjà essayé de le prouver, il peut, il doit être résolu par la conscience.

On ne le résout pas, cependant, en opposant simplement à Hume la croyance invincible des hommes à la personnalité (1). Cette croyance, en effet, Hume ne la conteste pas : il en reconnaît toute la force ; mais il se charge de l'expliquer à sa façon. Ici encore, c'est par les effets irrésistibles de l'imagination avec l'association des idées qu'il prétend réconcilier l'instinct universel qui affirme la personnalité, et la critique philosophique qui la nie.

(1) C'est ce que Reid s'est contenté de faire, et M. Cousin après lui Voir : *Philosophie écossaise*, p. 286.

II

Nous connaissons déjà, pour les avoir vus employés à l'explication de la croyance à la matière, les principes sur lesquels Hume s'appuie, afin de montrer comment s'introduit dans l'esprit la fiction de l'identité personnelle. Selon Hume, l'impression produite sur notre sensibilité (*feeling*) par un objet réellement identique serait à peu près la même, grâce à l'influence décisive de l'imagination, que l'impression qui résulte d'une succession d'objets semblables. En présence d'un objet identique, en effet, qu'est-ce qui se produit dans l'esprit? Une succession de perceptions absolument semblables. Qu'est-ce que l'identité du livre que je tiens dans les mains, de la maison que je considère? Pas autre chose qu'une série de perceptions identiques. Par suite, une série de perceptions, indépendantes et distinctes, mais unies entre elles par quelques relations et semblables sur quelques points, peut affecter notre imagination d'une façon qui ne diffère pas sensiblement de l'impression produite par un objet réellement identique. « La ressemblance qui existe entre ces différentes
» perceptions rend aisé pour l'esprit le passage de
» l'une à l'autre, et rend cette transition aussi douce
» que s'il n'avait pas cessé de contempler un même
» objet. La ressemblance est la cause de notre confu-
» sion et de notre erreur, et nous entraîne à substi-
» tuer la notion de l'identité à celle d'une succession

» d'objets semblables (1). » Et il n'est pas nécessaire que les rapports des objets qui composent cette succession soient importants et nombreux : une seule relation suffit; car, si cette première relation existe, l'imagination se chargera de créer toutes les autres. « C'est une loi de la nature humaine, qu'en présence
» d'objets unis par quelque relation, nous ressen-
» tions une forte inclination (*a strong propensity*) à
» imaginer entre eux d'autres relations encore, afin
» de rendre leur union plus complète (2). »

La croyance à l'identité personnelle est donc le résultat d'une confusion, quelque chose d'analogue à l'illusion qui abuse nos sens, lorsqu'un tison enflammé, mis rapidement sous nos yeux, nous présente comme un cercle de flamme. Dans ce cas, c'est la rapidité des perceptions successives qui nous fait croire à la continuité d'une ligne circulaire ; pour l'âme, c'est la ressemblance des impressions qui donne lieu à une erreur du même genre.

Pour confirmer sa théorie, Hume n'a plus que deux choses à faire : 1° montrer, par des exemples, que, dans une foule de cas, l'association des impressions unies par ressemblance, par contiguïté, ou par causation, nous entraîne à imaginer une permanence qui n'existe pas ; 2° chercher quelle est la relation particulière qui prépare le travail de l'imagination dans le cas de la croyance à l'identité humaine.

---

(1) *Traité*, p. 314.
(2) *Ibid.*, p. 295.

Si nous en étions encore à prouver qu'une ingénieuse subtilité est le trait distinctif de l'esprit philosophique de Hume, nous invoquerions volontiers comme témoignage l'analyse dont voici le résumé. Supposez, dit-il, une masse de matière, à laquelle nous attribuons une parfaite identité; qu'un changement se produise dans cette masse, qu'on lui retranche ou qu'on lui ajoute une certaine quantité de matière; quoique l'identité réelle, à parler rigoureusement, soit détruite, nous n'en continuons pas moins, si le changement n'est pas considérable, à affirmer que cette masse de matière est la même. Comment expliquer cette affirmation, si ce n'est par la facilité que trouve notre imagination à passer doucement et sans secousse de la première impression à la seconde? Remarquez, ajoute Hume, cette condition essentielle : *si le changement n'est pas considérable*. La limite que le changement ne doit pas dépasser recule ou avance proportionnellement à la masse totale de l'objet. Il suffit de quelques centimètres ôtés ou ajoutés pour altérer l'intégrité de certains objets; au contraire, la disparition ou l'addition d'une montagne ne détruit pas l'identité d'une planète. Preuve nouvelle de l'influence de l'imagination! Dans le premier cas, en effet, c'est la disproportion du changement avec la grandeur de l'objet primitif qui, interrompant brusquement l'imagination dans sa marche, ne lui permet pas de confondre les deux impressions. Dans le second cas, les relations proportionnelles des objets laissent la pensée suivre un progrès ininterrompu, et produisent, par

suite, l'illusion de l'identité. Pour des raisons analogues, la solution de continuité, la coupure qu'un changement proportionnellement trop considérable déterminerait dans le cours de l'imagination, et qui par suite nous empêcherait de croire à l'identité de l'objet, ne se produit pas, si le changement, quoique considérable, s'accomplit insensiblement par progressions graduées (comme dans un arbre); ou encore, si les parties nouvelles tendent au même but que les parties anciennes (comme dans un vaisseau reconstruit à moitié, et, pour prendre un exemple banal, comme dans le couteau de Jeannot); ou enfin, si les parties dont se compose l'objet ont les unes sur les autres une influence réciproque (comme dans les plantes, dans les animaux). Dans ce dernier cas, le changement peut s'étendre à tous les éléments, sans que nous cessions de croire à l'identité. « C'est ainsi, » dit Hume, « qu'un chêne, qui, de petit arbuste, devient
» un grand arbre, est encore le même chêne, quoi-
» qu'il n'y ait pas dans sa forme un seul trait, dans sa
» substance un seul atome qui soient restés les mêmes.
» Un enfant devient un homme : il est tantôt gras,
» tantôt maigre, sans que nous nous avisions de douter
» de son identité (1). »

Faisons encore deux observations, ajoute Hume : la première, c'est que nous sommes portés à confondre *l'identité numérique* avec *l'identité spécifique*, c'est-à-dire à abuser du mot *même* : à dire, par exemple, d'une

---

(1) *Traité*, p. 318.

église neuve, qui a été rebâtie sur l'emplacement de l'ancienne, et d'après le même modèle, que c'est *la même* église; la seconde, c'est que, dans le cas où l'objet qui change est connu pour être variable et mobile de sa nature (comme, par exemple, une rivière), la rapidité des changements ne déconcerte pas l'imagination, parce que l'imagination y est préparée, et laisse subsister encore la croyance à l'identité.

Il est facile de prévoir quel parti Hume va maintenant tirer de ces diverses réflexions : puisque l'identité de la plante, de l'animal, dérive uniquement de l'union que l'imagination établit entre les différentes parties qui composent ces êtres, l'identité de la personne humaine ne sera elle-même qu'une association de perceptions.

Répondons, en quelques mots, à une argumentation qui mériterait peut-être, mieux que les travaux historiques de Hume, l'accusation dirigée par Macaulay contre l'*Histoire d'Angleterre*, qu'il appelle « une masse de sophismes » (*a mass of sophistry*). Le fond de la théorie de Hume, c'est l'affirmation idéaliste que l'esprit ne peut sortir de lui-même. Il résulte, de ce préjugé, que l'identité d'un objet n'est pas autre chose que la continuité ininterrompue d'une même perception qui se prolonge. De là, cette autre conséquence que, malgré la diversité des perceptions, si la diversité n'est pas trop grande et si elle ne trouble pas le courant de l'imagination, nous croyons encore à l'identité.

Mais, si l'on écarte le préjugé idéaliste, combien

les choses apparaissent plus simples; combien semblent vains et chimériques les artifices imaginés pour expliquer les différentes applications de la notion d'identité! Rien n'est obscur, sans aucun doute, comme la nature des forces et des principes secrets qui constituent l'identité des êtres; mais rien n'est clair comme la formation de nos idées sur ce sujet. Ou bien les changements qui surviennent dans les objets n'atteignent que les qualités accessoires, les apparences, les accidents, et alors l'identité n'est pas altérée, parce qu'elle dérive de l'essence intime des choses; ou bien les changements s'attaquent aux qualités essentielles, et alors l'identité succombe. L'identité dérive de l'existence continue d'une même force, qui tantôt se révèle à nous dans la conscience, tantôt se manifeste dans le monde extérieur par des effets semblables que notre raison interprète. Ou bien il s'agit d'êtres animés, vivants, et, dans ce cas, par delà les apparences, tantôt nous percevons, tantôt nous concevons, un je ne sais quoi, une substance, une cause, une énergie cachée, que nous considérons comme la véritable essence de l'être; ou bien il s'agit de choses purement matérielles, d'œuvres humaines, d'un vaisseau, d'une église, comme dans les exemples de Hume; et alors c'est par abus de langage que nous parlons de l'identité de ces objets, lorsqu'ils ont été renouvelés dans toutes leurs parties. Le langage, cependant, ne nous trompe pas tout à fait; car, même pour ces objets matériels, il y a une sorte d'identité qui subsiste en dépit du changement total des éléments que les composent. Cette identité dérivée, et pour ainsi dire empruntée, n'est autre que l'intention unique, la cause finale identique, qui a présidé au travail de l'ouvrier. Nous croyons donc, malgré les raisonnements de Hume, ou plutôt à cause de la faiblesse même de ces raisonnements, que notre croyance à l'identité ne saurait s'expliquer si on ne lui accorde une valeur objective. Sans doute, c'est la continuité de nos perceptions qui est le signe auquel nous reconnaissons l'identité des objets extérieurs. Mais il y a au moins un cas où cette continuité de perception enveloppe et contient en elle-même la certitude de l'objet : c'est lorsque la conscience nous révèle notre unité et notre permanence morale.

Restait pour Hume à déterminer quelles sont les relations spéciales qui unissent les perceptions et décident notre esprit à confondre une diversité réelle d'impressions avec une identité illusoire. Ces relations sont la ressemblance et la causalité. La mémoire, en replaçant souvent devant nous les mêmes perceptions, en introduisant dans la chaîne de nos pensées des images semblables, fait passer plus aisément l'imagination d'un chaînon à un autre, et donne à l'ensemble l'aspect d'un même objet permanent. En d'autres termes, c'est parce que les mêmes impressions reparaissent souvent dans notre mémoire, que notre imagination associe ces images semblables, et se laisse aller à admettre une fausse identité. Mais, alors, ferons-nous observer à Hume, les impressions nouvelles, celles qui n'ont pas encore été perçues, devraient nous apparaître en dehors du moi. Comment les faire rentrer dans la chaîne des pensées que nous nous attribuons à nous-mêmes? Faudra-t-il pour cela attendre qu'elles deviennent des conceptions de la mémoire? D'ailleurs, par une autre conséquence, il semble que l'imagination dût nous représenter autant d'identités distinctes, autant de permanences spéciales, que la mémoire nous fournit d'images particulières plusieurs fois reproduites. Hume ne pourrait échapper à cette difficulté qu'en admettant que les phénomènes de conscience, en dehors de leur représentation et de leur détermination propres, ont tous entre eux une ressemblance intrinsèque, un rapport qui fait que, malgré leur diversité, ils nous apparaissent comme les effets d'une même cause. Or, c'est précisément sur la distinction et la différence marquée des perceptions que Hume s'est appuyé pour nier l'identité réelle, et la conscience de l'identité. De quel droit viendrait-il parler de ressemblance, afin d'expliquer l'illusion prétendue de la permanence de l'âme, alors qu'il a contesté cette même ressemblance, afin de nier la réalité de cette permanence ?

Quant au rapport de causalité qu'il invoque en second lieu, pour recoudre, en apparence, si j'ose dire, ces morceaux de notre être identique, qu'il a eu le tort de disjoindre, voici comment il s'exprime :
« Nous pouvons observer que la vérité est de consi-
» dérer l'esprit humain comme un système de per-
» ceptions ou d'existences différentes, qui sont liées
» ensemble par la relation de la cause à l'effet, et

» qui, mutuellement, se produisent, se détruisent,
» s'influencent, se modifient les unes les autres. Nos
» impressions donnent naissance à leurs idées corres-
» pondantes, et ces idées, à leur tour, produisent
» d'autres impressions (1). » A-t-on tout à fait tort
de reprendre dans Hume quelques tendances sophistiques, lorsqu'on le voit, d'un côté, nier le rapport
de causalité, et s'appuyer pour cela sur la négation
de l'identité personnelle, de la force et de la substance intérieure; et, d'autre part, arguer du rapport
de causalité, qu'il a nié, pour soutenir son scepticisme à l'endroit de l'âme identique? Qu'on le remarque, en effet, le passage que nous venons de citer
contredit tout à fait les idées habituelles de Hume
sur la causalité. Ce passage implique une action,
une influence réciproque qui est tout à fait inadmissible pour un empirique, puisqu'il établit entre les faits toute autre chose qu'une succession constante. S'il est vrai (comme le dit ici Hume) que les
phénomènes de la pensée et du sentiment se déterminent les uns les autres, il faut reconnaître qu'ils sont
doués et animés d'une force et d'une énergie qu'ils se
transmettent l'un à l'autre; et cette force qui se communique, qui circule d'une impression à une autre,
qu'est-ce autre chose que l'âme identique et permanente? Si, au contraire, le rapport de causalité n'est
qu'un rapport de succession (comme Hume l'affirme
partout ailleurs), il est impossible de voir pourquoi,

---

(1) *Traité*, p. 322.

de préférence à toutes les perceptions que nous localisons au dehors dans le monde extérieur, quelques-unes ont l'avantage d'être considérées par nous comme les modes successifs d'un même moi.

Il peut paraître étrange qu'un penseur aussi éminent que Hume se soit contenté, pour résoudre le problème de l'identité personnelle, d'hypothèses aussi insuffisantes. Mais son exemple n'est pas isolé dans l'histoire de la philosophie. Pour ne faire qu'un ou deux rapprochements, n'est-ce pas une théorie analogue qui se retrouve dans des livres récents ? « Le » moi, » dit M. Taine, « c'est la possibilité perma- » nente de certains événements... Nos événements » antérieurs se soudent à nos événements actuels. » Tout cela, grâce à la mémoire, forme une ligne » continue d'éléments contigus. Le détail des sensa- » tions, des états antérieurs s'efface ; il ne reste que » quelques faits dominants qui surnagent et qui nous » donnent l'idée d'un dedans. Le moi n'est qu'un ex- » trait des événements internes (1). » C'est de la même façon que M. Mill écrit : « Notre notion de » l'esprit est la notion de quelque chose, dont la per- » manence contraste avec le flux perpétuel des sen- » sations et des autres sentiments que nous y ratta- » chons, de quelque chose que nous nous figurons » comme restant le même... Cet attribut de perma- » nence pourrait s'expliquer pour l'esprit comme pour » la matière. La croyance que mon esprit existe, alors

_____
(1) M. Taine, *De l'intelligence, passim.*

» même qu'il ne sent pas, qu'il ne pense pas, se ré-
» duit à la croyance d'une possibilité permanente de
» ces états... L'esprit n'est donc que la série de nos
» sensations (1). »

Ce qui frappe surtout dans ces différentes expressions d'une même théorie sceptique, c'est le peu de souci que montrent Hume et ses imitateurs d'expliquer *l'intériorité* du moi, la distinction naturelle de l'âme et du monde extérieur. Jusqu'à un certain point on pourrait comprendre que le retour des mêmes impressions amenât la croyance à la permanence; mais pourquoi cette permanence est-elle conçue comme intérieure, comme radicalement distincte de toutes les autres permanences que notre esprit se représente dans le monde? Hume ne s'est guère essayé à résoudre cette difficulté. M. Taine, qui a abordé le problème, ne s'en tire que par une tautologie. N'est-ce pas faire en effet une pétition de principe que dire comme il le fait :
« l'idée nous apparaît comme intérieure parce qu'elle
» nous apparaît comme idée? » Dans ces systèmes, c'est pour ainsi dire par hasard, par une rencontre fortuite, que le monde intérieur se crée dans son opposition au monde extérieur. Tandis que la plupart de nos perceptions nous suggèrent l'idée de la matière, quelques-unes d'entre elles, dit M. Taine, « par suite d'un mé-
» canisme qui enraie leur tendance hallucinatoire
» (c'est-à-dire objective au dehors), sont affectées
» d'une contradiction qui les nie comme objets ex-

---

(1) M. Mill, *Hamilton*, p. 228.

» ternes; elles s'opposent ainsi aux objets extérieurs;
» en d'autres termes, elles apparaissent comme in-
» ternes. » Il s'en faut donc de peu que notre moi ne
nous échappe et ne s'évanouisse, en se confondant
avec le monde extérieur. Il en serait ainsi, si nos
idées, qui sont toujours les idées de quelque chose,
ne comprenaient pas deux moments : « le premier,
» illusoire, où elles semblent les choses elles-mêmes;
» le second, rectificateur, où elles apparaissent comme
» simples idées. » Peut-on admettre qu'un fait aussi
naturel, aussi simple que la conscience, dérive d'un
mécanisme aussi compliqué? D'ailleurs quel peut-être
le principe de cette contradiction, de cette rectification qui se produit tout juste à temps pour empêcher
la conscience du moi de se confondre avec la croyance
à la matière? Ne faut-il pas admettre qu'elle a son
fondement dans la nature, dans la réalité; que, par
suite, la croyance au moi est moins précaire, moins
illusoire qu'on ne le dit? De même quand Hume nous
parle de l'imagination et de ses tendances, quand il
nous montre cette faculté imaginative passant d'une
perception à une autre, que fait-il autre chose, sinon
reconstruire sous une autre forme cette réalité intérieure, cette identité permanente qu'il s'obstine à nier?
Les empiriques ont beau faire : pour expliquer la conscience du moi dans une âme qui ne serait qu'une
série de perceptions distinctes et détachées, ils seront
toujours contraints d'introduire une force quelconque,
de quelque nom adouci et effacé qu'ils l'appellent. La
possibilité permanente de M. Mill n'est-elle pas elle

aussi, sous une autre appellation, ce qu'Aristote appelait la *puissance*, l'existence latente et en germe, une force enfin, une énergie prête à se développer?

Tout homme qui, sans parti pris, consultera sa mémoire et remarquera comment nous rentrons à chaque instant dans nos états de conscience passés, comment nous reconnaissons les impressions que nous avons subies antérieurement, n'aura pas besoin d'une plus longue démonstration pour affirmer son identité. Dans tous nos actes intellectuels, le passé se mêle au présent, et nos perceptions nouvelles sont en partie composées de perceptions antérieures. Dans les perceptions acquises des sens par exemple, il est évident qu'à côté de la représentation immédiate et naturelle, qui est très-limitée, se placent une multitude de perceptions passées à demi effacées, et même de raisonnements dont l'habitude a fait comme des instincts. De telle sorte que dans un seul moment de notre conscience, en même temps que nous saisissons notre perception présente, nous retrouvons, nous ressaisissons nos perceptions passées, qui, conservées par la mémoire à l'état de virtualités latentes, éclairent nos impressions nouvelles, et leur imposent une forme toute particulière. Comment expliquer ces phénomènes sans croire à la permanence de la force, qui, s'étant exercée déjà un certain nombre de fois, s'exerce de nouveau avec les aptitudes nouvelles qu'elle a acquises? Remarquons aussi que nos souvenirs ne se présentent pas isolés, un à un, défilant par apparitions entrecoupées, et laissant un intervalle de l'un à l'autre;

mais qu'ils se continuent mutuellement de telle façon que, par leurs extrémités pour ainsi dire, ils plongent l'un dans l'autre, manifestant ainsi, par leur cohésion naturelle, l'identité de l'être pensant. Les phénomènes de la mémoire nous découvrent donc, avec une irrécusable évidence, la permanence de l'âme. Non-seulement ils la rendent nécessaire comme principe, puisqu'ils ne s'expliquent pas sans elle ; mais, de plus, ils nous la révèlent directement comme fait, comme vérité d'expérience, par la représentation qu'ils en donnent.

CHAPITRE IX.

LA CROYANCE A DIEU. LES DIALOGUES SUR LA RELIGION NATURELLE, ET L'HISTOIRE NATURELLE DE LA RELIGION.

Ce serait faire injure à Hume que le prendre pour un athée. Les sentiments de toute sa vie, ses propres écrits protestent contre une pareille qualification. Et cependant, la négation de Dieu semble, au premier abord, la conséquence nécessaire de sa philosophie. Un philosophe qui va jusqu'à s'interdire toute spéculation sur la cause prochaine et immédiate de nos sensations, ne se prive-t-il pas à plus forte raison du droit de rechercher la cause suprême de l'univers? Dans un système où l'expérience est le principe unique de toute connaissance, et où les idées les plus hautes ne sont que des groupes d'impressions primitives combinées selon certaines lois, y a-t-il quelque espoir de s'élever, je ne dis pas à la démonstration, mais seulement à la conception de l'infini? Si Hume avait été conséquent avec lui-même, s'il n'avait pas abandonné en partie, dans les questions religieuses, ses principes positivistes, nul doute qu'il eût nié Dieu, comme il nie la matière, comme il nie le moi pensant. Mais, par une inconséquence heureuse, il n'est pas allé jusqu'au bout de son scepticisme. Hume est un déiste qui n'a pas eu le temps de devenir un athée. Non pas que le déisme, en lui-même, nous paraisse une situation instable et précaire, où un esprit bien fait ne peut se tenir, comme une halte provisoire entre la foi religieuse et le scepticisme absolu. Cette foi philosophique peut suffire aux exigences du sentiment religieux ; elle peut être, dans certains cas, l'état définitif, le dernier port de refuge où s'abritent les consciences. Mais il y a déisme et déisme, et celui de Hume n'est ni des plus solides, ni des plus fervents. Hommage involontaire que le philosophe, en dépit de ses principes, rend au sens commun et aux instincts religieux de son âme, le déisme de Hume manque de point d'appui ; il ne se rattache en rien à son système ; c'est comme un dernier débris de spiritualisme, qui subsiste isolé, au milieu d'un courant contraire d'opinions sceptiques, en attendant que la tempête l'emporte, lui aussi, à la dérive, avec le reste des croyances de l'humanité (1) !

Il n'en est pas moins vrai que Hume n'a jamais hésité dans sa croyance à l'existence de Dieu. Même dans le *Traité de la Nature humaine* (2), où cepen-

---

(1) Locke avait déjà donné l'exemple d'une inconséquence semblable. Quoique ses principes répugnent évidemment à toute démonstration de l'existence de Dieu, il n'hésite pas à tenter cette démonstration, sans s'inquiéter du peu de rigueur qu'il y met, tant il est préoccupé d'établir une doctrine indispensable au but pratique qu'il poursuit avant tout.

(2) « L'ordre de l'univers prouve l'existence d'un Esprit tout-

dant il a poussé aussi loin que possible la témérité de son scepticisme, il témoigne qu'il croit à Dieu. Il y croit, non pas sans doute avec l'effusion d'un cœur enthousiaste, comme Rousseau, ni avec la dévotion pleine de bonhomie d'une âme pieuse, comme Locke; mais avec la confiance tranquille d'un philosophe, qui ne voit pas à l'origine du monde d'autre solution que l'existence de Dieu, et qui, devant les merveilles de la nature, confesse l'Etre suprême. Quoique Hume fût, on le sait, naturellement froid, parfois, en présence des beautés de l'univers, un cri d'admiration lui échappait; et l'Ecossais Ferguson aimait à raconter qu'un soir, dans une promenade commune sous un ciel étoilé, Hume, tout d'un coup ému et transporté, s'était écrié, en élevant les mains : « Ah! mon ami, » peut-on contempler le firmament, et ne pas croire » qu'il y a un Dieu (1)? » Un autre témoignage nous prouve que ses sentiments religieux étaient au moins assez vifs pour l'empêcher d'admettre la possibilité de l'athéisme : c'est l'anecdote connue de son dîner chez d'Holbach. On était dix-huit à table. La conversation roulait sur des sujets religieux, irréligieux plutôt. Hume se risqua à dire qu'il n'avait jamais rencontré d'athée, et qu'il ne croyait pas qu'il en existât; « Vous » avez été malheureux jusqu'ici, » lui répondit en

---

» puissant... Cette vérité suffit à donner un fondement solide à
» toutes les croyances religieuses, et il n'est pas nécessaire que
» nous nous formions une idée distincte de la force et de l'énergie
» de l'Être suprême. » *Traité*, p. 207, en note.

(1) Burton, tome II, p. 451.

souriant d'Holbach, « car, en ce moment, vous en
» avez dix-sept devant vous (1)! »

L'exemple n'entraîna pas Hume, et la tentation ne lui vint pas d'embrasser l'athéisme en nombreuse et brillante compagnie. Les railleries des libres-penseurs ne lui firent pas désavouer, à Paris, une conviction que n'avaient pas ébranlée, à Edimbourg, les persécutions des théologiens. Placé tour à tour dans des sociétés dont le constraste est piquant, quittant les graves docteurs de l'Ecosse protestante, pour vivre quelques années au milieu des beaux esprits du matérialisme français, injurié par les uns comme un impie, un peu raillé par les autres comme un homme à préjugés, Hume eut peut-être quelque mérite à ne pas se départir de ses croyances, et à maintenir avec fermeté un déisme que minait sourdement, d'ailleurs, le flot montant de ses propres doctrines !

C'est surtout dans ses *Dialogues sur la Religion naturelle* que Hume nous a exposé les doutes qui l'assiégeaient en matière de théodicée, et les arguments par lesquels il en triomphait. Ce livre, écrit avant 1751, n'a été édité qu'en 1779, trois ans après la mort de son auteur (2). L'intolérance était si grande en Ecosse, que Hume n'osa pas le publier de son vivant. Quelques-uns de ses amis (le docteur Blair, par exemple), voulaient même qu'il le détruisît. Mais le philosophe attachait trop d'importance aux questions religieuses,

---

(1) Burton, tome II, p. 220.
(2) Hume, tome II, p. 411.

pour supprimer un ouvrage où il se flattait de les avoir utilement discutées. Rien n'est intéressant, comme de le voir, aux approches de la mort, passionnément préoccupé de la destinée d'un écrit qu'il craignait de livrer à des mains infidèles ; implorant pour lui la protection de ses amis, peu empressés, paraît-il, à accepter un héritage qu'ils regardaient comme compromettant ; obligé, enfin, de le confier, par une clause spéciale de son testament, au plus dévoué de ses amis, au célèbre Adam Smith (1). Mais A. Smith, lui-même, hésita à engager sa responsabilité dans la publication d'un livre dont les conclusions étaient à peine déistes et pas du tout chrétiennes. Hume fut forcé de choisir un autre exécuteur testamentaire, qui se déroba encore, pour des scrupules semblables, à la mission qu'il avait reçue, et il fallut que le neveu de Hume se chargeât d'accomplir la dernière et formelle volonté de son oncle.

Il est donc permis de considérer les *Dialogues sur la Religion naturelle* comme le testament philosophique de Hume. Pendant vingt-cinq ans de sa vie, ils restèrent l'expression vraie de sa pensée sur les obscurs sujets de la métaphysique ; après les avoir composés dans la maturité de son âge, mourant, il n'eut rien à y changer. N'est-ce pas un remarquable exemple de constance intellectuelle, exemple d'autant plus louable qu'il est plus rare, que cette croyance qui

---

(1) Burton, tome II, p. 490.

demeure invariablement fixe pendant toute la seconde moitié d'une longue existence, et qui ne fléchit pas même devant la mort ?

Hume nous apprend lui-même pourquoi il avait choisi la forme du dialogue, si familière aux philosophes de tous les temps, mais particulièrement commode dans un sujet aussi rebattu qu'incertain, qui a besoin d'être rajeuni par des artifices de langage, et dont l'obscurité même trouve son compte aux vicissitudes d'une discussion où les opinions les plus contraires se croisent, et où l'on pourrait, au besoin, dissimuler l'absence de conclusion. Des trois personnages du Dialogue, l'un, Déméa, représente le théologien : inutile d'ajouter qu'aucun de ses sentiments ne peut être attribué à Hume. Quant aux deux autres interlocuteurs, le sceptique Philon et le déiste Cléanthe, il est évident encore que Hume ne s'accorde exclusivement avec aucun d'eux. C'est en corrigeant l'ardeur un peu enthousiaste du déiste par les réserves prudentes du sceptique, qu'on peut espérer saisir l'opinion de Hume, dans sa vraie nuance et dans sa complexité un peu confuse. Philon, à vrai dire, représente plus exactement les tendances critiques qui animent Hume, et qui, après lui, domineront Kant. Lorsque Philon soulève contre toute métaphysique des objections graves qui se retrouvent en partie dans la *Critique de la Raison pure*, nous reconnaissons, dans cette déduction de conséquences sceptiques, la méthode et les principes du *Traité de la Nature humaine*. Et cependant, d'après les Dialogues eux-mêmes, d'après la correspondance de Hume, il est manifeste qu'il n'acceptait pas les conclusions de son personnage sceptique. Les dernières paroles du livre ne permettent aucun doute : « Après mûr examen, je ne » puis m'empêcher de croire que les principes de » Philon sont plus solides que ceux de Déméa; mais » ceux de Cléanthe sont encore plus près de la vé- » rité. » De même, dans plusieurs lettres écrites à ses amis, Hume proteste contre l'opinion de ceux qui, après avoir lu ses Dialogues en manuscrit, lui prêtaient les sentiments du sceptique (1). C'est donc Cléanthe qu'il faut considérer comme l'interprète de la doctrine de Hume ; et si Philon nous révèle plus fidèlement peut-être les tendances de sa philosophie, Cléanthe nous manifeste du moins ses conclusions voulues, son parti pris de rester déiste quand même. Ne savons-nous pas tous, par notre propre expérience, que, quand il s'agit d'une de ces croyances à laquelle une longue habitude, notre passé tout entier, l'autorité du sens commun nous tiennent attachés, alors même que nous n'apercevons plus les moyens

---

(1) Dans une lettre à sir Gilbert Elliot, Hume déclare qu'il fait de Cléanthe le héros du dialogue ; et il ajoute : « J'accepterais » avec plaisir toutes les pensées qui vous viendront pour fortifier » ce côté de l'argumentation. » Il cherche, on le voit, et demande du renfort à ses amis contre les doutes qui l'assaillent. Voir Burton, tome I, p. 331. La lettre est de 1751. Elle vaut la peine d'être lue tout entière, et prouve clairement que Hume faisait tous ses efforts pour écarter de son esprit le scepticisme en matière religieuse.

de la défendre, et que tous les raisonnements nous semblent faire une loi de l'abandonner, nous résistons néanmoins, nous ne cessons pas de croire; et, dans la défaillance de notre intelligence, notre volonté prononce et commande. Si nous ne nous trompons pas, Hume s'est trouvé dans la situation que nous venons de décrire, et les Dialogues nous offrent le spectacle émouvant d'un esprit sincère et libre, qui, tandis qu'il tend par toutes les habitudes de sa pensée à nier Dieu, tandis que sa dialectique subtile multiplie les assauts contre les preuves de l'existence divine, soutient, par d'autres parties de son âme, ces attaques redoutables, et, par sa raison, conclut contre ses propres raisonnements !

Ce n'est pas tout à fait ainsi que Kant envisageait la position prise par Hume en face des problèmes métaphysiques, lorsqu'il écrivait le passage suivant : « Si l'on demandait au grave David Hume, à cet
» homme si bien fait pour l'équilibre du jugement,
» ce qui l'a poussé à vouloir renverser, par *des*
» *objections laborieusement cherchées*, cette persuasion
» si consolante et si salutaire aux hommes, que les
» lumières de leur raison suffisent pour affirmer l'exis-
» tence d'un Être suprême, et s'en faire un concept
» déterminé : — rien, répondrait-il, que le dessein de
» faire avancer d'un pas la raison dans la connais-
» sance d'elle-même, et en même temps la peine que
» j'éprouve à voir la violence qu'on veut lui faire,
» lorsqu'on l'exalte outre mesure, et qu'on l'empêche
» d'avouer loyalement la faiblesse qu'elle découvre

» en s'examinant elle-même (1)... » Sans doute, Hume n'a pas eu, dans toute sa philosophie, de but plus avoué que de déterminer les limites de la raison, d'en être le géographe, selon l'expression de Kant; et, pour avoir craint de favoriser ses prétentions ambitieuses, il lui est arrivé souvent de supprimer ses aspirations les plus légitimes. Mais, dans ses *Dialogues sur la Religion*, Hume nous paraîtrait plutôt disposé à lutter contre son propre système, et à faire effort pour affranchir l'esprit et en élargir l'horizon. S'il y a dans cet écrit quelque chose *de laborieusement cherché*, c'est l'argumentation de Cléanthe et non celle de Philon. On n'en saurait douter, après avoir examiné les raisons qu'il invoque à l'appui du déisme, et le commentaire qu'il en a donné dans sa correspondance : « Je voudrais, » écrit-il à sir Elliot, « que » l'argument de Cléanthe (il s'agit de la preuve des » causes finales) fût assez nettement analysé pour » revêtir la forme d'un raisonnement tout à fait ré-» gulier. L'inclination de notre esprit à l'accepter » pour vrai n'est encore, j'en ai peur, qu'un fonde-» ment insuffisant et douteux (*a suspicious fondation*). » C'est ici que j'implore votre assistance. Il faut nous » efforcer de prouver que cette inclination diffère en » quelque chose de la tendance trompeuse qui nous » dispose à retrouver des figures humaines dans les » nuages, nos traits dans la lune, nos passions et

---

(1) Kant, *Critique de la raison pure*, tome II, p. 315, traduction Barni.

» nos sentiments dans des êtres inanimés (1)... »
Nous verrons tout à l'heure que Hume n'a guère réussi dans ses efforts, et qu'en définitive il se contente précisément de cette inclination naturelle qui lui paraît, avec quelque raison, un fondement insuffisant. Mais il n'en est pas moins digne de remarque que, dans la lutte engagée entre le scepticisme et le déisme, les vœux de Hume sont pour le succès du déisme.

Il y a, d'ailleurs, plusieurs points à distinguer dans les *Dialogues* qui nous occupent, si l'on veut se rendre un compte exact de la pensée de l'auteur. Une première question, sur laquelle Hume n'hésite pas, c'est celle de l'existence même de Dieu. « Partout où » des hommes raisonnables engagent une discussion » sur de pareils sujets, » fait-il dire à Philon lui-même, « ce qui peut être controversé, ce n'est pas » l'existence, c'est seulement la nature de l'Être su- » prême. » Et il ajoute que la vérité de l'existence de Dieu est évidente par elle-même (2).

Mais une seconde question s'élève aussitôt : Sur quoi repose cette certitude de l'existence divine? Et, ici, on ne saurait être satisfait de l'argumentation de

---

(1) Burton, tome I, p. 333.
(2) *Dialogues*, etc., tome II, p. 431. Toute la religion pratique de Hume se réduisait, d'après ses propres paroles, à deux points essentiels : l'accomplissement du devoir, et l'assentiment donné par la raison à cette proposition : Dieu existe. Voir, sur ce sujet, une lettre écrite vers 1743 ou 1744 ; il y apprécie un sermon du Dr Leechmann, et critique les pratiques de la dévotion, même la prière, qu'il juge inutile. Burton, tome I, p. 162.

Hume. Sa pensée reste confuse. Il néglige de nous apprendre ce qu'il entend par cette évidence irrésistible dont il accorde le privilége à la vérité de l'existence divine; et l'on chercherait en vain dans l'âme humaine, telle qu'il l'a décrite, une faculté capable de produire immédiatement une croyance aussi élevée.

Enfin, et c'est autour de ce dernier point que débattent surtout les interlocuteurs du dialogue, il s'agit de savoir si la raison de l'homme est assez puissante pour se faire de Dieu « un concept déterminé, » ou si, au contraire, elle est radicalement incapable de sortir du relatif pour concevoir l'absolu et l'infini. Et cette controverse elle-même est tour à tour agitée à deux points de vue, car Hume considère successivement les tentatives que fait l'esprit pour déterminer Dieu, soit *a posteriori*, en s'appuyant sur l'expérience, soit *a priori*, en tirant de lui-même les raisons de sa croyance. Il met ainsi en pratique et saisit très-nettement la distinction que Kant établira plus tard entre la théologie physique et la théologie rationnelle.

Nous n'étonnerons personne en disant que Hume a surtout porté son attention sur l'argument fondamental, qui, de l'ordre observé dans l'univers, conclut à l'existence d'une intelligence suprême. Cette preuve est, plus qu'aucune autre, sympathique au génie de l'Angleterre : « La *téléologie*, » dit M. de Rémusat, « a été longtemps la base de la théologie anglaise. » Dans aucun pays, il ne s'est publié autant de traités » de théologie naturelle où fût faite une si grande » part à la contemplation de l'ordre universel. » Moins porté encore qu'aucun de ses compatriotes aux spéculations *a priori*, Hume a pris pour principe presque unique de son déisme la preuve des causes finales. Quant aux raisonnements métaphysiques proprement dits, il n'en parlera guère que pour les écarter aussitôt. Et, à ce sujet, il n'est pas hors de propos de rappeler que l'argument téléologique est le seul aussi pour lequel la critique de Kant soit demeurée respectueuse et modérée. Telle est aussi l'opinion de M. Stuart Mill : « De tous les arguments de l'existence de Dieu, » dit l'illustre philosophe, « celui-là est le meilleur ; » puis, c'est le plus saisissant. Il serait difficile de » trouver une preuve en faveur du théisme plus forte » que celle qui consiste à dire que l'œil doit avoir été » fait par un être qui voit, et l'oreille par un être qui » entend (1). »

Examinons en détail les raisons que Hume a fait valoir, pour ou contre un argument assez remarquable pour que tant de philosophes lui aient assigné le premier rôle en théodicée.

Après une assez longue discussion, qui sert de préambule à l'ouvrage, et où sont traitées les généralités du sujet, Philon, d'accord sur ce point avec Déméa, proclame que Dieu est un être mystérieux, incompréhensible, dont la nature dépasse infiniment

---

(1) M. Mill, *Hamilton*, p. 539. Notons, en passant, que M. Stuart Mill donne à la preuve des causes finales une expression bien naïve et bien populaire, qui ne serait pas philosophiquement acceptable.

la portée de nos conceptions. C'est alors que Cléanthe intervient, et qu'exposant avec force la finalité qu'on observe dans les œuvres de la nature aussi bien que dans les œuvres humaines, il affirme que nous devons, d'après toutes les règles de l'analogie, inférer de la ressemblance des effets la ressemblance des causes ; qu'il faut, par conséquent, croire que Dieu est en quelque façon semblable à l'esprit de l'homme, quoique doué de facultés beaucoup plus grandes, proportionnées à la grandeur de l'ouvrage qu'il a exécuté. « Par cet argument *a posteriori*, » dit Cléanthe, « et par cet argument seul, nous prouvons à la
» fois que Dieu existe, et qu'il possède une intelligence
» comme l'homme. »

C'est à cette thèse que Philon oppose trois ou quatre objections. Les premières contestent toute solidité à l'argument ; les autres ne tendent qu'à en montrer les lacunes et l'insuffisance.

Kant, dans son admirable exposition de la preuve physico-théologique, disait : « Nous ne chicanerons
» pas ici la raison naturelle sur ce raisonnement, où,
» se fondant sur l'analogie de quelques productions
» de la nature avec ce que produit l'art humain,
» elle conclut que la nature doit avoir pour principe
» une causalité du même genre, c'est-à-dire une cause
» douée d'intelligence et de volonté (1)... » Ces chicanes que Kant épargnait à l'argument, Hume ne les lui a pas ménagées. Par l'organe de Philon, en effet,

---

(1) Kant, *Critique de la raison pure*, trad. Barni, tome II, p. 216.

il soutient qu'il n'y a entre les phénomènes naturels et les actions humaines qu'une lointaine analogie. L'affirmation d'une cause intelligente du monde ne peut être présentée que comme une conjecture. On n'a pas le droit de prendre un fait aussi particulier, aussi isolé dans l'univers que l'action de l'intelligence humaine, pour le modèle unique des opérations de la nature entière. L'homme qui raisonnerait ainsi ne serait pas moins naïf qu'un paysan qui s'imaginerait qu'on gouverne les royaumes comme il dirige lui-même sa propre maison. D'ailleurs, le monde est encore en voie de formation ; on peut voir d'un jour à l'autre surgir de nouveaux principes, éclore de nouveaux germes dans la nature. Enfin, on ne peut remonter avec certitude d'un effet à sa cause que sous l'influence de l'habitude (*by custom*), lorsqu'on a constaté par expérience l'union constante des deux faits ; et, par conséquent, pour conclure qu'une intelligence divine a produit le monde, il faudrait avoir assisté à la création de plusieurs univers, et non pas seulement vu construire des vaisseaux et des cités. — Etrange et absurde conclusion, où se retrouve d'ailleurs l'esprit de la philosophie de Hume ! Dans cette théorie, on le voit, pour être certain que le monde est l'ouvrage d'une intelligence divine, il ne suffirait pas qu'un miracle nous eût mis à même de contempler en personne l'acte de la création : il faudrait que ce spectacle fût devenu pour nous comme une habitude de tous les jours, et qu'il nous eût été donné de voir plusieurs fois un Dieu créateur à l'œuvre !

Lorsque Philon a terminé ce long réquisitoire contre la preuve des causes finales, Cléanthe répond au sceptique avec vivacité et énergie; il invoque des exemples où l'analogie nous guide et préside à nos conclusions; il reprend, en la rajeunissant, la vieille comparaison du monde avec un livre. Mais, par un revirement bizarre, après avoir revendiqué presque aussi éloquemment qu'un Bossuet ou un Fénelon, le droit qu'a la raison de conclure de la ressemblance des effets à la ressemblance des causes, il semble abandonner tout d'un coup ce système de défense; et reconnaissant que l'argument est irrégulier, contraire aux principes de la logique, il ne prétend plus en établir la légitimité qu'en constatant son universelle et irrésistible influence (1).

Ces hésitations trahissent l'embarras où jetait Hume l'impossibilité de concilier avec ses théories logiques ses conclusions religieuses. Comme toujours, il se dérobe à la difficulté qui le presse par un appel à l'instinct, aux croyances naturelles de l'humanité, préparant ainsi les voies à cette philosophie du sens commun, que Reid propagera plus tard, sans se douter qu'il en emprunte le principe au philosophe qu'il n'a cessé de combattre, et presque de maudire : « Un » sceptique raisonnable, » dit Hume, « n'a pas d'au- » tre prétention que de rejeter les arguments abstraits, » ambitieux, raffinés; il adhère au sens commun et

(1) Les mêmes idées ont été exprimées par Hume dans les *Essais philosophiques*, sect. XI.

» aux instincts manifestes de la nature humaine. Il
» accepte toutes les raisons qui le frappent assez for-
» tement pour qu'il ne puisse les repousser sans se
» faire violence à lui-même. Or, les arguments de la
» religion naturelle sont précisément de cette na-
» ture (1)... »

Si Hume n'avait pas eu son propre système à ménager, il n'aurait pas aussi facilement méconnu le nerf logique de l'argument des causes finales, et il ne se fût pas contenté d'en remettre la défense au sens commun. Sans doute, il ne faut pas s'exagérer la valeur des preuves de l'existence de Dieu. Défions-nous de l'illusion à laquelle on est toujours prêt à céder quand on les examine. La force que nous leur prêtons dérive souvent, non de la solidité du raisonnement, mais de la vivacité de notre foi. Notre croyance est tellement sûre d'elle-même, qu'elle recouvre, en la dissimulant, la faiblesse de l'argumentation. Mais pour ne pas commettre la faute d'accorder aux raisonnements des métaphysiciens une certitude absolue, il ne faut pas tomber dans cet autre excès, de leur refuser toute autorité. Les preuves expérimentales de

---

(1) *Dialogues*, etc., tome II, part. III, p. 447. Ce passage, dans lequel Hume invoque le respect qu'il a toujours professé pour les croyances que la nature suggère, justifie les lignes suivantes d'une lettre écrite à M. Balfour : « Je me suis efforcé de réfuter le scep-
» tique Philon avec toute la force dont je suis capable ; et ma ré-
» futation doit être regardée comme sincère, puisqu'elle est tirée
» des principes les plus importants (*from the capital principles*)
» de mon système... » Burton, tome I, p. 345.

l'existence de Dieu ne sont, sans doute, que des preuves par analogie. Elles consistent à interpréter l'harmonie et l'ordre du monde ; elles nous forcent à les considérer comme le fruit d'une sagesse suprême, parce que notre propre expérience nous a montré, dans un nombre indéfini de cas, que nos actions n'étaient ordonnées et réglées que lorsque l'intelligence les dirigeait. Quoi de plus raisonnable et de plus naturel que de se laisser guider par ces analogies manifestes, qui frappent les esprits les plus incrédules, et que Voltaire lui-même faisait valoir avec force dans ces *Dialogues philosophiques de Jenni*, qui, par l'ensemble des idées, sinon pour la gravité du ton, rappellent les dialogues de Hume ? Il est vrai que, pour donner un sens à ces analogies, il faut que la raison parle. Il faut qu'elle érige en loi nécessaire cette vérité, que des effets analogues supposent des causes analogues. Et comment contester cette tendance invincible de notre esprit à inférer sans cesse de la ressemblance des œuvres la ressemblance des auteurs ? Cette tendance peut parfois nous tromper, lorsque nous fondons les conclusions qu'elle suggère sur des analogies apparentes et superficielles. Mais quand, pénétrant pour ainsi dire dans l'intimité des choses, nous y découvrons, partout présente, partout manifeste, cette finalité secrète qui semble être, au milieu de tant de diversités, le mot d'ordre de la nature entière, quand, d'autre part, notre expérience interne nous permet de démêler nettement le rapport qui lie à une pensée productrice toute action d'avance adaptée à un but déterminé, n'avons-nous pas ici toutes les garanties possibles pour appliquer, sans scrupule, le principe des raisonnements par analogie ?

Hume parle beaucoup de l'analogie et de ses règles. Il est facile de lui prouver que s'il reste dans les limites de son système, il n'a aucun droit à raisonner de cette façon. Le raisonnement par analogie, qui n'est qu'une induction imparfaite, suppose, en effet, l'intervention de la raison, encore plus, s'il est possible, que l'induction elle-même : et c'est ce que Hume ne soupçonne pas. Il répète volontiers la maxime qui sert de fondement à toute inférence inductive : à savoir, que les mêmes causes produisent toujours les mêmes effets ; mais il l'entend évidemment en un autre sens que nous. Pour lui, cette affirmation n'a rien de nécessaire : elle n'est vraie que dans les limites de l'expérience, et grâce à l'influence toute-puissante de l'habitude. Il devient vrai, peu à peu, qu'une cause A produit un effet B, quand ce rapport de causalité a été expérimenté un grand nombre de fois. Mais quand Hume semble donner une portée universelle absolue à une vérité qui n'est pour lui qu'une simple constatation de faits, il abuse évidemment des mots. De sa logique résulte l'impossibilité d'affirmer qu'un phénomène a une cause, tant que cette cause n'a pas été découverte, et, une fois le rapport observé, l'incapacité de généraliser ce rapport soit dans le temps, soit dans l'espace. De sa logique résulte encore l'illégitimité de tout raisonnement par analogie. Dans ce dernier cas, en effet, l'expérience ne nous montre pas même une fois la cause dont nous affirmons l'existence, et dont nous déterminons la nature. La question revient toujours à chercher quelle est la cause inconnue X d'un effet ou d'une série d'effets C. Par analogie, on conclut que C ressemblant à B, qui est l'effet de A, la cause inconnue X doit ressembler à A. Ce mode d'inférence nous paraît parfaitement légitime ; mais il ne peut l'être que si la raison vient combler les lacunes de l'expérience, en nous fournissant, non pas seulement la forme, comme dans l'induction parfaite, mais encore la matière de la conclusion. Hume, du reste, reconnaît lui-même l'impuissance où le réduisait son système, quand, après avoir instinctivement raisonné par analogie, il nous fait l'aveu tardif que ce mode de raisonnement n'est pas régulier.

L'analogie, sans aucun doute, est bien loin d'égaler en certitude une induction parfaite. Ici, en effet, l'expérience décisive manque : celle qui nous ferait saisir la cause que nous cherchons. On peut dire, cependant, que quand il s'agit d'analogies aussi frappantes et aussi fréquemment observées que celles qui servent de fondement à la preuve des causes finales, la multiplicité des expériences rétablit jusqu'à un certain point l'égalité, et tend à donner au raisonnement la force d'une induction complète. Qu'on y songe, en effet, ce n'est pas seulement dans une série limitée d'observations, que les philosophes ont saisi les rapports qui, par comparaison avec les œuvres de l'art humain, nous signalent dans le monde les traces de l'art divin : c'est dans tous les temps et dans tous les pays, que tous les hommes ont découvert ce travail raisonnable de la nature universelle, cette démarche secrète des choses, qui toutes, tendent à un but, comme guidées par une prévoyance latente. Là où la finalité n'apparaît pas, ce n'est pas la nature qui viole ses propres lois ; c'est notre science qui est en défaut. N'est-il donc pas permis de dire que cette uniformité, pour ne pas dire cette universalité des expériences qui constatent l'analogie, compense, en une certaine mesure, ce qu'il y a de naturellement insuffisant dans un raisonnement de cette espèce ; et si le physicien, après avoir observé un petit nombre de fois la liaison de deux phénomènes, la transforme avec confiance en une loi nécessaire qu'il impose à tous les moments de la durée, à tous les points de l'espace, n'est-ce pas avec une autorité à peu près égale que le théologien s'élèvera, de l'ensemble des choses observées dans le temps et dans l'espace, à l'affirmation d'une pensée suprême, principe unique de tout ce qui existe ?

Quoique Hume n'ait pas su dégager la portée rationnelle de l'argument des causes finales, il n'en a pas moins fait cet aveu précieux, que la preuve en question exerçait sur le sens commun une influence irrésistible. Et si l'on veut y réfléchir, qu'est-ce que cet appel au sens commun, sinon une reconnaissance implicite des droits et de la souveraineté de la raison ? Cet instinct primitif auquel Hume a sans cesse recours, pour réconcilier son système avec les croyances universelles des hommes, qu'est-il autre chose, en définitive, que la raison, la raison à l'état latent, alors qu'elle n'est encore qu'une tendance vague que la réflexion n'a pas précisée, et dont les inspirations n'ont pas été ramenées par l'analyse à des principes formels?

Quelque insuffisante qu'ait pu nous paraître la réfutation opposée par Cléanthe à la première objection de Philon, Hume la jugeait victorieuse. En effet, par un jeu de scène imité des dialogues de Platon, il nous montre le sceptique troublé et confondu, ne sachant que répondre à son contradicteur. Mais, dans la suite du dialogue, Philon reprend l'avantage. Il montre, cette fois avec une justesse parfaite, que toute argumentation, qui fonde sur des analogies empruntées à l'expérience la notion de la cause divine, reste, dans ses résultats, fort en deçà de ce qu'exige la conception d'un être infini et parfait. Si toute théologie se réduit à des preuves expérimentales, il faut renoncer à compter l'infinité et la perfection parmi les attributs de Dieu. La cause doit être proportionnée à l'effet, nous l'accordons; mais comment un effet fini pourrait-il prouver une cause infinie? « Un poids de dix » onces qui s'élève sur un plateau de balance prouve » que le poids de l'autre plateau dépasse dix onces, » mais non qu'il dépasse cent onces. » L'univers est admirable de grandeur et de beauté : dites, si vous voulez, que la cause de l'univers est très-grande, très-puissante et très-sage; mais entre ces superlatifs et l'infini il y a un abîme que rien, dans la théologie physique, ne nous permet de combler et de franchir. Ici le raisonnement de Hume est tout à fait juste, et Kant n'a pu que le reprendre en le fortifiant. « L'idée » transcendantale d'un être premier, nécessaire et » absolument suffisant, est si immensément grande, » si élevée au-dessus de tout ce qui est empirique, » qu'on ne saurait jamais trouver assez de matière » dans l'expérience pour remplir un tel concept... » Et plus loin : « Je ne puis croire que quelqu'un se » vante d'apercevoir le rapport de la grandeur du » monde par lui observé à la toute-puissance, ni le » rapport de l'ordre du monde à la suprême sagesse, » ni enfin celui de l'unité du monde à l'unité absolue » de son auteur (1). »

Dans cette dernière observation, relative à l'unité divine, comme dans les précédentes, Kant a été devancé par Hume. Selon Philon, le spectacle de l'univers ne nous donne pas plus la certitude de l'unité divine que l'idée de l'infinité et de la perfection. Seulement il y a entre les deux philosophes cette grande différence, que Kant n'entend parler que de l'unité absolue, de la simplicité infinie de Dieu, qu'il serait en effet difficile d'inférer de la seule expérience, tandis que Hume, prenant le mot d'unité dans un sens plus modeste, soutient, contre toute vraisemblance, que la considération des choses physiques favoriserait plutôt des conclusions polythéistes que la croyance à un

---

(1) Kant, *Critique de la raison pure*, traduction Barni, tome II, p. 209, 310.

seul Dieu. Ici évidemment c'est l'esprit de sophisme qui parle, c'est ce génie tentateur de Hume, qui cherche sans cesse à faire échec à son bon sens, qui y réussit quelquefois, mais qu'il désavoue le plus souvent après réflexion. Pour rétablir la vérité dans cette question, nous n'avons, en effet, qu'à invoquer le propre témoignage de Hume. Dans son *Histoire naturelle de la religion*, après avoir fait allusion à ces philosophes d'un tour d'esprit particulier qui ne voient pas qu'il soit si absurde d'imaginer que plusieurs êtres sages et puissants se sont concertés pour produire le monde, il écarte fermement une pareille hypothèse, en s'appuyant précisément sur les caractères de l'univers physique : « Dans toute l'étendue du monde, » dit-il, « on ne voit qu'un modèle. Tous les êtres sont exac-
» tement ajustés l'un à l'autre ; le même dessein règne
» partout. Cette uniformité nous oblige à reconnaître
» un auteur unique : la supposition de causes multi-
» ples, douées des mêmes attributs et produisant les
» mêmes effets, ne ferait qu'embarrasser l'imagination
» sans contenter l'entendement (1). »

Ce que Hume n'a jamais désavoué, et avec raison, c'est l'impossibilité d'arriver, par la voie empirique seule, à la conception d'un Dieu infini. Il a consacré à cette vérité, dans le onzième Essai, de longs développements, et sur ce point nous sommes, comme Kant, entièrement de son avis. S'il était vrai, comme le pense M. Stuart Mill, « que tout ce qui se rapporte à

---

(1) *Histoire naturelle de la religion*, chap. VI.

» Dieu est matière d'inférence, et d'inférence *a poste-*
» *riori,* » il faudrait rejeter comme illusoire toute conception de l'infinité divine (1).

Mais, après avoir finement analysé les lacunes de la théologie physique, Hume n'a pas su tirer profit de ses observations. Il n'a pas voulu reconnaître la conclusion qui s'en dégageait naturellement : je veux dire la nécessité de recourir à des principes *a priori* qui, seuls, peuvent expliquer que de notre raison et du fond même de notre esprit s'échappe la conception de l'infinité et de la perfection divines. C'est ce que Kant a admirablement compris. Si l'on nie, en effet, que la raison ait par elle-même le pouvoir d'enfanter de pareilles idées, il faut se résigner à cette conséquence absurde que Dieu est un être fini. Qui le croirait ? c'est à cette conclusion que Hume se laisse aller sans scrupule. Il déclare, par l'intermédiaire de Cléanthe, que si Dieu est parfait, il ne l'est que d'une perfection relative (*finitely perfect*). Il faut, dit-il, se contenter d'invoquer Dieu comme un être admirable, excellent, extrêmement sage, extrêmement grand. Là doit s'arrêter pour l'esprit humain la détermination de la nature divine. Aller plus loin, c'est s'exposer à des conséquences contradictoires, à un verbiage dépourvu de sens. Il faut avant tout que Dieu reste pour l'homme un objet de compréhension (2).

(1) M. Mill, *Hamilton*, p. 44.
(2) Clarke disait que l'observation du monde ne nous donne l'idée que d'un être assez sage et assez puissant. Hume avait lu Clarke, qu'il cite quelquefois.

Sans doute, il faut savoir gré à Hume des efforts qu'il a faits pour maintenir la conception de Dieu à la portée de l'intelligence humaine. Dans tous ses *Dialogues sur la religion naturelle*, si remarquables souvent par la finesse de la pensée, comme par l'ampleur et la noblesse du style, ce que nous aimons le mieux, c'est encore la vigoureuse polémique qu'il dirige contre les théologiens mystiques, qui érigent en système l'inintelligibilité absolue de Dieu, et qui rejettent l'existence suprême dans je ne sais quelle région mystérieuse, où, enveloppée de nuages et de voiles impénétrables, elle se dérobe à toute pensée humaine. Nous ne connaissons rien, quant à nous, d'aussi antireligieux qu'une pareille théorie. C'est, à coup sûr, le respect de Dieu et la conviction profonde de son infinité qui l'inspire à ses partisans. Mais quand les Epicuriens voulaient détruire la religion de leur temps, ils n'employaient pas un autre procédé. Aussi c'est avec quelque raison que Hume appelle ces mystiques à outrance des athées sans le savoir. Il est, quant à lui, le défenseur convaincu d'une théologie humaine, pour ainsi dire, qui, tout en élevant Dieu bien au-dessus des hommes, ne le relègue pas dans un isolement inaccessible, où l'extase seule pourrait conduire les pas de l'humanité. Il veut que l'âme religieuse puisse, si j'ose dire, gravir par une pente douce les cimes ardues de la nature divine. Il pense que supprimer les analogies humaines, ce serait supprimer aussi toute religion, et que, si l'on veut laisser un sens à l'adoration des hommes, il faut conserver à Dieu les noms que lui a de tout temps décernés la piété, les noms de Bonté, de Puissance, de Sagesse suprême.

Nous louons donc pleinement le zèle avec lequel Hume ne cesse de combattre cette théologie qui fait de l'incompréhensibilité divine le premier article de toute foi religieuse. Déméa représente imaginairement ce mystique excessif, dans les *Dialogues sur la religion naturelle*. Combien de théologiens le représentent réellement dans la philosophie contemporaine? On pourrait, entre autres, citer M. Mansel, le contradicteur habituel de M. Stuart Mill. Dans un livre sur les *Limites de la pensée religieuse*, où il applique à la théodicée les principes de la philosophie de Hamilton, M. Mansel refuse à la pensée humaine la faculté de concevoir et de connaître le moindre attribut divin, quoiqu'il lui fasse en même temps une loi de croire à Dieu (1). Théorie contradictoire, qui, à des spéculations en quelque sorte athées, veut allier les bénéfices pratiques de la religion, et qui nous commande de subordonner toutes nos pensées et toutes nos actions à un être sur la nature duquel il est impossible de rien savoir. Ou bien Dieu n'existe pas, ou, s'il existe, nous concevons quelque chose de lui; et c'est, en définitive, par ce quelque chose que nous affirmons, que nous prouvons son existence. L'incompréhensibilité absolue de Dieu n'aurait pas seulement le grave inconvénient pratique de faire de toute ado-

---

(1) M. de Rémusat, *Philosophie religieuse*

ration religieuse une cérémonie vide de sens; elle nous semble compromettre, même spéculativement, la certitude de l'existence divine.

C'est ce que Hume a le mérite d'avoir compris. Sur ce sujet, comme sur tant d'autres, il s'est rencontré avec M. Mill, qui, dans un chapitre de son livre sur Hamilton (1), attaque, lui aussi, avec quelque vivacité la doctrine de M. Mansel, et de tous ceux qui nient la possibilité de concevoir humainement et de saisir par quelque côté la nature divine. Mais cette tendance excellente qui nous porte à ne pas rejeter Dieu hors de notre horizon, et à chercher dans le monde ou en nous-mêmes des attributs que nous puissions introduire dans la substance divine, ne doit pas faire oublier les droits de la raison; si, d'un côté, la piété tend, par de perpétuels envahissements, à rapprocher d'elle l'objet de son adoration, parce que tout amour est porté à supprimer les distances et à établir peu à peu l'égalité, la raison doit, d'autre part, relever sans cesse la notion divine et la tenir à son rang. En un mot, il faut compléter la théologie physique par une sage théologie *a priori*.

Que la théologie *a priori*, si elle est possible, soit seule capable de nous donner l'infinité des attributs divins, Hume le sait; mais il n'admet pas que cette théologie soit possible. C'est ce qu'il essaie d'établir en examinant un argument, qui n'est autre que la preuve cosmologique, compliquée du raisonnement

---

(1) M. Mill, *Hamilton*, chap. VII.

de saint Anselme, et qui lui paraît le plus grand effort imaginé par la philosophie pour s'élever jusqu'à Dieu dans la voie de l'*a priori*. Kant répète souvent que la preuve cosmologique n'est qu'une preuve ontologique déguisée. S'il avait cru nécessaire de justifier son affirmation autrement que d'une façon abstraite, il aurait pu invoquer l'exemple de la confusion commise par Hume. Il est, en effet, dans la nature des choses, que la preuve cosmologique, qui débute par un appel à l'expérience, change tout à coup de caractère, et passe à l'*a priori* pur. Cette nécessité se manifeste avec une irrésistible évidence dans les démarches de la pensée de Hume. Il est, d'ailleurs, facile de s'en rendre compte théoriquement. L'argument cosmologique ne procède plus par analogie, comme la preuve des causes finales. Il ne se contente pas de dire, ce qui serait expérimental, qu'il y a toujours de l'existence : non, mais une fois qu'il nous a fait remonter, un certain temps, la série des causes secondes, il coupe brusquement la chaîne des phénomènes, pour sortir de cette succession des choses contingentes. La raison, d'un coup d'aile, nous transporte alors, en dehors de toutes les existences relatives, jusqu'à une existence transcendantale, comme dit Kant, ou, plus simplement, jusqu'à une cause première, un être nécessaire. La preuve cosmologique n'est donc pas conforme au type ordinaire des preuves de l'existence de Dieu, puisque la cause, dont elle proclame la nécessité, est précisément conçue comme radicalement contraire aux effets qui servent de point de départ à l'argumentation. Or, qui nous autorise à conclure ainsi qu'une cause existe, non pas analogue, mais contraire à toute expérience connue? C'est uniquement la raison, qui prétend ne se tenir pour satisfaite que si elle a trouvé un être nécessaire; et c'est cette prétention de la raison qui est, au fond, le seul principe solide de la preuve ontologique, quand on la dépouille de l'appareil pédantesque dont le moyen âge l'a affublée. La preuve cosmologique dit : puisqu'il y a des choses qui existent, il faut qu'un être nécessaire existe. La preuve ontologique dit : puisque l'idée de l'être nécessaire est conçue, l'être nécessaire est réel. En apparence, le second argument semble faire un pas de plus que le premier ; mais, en réalité, il n'en est rien. La preuve cosmologique, quand elle pose sa conclusion, ne s'appuie nullement sur l'expérience, dont elle a fait mention dans sa mineure : elle tire toute sa force de la nécessité rationnelle de croire à un être premier et absolu. Et, de même, la preuve ontologique, quelque effort qu'elle fasse, ne peut aller au delà de cette même loi rationnelle, qui veut que nous admettions, en quelque sorte, sans démonstration, l'existence d'un être nécessaire. Au fond, c'est la même preuve, présentée d'abord sous une forme expérimentale, et ensuite sous une forme géométrique. Ce qui peut contribuer à entretenir l'illusion et à dissimuler le vrai caractère de la preuve *a contingentia mundi*, c'est que cette preuve demande une cause du monde, comme toute raison demande une cause à ce qui existe. Au premier abord, il semble qu'il y ait encore analogie : on oublie qu'il ne s'agit plus ici d'une cause semblable à celles que l'expérience nous montre, et qui ne sont toutes que des effets antérieurs; il s'agit d'une cause qui elle-même n'a point de cause. C'est pourquoi l'analogie est tout à fait impuissante à nous fournir une pareille conception : l'*a priori* seul, la preuve ontologique peut compléter ici l'effort de notre dialectique.

Reste, maintenant la question de savoir si, sur ce point, les prétentions de la raison sont légitimes. Hume, naturellement, ne le pense pas, et il écarte toute preuve *a priori*, par une application rigoureuse de ses principes philosophiques. L'existence de Dieu, dit-il, est un fait (*matter of fact*) ; or, il n'y a pas de faits nécessaires. On ne peut démontrer que ce dont le contraire implique contradiction ; et il n'y a pas d'existence dont la non-existence ne puisse être conçue, et ne soit, par conséquent, possible.

Hume, en définitive, se contente de nier ce qui est en question. Il se retranche derrière son système, et ne prouve nullement ce qu'il avance. Il nous semble, quant à nous, qu'en un sens, il y a des faits nécessaires : tous ceux qui sont les conséquences légitimes d'un principe préalablement admis, les effets naturels d'une cause connue. Or, dans la question particulière qui nous occupe, il est de toute évidence que la raison, en vertu de sa constitution même, réclame l'existence de quelque chose de nécessaire. Nous ne disons pas qu'elle pose immédiatement l'existence de Dieu ; l'intuition immédiate de la Divinité nous paraît une chimère qu'il faut écarter sans hésitation, n'y eût-il à cela d'autre raison que le témoignage de ceux qui, interrogeant loyalement leur conscience, n'y ont pas trouvé trace de cette illumination soudaine et spontanée. Mais ce que nous tenons pour certain, c'est que toute raison humaine qui réfléchit ne peut se passer de la conception d'un être nécessaire, que cet être soit, d'ailleurs, la nature elle-même, ou un Dieu distinct du monde. Infailliblement, la question se pose ainsi devant toute intelligence développée : ou bien les choses existent par elles-mêmes, et alors la nécessité est dans les choses, ou bien, les êtres de ce monde étant contingents, la nécessité est l'attribut d'un être indépendant du monde. Et pour résoudre cette alternative, il faut recourir à d'autres considérations, précisément aux causes finales, qui nous prouvent que l'être nécessaire, étant en même temps intelligent, ne peut être le monde lui-même. Mais, en dehors de ces analogies de l'expérience, il est incontestable qu'au fond de toute raison humaine brille, comme un foyer de lumière dont il s'agit seulement de projeter les clartés sur un point ou sur un autre, l'idée de l'être nécessaire, et que cette idée est le principe, le fondement de toute philosophie religieuse.

Hume, avec sa perspicacité habituelle, a compris l'incertitude où nous laisse par elle-même cette idée de l'être nécessaire. Pourquoi, dit Cléanthe, le monde ne serait-il pas cet être? Et, en effet, rien, dans la preuve cosmologique ou dans la preuve ontologique, ne nous permet de nous prononcer contre une pareille hypothèse. Hume s'est ici encore rencontré avec Kant, qui, dans ses remarques sur la thèse de la quatrième antinomie, reconnaît que « l'argument cosmologique » pur ne peut prouver l'existence d'un être nécessaire » qu'en laissant indécise la question de savoir si cet » être est le monde lui-même, ou s'il en est diffé- » rent. » Il est vrai qu'aux yeux de Kant la conception transcendantale de l'être nécessaire excluait toute hypothèse naturaliste. Nous avouons ne pas être de cet avis, et nous ne voyons pas que la raison pût nous obliger à faire un choix entre un monde éternel et un Dieu distinct du monde, si elle ne nous donnait que l'idée de l'être nécessaire. Mais la raison nous donne aussi l'idée d'un être parfait, d'un être infini, et ces conceptions excluent toute possibilité de confondre Dieu et l'univers. De plus et, surtout, les analogies de l'expérience nous révèlent la Bonté, la Sagesse, l'Intelligence divines ; et, grâce à cette heureuse alliance de l'expérience et de la raison, nous arrivons à une idée de Dieu aussi complète, aussi satisfaisante que l'esprit humain est capable de la former !

La théodicée de Hume offre de grandes lacunes ; elle découronne Dieu, en lui ôtant l'attribut de l'infinité. Mais, malgré ce défaut capital, nous avons un faible pour cette métaphysique sage, timide même, qui redoute, avant tout, les écarts aventureux de la pensée. Si les résultats ne sont pas toujours exacts, la méthode au moins est excellente. C'est celle qui a inspiré la critique de Kant. Nous n'insisterons pas sur les autres parties de la théodicée de Hume, sur la distinction qu'il établit entre les attributs naturels (intelligence) et les attributs moraux de la divinité (bonté, justice), ni sur la discussion légèrement pessimiste qu'il engage à propos des misères de l'humanité, ni, enfin, sur sa conception d'une Providence générale, à laquelle se rattachait sa négation décidée de toute espèce de miracles. Nous en avons assez dit pour faire saisir, dans son ensemble, cette théodicée raisonnable, cette religion modérée, qu'admirait un Schopenhauer, et où rien n'est avancé sur la nature divine qui ne puisse être rigoureusement prouvé. Par les objections qu'il a placées dans la bouche du sceptique Philon, Hume a laissé peu à faire au naturalisme moderne, dont il semble avoir prévu toutes les objections. Mais il n'en a pas moins maintenu, malgré toutes les difficultés qui surgissaient dans son esprit, sa conclusion déiste : conclusion très-religieuse, et particulièrement hostile au panthéisme, dont les chimères révoltaient son bon sens, conclusion très-analogue, enfin, à celles d'un Socrate ou d'un Reid.

Les *Dialogues sur la religion naturelle* ne sont pas d'ailleurs le seul ouvrage dnns lequel Hume ait fait explicitement profession de déisme. Les questions religieuses l'attiraient et le captivaient. Si, dans ses *Dialogues*, il a discuté théoriquement la légitimité des raisonnements métaphysiques, dans un autre écrit qui fait surtout honneur à son érudition, il a recherché les origines historiques et suivi le développement du sentiment religieux. L'*Histoire naturelle de la religion* — quoique en maint passage Hume y justifie l'opinion de ceux de ses adversaires qui l'accusaient d'aimer le paradoxe, — est peut-être, de tous les travaux de notre auteur, le plus remarquable par l'abondance des faits intéressants, des observations fines ou profondes, des vues pénétrantes ou hardies (1). Hume y révèle un talent de premier ordre pour l'histoire critique, celle qui exige surtout que l'on raisonne et que l'on discute. Pour l'histoire proprement dite, Hume, on le sait, manquait de certaines qualités. Il avait l'imagination qui invente, non celle qui voit vivement et qui anime la sensibilité ; mais dans les écrits de critique historique, on peut dire qu'il excelle.

Dans son *Histoire de la religion*, comme ailleurs, Hume fait de l'existence de Dieu une vérité certaine, dont aucun homme de bon sens ne peut douter. Cette croyance, néanmoins, n'est pas, à ses yeux, une perception immédiate, contemporaine des premiers jours de l'humanité. Il la considère, au contraire, comme le résultat d'opérations compliquées, dont il est difficile d'analyser le progrès. Pour lui, comme pour nous, la perception directe de l'infini est l'illusion respectable de quelques esprits profondément religieux, qui, à force de croire à Dieu, s'imaginent qu'ils le connaissent immédiatement. Elle est, dans la raison des philosophes, ce qu'est l'extase dans la foi des illuminés. Cette chimère écartée, Hume suit pas

---

(1) L'*Histoire naturelle de la religion* parut en 1757, en même temps que trois autres traités : *Sur les Passions, sur la Tragédie, sur la Règle du goût*. Tome IV, p. 419.

à pas la marche progressive de la raison dans la construction des croyances divines. Il établit avec force, avec une grande richesse d'arguments, que le polythéisme a été et a dû être la première religion des hommes. Soutenir que les hommes primitifs ont cru à un seul Dieu, alors qu'à des époques plus rapprochées de nous on les trouve encore en proie aux superstitions polythéistes, ce serait dire « qu'on a con-
» struit des palais avant de bâtir des huttes, et fait
» de la géométrie avant de pratiquer l'agriculture (1). »
Dira-t-on que les hommes ont tout de suite obéi à l'instinct qui nous pousse à chercher la cause unique de toutes choses? Hume répond à merveille que, dans cette recherche des causes et des principes, une intelligente naissante se satisfait à bon compte, et qu'il suffit à la curiosité des peuples enfants de reculer de quelques degrés leur ignorance. Il était donc naturel que le polythéisme régnât d'abord sur les âmes, et que l'humanité commençante installât dans le ciel une peuplade de dieux. D'autant plus qu'à cette époque, l'homme, préoccupé avant tout de lui-même et de ses affaires, devait être frappé moins de l'unité du monde que de la multiplicité de ses propres désirs et de ses propres besoins, de l'agitation de sa vie, des innombrables hasards qui en troublaient le cours. Seule la contemplation scientifique nous donne l'idée de l'ordre, de la sérénité universelle de la na-

---

(1) Tome IV, p. 420, sect. I. *Que le polythéisme a été la première religion de l'humanité.*

ture; et l'humanité naissante n'avait pas le loisir de s'y livrer. C'est avec la même pénétration, et avec une grande abondance de détails piquants, que Hume nous expose quelques-unes des conséquences du polythéisme : d'une part, l'intolérance aveugle et cruelle qui frappait un Socrate, qui combattait tout effort pour épurer, pour relever la religion; d'autre part, la tolérance bizarre qui supportait les impiétés, qui acceptait les plaisanteries les plus vives dirigées contre les dieux de l'Olympe, qui applaudissait enfin aux comédies d'Aristophane. C'est qu'Aristophane, en peignant les vices des dieux, ne faisait que les représenter avec leurs traits officiels, et dans la vérité même du rituel païen. La psychologie humaine se reflétait dans le ciel d'alors avec toutes ses passions, et l'on voyait des prêtres ordonner pieusement qu'on représentât plusieurs fois de suite la comédie d'Amphitryon, afin d'être agréable à Jupiter vieilli, en lui rappelant ses amours et ses succès de jeunesse.

C'est avec beaucoup moins de justesse que Hume analyse les origines du théisme : ici l'esprit paradoxal reparaît. Quoiqu'il en reconnaisse l'antiquité, il ne veut pas admettre que les philosophes et les penseurs aient pu, par un élan de leur raison ou par un progrès de réflexion, découvrir d'assez bonne heure le Dieu unique et infini. Il a recours encore une fois à sa théorie de l'habitude; il fait des croyances théistes le résultat d'un instinct machinal qui s'est insensiblement développé : « Il peut arriver, » dit-il, « chez » une nation idolâtre, que parmi les divinités qu'elle

» adore, elle en choisisse une pour en faire l'objet
» d'un culte privilégié. Que ce dieu particulier soit
» considéré comme le protecteur national du pays
» ou comme le maître souverain des cieux, peu im-
» porte; dans tous les cas, les dévots qui le révèrent
» s'efforceront, par tous les moyens possibles, de s'in-
» sinuer dans sa faveur. Supposant qu'il prend plaisir,
» comme eux-mêmes, à l'éloge et à la flatterie, il n'y
» aura pas de louange, quelque exagérée qu'elle soit,
» qu'ils ne croient devoir lui adresser. A mesure que
» les craintes et les misères humaines s'accroîtront,
» les fidèles inventeront de nouvelles et de plus
» grandes flatteries, et l'homme qui aura dépassé ses
» ancêtres dans l'art d'enfler les titres de la divinité
» sera lui-même dépassé à son tour par les généra-
» tions nouvelles, qui ne manqueront pas d'imaginer
» des épithètes plus pompeuses encore. C'est ainsi
» que se comporteront les hommes, jusqu'à ce qu'enfin,
» dans leurs prières, ils invoquent l'infini lui-même!
» Tout sera bien, s'ils s'en tiennent là, et si, pour
» avoir voulu aller plus loin et se représenter une
» simplicité absolue, ils ne s'exposent pas à tomber
» dans d'inexplicables mystères, en niant l'intelli-
» gence de Dieu et en détruisant ainsi le seul fonde-
» ment sur lequel puisse être établi un culte raison-
» nable. Tant qu'ils savent se contenter de la notion
» d'un Etre parfait, Créateur du monde, ils se rencon-
» trent par hasard avec les principes de la raison
» et de la vraie philosophie, quoiqu'ils aient été con-
» duits à cette conception, non par la raison, mais

» par l'adulation et par les frayeurs vaines de la
» plus vulgaire superstition (1)... »

La métaphysique ne serait donc qu'une flatterie outrée ! Paradoxe ingénieux, et qui, en un sens, contient une part de vérité. De même que les théories psychologiques de Hume expliquent, non les principes immédiats ou les progrès réfléchis de l'intelligence, mais seulement le développement machinal de notre âme; de même l'explication bizarre que nous venons de citer peut rendre compte, sinon de la croyance fondamentale à Dieu, au moins de ce travail de transformation qui, dans le sein d'une même religion, fait passer une divinité inférieure à un rang de plus en plus élevé, et peu à peu en vient à l'asseoir tout à côté du Dieu suprême !

De toutes les parties de la philosophie de Hume et dans l'ensemble de ses ouvrages, ce que nous serions tentés de préférer et de mettre au-dessus de tout le reste, c'est ce qu'il a pensé et écrit sur la Religion. Sur ce point, il a professé une philosophie sage, tolérante, qui se défie un peu de la métaphysique, mais qui ne voudrait pas la supprimer tout à fait. Nous n'avons pas besoin de redire, d'ailleurs, qu'en maintenant sa foi à un Être suprême, à un Dieu intelligent, Hume se mettait en contradiction avec ses propres principes. Il n'y a, selon nous, d'autres preuves solides de l'existence de Dieu que celles qui reposent sur le principe de causalité, et Hume nie ce principe. Y eût-il

---

(1) Tome IV, p. 447, 448.

d'autres preuves, elles seraient encore plus en contradiction avec le système de Hume. Quand un rayon de soleil pénètre jusqu'à nous, dans l'obscurité d'une chambre de tous côtés fermée au jour, nous remontons, par induction, jusqu'au soleil d'où part ce rayon. De même, du fond de notre monde terrestre, la pensée humaine s'élève, des effets qu'elle contemple, jusqu'à la cause qu'elle ne peut saisir directement. Tout raisonnement de ce genre est interdit à la philosophie empirique. Elle ne saurait croire à Dieu que par une pieuse inconséquence ; à plus forte raison, elle n'a pas le droit de nous parler de l'infinité, et nous ne pouvons nous étonner assez que Hume, et, plus récemment, M. Mill, persistent à conserver ces mots dans leur vocabulaire. Quand nous parlons de bonté, d'intelligence infinie, nous n'avons sans doute pas de ces objets une idée adéquate ; nous les pensons néanmoins, car c'est la loi commune de notre intelligence, et nous n'avons pas non plus, le plus souvent, une idée adéquate des choses finies. Lorsque, par exemple, notre imagination se représente la mer, nous pensons au rivage, nous imaginons les premières vagues, et nous faisons aussitôt une enjambée jusqu'à l'autre rive. Il en est de même de l'idée de Dieu, sauf qu'ici nous croyons qu'il n'y a pas d'autre rive, et que l'immensité de Dieu n'a pas de limites. N'est-il pas évident qu'une pareille conception dérive de la raison et qu'elle est l'expression d'une tendance supérieure à l'expérience ?

Mais ne reprochons pas aux empiriques des contradictions qui tournent au profit de leurs croyances, et qui attestent l'élévation de leurs âmes, en même temps qu'elles rendent un nouveau témoignage de la certitude de l'existence de Dieu. Toute la logique empirique s'oppose à l'existence divine ; et cependant, les empiriques y croient encore ! Quelle confirmation meilleure pourrions-nous désirer de cette tendance naturelle qui pousse les hommes à croire à Dieu ?

CHAPITRE X.

LES PASSIONS.

Hume n'a pas accordé aux passions moins d'attention qu'aux phénomènes de la pensée. Les développements qu'il leur a réservés dans le *Traité de la Nature humaine* sont matériellement presque aussi considérables que les longues et minutieuses études consacrées à l'intelligence (1). Il s'en faut cependant qu'ils aient la même valeur et la même portée. Quelques pages nous suffiront pour les résumer, et pour saisir, au milieu de descriptions ingénieuses qui ne dépareraient pas les écrits d'un Labruyère, un essai de classification et d'explication des phénomènes sensibles, où se retrouve la pénétration de notre auteur, mais qui ne saurait prétendre à constituer définitivement la psychologie des sentiments (2).

La pauvreté relative des réflexions de Hume sur ce sujet tient d'ailleurs à plusieurs causes : et d'abord,

---

(1) Voir *Traité de la Nature humaine*, liv. II : 200 pages environ, tome II, p. 3.

(2) Hume a recueilli lui-même le meilleur de ses pensées dans un écrit assez court intitulé : *Dissertation sur les passions*, et publié en 1757, tome IV, p. 189.

à l'insuffisance de sa méthode. Malgré les rapports manifestes de l'organisme et des émotions sensibles, Hume se maintient encore ici dans les strictes limites de l'observation psychologique. Il écarte de parti pris les lumières que la physiologie eût répandues sur ses recherches; et ce vice de méthode est d'autant plus remarquable chez Hume, qu'il avouait lui-même qu'entre le physique et le moral existe une étroite dépendance, dont il n'a pas eu cependant souci de déterminer la nature. Des deux séries d'impressions sensibles qu'il distingue, les unes primitives, les autres secondaires et dérivées, il déclare que les premières « dépendent » de causes physiques; mais, » ajoute-t-il, « l'exa- » men de ces impressions et de leurs causes m'en- » traînerait, trop loin de mon sujet, dans des études » d'anatomie et de philosophie naturelle (1). » Et il passe outre, laissant de côté ces impressions primitives et instinctives, dont les principes se cachent dans les profondeurs de notre être, pour n'étudier que les impressions « de réflexion. » Il est impossible de violer plus ouvertement les règles du déterminisme scientifique, qui ne saurait admettre que l'on se restreigne à l'étude superficielle de quelques phénomènes secondaires, sans en scruter l'origine et le point de départ.

Si Hume est resté en quelque sorte à la surface de son sujet, ce n'est pas seulement le fait de sa répugnance habituelle à entrer dans le domaine de la physiologie; c'est aussi que, considérant toujours la

---

(1) Hume, tome II, p. 4.

loi d'association comme la loi unique des phénomènes psychologiques, il n'a pu, malgré ses efforts, faire pénétrer bien avant un système d'analyse qui rend compte tout au plus de l'ordre de développement des passions, mais qui n'en explique ni la production ni la diversité. La sensibilité, non moins que l'intelligence, recèle un fonds d'énergies naturelles et de principes irréductibles que ne saurait entamer, malgré qu'il en ait, l'empirisme excessif qui voudrait les présenter comme les transformations d'un élément unique. Ces tendances innées et diverses, Hume a mieux aimé les ignorer, que s'exposer, en les observant, à compromettre sa théorie générale : sophisme de méthode trop familier aux faiseurs de systèmes, qui omettent volontiers les recherches où ils pressentent pour leurs préjugés une contradiction et un échec.

Qu'avec ces procédés incomplets et systématiques Hume n'ait atteint que d'assez médiocres résultats, il n'y a pas lieu de s'en étonner, particulièrement dans une question aussi compliquée et aussi délicate. Il n'est pas le seul, parmi les philosophes, chez lequel la psychologie des sentiments soit notablement inférieure à la psychologie des idées. L'école anglaise contemporaine, si fière de ses analyses de l'esprit humain, avoue modestement elle-même qu'elle n'est pas arrivée à se satisfaire dans l'étude de la sensibilité; et longtemps encore il en sera ainsi. C'est qu'entre tous les phénomènes psychologiques, le sentiment est de beaucoup le plus complexe. Toute la nature humaine, physique et morale, concourt à le produire. Toutes les facultés de l'âme conspirent à en former les éléments. L'amitié, l'amour, que sont-ils, en effet, sinon un ensemble de phénomènes, parmi lesquels il faut compter, outre le plaisir spécial que cause la présence de l'objet aimé, quel qu'il soit, la série d'idées joyeuses ou tendres, que suggère la pensée de ce qu'on aime, et les volontés qu'excite cette même pensée? Et si le plaisir, qui est l'élément essentiel de ce tout complexe et hétérogène, se traduit dans l'intelligence, selon son caractère propre, par tel ou tel mouvement d'idées, l'intelligence, à son tour, par ses conceptions, réagit en mille façons sur le plaisir primitif, et contribue à multiplier encore les nuances si variées du sentiment. Comment s'étonner, par suite, qu'il soit difficile de classer ou seulement d'analyser des faits où, sans parler des causes physiques, un si grand nombre d'éléments moraux se mêlent et s'entrecroisent? Combien sont plus simples les phénomènes intellectuels, une idée, un jugement, même un raisonnement! Si raisonner suppose, en effet, une succession de faits, ces faits, du moins, sont tous de même nature : c'est comme un corps simple dont toutes les molécules sont semblables. Aimer, au contraire, ou haïr, comprennent une série d'états intellectuels, affectifs, volontaires, qui, agissant et réagissant les uns sur les autres, produisent une infinité d'émotions, que viennent encore modifier et varier les causes physiologiques.

Mais c'est assez insister sur les difficultés du sujet.

Voyons maintenant jusqu'à quel point Hume les a résolues.

Il s'occupe d'abord de classer les phénomènes qu'il essaiera ensuite d'analyser. L'âme, pour lui, se réduit, on s'en souvient, à des impressions et à des idées. Les idées constituent ce que la philosophie du sens commun appelle les facultés intellectuelles. Quant aux impressions, elles se divisent en deux classes : 1° les *impressions de sensation*, « qui se développent dans » l'âme sous l'influence de l'organisation physique, » par l'effet des esprits animaux, ou par l'application » des organes des sens aux objets extérieurs ; » 2° les *impressions de réflexion*, issues des impressions primitives. C'est à peu près la distinction classique des sensations et des sentiments : les premières, qui proviennent immédiatement du corps ; les autres, qui supposent comme antécédent nécessaire une impression antérieure, ou une représentation intellectuelle.

De ces deux catégories d'impressions, Hume, comme nous l'avons déjà dit, néglige complétement la première ; et nulle part ne se montre mieux l'impuissance d'un système qui, arbitrairement, arrête et interrompt où il lui plaît l'enchaînement des phénomènes, et coupe cours tout d'un coup à l'explication des faits élémentaires de l'âme : « Il est certain, » dit-il, « que » l'esprit, dans ses perceptions, doit commencer » quelque part ; et puisque les impressions précèdent » toujours les idées qui leur correspondent, il doit y » avoir quelques impressions qui font leur apparition

» dans l'âme sans aucun antécédent (1). » On s'est souvent moqué des spiritualistes qui, à bout d'explications, invoquent, pour rendre compte des phénomènes, comme un *Deus ex machina*, une force, une énergie secrète, à laquelle ils attribuent tout ce qu'il leur a été impossible de déterminer dans les faits ; mais, sans rentrer ici dans le débat, et à ne considérer que les apparences, ne voit-on pas combien est plus étrange le procédé de Hume, qui admet, au début des phénomènes psychologiques, un commencement inexpliqué, une sorte de création *ex nihilo?*

Les impressions dérivées ou de réflexion sont donc les seules que Hume étudie. Mais ici encore, il élimine toute une classe de sentiments. Les impressions dérivées, en effet, sont ou *calmes* ou *violentes*. A la première forme appartient le sentiment du beau : Hume n'en parle pas ; c'est ailleurs, dans quelques Essais détachés, qu'il faut chercher ses idées sur ce sujet (2). Dans la seconde catégorie se rangent les passions proprement dites (3) : l'amour et la haine, la tristesse et la joie, l'orgueil et l'humilité. Et enfin,

(1) Hume, tome II, p. 4.
(2) Voir, plus loin, chap. XIII.
(3) Reid critique avec raison l'abus que Hume a fait du mot *passion* « Il l'applique, » dit-il, « à tous les principes d'action, » 6ᵉ vol., p. 94. La volonté, en effet, pour Hume, n'est guère qu'une passion : et ce que les moralistes appellent la raison (dans son sens pratique) n'est encore que l'ensemble de nos passions les plus calmes. Reid n'a d'ailleurs accordé aucune attention aux théories de Hume sur les passions. Voir l'Essai III sur les Facultés actives.

ces passions elles-mêmes, les plus violentes de nos émotions, sont tantôt *directes*, tantôt *indirectes*. Les unes dérivent immédiatement du bien et du mal, du plaisir ou de la peine. « Ce sont le désir, l'aversion, » la tristesse, la joie, l'espérance, la crainte, le dés- » espoir, la sécurité. » A cette énumération on peut joindre la volonté (1). « Les autres dérivent des mê- » mes principes, mais par l'adjonction de nouvelles » qualités, » c'est-à-dire qu'elles ont pour principe le bien et le mal, mais indirectement. Et ces passions sont : « l'orgueil, l'humilité, l'ambition, la vanité, » l'amour, la haine, la pitié, l'envie, la générosité, la » malveillance. »

Quelque fondamentale que soit cette dernière distinction, dans la théorie des passions telle que Hume l'a conçue, il est assez difficile d'en admettre la justesse. Les passions directes, comme l'espérance, nous paraissent tout aussi compliquées que les passions indirectes, comme l'amour. L'espérance, en même temps qu'elle est une émotion de la sensibilité, renferme une conception intellectuelle, la probabilité que le bien désiré arrivera. L'amour, de même, est tout à la

---

(1) C'est dans la 3ᵉ partie du livre II (*of the will and direct passions*) que Hume s'explique sur la volonté. A vrai dire, il ne l'assimile pas complétement aux passions : mais il la considère comme un effet immédiat du plaisir et de la peine, et les passions directes sont dans le même cas. Il la définit d'ailleurs : « L'im- » pression intérieure que nous sentons et dont nous avons con- » science, lorsque nous donnons sciemment naissance à un nou- » veau mouvement de notre corps, ou à une nouvelle perception » de notre esprit. » Tome II, p. 148.

fois l'idée de la personne aimée, la représentation des qualités pour lesquelles nous l'aimons, et le mouvement de cœur qui en est la suite. Sous ce rapport donc, au point de vue du degré de complexité dans le sentiment, on ne voit pas en quoi diffèrent l'une de l'autre les deux catégories de passions distinguées par Hume. Bien plus, s'il y a quelque différence, si quelques-unes de nos émotions paraissent plus complexes que les autres, ce sont précisément celles que Hume appelle passions directes. Comment croire, en effet, que la tristesse et la joie, ou encore l'espérance et le désespoir, sont des passions plus simples que l'amour et la haine, dont elles sont les effets ?

A défaut de valeur réelle, la division de Hume a du moins un sens précis dans son système. Le bien et le mal, qui sont les principes de toute passion, peuvent être considérés de diverses manières. — ou bien en eux-mêmes, et alors se produisent les passions directes : l'espérance, qui est le résultat d'un bien incertain ; la crainte, d'un mal incertain ; le désir, l'aversion, qui supposent simplement l'idée d'un bien ou d'un mal ; — ou bien dans leur rapport avec les personnes ; et alors naissent les passions indirectes : l'orgueil, qu'excite, non la simple considération du bien, mais l'idée des qualités que nous possédons ; l'amour, fondé de même sur la notion des qualités possédées par les autres. Distinction séduisante au premier abord ; mais combien précaire, si l'on y regarde de près ! Car il n'y a pas de sentiment, quelque simple qu'il soit, qui n'implique un rapport entre l'objet aimé et nous-mêmes. Le bien en soi, le mal en soi, sont des mots vides de sens, des absolus imaginaires, quand il s'agit de sensibilité, où tout est relatif. L'espérance, par exemple, pourrait-elle s'expliquer, si le bien incertain qu'elle entrevoit était considéré en dehors de tout rapport avec nous-mêmes ou avec ceux que nous aimons ?

Hume a donc échoué dans sa tentative de classification des phénomènes sensibles. Véritablement, cette classification n'est encore possible qu'au point de vue objectif, c'est-à-dire par la détermination des catégories d'objets que nos inclinations poursuivent. Au point de vue subjectif, trop d'obscurités entravent encore la marche du philosophe, pour qu'il soit possible d'espérer un résultat solide et définitif. Si l'on considère l'origine des phénomènes sensibles, on rencontre aussitôt les difficultés que soulèvent les rapports de l'âme et du corps. Sans doute, on a le droit de distinguer le sentiment de la sensation ; de dire, par exemple, que le sentiment est une émotion morale qui sort de l'idée, pour s'y replonger et s'y perdre presque aussitôt, jetée qu'elle est entre la conception de l'objet senti et la suite de pensées agréables que le plaisir développe ; tandis que la sensation est une émotion physique, qui, issue d'un mouvement organique, produit aussitôt d'autres mouvements organiques. Mais cependant, ni l'âme n'est absente de la sensation, pour grossière qu'elle soit, ni le corps n'est absolument étranger au sentiment, à quelque degré de raffinement qu'il s'élève. Et si, laissant de côté la question d'origine, on considère la nature intrinsèque des phénomènes sensibles, la difficulté de les classer apparaît plus grande encore. Il ne sert de rien de dire, en effet, qu'ils sont tous des modifications d'un même fait, qui se retrouve comme élément essentiel au fond de tout sentiment, et qui est l'impression de plaisir ou de peine. La métaphysique peut avoir raison d'avancer que la tendance de l'être à persévérer dans l'être est le principe de la sensibilité ; et que le plaisir accompagne toute extension de notre existence, de la même façon que la conscience suit tout développement de la pensée. Mais il n'en est pas moins vrai que cette loi unique domine et comprend une multitude de phénomènes ; que, combiné avec d'autres éléments, placé dans des conditions diverses, le plaisir primitif se transforme, de façon à produire un très-grand nombre d'émotions distinctes, qu'il s'agirait précisément de distribuer en catégories.

Mais une pareille classification supposerait achevée l'analyse des phénomènes affectifs. Or, malgré des aperçus remarquables, Hume, ici encore, est demeuré bien en deçà du but.

Dans son analyse des passions, Hume a eu surtout à cœur de vérifier l'exactitude de quelques lois générales, qui peuvent se résumer ainsi : 1° Les passions semblables s'associent ; elles forment comme une chaîne, dont on ne peut remuer un anneau sans que les autres ne s'ébranlent. « Le chagrin que nous cause » un dessein manqué produit la colère ; la colère » traîne l'envie à sa suite ; l'envie fait naître la haine,

» et la haine reproduit le chagrin. De même, une
» joie excessive se change naturellement en amour,
» en générosité, en courage, en orgueil (1). »
2° Lorsqu'il y a entre deux objets ou deux idées un rapport (de contiguité, de causalité ou de ressemblance), les passions qui dérivent de chacun de ces objets, quoiqu'elles ne se ressemblent pas, ont une tendance à s'associer, soit en se succédant sans se mêler, soit en se fondant dans une passion unique (2). En d'autres termes, ce qui détermine la production des sentiments, c'est, ou bien l'association directe des émotions, d'après le seul rapport qui puisse exister entre elles, le rapport de ressemblance; ou bien l'association des idées qui donnent naissance aux passions.

Sans discuter la valeur de ces deux principes, voyons comment Hume s'est efforcé de les vérifier par l'expérience.

Parlons d'abord des passions directes, sur lesquelles Hume passe d'ailleurs très-rapidement. « Parmi » elles, » dit-il, « l'espérance et la crainte méritent » seules notre attention. » Et il se complaît, en effet, dans une longue et fine analyse de ces deux passions. L'espérance résulte évidemment de ce jugement que, quoique le mal soit possible, le bien désiré est cependant probable. Mais ce que Hume veut surtout établir, c'est qu'en définitive ce sentiment

---

(1) Tome IV, p. 197.
(2) Tome II, p. 12.

mixte et complexe est formé de deux autres sentiments : la joie que cause l'idée du bien probable ; la peine que cause l'idée du mal possible. « Les pas-
» sions de la crainte et de l'espérance peuvent, » dit Hume, « se développer lorsque les chances de part
» et d'autre sont égales ; et c'est précisément dans
» cette situation que les passions sont le plus vio-
» lentes, parce qu'alors l'esprit n'a aucune raison de
» se fixer, jeté qu'il est aux dernières extrémités de
» l'incertitude! Mais ajoutez, du côté de la peine, un
» degré de plus de probabilité, et vous voyez aussi-
» tôt cette passion se répandre (*diffuse itself*) sur le
» sentiment mixte qui se forme, et la teindre sensi-
» blement des couleurs de la crainte. Augmentez en-
» core la probabilité du mal, et par suite la peine, et
» la crainte dominera de plus en plus, jusqu'à ce
» qu'enfin, toute trace de joie effacée, elle se trans-
» forme en une douleur complète et sans mé-
» lange (1)... » Un peu plus de peine que de joie, parce que le mal redouté, quoique incertain, est probable ; voilà donc la définition de la crainte. Et la crainte n'est pas seulement un mot, imaginé pour désigner une succession d'états de tristesse en plus grand nombre, entrecoupée de quelques moments joyeux, en présence du mal qui menace. Non, la crainte est bien un sentiment particulier, spécial, composé de sentiments élémentaires, qui se sont mêlés et confondus jusqu'à former un tout distinct et nouveau. Les lois de

(1) Tome II, p. 199.

l'association veulent qu'il en soit ainsi toutes les fois que les sentiments simples, qui entrent dans la composition d'un sentiment complexe, ont pour principe un même objet, considéré successivement sous différents aspects. Lorsque la joie et la tristesse, se succédant dans l'âme, ont, au contraire, pour cause, chacune un objet différent, il n'est pas possible qu'elles s'associent. Le rapport des idées peut seul servir de fondement à une combinaison de passions différentes. Ainsi un homme affligé de la perte d'un procès, et réjoui de la naissance d'un fils, ressentira successivement joie et tristesse, sans que ces deux émotions s'unissent, les événements qui les excitent n'ayant entre eux aucun rapport. Mais un père, qui prévoit que son fils va mourir, considérant tour à tour la gravité du mal et la possibilité de la guérison, verra sa douleur traversée de quelques lueurs de joie; et ces deux séries d'impressions, ayant pour origine la même cause, se confondront dans un même effet : la crainte.

A cette analyse Hume a joint quelques observations intéressantes. Quoique, en général, la probabilité du bien ou du mal soit la source de nos craintes ou de nos espérances, il fait remarquer que ces deux émotions peuvent naître dans des circonstances un peu différentes. Par exemple, un mal qui n'est que possible, s'il est terrible, excite la crainte, tout comme s'il était probable : ici la grandeur du mal compense le défaut de probabilité. Hume va jusqu'à dire que même un mal impossible peut inspirer la peur. Oui sans doute, mais au moment où nous le craignons, notre imagination frappée nous le représente comme possible, quoique notre raison nous dise qu'il ne l'est pas. Autre remarque, c'est qu'un mal qui est certain, mais dont la nature est inconnue, produit non la douleur, mais la crainte ; par exemple, l'émotion d'une mère qui apprend qu'elle a perdu son fils, mais qui ignore comment il est mort. A vrai dire, c'est par abus de langage que Hume conserve ici le mot de crainte. L'émotion qu'une mère éprouverait en pareil cas peut ressembler à la crainte : tous les sentiments agités et désordonnés se ressemblent ; mais elle ne saurait s'appeler de ce nom. Hume n'en a pas moins raison d'observer que les émotions qui dépendent de quelque incertitude d'esprit ont toutes quelque rapport avec la peur, et d'expliquer ainsi que l'apparition d'un objet nouveau, le spectacle d'une œuvre d'art inconnue, éveillant dans l'âme une certaine agitation d'impressions qui l'empêche de se fixer, produise un sentiment de surprise, d'admiration, assez rapproché de la crainte.

Sans aller plus loin, il est déjà possible d'apprécier le système d'explication auquel Hume soumet les passions. Rien n'est plus juste que de considérer l'espérance et la crainte comme des passions composées. Hume expose ici des vues qui ont été reprises par nos contemporains, et en particulier par un éminent physiologiste, Gratiolet (1). C'est aussi avec raison

---

(1) Gratiolet, cité par M. Laugel (voir *les Problèmes de l'âme*, p. 116), subdivise les passions en *homogènes* et *hétérogènes*. Il

qu'il fait des relations d'idées le fondement de certaines associations de sentiments. Il a compris que la sensibilité reposait sur l'intelligence. Pourquoi notre amour-propre, sortant de lui-même, se répand-il sur toutes les choses qui nous appartiennent, sinon parce que l'esprit a saisi un rapport entre nous-mêmes et les objets que nous possédons? Pourquoi notre amitié se communique-t-elle de proche en proche à tous ceux qui touchent de près à nos amis, sinon parce que l'esprit a saisi de même cette relation? Hume a entrevu ici une vérité qui fera un jour partie de la théorie définitive de la sensibilité; et sa doctrine de l'association des sentiments a cette grande supériorité sur la doctrine de l'association des idées, qu'on sait au moins pourquoi les sentiments s'associent. Ici, un antécédent existe et supporte le phénomène qui se produit. Les relations des idées, au contraire, ne sont guère, à ses yeux, que l'effet de la coutume. Par suite, il est vrai, le fondement sur lequel repose la liaison des sentiments est précaire lui-même, et cette liaison participe à ce qu'il y a de fortuit dans son principe; mais, enfin, dans la mesure que comportait son système, Hume a fait effort pour déterminer, par des conditions précises, la production de nos passions complexes.

Ce qu'il faut lui reprocher, c'est de prendre la

---

compte la peur et la confiance parmi les passions homogènes. L'orgueil et l'humilité font aussi partie des trente-deux passions de cette espèce.

crainte, comme l'espérance, pour un tout nouveau, pour un composé distinct, et non pour une série d'états divers qui retrouvent leur unité dans l'âme, leur source commune. Son système lui imposait encore cette conséquence de ne voir dans la conscience, l'identité fondamentale étant détruite, que des atomes indivisibles, ou des composés indépendants et isolés en quelque sorte. Les passions, comme les autres phénomènes de l'âme, nous paraissent inexplicables, si l'on n'admet pas l'existence d'une force unique capable de se modifier en mille manières. Que suppose, par exemple, l'espérance? L'intelligence y joue le principal rôle. L'espérance est une imagination vive du plaisir connu, une représentation animée de l'objet aimé, accompagnée de cette croyance que nous posséderons de nouveau cet objet, que notre plaisir se renouvellera; et notre nature est ainsi faite que ces imaginations sont suivies d'une certaine émotion et d'un commencement de plaisir. Tous ces phénomènes, liés ensemble pour se confondre dans un sentiment commun que le langage désigne par un seul mot, n'exigent-ils pas une âme vivante, passant par différents états? S'ils ne sont que des moments séparés de notre conscience, où se refait donc, où se reconstitue leur unité? Hume ne saurait le dire. Les analyses ingénieuses de Hume font encore mieux ressortir la nécessité d'un principe substantiel, dans lequel s'accomplisse la synthèse des parties qu'il distingue lui-même dans l'âme.

Mais revenons à la théorie de notre auteur. La

crainte et l'espérance sont les seules passions directes qu'il ait tenté d'analyser : il rattache les autres à la constitution naturelle de l'esprit. Ce sont les passions indirectes surtout qu'il a essayé de soumettre à un mécanisme régulier, mécanisme dont les lois pourraient être, d'après lui, aussi exactement déterminées que les lois de l'optique ou de la mécanique. Les passions se réduisent à deux couples d'affections originelles et contraires, d'où dérivent un certain nombre de passions secondaires : ce sont l'orgueil et l'humilité (*pride and humility*), l'amour et la haine (*love and hatred*). Les mots que Hume a adoptés sont peut-être assez mal choisis. En réalité, il veut désigner, d'une part, toutes les affections personnelles ; de l'autre, toutes les affections bienveillantes. Sa division est celle qu'acceptent encore les positivistes modernes (Auguste Comte, par exemple), qui distinguent deux classes de passions : l'égoïsme et l'altruisme.

Analysons d'abord l'orgueil, ou plutôt, l'orgueil étant une passion simple, les conditions qui le précèdent et le produisent (1). Il faut, dit Hume, distinguer l'objet et la cause de la passion. La cause de l'orgueil, c'est la qualité dont nous nous enorgueillissons ; l'objet, c'est nous-mêmes. Or, voici comment les choses se passent : la cause, c'est-à dire la qualité, agit d'abord ; elle excite une impression agréable, un plaisir distinct et indépendant ; puis une relation

---

(1) *The passion of pride and humility being simple and uniform impression...* Tome II, p. 5.

d'idées se présente; la qualité, d'une façon ou d'une autre, se rapporte à nous; notre imagination passe ainsi de l'idée de la qualité à l'idée de nous même, et détourne pour ainsi dire sur nous l'effet de l'impression agréable qui a été produite. Il en est de même de l'amour : ici encore une qualité produit une impression de plaisir; cette qualité se rapporte à une autre personne; l'imagination, par suite de cette relation d'idées, se porte sur cette personne, et elle entraîne dans ses mouvements la sensibilité elle-même. En d'autres termes, les différentes qualités qui peuvent exciter, soit l'orgueil, soit l'amour (et ces qualités sont les mêmes), sont les vertus, les talents, et tout ce qui compose le mérite personnel, la beauté, la richesse, la renommée, et d'autres avantages encore. Ces qualités excitent immédiatement un plaisir direct, indépendant; une fois ce plaisir produit, nous remarquons que la qualité d'où il émane se rapporte à nous-mêmes ou aux autres; dans le premier cas, nous éprouvons de l'orgueil, dans le second de l'amour. Le plaisir resterait, pour ainsi dire, suspendu dans le vide si l'association des idées ne le fixait sur nous ou sur autrui. La relation qui rattache la qualité à nous-même ou aux autres peut être, d'ailleurs, une relation de contiguïté, de ressemblance ou de causalité. Il ne peut être question de possession, de propriété réelle dans un système où le moi, où la personne est considérée comme une chimère. Les qualités que nous appelons nôtres ne sont, en définitive, que des qualités qui se rapportent à nous, selon l'un ou l'autre des trois principes d'association. Bien entendu, plus la relation est étroite, plus la passion sera vive.

Pour justifier ces assertions, Hume passe en revue toutes les causes de l'orgueil, toutes celles de l'amour, et il montre qu'elles ont pour caractère d'être toutes immédiatement agréables (1). La vertu, de quelque façon qu'on l'entende, répond, dit-il, à mon hypothèse : ou bien le plaisir en est considéré comme l'essence (ce qui est l'opinion de Hume), ou tout au moins reconnaît-on que le plaisir, s'il n'est pas la cause de la vertu, en est l'effet inséparable. L'esprit, l'*humour*, comment les définir, si ce n'est un je ne sais quoi qui plaît? La beauté, de même, soit par l'influence de la mode, soit par l'effet de notre organisation naturelle, procure un plaisir à l'âme, et ce plaisir n'est pas seulement la conséquence de la beauté, il en est la véritable essence (2). Et Hume, passant longuement en revue toutes les causes qui engendrent l'orgueil et l'amour, n'a pas de peine à prouver que toutes excitent en nous un plaisir particulier, plaisir qui, interposé entre deux idées, l'idée de la qualité qui cause le plaisir, l'idée de la personne à laquelle se rapporte cette qualité, constitue ou l'orgueil ou l'amour.

Telle est la décomposition arbitraire et artificielle, selon nous, que Hume a cru devoir appliquer aux sentiments égoïstes et bienveillants qui sont le fond

---

(1) Tome II, p. 26 à 65 pour l'orgueil ; p. 66 à 145 pour l'amour.
(2) *Ibid.*, p. 31.

de la nature humaine. Avec une abondance qui prouve qu'il attachait beaucoup d'importance à sa théorie, il multiplie les arguments et les exemples. Il s'empare d'une multitude de faits qu'il explique ingénieusement dans le sens de son système. Il s'astreint enfin, en apparence au moins, à toutes les lenteurs de la méthode expérimentale.

Au premier abord, on a quelque envie de penser que Hume met beaucoup trop de temps à prouver ces vérités banales : que l'amour suppose une qualité aimable dans la personne que nous aimons, l'orgueil des qualités agréables en nous mêmes. Ce serait mal apprécier une théorie incontestablement originale, et qui est remarquable tout au moins par sa simplicité systématique.

Elle n'est, d'ailleurs, qu'une forme particulière et une application aux passions de la doctrine générale de Hume, un effort pour expliquer, par les mouvements de l'imagination, les phénomènes que l'on considère en général, ou bien comme le résultat de facultés innées et irréductibles, ou bien comme l'effet d'une réflexion gouvernée par la raison. Hume s'est attaché lui-même à faire ressortir cette ressemblance et ce rapport : « Pour confirmer mon hypothèse, nous
» pouvons la comparer à celle que j'ai déjà exposée
» relativement aux jugements qui se fondent sur la
» causalité. Dans tout jugement de cette espèce, il y
» a toujours une impression présente (le fait observé),
» et une idée qui est relative à cette impression (la
» cause). L'impression présente suscite dans l'imagi-

» nation un mouvement vif, et la relation qui existe
» entre l'idée et l'impression fait passer cette vivacité
» de l'impression à l'idée. Sans l'impression actuelle,
» l'attention ne serait pas fixée; sans le rapport, l'at-
» tention resterait toujours sur le même objet, et tout
» s'arrêterait là (1). »

De même, dans le sentiment de l'orgueil, il y a une impression présente, le plaisir que cause la qualité agréable, et il y a aussi un rapport entre cette qualité et nous-mêmes. Hume triomphe de cette analogie, qui ne prouve cependant qu'une chose : l'esprit systématique de notre auteur.

L'association peut, sans doute, expliquer quelques-uns de nos sentiments dérivés; mais il nous paraît impossible qu'elle rende compte d'affections aussi fondamentales que l'amour de nous-même, ou l'amour des autres. Hume, qui accorde, lui aussi, qu'il y a des impressions primitives qui dérivent de la nature et qu'il serait chimérique de vouloir analyser, aurait dû faire place, parmi elles, à l'amour, à l'orgueil, ou, pour mieux dire, à l'amour de soi. « A moins que la
» nature n'ait donné à l'âme des qualités originelles,
» il ne saurait y en avoir de secondaires; car, si les
» premiers principes de toute activité manquaient,
» l'esprit ne pourrait jamais, de lui-même, se mettre
» en mouvement (2). » Or, quoi de plus primitif que l'amour qui attache un être à lui-même et aux êtres

---

(1) Tome II, p. 20.
(2) *Ibid.*, p. 9.

qui lui ressemblent? Je sais bien que Hume ne voit dans le *moi*, comme dans les autres personnes, que des entités fictives, produit artificiel de l'imagination ; et qu'il ne saurait, par conséquent, se faire un scrupule de fonder encore sur l'imagination les affections qui se rapportent à des êtres imaginaires. Mais, si l'on sort du système de Hume pour rentrer dans la réalité, ne voit-on pas qu'il est impossible de rendre compte de toutes les formes de l'amour de soi ou de l'amour des autres sans admettre une inclination naturelle, une tendance innée vers ces objets? Le plaisir, une fois produit, avive sans doute et précise nos inclinations. Nous nous aimons davantage, et nous avons conscience de cet amour, quand nous avons éprouvé plusieurs fois le plaisir qui accompagne le développement de nos facultés. Mais le plaisir lui-même n'existerait pas, s'il n'y avait en nous une force prédestinée à telle ou telle activité. Le plaisir dont Hume fait le principe de l'inclination n'en est, au contraire, que la conséquence et le signe. Malgré ses efforts, Hume est bien obligé de reconnaître, comme phénomènes irréductibles, le plaisir qui naît de certaines qualités, la peine qui dérive des qualités contraires. Pourquoi n'est-il pas allé un peu plus loin ; pourquoi n'a-t-il pas reconnu l'innéité de l'affection, source du plaisir? Pourquoi? parce que le plaisir est un fait, et le scepticisme ne peut contester l'existence des faits ; l'affection, au contraire, suppose une force, une faculté ; et Hume ne veut pas d'une théorie qui exigerait des facultés et des forces.

Les faits, d'ailleurs, sont eux-mêmes en contradiction avec son hypothèse. Combien de qualités agréables chez les autres, qui ne nous inspirent pas d'amour pour eux! Un homme est passionné pour la musique; il entend chaque jour un artiste, distingué dans son art, méprisable dans sa vie? L'aime-t-il? Il le méprise plutôt, mais il ne jouit pas moins délicieusement des impressions esthétiques que l'artiste lui fait éprouver. D'après les principes de Hume, la qualité étant aussi agréable que possible, et ayant d'ailleurs un rapport très-étroit avec le musicien qui la possède, l'amour devrait s'ensuivre. Et cependant l'auditeur continue à aimer l'art, sans aimer l'artiste. Mais, dira Hume, c'est qu'ici, à côté de la qualité agréable, il y a une qualité odieuse qui détourne l'imagination de son mouvement primitif. Soit, mais modifions l'hypothèse, et supposons que l'artiste, par lui-même, par sa vie privée, ne nous inspire aucune aversion. L'aimerons-nous par cela seul qu'il nous plaira par ses talents? Evidemment non; rien ne nous y force. Le plus souvent nous resterons indifférents pour lui, quelque passionnés que nous soyons pour son art. Or, si la théorie de Hume était vraie, si notre amour était déterminé par l'impulsion mécanique qu'il a décrite, il faudrait que l'affection se produisît fatalement. Dans le cas où elle se produirait, d'ailleurs, n'est-il pas évident que le talent du musicien serait seulement l'occasion, non la cause de notre amour? Les qualités agréables que nous rencontrons chez les autres appellent, en effet, sur ceux qui les possèdent les élans de notre affection; mais elles ne créent pas, elles n'engendrent pas une puissance d'aimer qui existe naturellement en nous. Elles ne peuvent qu'en diriger le cours, en particulariser le mouvement dans un sens ou dans un autre.

Ce n'est pas une des moindres singularités de la philosophie de Hume, que sa tendance à faire des phénomènes intellectuels de pures impressions subjectives de la sensibilité, et par contre à réduire les sentiments à des mouvements d'imagination, c'est-à-dire à des phénomènes intellectuels. Ces phénomènes intellectuels d'ailleurs, ne l'oublions pas, n'expriment en aucune façon des rapports réels et objectifs : ils ne consistent qu'en associations fortuites et superficielles. De sorte que, comme le dit Hume lui-même, nos sentiments ne sont qu'un jeu de la nature. « Je » ne vois pas de contradiction à ce que la nature » eût uni à l'amour un désir de malveillance pour » l'objet de cet amour. » Nos affections sont pour le moment réglées d'une certaine manière, mais elles pourraient l'être tout autrement. A coup sûr, il ne faut pas hésiter à reconnaître tout ce qu'il y a de relatif dans la sensibilité humaine, ni vouloir chercher l'absolu dans des choses qui ne le comportent pas. Dépendrait-il, néanmoins, de la volonté de la nature, de faire qu'un être qui a des instincts, des inclinations, éprouvât autre chose que de la bienveillance pour la personne qui donne à ces instincts et à ces inclinations l'occasion de s'éveiller et de se développer? Sans doute, le tout de l'homme est relatif;

mais une fois la nature humaine et ses conditions données, tout ce qui en dépend est, en un sens, nécessaire. Dieu pouvait nous ménager d'autres amours ; mais pouvait-il faire que l'amour ne fût pas uni au plaisir ?

La réponse n'est pas douteuse, quand on prend le moi pour une réalité, et pour des réalités aussi les objets sur lesquels se porte l'affection du moi. Mais dans le monde imaginaire, où se meut la pensée de Hume, il en est tout autrement : Hume qui a nié le caractère raisonnable des actes de la pensée ne saurait être tenté de le rétablir pour les actes de la sensibilité. Voici une explication, empruntée à ses écrits, qui fait bien comprendre le sens et la portée de sa *Théorie des Passions*. Pourquoi, dit-il, s'enorgueillit-on de ce que la *même* propriété a été transmise dans la famille à laquelle on appartient, de génération en génération, de père en fils, par une succession ininterrompue d'héritiers *mâles*. Le bon sens répondrait que si l'on tire vanité d'un pareil fait, c'est que les préjugés nous font attacher un grand prix à l'antiquité de notre race, à la transmission de la richesse ; et aussi parce qu'un pareil fait prouve une vitalité, une énergie de tempérament, où la réflexion peut trouver un légitime motif de fierté. Que nous sommes loin de la réponse de Hume ! C'est par des phénomènes tout mécaniques que s'explique pour lui un pareil orgueil. Le passage, la transition de la richesse du premier ancêtre à la richesse du second, offre plus de facilités à l'imagination, si la richesse a été précisément la *même* (un même château, un même fief), et, en outre, l'imagination a plus de propension à descendre ou à remonter la série des héritiers, s'ils sont tous du même sexe et, par suite, d'une plus haute importance. Les explications semblables abondent dans la théorie de Hume sur les Passions. Là encore, Hume a voulu exclure l'action de la raison, et rendre inutile la croyance à une âme qui s'émeut diversement selon les rapports réels qui l'unissent aux objets.

CHAPITRE XI.

LA LIBERTÉ ET LA NÉCESSITÉ.

Si l'école anglaise contemporaine a de beaucoup dépassé Hume dans l'étude des Passions, par la nouveauté et la profondeur de ses recherches, il n'en est pas de même dans la théorie de la liberté, où l'on peut dire qu'elle s'est contentée de reproduire fidèlement ses idées. Quelques nuances à peine séparent la doctrine de M. Stuart Mill de celle de notre auteur, et, sur ce point, M. Bain, M. Spencer, sont du même avis que M. Mill. Cette unanimité d'opinions, cette absence de modifications sérieuses dans la théorie, seraient-elles le signe que Hume a rencontré la vérité définitive? C'est ce qu'il s'agit de rechercher (1).

Pour Hume, comme pour tous les penseurs de notre temps qui s'inspirent de lui, la question du libre arbitre, très claire en elle-même, a été mal posée, et par suite obscurcie par les philosophes de tous les

---

(1) Voir Hume, *Traité de la nature humaine*, t. II, liv. II, part. III, p. 148 : *De la volonté et des passions directes*, et *Essais philosophiques*, tome IV, p. 91.

partis. Les partisans de la nécessité ne commettent pas une moindre confusion que les partisans de la liberté. Dans les deux écoles, les termes employés sont impropres ou ambigus. En un mot, on pourrait appliquer aux longs et interminables débats que la philosophie, comme la religion, a engagés autour de la liberté morale, cette phrase remarquable de Berkeley : « La difficulté vient de ce qu'ayant d'abord soulevé » la poussière autour de la question, il nous est en- » suite impossible de rien distinguer nettement. » On s'est fait une fausse idée de la liberté, une fausse idée de la nécessité, et ces expressions confuses, qui représentent, l'une et l'autre, deux fictions de notre esprit, sont le seul obstacle qui empêche les adversaires de se rapprocher et de s'entendre. Au fond, il n'y a ni liberté, ni nécessité, dans un sens absolu. Il suffit de quelques définitions précises, qui rendent à ces deux expressions leur vérité relative, pour prouver qu'en réalité, et sans le savoir, tout le monde est d'accord.

Il est permis de croire que l'entente sera plus malaisée à rétablir que Hume ne le suppose, et la théorie qu'il met en avant, pour réconcilier les deux partis, ne servira elle-même qu'à mieux accuser les motifs du désaccord. Mais ici encore, il se rencontre, du moins en partie, avec M. Stuart Mill, qui, tout en admettant l'irréductibilité incontestable de la doctrine métaphysique du libre arbitre, telle que l'entendent la plupart des philosophes spiritualistes, maintient que le sentiment pratique du genre humain peut, sans effort, se concilier avec le système de la nécessité tel qu'il doit être compris (1).

Il n'en est pas moins vrai que l'opinion vulgaire regarde le monde moral des actions humaines comme profondément distinct du règne mécanique des phénomènes de la nature. D'un côté, des événements soumis à des lois nécessaires, déterminés par d'autres événements; de l'autre, des actes libres issus d'une volonté qui se détermine elle-même et par elle-même, telle est l'opposition, réelle ou chimérique, que la majorité des hommes perçoit ou imagine entre la nature et l'humanité. Voyons par quels moyens Hume s'attache à effacer un contraste qui frappe si fortement le sens commun, et comment il essaie de montrer qu'une même loi gouverne toutes choses.

Selon Hume, et conformément à sa théorie de la causalité, la nécessité physique implique seulement deux faits : 1° l'union constante, la succession invariable des mêmes objets; 2° la possibilité pour l'esprit de conclure de l'existence des uns à l'existence des autres (*the constant conjunction of similar objets, the consequent inference from one to the other*). Soutenir que la nécessité gouverne la matière, cela revient donc à proclamer en premier lieu l'uniformité du cours de la nature, et aussi le pouvoir de fonder sur cette uniformité de légitimes inductions.

Ramenée à ces deux éléments, l'idée de la nécessité exclut toute idée de contrainte et de fatalité. Il est

---

(1) M. Stuart Mill, *Logique*, tome II, p. 418.

trop évident qu'un système comme celui de Hume, qui proscrit toute notion de pouvoir actif, doit proscrire à plus forte raison toute notion de pouvoir nécessaire. Les choses se succédant dans un ordre invariable, les mêmes causes produisent les mêmes effets : c'est un fait constaté par l'expérience ; mais nous ne sommes en aucune façon autorisés à dire que *nécessairement* il en est ainsi, que fatalement l'antécédent produit le conséquent.

De cette analyse, qui réduit les prétendues lois nécessaires du monde physique à n'être pour ainsi dire que les habitudes de la nature, Hume conclut qu'il ne peut y avoir de difficulté à introduire dans le monde moral une explication analogue, et à considérer les actions humaines comme gouvernées par la nécessité. Tous les hommes l'accordent, sans qu'ils s'en doutent ; tous reconnaissent l'uniformité des actions humaines ; tous admettent que des individus de même caractère, placés dans des circonstances semblables, agiront de la même façon, ce qui est l'élément principal de l'idée de nécessité. Et de même tout le monde croit qu'avec un peu d'expérience et quelque pénétration, il est possible de deviner et de prédire les actions des hommes, étant donné leur caractère, ou réciproquement de reconstruire le caractère, les qualités générales d'un homme dont on ne connaît que quelques actions particulières ; ce qui est précisément la conséquence de la nécessité. Que si la variété des actions humaines est aussi grande qu'elle l'est, cela dérive de la diversité des conditions, des âges, du sexe et de mille causes délicates. Que si enfin il se rencontre quelquefois des actions extraordinaires, il faut se garder de conclure qu'elles n'ont pas de cause déterminante ; mais seulement, à l'exemple des physiciens, admettre que, par suite d'une complication de circonstances inconnues, un effet nouveau a surgi, résultat inattendu de causes qui concourent rarement ensemble.

Hume affirme donc que la liaison des motifs avec les actes de la volonté n'est ni moins étroite ni moins régulière que celle des autres causes naturelles avec leurs effets ; il soutient, en outre, que tous les hommes acceptent cette conclusion, et il précipite ainsi l'humanité tout entière dans l'école de la nécessité. Reste cependant à expliquer pourquoi l'humanité résiste à cet enrôlement, pourquoi elle se prononce en grande majorité pour le parti de la liberté. Ici nous pouvons citer tour à tour Hume et M. Mill ; leurs explications se complètent et se confondent. C'est, dit Hume, que les hommes s'obstinent à voir dans la nécessité physique ce qu'elle ne contient pas, l'idée de la contrainte et de la fatalité, et que ne retrouvant pas ensuite dans le monde moral cette détermination fatale qu'ils ont prise à tort comme la loi souveraine du monde physique, ils en concluent que les actions humaines échappent à la nécessité et se gouvernent par d'autres lois. « Quoique l'examen des opérations de la
» matière ne nous montre que deux choses : d'abord
» que les objets particuliers sont constamment liés
» l'un à l'autre (*constantly conjoined*), ensuite que l'es-
» prit est porté par une transition habituelle (*by cus-*

» *tomary transition*) à inférer de l'apparition de l'un
» l'existence de l'autre ; les hommes n'en sont pas
» moins disposés à penser qu'ils peuvent pénétrer plus
» avant dans la connaissance des pouvoirs de la na-
» ture, et percevoir quelque chose qui soit comme un
» lien nécessaire entre les causes et les effets. Lorsque
» ensuite ils tournent leurs regards vers les opérations
» de l'âme, ils n'y aperçoivent aucune liaison sembla-
» ble entre le motif et l'action ; ils sont alors portés à
» supposer qu'il y a une différence essentielle entre
» les effets qui résultent des forces brutes de la matière
» et ceux que produisent la volonté et l'intelligence.
» Mais si une fois ils s'étaient convaincus qu'en fait de
» causalité nos connaissances se bornent à l'expérience
» de la succession invariable de deux objets, et à l'in-
» férence qui en est la suite, obligés qu'ils seraient
» de reconnaître qu'au témoignage de tous, ces deux
» circonstances se retrouvent dans les actions volon-
» taires, il ne leur en coûterait plus d'avouer que
» toutes les causes, de quelque nature qu'elles soient,
» exercent sur leurs effets la même nécessité (1). »

Et presque de la même façon, M. Mill écrit : « Bien
» des gens ne croient pas, et très-peu sentent dans la
» pratique, que la causation n'est rien autre qu'une
» succession invariable, certaine et inconditionnelle,
» et il en est peu à qui la simple constance de la suc-
» cession semble un lien assez fort pour une relation
» aussi spéciale que celle de cause à effet. Lors même

---

(1) Hume, *Essais philosophiques*, tome IV, p. 104.

» que la raison le renie, l'imagination retient le sen-
» timent d'une connexion plus intime, d'un lien par-
» ticulier, ou d'une contrainte mystérieuse exercée
» par la cause sur l'effet. Or, c'est là ce qui, dans son
» application à la volonté, est repoussé par la con-
» science et révolte nos sentiments... Ceux qui pen-
» sent que les causes traînent leurs effets après elles
» par un lien mystique, ont raison de croire que la
» relation entre les volitions et leur antécédent est
» d'une autre nature... Quand on prend la nécessité
» dans ce sens, il serait plus exact de dire que la
» matière n'est pas soumise à la nécessité, que de
» dire que l'esprit y est soumis (1). »

C'est donc de la même manière que M. Mill et Hume expliquent la croyance, ou, pour parler leur langage, l'illusion persistante des hommes à l'égard de la liberté morale. Si l'on rétablit la vérité des termes, il n'y a, à vrai dire, ni nécessité dans le monde

---

(1) M. Mill, *Logique*, tome II, p. 420. L'opinion de M. Bain est la même : « M. Bain, » dit M. Mill, « pense que les mots
» *liberté* et *nécessité* sont impropres à donner une idée juste des
» phénomènes, et que le dernier, dans la langue scientifique,
» n'est en vérité qu'un embarras. Par exemple, il adhère pleine-
» ment à l'universalité de la loi de cause à effet, c'est-à-dire à
» l'uniformité de succession dans les phénomènes naturels, à
» laquelle il ne pense pas que les déterminations de la volonté
» fassent en aucune manière exception. Il admet que les actions
» volontaires de l'homme pourraient être prédites avec autant de
» certitude que les phénomènes physiques, si l'on pouvait connaî-
» tre exactement les agents multiples qui influencent l'esprit. »
Revue des Cours littér., 6ᵉ année, p. 606.

physique, ni liberté dans le monde moral. La contingence est la loi unique des événements, et c'est ainsi que ces philosophes, proclamant l'identité des phénomènes naturels et des actes volontaires, affranchissent l'univers pour asservir l'âme !

Mais comment accorder avec la doctrine de la nécessité, même ainsi réduite, la conscience intérieure de la liberté de nos actes ? Hume passe légèrement sur cette question ; et rien, ni dans ses *Essais*, ni dans son *Traité*, ne fait pressentir les ingénieuses analyses de M. Stuart Mill sur ce sujet ; néanmoins, la conclusion est la même dans les deux auteurs, et c'est de la même façon qu'ils comprennent, l'un et l'autre, le peu de liberté qu'ils laissent à l'homme. « Par li-
» berté, » dit Hume, « nous devons seulement en-
» tendre le pouvoir d'agir ou de ne pas agir, confor-
» mément aux déterminations de l'âme ; c'est-à-dire
» que *si nous* choisissons d'agir, nous agirons, *si nous*
» choisissons de ne pas agir, nous n'agirons pas. Or,
» personne ne nie que tous les hommes n'aient cette
» liberté *hypothétique* conditionnelle (1). » C'est précisément sur ce caractère conditionnel de notre libre arbitre que M. Mill insiste et revient sans cesse :
« La conscience que notre volonté est libre, qu'est-
» elle ? » demande t-il. « De quoi sommes nous convain-
» cus ? On me dit que, soit que je me décide à agir,
» soit que je m'abstienne, je sens que je pourrais
» avoir décidé autrement. Je demande à ma con-

---

(1) Hume, tome IV, *Essais*, p. 107.

» science ce que je sens, et je trouve que je sens
» que j'aurais pu choisir l'autre voie, et même que
» je l'aurais choisie, *si je l'avais* préférée, c'est-à-dire
» si je l'avais mieux aimé ; mais je ne trouve pas
» que j'aurais pu choisir l'une, tout en préférant l'au-
» tre (1). »

La liberté n'est donc pas, selon la définition de Reid, le pouvoir que l'âme exercerait sur les déterminations de sa volonté : elle n'est que l'adhésion consciente de notre esprit au motif qu'il préfère, motif qu'il aurait pu, sans doute, ne pas préférer, s'il avait été placé dans d'autres circonstances, mais qu'il préférera toujours, tant que les conditions resteront les mêmes. La conscience de la liberté, entendue comme un pouvoir absolu, est donc une pure chimère. Ce sentiment illusoire résulte de ce fait, qui est le seul vrai, à savoir, que si nous avions voulu, nous aurions pu agir autrement ; mais nous ne pouvions le vouloir que si notre caractère, si les circonstances, si toutes les causes qui agissent sur nos déterminations eussent été autres. « La volonté, » dit Hume, « n'est
» que l'impression intérieure dont nous avons con-
» science, lorsque nous donnons sciemment naissance
» à un nouveau mouvement de notre corps, à une
» nouvelle perception de notre esprit (2). » La volonté n'est donc que la conscience de l'action, et la liberté n'est que la contingence de cette même action.

---

(1) M. Mill, *Hamilton*, p. 552.
(2) Hume, *Traité*, p. 148.

L'action, en effet, n'est pas soumise à une nécessité absolue : elle n'est nécessaire que par rapport à une série d'événements, qui aurait pu tout aussi bien ne pas se produire, et laisser la place à une série toute contraire.

Une théorie de la liberté n'est complète que si elle rend compte des faits moraux de la nature humaine, et si elle explique d'une façon satisfaisante la responsabilité humaine, la légitimité de la récompense et du châtiment. Hume ne s'est pas dérobé à cette partie de sa tâche, et non content de penser que la doctrine de la liberté et de la nécessité, telle qu'il l'expose, s'accorde avec la morale et la religion, il soutiendrait volontiers ce paradoxe que seule elle leur est conforme, que seule elle peut leur fournir des principes qui ne soient pas logiquement précaires.

Quant à la distinction du bien et du mal, Hume prétend qu'elle n'a rien à voir avec la liberté de nos actes. Et l'on conçoit, en effet, que si le bien moral, — c'est-à-dire le devoir accompli par une volonté libre, qui aurait pu ne pas l'accomplir, si elle l'avait voulu, — si le bien moral est inexplicable dans une théorie d'où la liberté est exclue, il est encore possible, même dans ce système, de maintenir la distinction du bien et du mal, comme une distinction primitive et naturelle, analogue à celle du bleu et du rouge, du beau et du laid. C'est bien, en effet, l'opinion de Hume : « Pourquoi ne pas reconnaître, » dit-il, « que
» la distinction réelle du vice et de la vertu peut se
» concilier avec tous les systèmes spéculatifs, quels

» qu'ils soient, aussi bien que la distinction de la
» laideur et de la beauté (1) ? » Et de même, M. Stuart
Mill affirme que la réalité des distinctions morales et
la liberté de nos volitions sont deux questions indépendantes l'une de l'autre. « Ce que je soutiens, »
dit-il, « c'est qu'un être humain qui a pour ses sem-
» blables un amour désintéressé et constant, qui
» recherche tout ce qui tend à leur faire du bien, qui
» nourrit une haine vigoureuse contre tout ce qui
» leur fait du mal, et dont les actions sont de même
» nature que les sentiments, est naturellement et
» raisonnablement un objet d'amour, d'admiration et
» de sympathie...; tandis qu'au contraire, une per-
» sonne qui ne possède aucune de ces qualités, ou
» qui les possède à un si faible degré que ses actions
» sont continuellement en opposition et en conflit
» avec le bien des autres, cette personne est un
» objet légitime et naturel de leur aversion perma-
» nente et de leur hostilité, et cela, que la volonté
» soit libre ou non, et indépendamment de toute
» théorie sur la différence du bien et du mal, pourvu,
» cependant, que, d'une façon ou d'une autre, on
» reconnaisse cette différence (2). »

En ce sens, en effet, la distinction du bien et du
mal n'est pas une dépendance logique de telle ou telle
théorie sur la liberté ; mais autre chose est le bien et
le mal, tels que les entendent Hume et M. Stuart Mill ;

---

(1) Hume, tome IV, *Essais*, p. 116.
(2) M. Mill, *Hamilton*, p. 560, 561.

autre chose le bien et le mal, tels que les conçoivent la plupart des' hommes. Leurs doctrines effacent, en effet, dans les distinctions morales, ce qui en fait le caractère propre et spécifique, je veux dire l'obligation. La morale qu'ils laissent subsister n'est plus, comme nous le montrerons plus amplement, qu'un chapitre détaché de l'esthétique; elle ne rend compte, ni du devoir, ni du droit. A force de multiplier les analogies du bien et du beau, elle les confond et se met, par conséquent, en opposition avec la conscience humaine qui les sépare si nettement.

De la même façon pèchent et échouent les efforts que fait Hume pour expliquer la justice du châtiment dans la doctrine de la nécessité. Sans doute, il fait observer, avec raison, que, dans l'hypothèse d'une liberté indifférente qui agirait sans motifs, le châtiment ou la récompense n'auraient plus de sens. La liberté absolue, telle que l'ont rêvée quelques philosophes, innocente toute action et désarme toute justice. De quel droit punir un homme pour un acte dans lequel son caractère n'est pas intéressé, puisqu'il l'accomplit sans raison, et qui est le résultat fortuit d'une volonté capricieuse? La liberté d'indifférence, en introduisant le hasard dans la vie humaine, en exclut la responsabilité. Hume a donc raison contre la théorie excessive d'une liberté indéterminée, et c'est avec force qu'il montre que la justice du châtiment dérive précisément de ce que l'action punie a été chez le coupable l'expression d'une volonté réfléchie. Mais la philosophie de Hume n'en est pas moins impuissante, elle aussi, à rendre compte de la moralité de la peine. Cette notion, comme toutes les autres notions morales, s'appauvrit, pour ainsi dire, dans le système de Hume. Des deux fins qui légitiment et nécessitent le châtiment, à savoir, l'amendement du coupable et la réparation de la faute, Hume ne peut conserver que la première. Pour lui, il est juste de punir, parce que la punition profite au coupable, et, par la peur qu'elle lui inspire, agit sur ses volontés comme un nouveau motif d'action. M. Mill, à ce premier point de vue, en ajoute un second, la protection des autres hommes. Le châtiment sauvegarde l'intérêt général. Mais ce second point de vue est de la même nature que le précédent. Ils ont trait, l'un et l'autre, à l'utilité du châtiment ; ils laissent complétement en dehors ce qui, aux yeux de la conscience générale, justifie moralement la punition, à savoir, la nécessité pour le criminel d'expier sa faute et de satisfaire à la justice outragée.

Il est donc évident, pour qui ne veut pas se payer d'apparences, que les conséquences morales de la doctrine de la nécessité, même sous la forme adoucie que Hume lui a donnée, sont tout à fait incompatibles avec les croyances de l'humanité. La justice de la récompense et du châtiment, la responsabilité, la beauté de la vertu, sont de grands mots qu'il emploie encore ; mais il ne les prend que dans un sens précaire et illusoire.

Il faut, ou renoncer à la vieille morale de toutes les générations passées, à celle qui nous parle d'obligation et de mérite, ou bien restituer, d'une façon ou d'une autre, à la nature humaine, le pouvoir de se déterminer elle-même. Sans doute, le jour où le sentiment de la liberté viendrait à s'éteindre au cœur de l'homme, les choses, extérieurement, ne seraient guère changées : il y aurait encore des hommes admirés et des hommes méprisés. Les juges ne cesseraient pas d'exercer leur redoutable ministère. Mais si l'on écarte les apparences, combien ce jour-là seraient profondément modifiées la vie et les croyances humaines. Le châtiment, qui nous paraît juste même quand il frappe un coupable qu'on ne peut amender et dont l'impunité serait sans danger pour les autres, ne le serait plus que dans la mesure exacte de son utilité pour l'amélioration des coupables et la sécurité des hommes. Il ne serait plus question de ce que les hommes doivent faire, mais de ce qu'ils peuvent faire. Au lieu des tortures qu'inflige à la conscience le sentiment d'une responsabilité mal gouvernée, le coupable n'éprouverait plus que le regret d'être né faible, avec des dispositions mauvaises. L'homme de bien échangerait contre la fierté que donne le talent et une nature heureuse les joies intérieures de la conscience, ces joies qu'on ne peut confondre ni comparer avec aucune autre. Il n'y aurait plus d'hommes vertueux, mais seulement des hommes bien doués. L'admiration que nous impose la vertu ne se distinguerait plus de celle que nous accordons à un beau tableau, à une belle statue; et surtout l'obligation du bien, le caractère impératif du devoir, si bien défini par Kant, disparaîtrait complétement pour faire place à une morale bâtarde et sans autorité, qui n'a plus rien à commander, puisqu'il n'y a plus de libre arbitre qui puisse obéir; qui est réduite enfin à nous présenter la vertu comme un objet de luxe et de bon goût, le privilége de quelques âmes délicates et supérieurement douées.

L'impuissance où est Hume de rendre compte des croyances morales de l'humanité trahit le vice de sa théorie de la liberté. Il faut, néanmoins, lui savoir gré d'avoir remis en lumière une portion de vérité que trop souvent on a perdu de vue, à savoir, que la volonté humaine se détermine d'après des motifs. L'hypothèse d'un commencement absolu ou d'une liberté indéterminée est tout à fait chimérique. Sur ce point, les positivistes triomphent aisément, et il nous paraît inutile d'insister pour établir une vérité désormais incontestable, qui se vérifie, soit par l'observation individuelle, soit par les résultats de la statistique. La volition est un effet moral, non une cause première, comme tendraient à le faire croire les partisans de la liberté d'indifférence. On ne comprend pas que Reid et d'autres philosophes aient refusé de se rendre à l'évidence sur ce point. « N'y a-t-il pas » dans l'homme, » dit Reid, « une chose qu'on » appelle caprice, obstination, entêtement (1)? » Mais n'est-il pas manifeste que ces impulsions ou ces résistances déraisonnables n'ont rien à voir avec la liberté, et que, d'ailleurs, elles ont elles-mêmes des

---

(1) Reid, trad. Jouffroy, tome VI, p. 216.

motifs ignorés ? Kant, Hamilton, ont reconnu l'un et l'autre l'impossibilité de se soustraire au déterminisme, quand on se tient dans les régions de l'expérience, et qu'on ne se réfugie pas, à leur exemple, je ne sais dans quelle région mystérieuse et transcendantale, un peu trop commodément inventée peut-être pour tirer les philosophes d'embarras. « Nous
» ne pouvons jamais, *en pensée,* » écrit Hamilton, « échapper à la détermination. » — « On observera, » ajoute-t-il, « que je ne considère pas cette incapacité
» d'acquérir la notion du libre arbitre comme la réfu-
» tation du fait (1). » Kant va plus loin que Hamilton ; car il nie non-seulement la possibilité de l'idée, mais la possibilité du fait : « La liberté, c'est-à-dire la
» faculté de commencer par soi-même un état, est
» une idée purement transcendantale, qui, d'abord,
» n'emprunte rien de l'expérience, et dont, ensuite,
» l'objet ne peut même être déterminé dans aucune
» expérience, parce que c'est une loi générale, même
» pour la possibilité de toute expérience, que tout ce
» qui arrive doit avoir une cause (2). »

Il nous paraît donc impossible, quand on reste dans les limites de l'observation psychologique, — la seule méthode dont nous reconnaissions la légitimité, quand il s'agit de l'étude des faits de l'âme, — d'écarter la théorie qui conclut au déterminisme. Mais il y a, selon nous, deux déterminismes bien différents :

(1) Hamilton, *Lectures*, II, 31.
(2) Kant, *Critique de la Raison pure*, tome II, p 135.

l'un que l'on pourrait appeler le déterminisme mécanique, l'autre le déterminisme dynamique. Hume a patronné le premier, qui est faux. Nous regardons le second comme vrai, et voici comment nous l'entendons.

Hume oublie ou méconnaît deux choses qui sont essentielles : 1° que l'âme humaine, quelque idée qu'on s'en fasse d'ailleurs, est tout au moins un pouvoir actif ; 2° qu'à côté des causes efficientes qui déterminent fatalement l'effet qu'elles produisent, il y a les causes finales qui exercent sur l'âme une action particulière et *sui generis*.

En d'autres termes, dans l'action volontaire, il n'y a pas seulement un fait qui vient après un autre, il y a une force intelligente qui agit sous l'influence de certains motifs, et ces motifs ne sont pas distincts d'elle ; ils composent précisément une partie de sa puissance. Quand on dit que la liberté consiste à se déterminer soi-même d'après un motif, on semble croire qu'il y a en nous quelque chose en dehors de ce qui pense et de ce qui sent. Erreur complète ! On peut sans doute distinguer par abstraction le moi qui désire, et le moi qui, par suite d'habitudes vertueuses et de fortes réflexions morales, triomphe de ce désir passager. Mais tout cela, désir, réflexions, habitudes, ce n'est en définitive qu'un seul et même moi. Si donc le moi prend une résolution, c'est par lui-même. C'est de nous-mêmes que sort la résolution qui donne aux motifs d'actions leur force décisive. En face du désir particulier, de l'idée particulière qui se présente à notre esprit ou à notre sensibilité, il y a l'ensemble de nos sentiments et de nos pensées; il y a la force acquise, accumulée par nos actions antérieures; et c'est en vertu de ce que nous sommes devenus peu à peu que nous décidons l'acte particulier auquel nous nous déterminons. Voilà dans quel sens il faut dire que nous nous déterminons nous-mêmes. La liberté, à ce premier point de vue, n'est que l'influence exercée sur nos décisions particulières par la puissance, en partie naturelle, en partie acquise, qui constitue notre être moral. Comme l'a dit récemment un philosophe: « De ce que la volonté dépend toujours des motifs » qui la déterminent, faut-il conclure que la volonté » n'est pas libre? Non, car les motifs qui *me* détermi- » nent sont *mes* motifs. En leur obéissant, c'est à moi » que j'obéis, et la liberté consiste précisément à ne » dépendre que de soi (1). »

Mais il y a un second point de vue à faire valoir, qui n'est pas moins important que le premier. L'influence que le motif exerce sur nos résolutions n'est pas une influence mécanique, analogue à celle d'une bille qui, par impulsion, en meut une autre. Non, la raison d'après laquelle nous nous déterminons est une cause finale prévue par l'esprit; l'intelligence en pèse la valeur, la compare aux autres motifs; l'intelligence hésite, et enfin se prononce, selon ce qu'elle a de vertu ou de vice, de faiblesse ou de force. La détermination,

---

(1) M. Charles Dollfus, cité par M. Ravaisson, *la Philosophie en France au dix-neuvième siècle*, p. 223.

sans doute, n'est pas libre dans le sens absolu du mot ; elle n'est pas un mouvement indéterminé, en dehors de la série de nos événements moraux. Mais elle est libre, dans un sens relatif, en ce que notre intelligence adhère d'elle-même au motif qu'elle préfère et qu'elle choisit. A ce second point de vue, la liberté n'est pas autre chose que la poursuite consciente d'un but.

Ces deux caractères de la résolution humaine suffisent à creuser un abîme entre le monde moral et le monde de la nature. Ils suffisent à légitimer toutes les notions dont s'honore l'humanité, et dont la perte serait considérée avec raison comme une dégradation de notre nature. Par cette doctrine, notre personnalité est sauvegardée, notre responsabilité assurée. C'est nous-mêmes qui, dans l'indépendance de nos pensées et de nos sentiments, préférons telle action à telle autre : n'est-il pas juste, par conséquent, que la responsabilité pèse et retombe sur nous ? Chacune de nos actions se relie sans doute à la série entière de nos volontés, mais la liberté flotte pour ainsi dire sur l'ensemble de nos actes. Nous ne sommes pas libres à un moment donné de nous déterminer dans un sens ou dans un autre. Nous sommes les esclaves de notre passé, les victimes de nos habitudes. Mais il nous appartient de modifier notre caractère par des efforts persévérants et soutenus ; et cette puissance suffit pour maintenir dans nos âmes la chose la plus précieuse de ce monde, le sentiment pratique de notre liberté.

CHAPITRE XII.

THÉORIES MORALES.

Qu'une philosophie négative comme celle de Hume supprime les fondements nécessaires de toute doctrine morale, c'est une vérité banale, et presque un lieu commun. Si la liberté de nos actions n'est qu'une illusion de notre orgueil, de quel droit parler encore d'obligations et de devoirs? Si notre âme n'est qu'un tissu fragile d'impressions et d'idées, sans consistance et sans unité réelle, par où saisir et fixer cette existence fuyante pour ainsi dire, afin de lui imposer, par une attache solide, cette responsabilité, à la fois douce et terrible, qui pèse sur notre vie, mais qui lui donne son prix? Si l'esprit n'a pas de tendances innées, s'il n'est à la naissance qu'une page blanche, où l'expérience seule enregistre peu à peu les faits observés, par quelle voie conduirons-nous nos pensées jusqu'à l'idéal, jusqu'à ces régions supérieures, du haut desquelles l'intelligence conçoit la destinée de l'homme, et rêve son perfectionnement? Enfin, si la raison est muette, qui nous apprendra à distinguer le bien du mal, à démêler la vertu du chaos des passions? L'antique morale du genre humain s'écroule tout entière dans un système qui nie la liberté, la raison et la personnalité.

Hume n'a pas méconnu ces conséquences ; il ne les a pas désavouées non plus. Il savait à quels sacrifices le condamnait son système. Les mots, consacrés par la morale de tous les temps, de responsabilité et de devoir, de mérite et de remords, n'ont plus de sens pour lui, il ne les prononce même pas. Mais s'il repousse sans hésitation la morale vulgaire, il n'en prétend pas moins avoir la sienne. Quoiqu'il se sache en désaccord sur presque tous les points avec la conscience de l'humanité, il ne renonce pas à expliquer, à sa façon, la distinction du bien et du mal ; et quelque gênantes que soient les limites que lui imposent ses théories spéculatives, c'est dans l'espace étroit qu'elles circonscrivent qu'il entreprend d'établir un système de morale découronné de tout idéal, et dénué de tout fondement rationnel. Entreprise chimérique, mais que l'auteur accomplissait avec confiance, et qu'il regardait même comme le meilleur de son œuvre (1). Hume, on le sait, ne connut jamais, à l'endroit de ses doctrines, cette timidité défiante dont la sûreté de leur jugement n'exempte pas toujours même les plus grands génies ; mais il semble qu'entre toutes les parties de sa philosophie, ses idées morales lui

---

(1) « En 1752 furent publiés mes *Recherches sur les principes de* » *la morale;* de tous mes écrits historiques, philosophiques ou » littéraires, ce traité est à mon avis incomparablement le meilleur. » *My own life*, tome I, p XVII

aient été particulièrement chères. Il se flattait d'avoir, sur ce point, débrouillé avec une clarté définitive les opinions confuses des philosophes; et, après avoir une première fois exposé ses principes dans le dernier livre du *Traité de la Nature humaine* (1), c'est sans y rien changer pour le fonds des idées, quoique avec un redoublement marqué de soin et d'élégance pour la forme de l'exposition, qu'il les reprit dix ans plus tard dans ses *Recherches sur les principes de la morale*. Si l'originalité d'un système en garantissait la solidité, nous partagerions volontiers la prédilection de Hume: jamais, en effet, il n'a déployé plus de souplesse dans la dialectique, plus de finesse dans les vues de détail. Mais un invalide, privé de l'usage de ses sens ou de ses mains, dépenserait en vain des prodiges d'adresse pour suppléer aux forces naturelles qui lui font défaut. La morale de Hume, malgré d'admirables parties, n'en reste pas moins, dans son ensemble, une morale incomplète et tronquée, dont l'auteur, avec tout son esprit, n'a pu combler les lacunes, ni effacer la tache originelle.

La question essentielle de la morale est de savoir sur quel fondement repose la distinction du bien et du mal? Le moraliste ne peut édifier son œuvre que s'il est parvenu à expliquer la nature de la vertu et du vice; s'il a suffisamment analysé les motifs de l'appréciation morale. Tout revient donc à chercher si

---

(1) *Traité*, etc., livre III, *Of morals*. Ce livre parut à part en 1740.

c'est par le raisonnement (*reason*), ou par le sentiment, que nous distinguons le bien du mal. Que nous le distinguions, la mauvaise foi peut seule vouloir le contester; mais, si le fait est certain, l'explication en est douteuse. Pour arriver à en éclaircir l'origine, Hume, avec la lenteur voulue de la méthode expérimentale, examine toutes les qualités morales que le sens commun décore du nom de vertus. Par cette analyse, il prétend reconnaître la particularité caractéristique qui les rend toutes aimables, et les circonstances uniformes auxquelles elles doivent toutes d'être approuvées et louées : ce caractère commun sera précisément le principe moral, le fondement de toute approbation. La méthode est excellente, jugeons-en les résultats.

Toutes les qualités que nous considérons comme moralement bonnes le sont, en définitive, uniquement parce qu'elles nous affectent agréablement. « Toute appréciation morale relève de la sensibi- » lité (1). » Seulement, le plaisir que nous procurent les actions vertueuses n'est pas toujours de même

---

(1) « *All morality depends upon our sentiments.* » *Traité*, tome II, p. 286. — D'après Hume, ainsi que le remarque Reid, la raison ne peut être un principe d'action. Elle n'est pas non plus, par conséquent, la source de nos appréciations morales. Voir *Traité*, livre III, sect. I, *Que les distinctions morales ne dérivent pas de la raison*. Hume, entre autres confusions, y commet celle de ne pas voir la différence de ces deux questions : Est-ce la raison qui nous apprend à distinguer le bien du mal ? Est-ce la raison qui nous détermine à faire le bien ?

nature et ne provient pas de la même cause. Il peut dériver de quatre sources différentes : 1° Il y a d'abord des qualités que nous appelons vertus, parce qu'elles sont utiles aux autres hommes. Dans ce cas, si notre cœur ressent un mouvement de joie, c'est qu'il cède à cette sympathie naturelle qui nous fait trouver dans le bonheur d'autrui le meilleur de notre propre bonheur. « Le spectacle du bonheur d'autrui » nous réjouit, comme la lumière du soleil, comme » la vue d'un champ bien cultivé (1). » — 2° Pour la même raison, nous comprendrons dans une seconde catégorie de vertus les qualités qui profitent à celui-là même qui les possède. Ici encore notre sensibilité est satisfaite ; le profit personnel, qui est le résultat de l'action, émeut notre sympathie, et, par suite, conquiert notre approbation. C'est ainsi que les hommes ont toujours accordé leurs louanges à la tempérance, au courage, à toutes les façons d'agir qui nous sont utiles à nous-mêmes, de même qu'à la générosité, au dévouement, c'est-à-dire à des qualités utiles aux autres. Il ne faudrait pas, cependant, résumer ces affirmations en disant : Les vertus sociales ne sont des vertus que parce qu'elles sont utiles à autrui ; les vertus personnelles ne sont des vertus que parce qu'elles nous sont utiles à nous-mêmes. Cette exposition brutale d'une théorie utilitaire aurait été désavouée par Hume, qui maintient qu'une action est estimée bonne, non en raison de son utilité, mais

---

1) *Recherches sur les principes de la morale*, tome IV, p. 308.

pour le plaisir que notre sympathie satisfaite retire toujours d'une action qui assure le bien général ou le bien individuel. Notre intelligence calcule les conséquences d'un acte accompli ; elle en prévoit la fin, et, par suite, le déclare utile. Mais pour qu'à l'appréciation utilitaire succède une approbation morale, il faut quelque chose de plus qu'un jugement : il faut que notre sensibilité émue nous détermine à préférer les qualités utiles aux qualités nuisibles, par le plaisir ou la peine que nous ressentons à voir les hommes profiter des unes et souffrir des autres. Ce n'est donc pas l'intérêt personnel, c'est l'intérêt d'autrui, apprécié par la générosité de notre cœur, que Hume considère comme un principe moral. Ici, la morale du sentiment est ingénieusement et délicatement greffée sur la morale utilitaire.

Pour ces deux premières catégories de vertus, la sympathie donne à l'utile un caractère moral. Mais il est encore deux autres séries de qualités moralement bonnes : ce sont celles qui, par elles-mêmes, et en raison de je ne sais quel caractère intrinsèque, sont immédiatement agréables « ou à nous-mêmes ou aux autres, » c'est-à-dire à ceux qui les possèdent ou à ceux qui les rencontrent chez leurs semblables. Telles sont, par exemple, dans le premier cas, la gaieté, la grandeur d'âme, et, pour le second, la politesse, l'esprit. Ici, il n'est plus nécessaire de considérer les effets heureux et quelquefois lointains de l'action, pour en être réjoui indirectement par sympathie. Ce n'est plus par des chemins détournés que le plaisir pénètre jusqu'à nous : c'est immédiatement et par elle-même que la qualité nous plaît, ou qu'elle plaît aux autres. Mais, ici encore, la sympathie exerce son influence. Elle contribue à former notre approbation morale, tout au moins quand il s'agit des qualités agréables à la personne même qui les possède. C'est elle, en effet, c'est notre bienveillance naturelle qui nous dispose favorablement pour tout homme doué de facultés heureuses, alors même qu'il est seul à en jouir; c'est elle encore qui nous fait aimer les talents dont un homme de mérite partage l'agrément avec ses amis, bien que nous ne puissions pas espérer d'en profiter personnellement.

Il y a donc, en résumé, quatre catégories de qualités vertueuses : selon qu'elles sont utiles aux autres, utiles à nous-mêmes, agréables aux autres, agréables à nous-mêmes; et, de même, nous appellerons vicieuse toute qualité qui, dans des rapports semblables, sera nuisible ou désagréable.

En définitive, il n'y a pas de qualités bonnes par elles-mêmes. Les choses ne sont en soi qu'utiles ou agréables; c'est la sensibilité seule qui, à l'occasion du plaisir qu'elles lui procurent, leur communique un caractère moral. Hume n'hésite donc pas à considérer le sentiment comme le principe unique de la morale. Et, chose remarquable chez un sensualiste, il fait de ce sens moral un principe inhérent à l'âme (1). Transportant ainsi à la sensibilité, comme nous

---

(1) « ... A sense of morals is a principle inherent in the soul, and

nous en sommes déjà convaincus dans l'étude des Passions (1), cette innéité qu'il refuse absolument à l'intelligence, il accorde qu'il y a dans la constitution originelle de l'âme des instincts naturels qui nous prédisposent à aimer certaines qualités, à en détester d'autres ; aveu précieux, contradiction flagrante avec les prétentions d'un système qui, pour être conséquent avec lui-même, devrait nier tout principe sensible, comme il a nié tout principe intellectuel ! Accorder à la sensibilité des tendances innées, immuables, qui, se retrouvant chez tous les hommes, donnent uniformément naissance aux mêmes appréciations morales, n'est-ce pas reconstituer, dans une certaine mesure, cette unité fondamentale, cette réalité substantielle de l'âme humaine, que toutes les autres parties de la philosophie de Hume conspirent à détruire ! Le sceptique, qui n'a voulu voir dans les croyances spéculatives de l'humanité que l'effet de l'imagination et de la coutume, n'ose expliquer de la même manière ses croyances morales ; et s'il est encore trop aveuglé par ses préjugés pour être frappé des lumières de la raison naturelle, du moins il est contraint de reconnaître dans l'âme humaine des instincts permanents et comme une source vive de sensibilité, d'où déborde, par une effusion naturelle, le courant uniforme et régulier de nos sympathies. Hume s'est donc rappro-

» *one of the most powerful that enters into the composition.* »
Tome II, p. 406.

(1) Voir chapitre X : Théorie des passions.

ché ici de la vérité, et s'il avait poussé de quelques degrés plus loin l'analyse, peut-être eût il compris que ces sentiments primitifs, devant lesquels il s'arrête comme devant les premiers principes de toute morale, dissimulent et recouvrent un foyer intérieur de raison et d'intelligence, dont ils ne sont que le rayonnement ou le reflet !

Que Hume n'ait pas admis, avec les philosophes spiritualistes, l'idée rationnelle du bien, qu'il ne se soit pas élevé jusqu'à la conception d'un ordre universel, proposé comme loi obligatoire aux êtres libres, imposé comme loi nécessaire au reste du monde, nous ne saurions, après tout, nous en étonner ; mais il semble que, sans faire un bien grand effort pour dominer son système, Hume aurait pu considérer les vertus morales comme le résultat des relations naturelles et nécessaires des choses. Le positivisme, luimême, n'exclut pas une pareille façon de voir ; témoin ce ferme et remarquable passage de M. Littré : « Le » juste est de la nature du vrai : quand nous obéis- » sons à la justice, nous obéissons à des convictions » très-semblables à celles que nous inspire la vue de » la vérité. Des deux côtés, l'assentiment est com- » mandé : là, il s'appelle démonstration ; ici, de- » voir (1). » Mais Hume repousse absolument cette géométrie morale, d'après laquelle la vertu pourrait être définie avec raison la vérité réalisée. Sa morale n'est, au contraire, qu'une sorte d'esthétique qui ré-

(1) *Revue positive*, 1870 : *Origine de l'idée de justice.*

duit le bien comme le beau à une pure affaire de goût. C'est que pour arriver à voir dans la vertu l'expression des rapports nécessaires que la nature a établis entre les êtres ou les facultés d'un même être, il faut envisager, dans leur but final, la nature et la vie de l'homme, et comparer à cette destinée idéale les actions particulières dont l'homme est capable. Si ce terme de comparaison manque, toute appréciation morale devient impossible. Or, Hume n'a jamais admis qu'on spéculât sur les causes finales : « De semblables » considérations, » écrivait-il à Hutcheson, « me sem- » blent tout à fait incertaines et antiphilosophiques. » Car, je vous le demande, quelle est la fin de » l'homme ? Est-il né pour le bonheur, ou pour la » vertu ? pour cette vie, ou pour une vie future ? » pour lui-même, ou pour son auteur ? Questions tout à fait insolubles (1)... » Questions obscures, dirons-nous, mais dans lesquelles il faut savoir, cependant, prendre un parti, et fixer son choix, si l'on veut donner à la conduite humaine une règle fixe et invariable !

Hume ne l'a pas fait ; et voilà pourquoi, ne pouvant se résoudre, d'un autre côté, à supprimer tout à fait l'idée du bien, il en fait une impression de la sensibilité. Il a retiré aux actions toute moralité réelle et objective, pour attribuer la distinction du bien et du mal à une émotion subjective de notre sensibilité.

---

(1) Lettre à Hutcheson du 17 septembre 1739. Voir Burton, tome I, p. 113.

De même qu'il a ramené à de pures impressions idéales les principes de toute science, illusoirement projetés au dehors par le sens commun, de même, et avec plus de netteté encore, il considère les principes de toute morale comme une création intérieure du sentiment (1). C'est la sensibilité seule, c'est cette faculté productrice, dit-il, qui, recouvrant les objets de couleurs sombres ou riantes, d'apparences agréables ou désagréables, enfante le monde nouveau de la beauté et de la bonté, de la laideur et du vice.

Il est vrai que Hume se hâte d'ajouter que les mouvements de notre sensibilité sont les effets nécessaires et invariables de notre organisation, qui elle-même est l'œuvre à jamais réglée d'une volonté suprême; et il essaie de rendre ainsi à la morale, au nom de cette nécessité subjective des lois de la sensibilité, la fixité et la permanence qu'il lui interdit de puiser dans la nature même des choses. Mais qui donc, après réflexion, consentirait à admettre cette prétendue stabilité des sentiments humains? Hume avait-il donc si peu observé les hommes, qu'il ignorât que mille causes détournent leur sensibilité de son cours naturel, dépravent leurs instincts, et rendent agréable aux uns

---

(1) Hume comprenait lui-même tout ce qu'il y a de hardi dans de pareilles affirmations. Ainsi il écrivait à Hutcheson pour savoir s'il convenait de publier le passage suivant de son Traité : « Le » vice et la vertu peuvent être comparés aux sons, aux couleurs, » au chaud et au froid qui, selon la philosophie, ne sont pas qua- » lités dans les objets, mais perceptions dans l'âme. » Voir Burton, tome I, p. 119.

ce qui reste odieux pour les autres? En vérité, si l'hypothèse de Hume est juste et fondée, on ne s'explique pas qu'il y ait au monde un homme vicieux! Car, le seul principe d'action étant la sensibilité, et le vice affectant toujours désagréablement notre âme en raison de notre constitution même, on ne voit pas quelle mystérieuse influence, quelle perversité gratuite, pourrait l'entraîner à accomplir malgré lui des actes qui répugnent à sa sensibilité. Hume a conçu sa morale pour une société d'automates, où les instincts de chaque être seraient invariablement réglés, comme ceux de l'abeille, par une loi fatale et naturelle : il n'a pas connu la société humaine, société mouvante et troublée, où l'éducation et la libre spontanéité de l'individu déplacent sans cesse les sentiments, et où il est nécessaire, par conséquent, d'opposer aux impressions changeantes de la sensibilité la digue inflexible de la raison.

D'ailleurs, à supposer que le sentiment possédât la fixité que Hume lui attribue, la pratique de la loi morale pourrait bien être assurée en fait; mais la théorie que nous examinons n'en demeurerait pas moins une erreur considérable au point de vue spéculatif (1). Quoi de plus faux, en effet, que d'enlever aux

---

(1) Hume voyait parfaitement les conséquences de son système et il les considérait comme très-importantes (*very momentous*). « Si » la moralité, conformément à votre opinion aussi bien qu'à la » mienne, n'est déterminée que par le sentiment (écrit-il à Hutcheson), elle ne concerne que la nature humaine et la vie humaine... Si la moralité était, au contraire, déterminée par la rai-

choses en elles-mêmes tout caractère moral ? Secourir ses semblables, mourir pour son pays, garder la foi jurée, toutes les actions, en un mot, qu'honore la conscience de l'humanité, n'ont-elles par elles-mêmes aucun mérite? Faut-il se réduire à leur accorder la valeur fictive, que, par une habitude invétérée, nous accordons par exemple à des monnaies d'or ou d'argent; ou, pour mieux dire, leur moralité n'est-elle qu'une apparence, semblable à celle que nos sens nous présentent quand ils parent la nature extérieure de toutes ses couleurs? Non; il est évident que toute action vertueuse l'est par elle-même et en elle-même, par suite de sa conformité à l'ordre naturel des choses; et personne aujourd'hui ne songe à contester à l'intelligence le pouvoir d'apprécier cette conformité.

Ce n'est pas que nous ignorions tout ce que nous mettons de nous-mêmes, soit dans le sentiment du beau, soit dans le sentiment du bien. A nos yeux, il y a quelque chose de relatif et de subjectif dans l'une et dans l'autre de ces deux impressions; et nous ne disons là qu'une chose toute simple, puisqu'il s'agit de sentiments, et que les sentiments, en vertu de leur nature, sont toujours des phénomènes affectifs qui traduisent intérieurement des phénomènes extérieurs dont ils ne sont pas les représentations exactes. Les philosophes ne l'ont pas toujours compris, et si on

---

» son, elle serait la même pour tous les êtres raisonnables. » Burton, tome I, p. 119.

leur a reproché souvent, avec raison, d'introduire dans la notion de la divinité des qualités indignes d'elle, et trop légèrement empruntées à l'expérience humaine, il faut aussi les blâmer d'avoir mêlé à des notions humaines, et par conséquent relatives, des caractères absolus qui n'ont rien à y voir. Comment soutenir, par exemple, que la beauté soit quelque chose d'absolu? Prenons, soit une beauté physique, soit une beauté morale, un arbre dont la forme, la verdure séduit nos yeux; une pensée dont la profondeur ou l'énergie touche notre cœur ou étonne notre esprit. Dans les deux cas, il est incontestable que la beauté conçue ou sentie est une beauté relative; relative à nos sens, dont la structure particulière et la portée limitée nous fait aimer certaines couleurs et certaines formes; relative à notre âme dont la constitution s'adapte à telle combinaison d'idées, à telle espèce de sentiments et non à d'autres. Supposez que nos yeux soient construits autrement qu'ils ne le sont : le même arbre que nous admirions tout à l'heure, dans sa grandeur mesurée, nous paraîtra difforme. Mettez au cœur humain un peu plus d'affections domestiques, et un peu moins de patriotisme, et la réponse du vieil Horace vous paraîtra odieuse au lieu d'être sublime. Donnez un peu plus d'étendue à l'intelligence humaine, et les plus profondes observations de Descartes vous paraîtront des longueurs inutiles, au lieu d'être des traits de génie. Et de même, quoique à un moindre degré, il y a quelque chose de relatif dans les notions morales. Dans une société, par exemple, où tous les hommes seraient égaux, où la richesse surabonderait, la charité serait une superfluité, et non la plus grande des vertus. Chez un être qui, du premier coup et sans effort, connaîtrait tout ce qu'il voudrait connaître, le travail intellectuel cesserait d'être un devoir. Il semble donc, en définitive, que le bien, comme le beau, soit relatif à la constitution humaine. Les devoirs que la morale enseigne sont les lois d'un être libre et borné; lois aussi durables que l'humanité elle-même : mais absolues, non pas!

Et, de plus, il y a dans la connaissance du bien, comme dans le sentiment du beau, quelque chose que l'intelligence seule, c'est-à-dire la représentation sèche de ce qui est, ne suffit pas à nous procurer, et qui dérive de la seule sensibilité. En eux-mêmes, les devoirs nous apparaissent comme une série d'actions conformes à l'ordre moral; les vertus représentent les relations naturelles, réalisées par la volonté d'un être libre, et la réflexion seule est capable de nous faire comprendre tout cela. Mais, par la réflexion seule, pouvons-nous connaître véritablement tout ce que renferme le mot fondamental de toute morale, ce simple mot : le bien? Ne semble-t il pas que celui-là seul en entend le sens, qui, au moins une fois, a éprouvé cette émotion caractéristique, ce plaisir intérieur que ressent l'homme de bien en accomplissant tour à tour les devoirs qu'il rencontre le long de la vie? De même que le beau, quand on veut le saisir tout entier, n'est plus, à proprement parler, un objet de pure intelligence, et que la beauté se découvre seulement à celui dont le sentiment a été délicieusement remué par une œuvre conforme aux lois de l'art; de même le bien est aussi en partie un objet de sensibilité, et l'expérience interne de la satisfaction qui accompagne l'accomplissement d'une action, quand elle est conforme à l'ordre naturel, peut seule achever et compléter la notion du bien.

Mais il n'en est pas moins certain que la raison, que la réflexion déterminent, comme conformes à l'ordre naturel, les actions que l'homme doit accomplir, et Hume, en le niant, s'est exposé à toutes les critiques que l'on adresse d'ordinaire aux moralistes du sentiment.

Il est cependant une partie de la morale où Hume admet que l'intelligence intervient, et où la réflexion devient, bien qu'indirectement, il est vrai, le principe de l'approbation morale. C'est pour la justice que l'auteur fait cette exception à la règle générale qu'il établit : seule, entre toutes les vertus, la justice ne dérive pas d'un sentiment immédiatement formé dans le cœur humain. C'est à la suite de quelques raisonnements que le sentiment se produit, et la justice n'est pas une vertu naturelle.

Hume s'est expliqué longuement sur l'origine de la justice, qui se réduit d'ailleurs, pour lui, au respect de la propriété (1). L'utilité est ici, non pas seulement en partie, mais pour le tout, la source, le fon-

---

(1) « *Property which is the object of justice.* »

dement du mérite qu'on accorde à la justice. Les hommes ont de bonne heure compris que l'intérêt général réclamait le maintien inviolable de la propriété, et que le bonheur de la société humaine en dépendait. Ils ont alors déterminé artificiellement les règles de la justice ; et voilà pourquoi on peut dire que la justice n'est pas une vertu naturelle. Hume se défend, d'ailleurs, d'avoir voulu dire par là que les prescriptions de la justice soient arbitraires ; et, à vrai dire, il nous semble, en effet, que, de toutes les vertus qu'il reconnaît, celle à laquelle il donne le principe le plus solide est encore la justice. C'est à peu près la seule qu'il fonde directement sur l'intérêt, et, remarquons-le, sur l'intérêt général, social. Par là, il lui accorde un caractère objectif que n'ont pas, tant s'en faut, les vertus qui ne dérivent que d'un sentiment immédiat de plaisir éprouvé par notre âme. Tandis que la plupart des vertus nous sont immédiatement agréables, soit parce qu'elles nous sont utiles à nous-mêmes, soit parce qu'elles affectent d'elles-mêmes notre sensibilité, la justice qui exige le sacrifice de nos passions égoïstes au bien de tous, le sacrifice de l'intérêt personnel à l'intérêt général, la justice ne peut agir sur nos volontés et influencer nos décisions de la même façon que nos autres devoirs. Ici, c'est la raison qui devance le sentiment, qui, pour ainsi dire, lui ouvre les yeux, qui le détourne de céder à des impulsions personnelles d'où résulterait la violation des lois de la justice.

On comprend que Hume soit embarrassé pour concilier avec les autres parties de son système sentimental l'explication utilitaire de la justice. Il est obligé de confesser lui-même qu'il n'y a pas de sensation particulière de plaisir attachée à la justice (1). Or, si la nature ne nous a pas directement intéressés, par le plaisir spécial que nous y trouverions, à pratiquer la justice, et si toute moralité est fondée sur le plaisir, il est difficile de comprendre que nous puissions jamais nous décider à reconnaître la justice comme une vertu, et surtout parvenir à en accomplir les prescriptions.

Dira-t-on que Hume est devenu tout d'un coup utilitaire, et qu'il compte, pour recommander la justice aux hommes, sur les réflexions que ne peut manquer de leur inspirer leur intérêt personnel, engagé dans l'intérêt social, et, par suite, lié à l'accomplissement de la justice ? Mais Hume ne confond nullement l'utile et l'honnête. Il a critiqué lui-même la morale utilitaire, en montrant qu'elle ne rend pas compte de l'approbation que nous ne refusons jamais aux actions vertueuses, quoiqu'elles se soient accomplies loin de nous, et sans que nous puissions en profiter ; en insistant surtout sur la distinction fondamentale et familière à tout homme de ces deux choses qu'on ne saurait confondre, l'utilité et l'honnêteté.

---

(1) La contradiction est évidente : « La justice est fondée non » sur la sensibilité, mais sur l'entendement, dont les jugements » régularisent ce qu'il y a de désordonné dans les affections. » Tome II, p. 284.

Où donc, enfin, Hume trouve-t-il le principe qui donne à la justice son autorité et sa valeur morale? C'est dans la sympathie, dans la bienveillance naturelle à tout homme. L'influence de Hobbes a été moins puissante sur lui que l'influence de Hutcheson, et il affirme qu'il n'y a guère d'homme chez lequel les affections bienveillantes ne balancent au moins les affections égoïstes. Hume a écrit sur la sympathie des pages charmantes, qu'Adam Smith n'eût pas désavouées. C'est cette sympathie qui, nous intéressant au bonheur des autres, nous entraîne à aimer la justice, parce que la justice assure ce bonheur.

Il n'en est pas moins vrai que la justice, dans les idées de Hume, repose uniquement sur l'intérêt. S'il est sorti sur ce point de la sensibilité subjective, il n'a pas su aller jusqu'aux rapports objectifs, jusqu'aux relations naturelles, qui sont le vrai fondement des vertus, et, en particulier, des vertus sociales. Il en résulte que la justice n'a pas de fondement solide, et que les garanties qui en déterminent l'exécution sont entièrement précaires. Sans doute, la justice est utile, en même temps qu'elle est bonne; mais elle est surtout utile aux autres; et comment obtiendrez-vous qu'un homme en reconnaisse la nécessité, si, chez lui, les passions égoïstes dominent les affections bienveillantes; si cette fleur délicate de la sympathie, que tant de causes conspirent à briser, ne s'est pas développée dans son âme? Hume a trop bien auguré de l'humanité : il a vécu loin des hommes et de leurs instincts, dans l'intimité de quelques grands esprits, doux et bienveillants pour les autres ; c'est à leur image qu'il a conçu les autres hommes ; c'est pour eux, et non pour l'humanité réelle, partagée entre les sentiments élevés et les tendances égoïstes, qu'il a construit sa morale. Au point de vue pratique, Hume s'est donc trompé, en confiant à une sympathie fugitive, variable, que la nature ne développe pas chez les âmes ingrates, que la vie épuise et dissipe insensiblement chez les meilleurs par les déceptions et les tromperies, l'accomplissement des devoirs les plus difficiles, quoique les plus nécessaires, les devoirs de justice. C'est, d'ailleurs, le défaut général de toute la morale de Hume. Combien peu de vertus seraient pratiquées sur la terre, s'il fallait attendre que l'éducation morale eût développé chez tous les hommes les plaisirs que seules les âmes bien faites trouvent dans l'exercice de leurs devoirs !

Hume s'est donc trompé au point de vue pratique. Il a cru que le plaisir de bien faire pouvait remplacer pour les hommes l'obligation stricte et rigoureuse que la raison peut seule leur imposer. Son tort est d'ailleurs de n'avoir pas considéré en elles-mêmes, et en dehors de leur rapport avec notre sensibilité, les distinctions morales. Alors même que le plaisir serait toujours la cause qui nous déterminerait à agir, le plaisir ne constituerait pas encore le caractère intrinsèque et objectif de l'action. En elle-même l'action est bonne ou mauvaise, conforme ou non aux rapports naturels des choses.

Enfin, et ce sera notre dernière critique, Hume,

pour ainsi parler, généralise trop la vertu. Le sentiment moral, tel qu'il le conçoit, réduit à l'agréable, n'a rien de particulier et de caractéristique. On ne voit pas, dans le système de Hume, le moyen de distinguer le bien d'une sensation voluptueuse ou d'un plaisir esthétique. Que de choses utiles ou agréables en un sens qui ne sont pas moralement bonnes! La politesse devient alors une vertu; l'éloquence, tous les talents dont se compose le mérite personnel, puisqu'ils nous procurent tous un plaisir, deviennent des qualités morales. On voit les conséquences de la théorie de Hume. La vertu n'est plus l'action libre et réfléchie d'un être soumis à une loi rationnelle: elle n'est pas autre chose qu'un ensemble de qualités naturelles, fatalement acquises, et où notre volonté n'a point de part.

CHAPITRE XIII.

THEORIES POLITIQUES, ÉCONOMIQUES, LITTERAIRES. LES ESSAIS MORAUX ET POLITIQUES.

Si, en quittant le *Traité de la Nature humaine*, le lecteur aborde sans transition les *Essais moraux et politiques*, il aura tout d'abord quelque peine à croire qu'il ait encore affaire au même auteur. Après les discussions subtiles, dont le nihilisme paraît être la conclusion rigoureuse, c'est une véritable surprise de lire chez le même philosophe des études substantielles et pratiques, où sont exposées les lois générales qui, en réglant les destinées littéraires et politiques des nations, déterminent la marche de l'humanité. Dans ces Essais, qui s'étendent sur tant de sujets, et où, avec une justesse et une liberté d'esprit admirable, l'auteur, émancipé de son système, esquisse à grands traits les linéaments de la politique, de la science économique et de la critique littéraire, il n'y a guère plus qu'à louer; et l'on ressent presque partout la joie de voir enfin, au service de la vérité, une intelligence déliée et pénétrante qui s'était trop longtemps égarée dans les paradoxes. Rien, dans ces observations judicieuses, habilement interprétées par un emploi modéré du raisonnement, rien ne rappelle cette dialectique raffinée et tortueuse, qui, pour ainsi dire, enlaçait dans ses replis toutes les réalités, et les réduisait à n'être plus que des ombres vaines. Les hommes ont cessé maintenant d'être ces fantômes qui rêvaient et passaient, automates sans consistance. Hume les prend au sérieux, et il semble qu'au sortir d'une région de ténèbres, où les choses perdaient leur contour, leur forme précise, nous soyons tout d'un coup rejetés en pleine lumière, devant la nature telle qu'elle est, avec ses forces physiques et ses forces morales, avec les êtres vivants qui la peuplent, avec le soleil réel qui l'éclaire.

Que parlions-nous de l'impuissance de la raison, du néant de toute cause et de toute substance, de l'influence souveraine de l'habitude! Voici que Hume lui-même recherche les causes les plus lointaines des faits économiques, et que, par exemple, il spécule *a priori*, pendant plus de cinquante pages, sur les raisons qui ont pu assurer à la population, dans les sociétés antiques, un développement plus ou moins considérable que dans les sociétés modernes! Il ne semble nullement que l'éloignement historique de l'objet de ses études ou la longueur de ses raisonnements affaiblisse à ses yeux la valeur de ses conclusions. Voici encore qu'il parle de réformes, de progrès, de perfectionnement, et qu'il attribue à l'esprit humain la faculté de concevoir un idéal, de rêver quelque chose de plus parfait que la réalité observée! Et cependant, pour qui fait de l'habitude le principe dominateur de l'intelligence, la routine devrait être le dernier mot de la politique et de la vie sociale. Voici enfin qu'il décrit les rapports nécessaires qui rattachent à des causes morales, plutôt qu'à des causes physiques, les caractères généraux des peuples et les développements de la civilisation ! Et pour justifier de pareilles affirmations, il est nécessaire, ce semble, de pénétrer dans l'intimité des choses, et, par delà la succession apparente et superficielle des faits, de chercher dans la nature des effets la détermination *a priori* de la nature des causes.

Comment ne pas être tenté de croire, en poursuivant, dans la longue série des Essais, cette lecture attachante, si richement nourrie d'idées et de faits, que d'un livre à l'autre les opinions de Hume ont changé ; que l'étude consciencieuse des faits l'a guéri de son scepticisme ; que l'histoire a pour ainsi dire vivifié à nouveau un esprit qui avait failli se dessécher dans les spéculations abstraites ; qu'enfin, au contact des hommes et des réalités historiques, la foi, une foi sincère à la raison, a repris place dans son âme ? Il n'en est rien pourtant ; et si, cédant à la tentation de surprendre le sceptique en flagrant délit de dogmatisme, on s'était avisé de lui reprocher cette contradiction apparente, il n'eût pas été difficile à Hume de se défendre et de se justifier. Si jamais, dans sa maison studieuse et solitaire d'Edimbourg, un de ses amis, le docteur Blair par exemple, ou le docteur Butler, un de ceux qui, malgré leur zèle religieux, n'avaient jamais cessé d'aimer Hume, s'était imaginé, pour réfuter le philosophe par lui-même, de lui opposer ses théories sociales et politiques, il me semble

que, sans se fâcher, avec ce calme, avec cette gravité douce qui le caractérisaient, Hume lui aurait répondu :
» « Comprenez donc enfin le fond de ma pensée et la
» distinction que je n'ai jamais cessé d'établir entre la
» spéculation et la pratique. Sceptique dans mes écrits
» philosophiques, je suis, dans la vie, comme vous,
» comme tout le monde, un dogmatique et un croyant.
» Qu'importe mon système, quand il s'agit de régler
» mes propres actions, ou de juger celles d'autrui ?
» Mes théories semblent me faire une loi de nier
» même votre existence : cela m'empêche-t-il de vous
» aimer, de vous répondre en ce moment ? Mes
» théories tendent encore à ôter toute réalité à la
» personne humaine : cela m'empêche-t-il de vivre
» avec un sentiment énergique de ma responsabilité,
» de m'attribuer mes échecs d'autrefois, les malheurs
» de ma vie, et aussi mes quelques succès ? C'est que
» les analyses des philosophes sont impuissantes à do-
» miner le courant plus fort de la nature et de l'in-
» stinct ; et qu'après s'être convaincu soi-même que
» tout est illusion, il faut encore en revenir à croire
» que tout est réalité. Les choses de ce monde res-
» semblent à un de ces mythes que les Grecs chéris-
» saient. La critique a beau prouver que sous ces fables
» et ces fictions il n'y a rien ou presque rien de réel :
» les imaginations se laissent toujours séduire et
» subjuguer, et l'on continue à parler des Muses et
» des Grâces comme si elles existaient. Quand le phi-
» losophe sceptique parle des causes et des substances,
» il ressemble encore à un poete chrétien qui intro-

» duit dans ses rimes les noms de Vénus ou de Jupiter.
» Il y a cependant une différence : c'est que le poete
» ne conserve ces mots démodés que par habitude et
» convention ; tandis que le philosophe, quand il se
» dérobe à son scepticisme savant, pour se replonger
» dans les croyances vulgaires, obéit à une loi de
» l'instinct, à une nécessité de la nature. Laissez-moi
» donc allier, comme je l'ai toujours fait, le doute
» spéculatif et la foi pratique : le doute que la ré-
» flexion suggère, la foi que la nature commande. Si
» j'écris l'histoire de mon pays, si je prends parti
» pour les whigs ou les tories ; si je discute les uto-
» pies politiques, comme, par exemple, l'*Océanie* de
» Harrington ; si je prouve que la politique est une
» science, et si j'essaie moi-même d'en indiquer les
» principes essentiels ; si, avant notre ami Adam
» Smith, qui depuis m'a bien dépassé sur ce terrain, je
» publie quelques idées nouvelles sur l'économie poli-
» tique ; croyez-moi, je puis faire tout cela sans renier
» ma philosophie. Dans mes spéculations, je persiste
» à rester, comme vous dites, un monstre, un homme
» dangereux ; mais dans mes actions, comme dans
» mes jugements sur les actions des autres, je tiens à
» passer pour un homme de bon sens »

Telle était la situation intellectuelle de Hume. Relevant d'une main ce qu'il abattait de l'autre, il acceptait, à titre d'illusions nécessaires, les vérités qu'il repoussait comme des erreurs avérées, et opposait à l'impuissance de la raison pure l'autorité de la raison pratique. Il a donc pu écrire ses Essais moraux avec la même sincérité que ses Essais philosophiques. On serait aussi injuste, de le considérer, dans un cas, comme un courtisan du sens commun, que, dans l'autre, comme un fanfaron de scepticisme ; à la faveur de son double point de vue, il a cru pouvoir ôter toute valeur au raisonnement, en même temps que raisonner lui-même comme le plus dogmatique des philosophes. Mais avait-il le droit de le faire ? C'est ce qu'il est impossible d'admettre. On n'échappe pas à une inconséquence, à une contradiction, parce qu'on l'érige en système.

De toutes les critiques que sa philosophie soulève, la plus redoutable n'est-elle pas précisément la nécessité où il est de l'abandonner lui-même, quand il veut rendre compte des faits historiques et sociaux ? Dans la préface légèrement enthousiaste du *Traité de la Nature humaine*, il célébrait les destinées magnifiques d'une sage psychologie expérimentale ; il la considérait comme le principe et la condition nécessaire de toute politique, de toute esthétique, de toute science morale. Et cependant, après avoir exposé, comme il les entend, les théories de cette psychologie nouvelle, avec la confiance d'un homme qui regarde ces nouveautés comme des vérités définitives, voilà qu'il s'empresse de les oublier, de les écarter, lorsqu'il s'agit d'expliquer les événements de l'histoire ! Qu'est-ce donc que cette psychologie abstraite qui se dit en mesure de rendre compte de tous les phénomènes de l'esprit et qui s'avoue impuissante à sa première rencontre avec les faits ? Il n'y a, il ne peut y avoir de bonnes théories psychologiques, que celles qui subissent avec succès l'épreuve d'une application immédiate aux événements politiques, littéraires ou religieux, dont se compose la vie de l'humanité. C'est se condamner et se réfuter soi-même, que soustraire la psychologie aux exigences de cette confrontation avec les faits.

Ne nous plaignons pas, cependant, d'une inconséquence à laquelle nous devons une multitude de vues pénétrantes et de raisonnements ou fins ou profonds, que l'influence des théories spéculatives du *Traité de la Nature humaine* eût certainement étouffés dans leur germe si elle avait pesé sur les *Essais moraux*.

C'est à la politique que se rattachent le plus grand nombre de ces petits écrits de Hume, dont les plus longs ne dépassent pas les dimensions d'un article de Revue, dont quelques-uns sont aussi courts qu'un article de Journal. Primitivement destinés, en effet, à des écrits périodiques, ils parurent en volume, sous cette forme d'Essais détachés, que Bacon avait, depuis longtemps, rendue populaire en Angleterre.

La constitution anglaise est le sujet de plusieurs études dans lesquelles se révèle la vive admiration de Hume pour les lois de son pays, « ce pays, » dit-il, « où règne une extrême liberté. » On y retrouve son esprit prudent et conservateur, qui redoute les changements ; sa modération impartiale, qui donne à ses opinions politiques un air d'indécision, mais qui ne l'empêche pas de manifester un grand zèle pour les libertés publiques ; sa haine des partis violents, sa sympathie pour le gouvernement républicain, qu'il croit, néanmoins, impossible de réaliser en Angleterre, mais qui lui paraît en lui-même un idéal bien supérieur aux formes monarchiques. Ces quelques traits ne suffisent-ils pas déjà à établir un contraste marqué, entre le politique conciliant et sage, et le philosophe intolérant et absolu, qui ne se complaisait que dans les extrêmes ?

Mais le contraste s'accentue encore, lorsque quittant le terrain de la politique particulière de son pays, Hume s'élève à des questions plus générales, et expose les principes de la politique universelle. Pour lui, la politique est une science, science à laquelle trop peu d'expériences ont encore concouru pour qu'il soit possible d'en déterminer toutes les lois, mais enfin, science solide et positive, déjà riche en maximes générales. La vie des peuples n'est pas livrée au hasard ; il y a des lois qui veulent qu'à chaque forme de gouvernement correspondent des conséquences nécessaires, et que chaque situation sociale dépende de causes certaines. « Les effets, » dit Hume, « corres-» pondent toujours aux causes (*Effects will allways* » *correspond to causes*). » Par endroits même, Hume se laisse aller à des excès de dogmatisme. Il va jusqu'à dire que les lois politiques peuvent être déduites avec autant d'exactitude et de rigueur que les conclusions qui dérivent des principes mathématiques. Et ailleurs, il affirme qu'on peut prédire *a priori* les résultats nécessaires de telle ou telle forme de gouvernement. Il oubliait ici un peu trop la part qu'il convient de faire à la liberté humaine, à l'initiative individuelle, à la diversité des caractères. Il méconnaissait la complexité des événements politiques, la multiplicité des influences qui les produisent et qui viennent à chaque instant contredire les maximes les mieux établies. Mais nous pardonnons volontiers à Hume une exagération, à laquelle il nous a peu habitués, puisqu'elle consiste à avoir trop de foi dans la raison humaine.

D'ailleurs, Hume reconnaît lui-même, dans d'autres passages, qu'il serait téméraire de vouloir faire de la politique une sorte de géométrie morale (1). Les expériences faites ne permettent encore d'établir qu'un petit nombre d'axiomes, et, de plus, ces axiomes, quelque universels qu'ils paraissent, n'échappent jamais absolument à des contradictions, à des exceptions graves (2). Hume entrevoit ici les raisons que M. Mill a admirablement développées dans le dernier chapitre de sa Logique, et qui rendent l'application de l'induction aux événements de l'histoire si délicate et si malaisée, et, par suite, la déduction presque impossible. « La grande difficulté, » dit-il, « quand on » traite des affaires humaines, c'est de distinguer la » part du hasard et la part des causes connues. » Et par ce mot en apparence peu philosophique de hasard (*chance*), il entend tout ce qui tient aux individus. La réflexion serait banale dans notre pays, où le rôle des grands hommes a été si considérable ; elle ne

---

(1) Essai XIV, 1re partie.
(2) Essai X, 2e partie.

l'est peut-être pas en Angleterre, ou, malgré quelques secousses, l'ordre profond, le développement régulier des institutions, amoindrissent et effacent l'influence des individus, et où d'ailleurs le calme et la froideur ordinaire des tempéraments tendent à supprimer les ébranlements soudains; tandis que ces révolutions, multipliées chez d'autres peuples par la vivacité ardente des caractères, rendent plus difficile encore, pour ces nations, l'établissement d'une politique générale et d'une philosophie de l'histoire.

Malgré les concessions que Hume semble avoir faites, dans sa politique, aux partisans de l'*a priori*, il reste ici, comme partout, au fond de ses doctrines, une lacune qu'il n'a pas souci de combler. Les principes auxquels il applique la déduction ne sont que des faits généralisés. L'idée d'un droit primitif, d'une justice idéale, est absente; et c'est, à coup sûr, une politique incomplète et fausse que celle qui, se maintenant dans la région des faits, ne sait pas faire appel à cette loi supérieure et naturelle, dont la raison analyse les commandements : cette loi qui, excitant parmi les hommes, selon la diversité des intelligences, tantôt des convictions solides, tantôt des enthousiasmes passionnés, pousse le monde en avant, et le fait sortir des sentiers battus pour le jeter dans les voies de l'avenir. Hume, au contraire, se contente de compulser froidement les faits, de constater les résultats acquis. En réalité, il ne sort jamais de l'ornière. Sa politique sage, prudente, manque d'élan et d'ouverture sur les destinées des nations. Il n'a aucune idée des progrès que fait concevoir et désirer l'analyse des droits primordiaux de l'homme. Sans doute, on peut excuser Hume, en observant que les grandes expériences modernes, la fondation des Etats-Unis d'Amérique et la Révolution française, lui ont manqué. S'il eût été le témoin de ces deux faits, ses yeux se seraient ouverts, son esprit se serait agrandi à l'école des événements ; mais je doute qu'ils eussent suffi pour guérir le vice radical de son esprit, le défaut d'imagination, le positivisme incurable d'une intelligence qui est aussi incapable de saisir d'un vol hardi l'idéal, qu'elle est habile à annoter, à commenter les faits, et, pour ainsi dire, à souligner l'expérience.

C'est ainsi que, dans la question de l'origine du gouvernement, Hume nous paraît avoir confondu deux points de vue bien différents : la question de droit et la question de fait. Quand il s'agit de la fondation des empires, l'histoire, on le sait, est rarement d'accord avec la morale et la philosophie. Hume ne se préoccupe que de l'histoire. C'est par l'ascendant primitif d'un homme de mérite qu'il explique l'institution originelle du gouvernement. Un conquérant, un législateur s'est particulièrement distingué par son intelligence, au milieu de ses semblables encore faibles et grossiers. Ceux-ci, dominés ou contraints, lui ont obéi ; puis l'impression de cette obéissance est restée, l'habitude est venue, et les gouvernements ont été fondés pour toujours. Par une explication de ce genre, Hume écarte évidemment, soit la thèse qui, soutenue en Angleterre par les tories, fait du pouvoir une institution divine, et de l'obéisssance passive un devoir; soit la doctrine contraire, que les whigs défendaient, et d'après laquelle l'autorité du gouvernement dépend d'un contrat primitif. Dans l'examen qu'il consacre à ces deux systèmes, Hume n'a pas de peine à écarter le préjugé du droit divin. « Le pouvoir dérive de Dieu, » dit-il, « mais comme toutes choses dérivent de lui (1). » Quant à la doctrine du contrat primitif que Locke avait soutenue, et que Rousseau devait reprendre avec tant d'éclat, Hume a raison de dire que, dans les témoignages de l'histoire, rien ne la justifie. Tous les gouvernements ont été fondés par l'usurpation ou la conquête. Si le contrat social est présenté comme une thèse historique, Hume est dans le vrai, le contrat social est une chimère; mais, au point de vue de la justice, cette chimère est la vérité. Elle n'a jamais été réalisée; elle ne l'a été qu'une fois ou deux dans la longue série des siècles! Qu'importe! Il n'en est pas moins certain qu'elle aurait dû l'être, et qu'avec le progrès des temps, dans un avenir éloigné ou prochain, l'idéal conçu par la raison de quelques hommes deviendra le fait réalisé par l'expérience. C'est ce que Hume ne se décide pas à comprendre. Obstinément attaché à son point de vue historique, il ne veut pas en démordre, et attaquant la théorie du contrat social dans ses parties faibles, il ne veut pas reconnaître où elle est vraie, où elle est forte: quand

---

(1) Essai XII, 2ᵉ partie, *Of the original contract*; Essai XIII, *Of the passive obedience*.

elle nous enseigne qu'il n'y a de gouvernement légitime et de pouvoir sacré que celui qui se fonde sur le consentement libre d'un peuple. Hume est de ceux dont les conclusions ne devancent jamais l'expérience, et dont la politique ne pourrait être complète que le jour où l'histoire du monde serait finie.

Un autre défaut de la politique de Hume, mais qui n'a pas la même importance, c'est l'esprit de défiance qui le caractérise, et dont il est animé à l'égard des hommes. Je conviens qu'il est dangereux d'apporter dans les choses de la politique et dans la pratique du gouvernement un esprit trop chevaleresque et trop optimiste. Mais, enfin, n'est-ce pas pousser l'humeur soupçonneuse un peu loin qu'ériger en loi cette maxime : « Tout homme doit être regardé comme un » fripon que l'intérêt seul dirige? » L'historien qui apprécierait les hommes, le politique qui les gouvernerait d'après ce principe, ne s'exposeraient-ils pas, l'un à des jugements injustes, l'autre à des fautes graves? N'est-il pas plus vrai, au contraire, et plus politique aussi, de compter sur les bons sentiments, sur la générosité, sur la bonté naturelle des hommes? Hume se montre mieux inspiré quand, expliquant les motifs qui inspirent les partis politiques, il avoue que les partis sont guidés presque aussi souvent par les principes que par des raisons d'intérêt. « Si l'intérêt, » ajoute-t-il finement, « gouverne surtout les chefs-
» ce sont les principes qui, le plus souvent, entraî,
» nent les membres subalternes et la foule dont se
» compose le parti. »

Malgré ses imperfections et ses erreurs, la politique de Hume ne se recommande pas moins par de très-grandes qualités de sagesse pratique et de modération conciliante. Sans vouloir rien enlever au respect des autorités légitimes, il s'élève avec énergie contre la doctrine de l'obéissance passive. Dans les cas extrêmes, un peuple, lésé dans ses droits, peut et doit recourir à l'insurrection. La conclusion de Hume est juste sur ce point, mais le raisonnement par lequel il y arrive est mauvais. La justice, dit-il, n'étant fondée que sur l'intérêt social, elle doit être, à l'occasion, sacrifiée à cet intérêt; les anciens se trompaient quand ils disaient: *Fiat justitia, ruat cœlum*, cette autre forme du proverbe français: « Fais ce que dois, advienne que pourra. » Hume commet ici une confusion manifeste. La justice sociale, comme il le dit, n'est pas distincte de l'intérêt général, et c'est pour cela précisément qu'il faut que la justice s'accomplisse. De sorte que, lorsque l'intérêt général d'un peuple l'oblige à secouer la tyrannie qui l'opprime, l'insurrection n'est, en aucune façon, un attentat contre la justice, elle n'en est que l'accomplissement.

Hume n'a rien du révolutionnaire. Les gouvernements établis ont, sur tous les autres, à ses yeux, un grand avantage, celui précisément d'être établis. Parfois même la politique absolutiste de Hobbes semble l'attirer. Il eût été absolutiste comme lui, très-vraisemblablement, s'il avait vécu à la même époque. Les philosophes empiriques subissent volontiers, dans leurs doctrines sociales, l'influence du milieu où s'écoule leur vie. Ils sont les miroirs des faits, n'ayant pas de principes par lesquels ils puissent réagir contre l'expérience. Mais Hume, vivant au milieu d'une société libre, a été conduit naturellement à considérer la liberté comme essentielle au bonheur public. Dans un passage curieux, il exprime cependant cette opinion bizarre, que le gouvernement de l'Angleterre deviendra de plus en plus monarchique, et il hasarde cette prédiction que le despotisme absolu sera la dernière forme de la monarchie anglaise. Ici encore il était influencé par les faits : il voyait grandir les prérogatives de la couronne; il en concluait qu'elles grandiraient toujours. Et cette perspective ne l'effrayait pas. Mieux vaut pour l'Angleterre, pensait-il, l'apaisement d'une monarchie absolue, que les convulsions violentes et les efforts impuissants pour fonder la république. « La monarchie absolue est la » mort la plus douce, le véritable *Euthanasie* que » l'Anglais doit rêver pour la constitution de son » pays. » Combien de fois, dans d'autres temps et dans d'autres pays, des libéraux un peu froids, comme Hume, ont fait le même raisonnement que lui !

Personnellement, nous l'avons dit ailleurs, Hume n'était ni tout à fait un whig, ni tout à fait un tory (1). Il prêche la conciliation à ses compatriotes, et com-

---

(1) Voici comment il définissait les whigs et les tories : « Un » tory est ami de la monarchie, sans renoncer à la liberté, et un » partisan de la famille des Stuarts. — Un whig est ami de la » liberté, sans renoncer à la monarchie, et un partisan de la dynastie » protestante. » Tome IV, p. 72.

mence par la pratiquer lui-même. « Je suis un » whig, » disait-il, « mais un whig sceptique. » Parfois, il semble pencher assez fortement du côté des tories, toujours en vertu de la tendance de son esprit à s'incliner du côté des faits, à considérer comme la meilleure opinion celle qui, historiquement, est la plus forte, et qui a pour elle l'autorité de la tradition, le prestige de l'ancienneté, de préférence à celle qui, même à ses yeux, représente la cause la plus juste et la plus raisonnable. « Les maxi- » mes des tories, » dit-il lui-même, « sont assez ab- » surdes pour choquer le bon sens d'un Samoyède » ou d'un Hottentot (1). »

Hume n'apporte donc nullement, dans ses opinions politiques, l'intempérance de ses opinions philosophiques. C'est un monarchiste sage et libéral, qui considère l'autorité comme la garantie de l'existence des sociétés, et la liberté, comme la condition de leur perfection; mais qui n'est pas assez hardi pour croire que l'exercice et le développement régulier des libertés tendra à rendre de plus en plus inutile le maintien de l'autorité. Autant, dans son *Traité de la Nature humaine*, notre auteur se souciait peu d'être d'accord avec le sens commun, autant il s'efforce, dans ses *Essais politiques*, de se rapprocher de l'opinion générale. « Quelle autorité, » dit-il, « peut avoir un raisonne- » ment moral, s'il nous conduit à des opinions diffé- » rentes de la croyance générale du genre humain? »

---

(1) Essai IX.

Cette timidité politique de Hume, cette modération constamment observée n'excluait pas une certaine vivacité de sentiment. Il condamnait sévèrement l'indifférence en matière politique. Il ne pensait pas non plus qu'il fallût se contenter de n'importe quelles institutions sans chercher à les améliorer. Tout en admettant que le caractère des gouvernants peut tempérer et adoucir les défauts inhérents au régime politique d'un pays, il croyait que la forme même du gouvernement et la nature des lois sont extrêmement importantes, et qu'au lieu de compter sur le hasard des qualités individuelles pour corriger les vices d'une institution générale, il fallait, au contraire, par des réformes et des améliorations incessantes, chercher, dans de bonnes et solides lois, le moyen de neutraliser les ambitions personnelles et les vices des gouvernants. Malgré son indolence naturelle, il eût été, au besoin, un critique assez mordant des hommes et des choses de la politique, et il lui est arrivé quelquefois d'exprimer assez vivement ses sentiments sur les puissants du jour ; témoin un portrait de Robert Walpole, dont il avait fait un des Essais de sa première édition (1).

M. Villemain, dans une brillante leçon sur Hume considéré comme historien, l'accuse de manquer de patriotisme : « Je voudrais, » dit-il, « le voir assister,

---

(1) Ce portrait se termine ainsi : « En qualité d'homme, je » l'aime ; comme homme de lettres (*a scolar*), je le hais ; comme Anglais, je désire avec calme sa chute. » Voir tome III, p. 26-27.

» tantôt avec tristesse, tantôt avec orgueil, avec joie,
» à la fortune de l'Angleterre, au développement de
» cette grande et imposante souveraine. J'aurais voulu
» cela, je ne le vois pas (1). » M. Villemain a raison ;
mais bien des motifs expliquent cette froideur de
Hume. Il ne faut pas oublier qu'il est avant tout Ecossais ; qu'à part quelques brefs séjours à Londres et à
Paris, c'est en Ecosse qu'il a vécu. Aussi est-ce sur
l'Ecosse que se sont portées ses affections patriotiques.
Et ici on ne peut lui reprocher qu'une chose, d'avoir
poussé jusqu'au fanatisme l'amour de son pays natal.
Le moindre poete écossais lui paraît aussi grand
qu'Homère. Toute sa correspondance est pleine de témoignages de tendresse pour ses compatriotes et de
sollicitude pour la gloire de la littérature nationale.
Quant à l'Angleterre elle-même, il ne lui pardonnait
pas son indifférence pour la philosophie, et l'insuccès
de ses premiers ouvrages. L'intolérance des dévots
anglais et l'insensibilité générale du public pour les
travaux de l'esprit n'étaient pas faites pour inspirer
beaucoup de patriotisme à un homme dont les deux
passions furent toujours : la libre pensée et le culte
des lettres. Le contraste de la société française, où les
déistes étaient presque à la mode, où le goût des lettres était une préoccupation dominante, avec la froide
et sèche société anglaise, accrut encore son antipathie
pour ceux qu'il appelle « les turbulents barbares des
» bords de la Tamise. »

(1) Villemain, *Littérature du dix-huitième siècle.*

Aussi son jugement général sur le caractère national anglais n'est pas précisément entaché de complaisance. Il en admire les fortes et saines qualités ; mais il refuse à ses compatriotes les parties poétiques de l'âme (*musical parts*). Il se plaint que leurs poètes comiques descendent trop vite aux grossièretés obscènes ; leurs tragiques, aux assassinats. Les Anglais, dit-il, n'ont pas de dictionnaire, à peine une grammaire : « *manent vestigia ruris.* » Il leur accorde cependant cette supériorité d'avoir produit de plus grands philosophes que les autres peuples de l'Europe. Pour les lettres en général, pour le théâtre et pour l'art, il leur préfère, et de beaucoup, les Italiens et les Français. Rien n'est d'ailleurs plus intéressant que les fines observations de Hume sur les caractères des différents peuples. Ce que nous y aimons surtout, c'est que dans ses vues générales sur le développement de ces caractères, Hume n'est nullement porté à exagérer l'influence et l'action des causes physiques. Il rejette, au contraire, presque entièrement les explications naturalistes qui, comme le dit Ritter, « envahissaient de plus en plus, » à cette époque, le domaine du moraliste. » Il examine particulièrement l'influence du climat (question étrange, remarquons-le en passant, chez un philosophe qui nie le monde extérieur), la discute longuement, et lui accorde beaucoup moins que Montesquieu, qui, sans doute, par allusion à cet Essai, lui écrivait le 19 mai 1749 : « J'aime mieux vous parler d'une » belle dissertation où vous donnez une beaucoup » plus grande influence aux causes morales qu'aux

» causes physiques ; et il m'a paru, autant que je suis
» capable d'en juger, que ce sujet est traité à fond,
» qu'il est écrit de main de maître, et rempli d'idées
» et de réflexions neuves. »

C'est cependant moins la nouveauté que la sagesse et la modération qui nous paraît distinguer les écrits politiques de Hume. Il en est autrement de ses Essais économiques (1), où son originalité est entière. « Il
» serait difficile, » dit lord Brougham, « de parler des
» *Discours politiques* de Hume en termes trop louan-
» geurs. Ils unissent toutes les qualités qui peuvent
» appartenir à un ouvrage de ce genre. Le raisonne-
» ment est clair : il n'est pas surchargé de plus de
» mots ou d'exemples qu'il n'est nécessaire pour expli-
» quer la doctrine. La science est étendue, exacte,
» profonde, non pas seulement pour les systèmes de
» philosophie, mais aussi pour l'histoire ancienne ou
» moderne. Les sujets sont heureusement choisis :
» le style, élégant, vigoureux, précis... Le plus
» grand mérite pourtant de ces discours, c'est encore
» leur originalité, le nouveau système de politique et
» d'économie politique qu'ils contiennent. Hume est,
» à n'en pas douter, l'inventeur de ces doctrines mo-
» dernes, qui maintenant sont les règles de la science,
» qui dirigent en grande partie les actions des hom-
» mes d'Etat, et qui seraient appliquées dans toute

---

(1) Publiés pour la première fois, en 1752, sous le titre de *Discours politiques*, ces Essais ont été réunis aux *Essais moraux et politiques*.

» leur extension au gouvernement des peuples, sans
» les intérêts égoïstes et les préjugés aveugles de cer-
» taines classes puissantes (1). »

Que pourrions-nous ajouter à un éloge aussi complet? Ce qui nous frappe surtout dans les *Discours politiques*, c'est d'y voir un idéaliste, un sceptique, aussi visiblement préoccupé des conditions matérielles du bonheur humain, aussi attentif aux choses positives de la vie. L'*Essai sur le Commerce*, l'*Essai sur le Luxe*, nous montrent un esprit pénétré des nécessités modernes et des besoins nouveaux des sociétés. L'*Essai sur le Luxe*, particulièrement, pourrait être considéré comme une excellente réfutation de J.-J. Rousseau, et des paradoxes violents du *Discours sur les Lettres et sur les Arts* (2). Tout en indiquant les dangers d'un luxe excessif, et sans tomber dans une admiration outrée des progrès de l'humanité, l'auteur y célèbre, avec calme et sagesse, un hymne en l'honneur de la civilisation. Son optimisme n'exclut pas d'ailleurs un sentiment assez vif des plaies sociales, et Hume comprend la nécessité de chercher dans une meilleure distribution de la richesse le remède de quelques inégalités excessives. « Une trop grande disproportion
» dans la fortune des citoyens affaiblit les Etats. Tout
» particulier devrait avoir les moyens de jouir des
» fruits de son travail, en joignant aux nécessités de

---

(1) Lord Brougham, *Vie des hommes de lettres*, p. 204.
(2) « Le progrès dans les plaisirs et dans les arts n'a pas de
» tendance à engendrer la corruption. » Tome III, p. 302.

» la vie quelques-unes des commodités qui charment
» l'existence. Cette espèce d'égalité est conforme à la
» nature humaine; elle diminuerait beaucoup moins
» le bonheur du riche qu'elle n'ajouterait au bonheur
» du pauvre (1). » L'idéal social de Hume serait donc
un peuple actif, industrieux, commerçant. C'est dans
le travail qu'il place la source de la richesse matérielle
et aussi l'origine du bonheur moral.

Les *Essais sur l'argent*, *sur le taux de l'intérêt*, *sur l'impôt*, ne sont pas moins remarquables (2). A part quelques erreurs, comme, par exemple, les doutes exprimés sur l'utilité des banques publiques et des papiers de crédit, ses réflexions sur des sujets aussi nouveaux et aussi spéciaux ont assez de justesse pour être devenus les lieux communs de l'économie politique. Il y montre, avec une clarté parfaite, que les monnaies jouent activement dans le monde de l'industrie un rôle analogue à celui que les mots, que les signes algébriques remplissent dans le domaine de la pensée et de la science. Il détermine avec une grande netteté les causes qui maintiennent ou altèrent le taux de l'intérêt. Enfin, il expose sur la justice de l'impôt en général, sur la nature et le choix des impôts particuliers, les principes les plus justes et les plus sains.

Dans ces études si diverses, et où nous ne pouvons pas plus longtemps suivre Hume, la méthode

---

(1) Tome III. p. 290.
(2) *Ibid.*, p. 309, 324, 381.

est presque partout excellente. C'est un judicieux mélange de faits historiques et de raisonnements modérés. Hume avait beaucoup réfléchi sur l'état des sociétés antiques, et il avait retenu de ses vastes lectures une multitude de menus faits qu'il fait servir habilement à la construction de ses théories. Les côtés économiques de l'histoire des sociétés l'attiraient de préférence. Dans son *Histoire d'Angleterre*, les détails statistiques occupent toujours une certaine place. Il ne dédaigne pas, par exemple, de nous apprendre, d'après les comédies de Shakspeare, combien coûtait sous Elisabeth un pourpoint de velours. Il était donc admirablement préparé aux recherches de l'économie politique, et il les a pratiquées avec la prudence d'un observateur qui s'appuie sur l'expérience et non sur des hypothèses. Il ne mérite pas ici le reproche qu'on lui a adressé d'employer une méthode toute déductive, et d'appartenir à l'école métaphysique (1). Hume a, sans doute, souvent recours à la déduction. Mais n'est-il pas nécessaire d'en user, si l'on veut tirer quelque profit des généralisations de l'expérience ? Y a-t-il une seule science qui ne soit en partie déductive? Ce qui, néanmoins, justifie en partie l'appréciation que nous venons de relever, c'est que Hume se laisse entraîner quelquefois à prédire, par des con-

(1) M. A. Maury, *Revue des Cours littéraires* : *La civilisation en Ecosse*. Il est vrai que M. Maury exprime cette opinion à propos de l'*Histoire naturelle de la religion*. Mais la méthode est la même dans les deux ouvrages : beaucoup d'érudition et un peu de raisonnement.

jectures hardies, l'avenir des sociétés et des nations. Nous en avons déjà donné un exemple à propos de la constitution future de l'Angleterre. En voici un autre non moins curieux, et qui a trait à l'accroissement formidable de la dette publique dans la Grande-Bretagne. Après avoir examiné plusieurs chances vraisemblables de banqueroute, Hume conclut ainsi :
« Il sera toujours difficile et dangereux, pour un mi-
» nistre de notre pays, d'en venir à un expédient
» aussi désespéré que celui d'une banqueroute volon-
» taire ; et, quoique la Chambre des lords et la
» Chambre des communes soient composées de pro-
» priétaires fonciers, la première entièrement, la
» seconde pour la plus grande partie ; quoique, par
» conséquent, les uns et les autres soient personnelle-
» ment peu intéressés dans les fonds publics, il n'en
» est pas moins vrai que leurs relations avec les pro-
» priétaires de ces fonds seront toujours assez étroites
» pour les fortifier dans le désir d'être fidèles aux
» engagements de l'Etat... Mais peut-être nos enne-
» mis de l'extérieur, ayant eu assez de finesse pour
» comprendre que notre salut dépend de cette ré-
» solution désespérée, seront assez politiques pour
» nous cacher le danger, et pour ne nous le décou-
» vrir que lorsqu'il sera inévitable. Comme nos aïeux,
» comme nos pères, nous avons toujours pensé que
» l'équilibre du pouvoir, en Europe, ne pouvait être
» maintenu sans notre intervention et notre assis-
» tance. Mais il peut arriver que nos enfants, fatigués
» de la lutte, accablés de difficultés, s'abandonnent

» à une sécurité fatale, qu'ils laissent opprimer et con-
» quérir nos voisins, jusqu'à ce qu'enfin, en compa-
» gnie de leurs créanciers, ils se trouvent eux-mêmes
» à la merci du vainqueur; et ce malheur, s'il se pro-
» duit jamais, pourra être appelé *la mort violente* de
» notre crédit public (1). » Laissons de côté le fond
de la question, et ne considérons que la méthode.
Nous sommes loin, évidemment, de la théorie qui
faisait de l'induction une association d'idées garantie
par l'habitude. Il serait difficile de se jeter plus résolûment dans l'hypothèse.

Un des mérites des *Essais moraux et politiques*, c'est
qu'à côté d'études économiques. brille dans tout son
éclat la délicatesse naturelle du goût littéraire de Hume.
Pour être un appréciateur intelligent des sociétés indus-
trielles que les temps modernes ont créées, il n'en
est pas moins passionné pour les lettres. Avec quelle
justesse il parle du goût, du sentiment du beau dans
quelques-uns de ces Essais moraux, qui sont peut-être
les meilleurs du recueil : *Sur la délicatesse du goût,
sur la règle du goût, sur l'origine et les progrès des arts
sur l'éloquence* (2)! Le goût qu'il définit : une délicatesse de sentiments telle que l'âme ne laisse rien passer
de beau, ni de laid, sans en être émue, le goût lui paraît la plus précieuse des facultés de l'esprit, celle qui
est la source des joies les plus fines et les plus pures.
Hume sait, d'ailleurs, combien est rare cette exquise déli-

(1) Tome III, p. 399.
(2) *Ibid.*, p. 1, 248, 119, 104.

catesse de jugement, et qu'il faut, pour la développer, de longues études et de profondes réflexions. Il est impossible d'analyser plus finement qu'il ne fait les conditions de la critique littéraire (1).

Eu égard aux principes généraux de la philosophie de Hume, on serait tenté de supposer qu'il n'y a pas à ses yeux de règles universelles qui permettent de distinguer le beau du laid; et que le goût est un sentiment relatif, capricieux comme la mode. Il n'en est rien. Hume repousse avec vivacité cette esthétique par trop large et éclectique, qui proclame que les goûts sont indifférents, et que toute appréciation est juste par cela seul qu'elle existe. Il croit possible de déterminer (bien qu'il ne s'aventure pas à le faire lui-même) de quelles conditions dépend la laideur ou la beauté d'une œuvre. « Il y a, » dit-il, « malgré les
» caprices et les diversités des goûts, des principes
» généraux d'approbation et de blâme en matière
» littéraire... Certaines formes, certaines qualités
» doivent nécessairement nous plaire où nous déplaire,
» par suite de la constitution originelle de notre esprit

---

(1) Tome III, p. 253 et suiv. « La sérénité parfaite de l'esprit,
» le recueillement de la pensée, une attention sérieuse pour l'objet
» qu'il s'agit d'apprécier, voilà les conditions nécessaires sans les-
» quelles nous sommes incapables de juger sur l'universelle beauté
» (*of the catholic and universal beauty*)... Un solide bon sens, uni
» à une sensibilité délicate, cultivé par la pratique, développé par
» les comparaisons, et affranchi de tout préjugé, voilà les qualités
» qui seules peuvent assurer à un critique son véritable carac-
» tère. »

» *(from the original structure of internal fabric)*(1).» Tous les hommes, si leurs âmes étaient également cultivées, goûteraient avec les mêmes délices les mêmes beautés. Il ne faut pas, enfin, se laisser guider aux seules impressions de la sensibilité ; il faut y mêler quelques lumières intellectuelles. La beauté n'est pas une chose relative, variable au gré des opinions individuelles, et aux ordres du premier ignorant venu. Il y a des principes de goût universels, et qui sont presque les mêmes chez tous les hommes ; il y a une critique littéraire.

La beauté d'ailleurs, quoique liée à des conditions fixes et invariables, n'est, en elle-même, qu'un sentiment de notre âme, quelque chose comme la couleur. Ce qui est vrai des sens et du goût au point de vue matériel, l'est aussi de la sensibilité morale, du goût au point de vue intellectuel. Hume est ici fidèle à ses principes. Il n'accorde pas plus à la beauté qu'il n'a accordé à la vertu. « La beauté n'est pas une qualité » qui existe dans les objets eux-mêmes, elle réside » dans l'esprit qui les contemple... » « La beauté et » la laideur ne sont pas plus que le doux ou l'amer » des qualités dans les objets (2). » Ici, comme dans certaines théories de Kant, ce qu'il y a d'invariable dans les choses, en un mot, ce qu'il y a d'objectif, dépend non des objets eux-mêmes, mais de la structure de l'esprit humain.

---

(1) Tome III, p. 256.
(2) Essai XXIII, *Sur la règle du goût; passim.*

Quelques questions particulières ont aussi attiré les regards de Hume, entre autres les causes de la décadence de l'éloquence et les conditions auxquelles se rattache le progrès des lettres et des sciences. Les orateurs de l'antiquité qu'il connaît et qu'il admire lui paraissent bien au-dessus de tous leurs rivaux pour la puissance et le fougue de l'éloquence. Il attribue l'infériorité des modernes à trois causes : 1° la complexité des lois, raison qui n'est bonne tout au plus que pour l'éloquence du barreau ; 2° les progrès du bon sens, et par suite la froideur, la rigueur naturelle aux modernes ; 3° la régularité de plus en plus grande des mœurs publiques : il n'y a plus de Verrès, dit-il, partant il n'y a plus de Cicérons. Peut-être serait-il plus juste de dire : il y a encore des criminels et des orateurs ; il y a encore des Verrès, mais les orateurs emploient leur éloquence à les excuser.

Quant aux lettres et aux arts en général, leur développement suppose, d'après Hume, une longue élaboration, un milieu favorable, en même temps que l'apparition de quelques génies privilégiés, doués d'une grande initiative personnelle. Quatre lois lui paraissent résumer la philosophie de l'histoire des arts : 1° Les peuples libres seuls peuvent pour la première fois produire de grandes œuvres intellectuelles. Ces nobles plantes ne fleurissent pas d'abord sur un sol esclave. Le despotisme tue tout élan, toute ardeur. Mais une fois développées sous l'influence bienfaisante de la liberté, les lettres peuvent être transplantées dans d'autres pays, et y refleurir sous d'autres gouvernements. Par imitation, par reflet, les grands siècles littéraires coïncideront alors même avec des royautés despotiques. 2° Le voisinage, l'union de plusieurs peuples liés par le commerce, par des relations amicales, est encore une condition essentielle du progrès intellectuel. De là, les grandeurs de la Grèce antique. De là aussi, l'avancement rapide des sciences dans l'Europe occidentale, où les influences des grands pays civilisés se fécondent, se complètent, se corrigent les unes les autres. 2° Les lettres peuvent, non moins que les arts, réussir à vivre et à fleurir sous une monarchie, auprès d'une cour brillante ; mais les sciences ne peuvent se passer des mœurs et des institutions d'une société républicaine, car elles reposent sur la liberté de penser, principe incompatible le plus souvent avec l'esprit monarchique. Enfin, 4° les lettres et les arts refleurissent rarement dans le même pays. Comme quelques arbres délicats, elles réclament un terrain frais et vierge (1).

On peut, d'après ces quelques indications, juger de l'ampleur et de la justesse des vues littéraires de Hume. Quoique incomplètes, ces esquisses peuvent néanmoins servir à préparer la construction définitive d'une philosophie de l'art, dont Hume a tout au moins compris la possibilité. Il ne lui manquait guère, pour mener plus loin ses travaux sur ce sujet, que la connaissance des arts plastiques, le goût et la connaissance des œuvres de la peinture et de l'architecture. Il resta toujours insensible, on le

---

1) Essai XXIV, tome III, p. 123 et suiv.

sait, à ces impressions d'un autre genre, et son séjour en Italie, ne le guérit pas de son indifférence.

Mais, en revanche, Hume aimait passionnément les lettres ; et, si nous voulions en chercher les preuves, nous nous contenterions de celles qu'il nous en donne indirectement dans un *Essai sur la Tragédie* (1). C'est une question intéressante que celle de savoir pourquoi, au théâtre ou dans les romans, nous éprouvons un vif plaisir au spectacle ou au récit des malheurs d'autrui. Pourquoi y a-t-il des larmes douces à verser, des émotions de terreur et de pitié agréables à ressentir? Pourquoi est-il vrai, comme on l'a dit, par une variante ingénieuse du poete latin, que :

Medio de fonte dolorum
Surgit amœni aliquid luctu quod amamus in ipso?

Serait-ce parce qu'au plus fort de notre illusion, nous conservons encore secrètement l'idée que tous ces malheurs sont faux et imaginaires? Hume juge avec raison l'explication insuffisante : même quand il s'agit des choses réelles, nous trouvons du plaisir à une description bien faite des crimes ou des souffrances des hommes : nous aimons à lire, par exemple, les passages pathétiques de Cicéron. Quel est donc, enfin, le motif de ce plaisir mystérieux que l'âme ressent en présence des plus tristes tableaux? C'est qu'en pareil cas, nous éprouvons à la fois deux sentiments et deux émotions : une impression douloureuse

(1) Essai XXII, tome III, p. 237.

de compassion ou d'effroi; une impression agréable, le plaisir littéraire que causent de beaux vers et une langue savante et harmonieuse. L'impression agréable emporte dans son mouvement l'impression douloureuse, et la douleur s'efface sous l'action plus forte du sentiment de la beauté. Théorie ingénieuse, peut-être vraie, mais dont nous ne voulons tirer ici qu'une conclusion : c'est que pour l'avoir imaginée, il fallait être un ami délicat, un appréciateur très-sensible des plaisirs littéraires!

La lecture des *Essais moraux et politiques*, en même temps qu'elle enrichit l'esprit d'un grand nombre de réflexions justes, procure aussi cet avantage de mieux pénétrer le caractère de Hume, et grandit par suite notre estime pour lui. Un auteur découvre peu de lui-même dans des théories purement philosophiques; mais s'il écrit sur des sujets politiques, moraux ou littéraires, il ouvre nécessairement de perpétuelles échappées sur son cœur et sur son âme. Hume n'avait pas de passions; son caractère était froid et calme. Si l'on avait à choisir, dit-il quelque part, entre un tempérament ardent, passionné, capable de grandes joies, mais aussi de peines plus vives, et un tempérament paisible et modéré, entièrement maître de lui-même, quel est donc l'homme qui hésiterait à porter ses préférences sur ce dernier caractère? C'était précisément le sien. Mais s'il lui manquait la flamme plus vive de la passion, il avait, à n'en pas douter, connu, par expérience, la douce chaleur du sentiment, du sentiment doux et mesuré. Il possédait cette délicatesse de l'âme, dont il parle si bien dans un de ses Essais, qui élargit le cercle de nos plaisirs et de nos peines, sans nous précipiter dans les entraînements désordonnés, dans les ardeurs troublantes de la passion : cette délicatesse, qui fait aimer davantage les choses qu'on aime, parce qu'elle réduit le nombre des choses qu'on peut aimer, et aussi parce qu'elle nous découvre plus nettement les qualités de celles que l'on aime !

Les autres œuvres de Hume sont des œuvres de combat, où la polémique philosophique ira chercher sans cesse des armes, et qui marquent un moment considérable de l'histoire de la philosophie. Mais elles sont mêlées d'erreurs graves, et l'auteur y expose avec arrogance des hypothèses peu durables. Les *Essais politiques et moraux* sont, au contraire, une œuvre classique, où, dans un style excellent, se font jour des pensées solides, des réflexions judicieuses, des sentiments délicats. Par ces mérites, ils sont dignes de figurer au premier rang parmi les œuvres littéraires de l'Angleterre.

Pour résumer nos impressions, nous ne saurions, d'ailleurs, mieux faire qu'emprunter à Hume lui-même les termes dont il s'est servi pour caractériser ce genre tempéré de philosophie morale et pratique, où l'on se préoccupe moins de rechercher rigoureusement la vérité pour soi-même, que de persuader doucement au lecteur des opinions, qu'on lui rend accessibles, en se rapprochant de lui, en adoucissant la pente par laquelle il doit s'élever jusqu'à vous : « La philosophie morale, ou la science de la

» nature humaine, peut être traitée, » dit Hume,
« de deux manières différentes : chacune d'elles a
» son mérite particulier, et peut contribuer au divertissement, à l'instruction, à la réformation du genre
» humain. L'une considère l'homme comme né principalement pour l'action, comme guidé dans ses
» décisions par le goût et par le sentiment ; comme
» déterminé à rechercher ou à éviter les objets par
» leur valeur apparente, par la forme qu'ils revêtent
» à ses yeux. Comme la vertu est ce qu'il y a de plus
» estimable au monde, les philosophes dont nous
» parlons, pour la peindre des plus belles couleurs,
» empruntent tous leurs charmes à la poésie et à
» l'éloquence ; et traitant leur sujet sur un ton aisé et
» facile, ils s'efforcent surtout de séduire notre imagination et d'engager nos sentiments. Les philosophes de la seconde espèce considèrent l'homme
» plutôt comme un être raisonnable que comme un
» être actif... Quoique leurs spéculations paraissent
» abstraites et même inintelligibles à la foule des
» lecteurs, ils visent à l'approbation des savants et
» des sages, et se croient suffisamment récompensés
» des peines de toute leur vie, s'ils ont découvert
» quelques vérités cachées qui puissent servir à l'instruction de la postérité. Il est certain que la philosophie dont le ton est facile et populaire obtiendra toujours, auprès de la majorité des hommes,
» la préférence sur la philosophie abstraite et rigoureuse ; elle sera toujours considérée, non-seulement
» comme plus agréable, mais comme plus utile. Il

» faut aussi reconnaître que cette philosophie est celle
» qui a valu à ses disciples la gloire la plus durable
» et en même temps la plus juste... Les raisonneurs
» abstraits s'égarent facilement dans la subtilité de
» leurs raisonnements; une seule erreur engendre,
» dans leurs systèmes, une série d'autres erreurs,
» s'ils s'obstinent à en chercher les conséquences;
» aucune conclusion ne les effraie, ni par sa nou-
» veauté, ni par sa contradiction avec les opinions
» communes. Au contraire, un philosophe qui se
» propose seulement d'exprimer les opinions commu-
» nes de l'humanité sous des couleurs plus belles et
» plus séduisantes, s'arrête, si par hasard il commet
» quelque méprise; et, renouvelant son appel au
» sens commun, aux sentiments naturels de son
» âme, il rentre dans le droit chemin, et se met en
» garde contre de dangereuses illusions (1)... » Telle est précisément la philosophie des *Essais moraux et politiques*. Hume a fait effort pour ne pas s'y séparer du sens commun. Et si parfois il se met lui-même en contradiction avec ses principes, il nous en avertit lui-même, ce n'est pas un désaveu : c'est une concession au sens commun, naturelle dans des écrits qui sont faits pour plaire aux hommes.

(1) 1er Essai philosophique, *Des différentes espèces de philosophie*, tome IV, p. 1 et suiv.

CHAPITRE XIV.

CONCLUSION. — I. LE SCEPTICISME DE DAVID HUME. — II. SON INFLUENCE SUR LA PHILOSOPHIE MODERNE.

Il est maintenant possible de jeter un coup d'œil d'ensemble sur la philosophie que nous venons d'étudier en détail dans toutes ses parties, et de la déterminer par quelques traits généraux. Nous voudrions surtout montrer dans quel sens Hume est un sceptique, et dans quel sens il ne l'est pas, et, en second lieu, caractériser l'influence qu'il a exercée sur la philosophie moderne.

I

La plus grave erreur que l'on pût commettre à l'endroit du scepticisme de Hume serait de le considérer comme un pyrrhonisme de parti pris ou de mauvaise foi. Il n'a jamais eu la pensée de faire de la dialectique un jeu, et son doute doit être pris au sérieux. Si, au point de vue intellectuel, Hume est un sceptique dangereux et condamnable, moralement, c'est un sceptique estimable et dont les opinions méritent le respect. Il a pu être sophiste dans les détails de son système, et faire quelquefois violence à la vérité pour tout ramener à ses conclusions générales ; mais il est évidemment sincère dans l'ensemble de ses opinions, et ce qui le prouve par dessus tout, c'est la tristesse, la mélancolie où le jettent parfois ses doctrines. Son caractère n'a rien, sans doute, qui rappelle Pascal et les dramatiques émotions de ce sceptique malgré lui ; mais son âme rigide, calme et digne, n'a rien non plus de la légèreté de Montaigne, de la tranquillité de ce pyrrhonien satisfait, qui se repose si délicieusement dans son doute. Hume a souffert de ses conclusions sceptiques. Il a plusieurs fois senti le vide où le plongeait son système, et fait d'amères réflexions sur son délaissement intellectuel. S'il n'a pas réagi contre ses conclusions, c'est qu'en lui, l'intelligence était toute-puissante ; c'est que la sensibilité n'était pas assez forte pour dominer, par ses élans, les négations qui s'imposaient à son esprit. Ce n'était point ce scepticisme actif, dont parle Gœthe en pensant à Descartes, qui s'efforce sans relâche à triompher de lui-même ; mais ce n'est pas non plus un scepticisme entièrement résigné, qui, s'abandonnant à la pente de ses réflexions, renonce sans regret aux croyances salutaires auxquelles il dit un irrévocable adieu.

Par moments, cependant, il semble entendre, en lisant Hume, je ne sais quel accent joyeux, le cri de triomphe du raisonneur, qui s'applaudit lui-même d'avoir, par de nouvelles observations, confirmé la vérité de ses conclusions. Mais cette joie est peu solide et peu durable. Elle est le fait d'un philosophe qui, condamné au scepticisme par son éducation, se félicite d'appuyer sur de nouvelles preuves des théories auxquelles il se sait fatalement voué, et qui, sentant toute la gravité du parti qu'il a pris, éprouve quelque contentement à penser qu'il a mis une nouvelle fois la raison de son côté. Aussi, lorsque arrivé au bout de ses raisonnements, il en recueille les résultats, on voit bien que son scepticisme lui pèse, et qu'il s'effraie sincèrement des ruines qu'il a lui-même amoncelées autour de lui.

Au terme de la première partie du *Traité de la Nature humaine*, voici comment Hume s'exprime, avant d'aborder l'étude des Passions (1) : « Il me semble, » dit-il, « que je suis comme un homme qui, après
» avoir échoué plusieurs fois contre des bancs de
» sable, et échappé miraculeusement au naufrage en
» traversant un détroit dangereux, aurait encore la
» témérité de se remettre en mer sur le même vais-
» seau, qui fait eau de toutes parts et que la tempête
» a battu si souvent... Le souvenir de mes erreurs
» passées, de mes perplexités m'inspire de la défiance
» pour l'avenir. La misérable condition, la faiblesse,
» le désordre des facultés que je dois employer dans
» mes recherches, accroît encore mes inquiétudes.
» L'impossibilité de corriger ou d'amender ces facul-
» tés me réduit absolument au désespoir, et me
» décide à périr sur le rocher stérile où j'ai mainte-
» nant abordé, plutôt que de m'aventurer sur cet

---

(1) Tome I, p. 325 et suiv.

» Océan sans limites, qui roule ses flots dans l'immen-
» sité. Cette réflexion soudaine sur les dangers que je
» cours me remplit de mélancolie ; et comme cette
» passion, plus que toute autre encore, a l'habitude de
» se complaire à elle-même, je ne puis éviter de nour-
» rir mon désespoir de toutes les réflexions découra-
» geantes que le sujet me fournit avec abondance.

» Je suis d'abord effrayé et consterné de cette soli-
» tude et de ce délaissement où me jette ma philo-
» sophie ; je me représente à moi-même comme un
» monstre étrange et odieux qui, jugé indigne de la
» société humaine, a été exclu de tout commerce
» avec ses semblables, et demeure seul, sans conso-
» lation... J'excite les autres à se joindre à moi, pour
» faire bande à part, mais personne ne m'écoute.
» Chacun se tient à distance ; chacun a peur de la
» tempête qui fond sur moi de toutes parts. Je me
» suis exposé de moi-même à la haine des métaphy-
» siciens, des logiciens, des mathématiciens, et même
» des théologiens : comment être surpris des injures
» dont ils m'abreuvent ? J'ai déclaré que je désapprou-
» vais leurs systèmes : comment s'étonner qu'à leur
» tour ils expriment leur aversion pour mes doctrines
» et pour ma personne ? Lorsque je regarde autour de
» moi, je ne vois de toutes parts que dispute, con-
» tradiction, colère, calomnie et diffamation ; et lors-
» que je me considère moi-même, je ne trouve qu'in-
» certitude et ignorance. »

Hume s'exprimait ainsi à vingt-sept ans, au terme de la première partie du *Traité de la Nature humaine*.

Les mêmes sentiments l'accablaient encore dix ans après, lorsqu'il composa ses *Essais philosophiques*. Dans un passage remarquable, où il oppose la philosophie réellement scientifique, qui n'aspire qu'à la vérité, à la philosophie morale, qui recherche le succès et qui veut complaire au sens commun, il dépeint, sous les traits les plus sévères, l'état où la première plonge ceux qui se livrent à elle ; et voici le langage qu'il prête à la nature : « Abandonnez-vous, » dit-elle aux hommes, « à votre passion pour la science ; mais que
» votre science reste humaine ; qu'elle soit telle qu'on
» puisse immédiatement l'appliquer à l'action et à la
» société. J'interdis toute pensée abstruse, toute spé-
» culation trop profonde. Ceux qui me désobéiront,
» je les punirai rigoureusement par la mélancolie pen-
» sive où ces méditations les auront jetés, par l'in-
» certitude sans fin dont elles les envelopperont ;
» enfin, par l'accueil glacé que rencontreront auprès
» des hommes leurs prétendues découvertes, quand
» ils voudront les mettre au jour (1)... »

Hume était de ceux-là, et je crois qu'après de tels aveux, il est impossible de douter de l'incurable tristesse que lui avaient inspirée ses méditations philosophiques. Peut-être même faut-il voir, dans ces impressions de découragement et de chagrin, la cause qui l'éloigna peu à peu de la philosophie, pour diriger son esprit et ses goûts vers les études plus sereines et moins troublantes de l'histoire. Il ne faudrait pas,

---

(1) Tome IV, p. 5.

sans doute, pousser au tragique une situation morale que la froideur naturelle de Hume rendit toujours tolérable. Il ne connut jamais ces angoisses poignantes que des âmes plus passionnées ressentent, quand elles se séparent des croyances de l'humanité, quand elles brisent tout lien avec le sens commun. Et qui donc, pour flegmatique qu'il soit, ne trouverait pas dans son expérience personnelle de quoi comprendre tout ce qu'il y a d'amer à n'être plus en communion d'idées avec ses semblables? Si même, pour une seule opinion, il en coûte de rompre avec la conscience de l'humanité, combien la souffrance doit-elle être plus vive, lorsque, sur tous les points, on se trouve en contradiction avec elle? Ce n'est pas seulement la foi religieuse que Hume sentait lui échapper : c'était aussi la foi philosophique. Toute réalité 'écroulait autour de lui. Un idéaliste comme Berkeley n'a pas besoin de consolation : l'âme et Dieu suffisent largement à remplir, à occuper ses croyances. Un positiviste comme Auguste Comte se passe, au moins quelque temps, des croyances surnaturelles : il a pour exercer son activité, pour étouffer ses tristesses, le monde sensible, le monde entier à explorer. Mais, je le demande, que restait-il à Hume pour combler le vide des croyances perdues? Autour de lui, en lui-même, aucune réalité certaine. Où est-il? Il n'en sait rien. Ce qu'il est, il ne le sait pas davantage. « De quelles causes dérive mon existence? Quelle est » ma destinée? De qui dois-je courtiser la faveur? » De qui dois-je craindre la colère? Quels sont les

» êtres qui m'entourent?... Toutes ces questions me
» confondent, et je commence à comprendre que je
» suis dans la plus misérable condition qu'on puisse
» imaginer, environné des plus épaisses ténèbres, et
» entièrement privé de l'usage de mes organes et de
» mes facultés (1)... »

En vain l'abus de la dialectique et l'ivresse de la déduction font-ils quelque temps illusion. L'esprit en agissant, en pensant, bien qu'il n'agisse et ne pense que pour se prouver à lui-même son propre néant, se trompe et se satisfait pour quelques moments. Mais, lorsque l'heure de conclure arrive, on hésite, on est épouvanté. Si, du moins, on pouvait gagner des adhérents, recruter des disciples? Mais non! Ou bien il faut traverser le monde, silencieux et prudent, sans essayer une propagande dangereuse, et emporter avec soi son secret; ou bien, si l'on se hasarde à dire sa pensée, à quelles attaques, à quels anathèmes ne s'expose-t-on pas!

Mais ce n'est pas seulement de sa rupture avec les hommes que le sceptique doit souffrir. Rentré en lui-même, du fond de ses pensées solitaires de nouveaux motifs de douleur surgissent. Il est à peu près impossible que la confiance absolue règne dans l'esprit d'un sceptique. Hume lui-même n'a pas atteint cette impassibilité. Il a beau s'attacher de plus en plus fermement à ses motifs de doute, il ne peut échapper à des retours involontaires de dogmatisme, et, pour

---

(1) Tome I, p. 331.

ainsi dire, à des accès de foi et de croyance. Quel que soit l'orgueil du penseur, il ne peut se croire infaillible. L'incertitude livre des assauts à ses conclusions les plus décidées, et trouble la quiétude à laquelle il aspire. Si, par hasard, il s'était trompé dans ses raisonnements ! Si les autres hommes avaient raison !
« Puis-je être sûr, » s'écrie Hume, « qu'en renon-
» çant aux opinions établies, je suis la route de la
» vérité ? Par quel signe puis-je distinguer la vérité,
» à supposer que la fortune me guide vers elle ? Après
» avoir raisonné avec toute la rigueur et le soin dont
» je suis capable, je ne puis donner d'autre raison de
» mon assentiment à telle ou telle opinion, que la
» forte tendance qui me pousse à considérer les objets
» dans un sens ou dans un autre (1). »

Tel est, sans exagération, le tableau fidèle des agitations intérieures auxquelles Hume ne put échapper. Une âme moins forte eût succombé sous le poids d'un scepticisme aussi désespérant. Montaigne acceptait, au moins en apparence, le joug de la foi ; Pascal est passé de la négation à la dévotion la plus exaltée ; Auguste Comte est retombé, vers la fin de sa vie, sous la domination des croyances aimables et des douces espérances. Peu d'hommes ont maintenu, comme Hume, jusqu'à leur dernier jour, l'inflexible rigueur de leur scepticisme obstiné.

Une pareille constance, une fidélité aussi inaltérable à des principes entièrement négatifs, serait un pro-

(1) Tome I, p. 326.

dige étrange, si, à côté de son nihilisme spéculatif, Hume n'avait reconstitué, sur les tendances et les instincts de la nature, un dogmatisme apparent et fictif, qui lui a permis de réconcilier ses doctrines avec les affirmations du bon sens. On se rappelle comment, dans la question du monde extérieur, ou dans celle de l'identité personnelle, Hume, après avoir montré le néant et la fausseté de la croyance générale, en explique cependant la nécessité et la production naturelle. C'est là, en définitive, l'originalité principale de la philosophie de Hume, et on nous pardonnera d'y revenir une dernière fois.

Deux puissances, selon Hume, se disputent l'esprit humain : l'imagination et l'entendement.

L'entendement, qui n'est d'ailleurs que l'ensemble des propriétés les plus générales de l'imagination, se rend compte de l'inanité de nos croyances. Si nous lui obéissons, nous tombons dans le scepticisme absolu. Mais nous ne pouvons pas lui obéir : l'imagination nous retient sous sa loi. Grâce à l'association des idées, elle nous représente le monde extérieur, le monde intérieur comme réels et distincts. Elle n'est, à vrai dire, qu'une ouvrière d'erreur et d'illusion; et les hommes qui s'abandonnent à elle sont, dit Hume, comme les anges dont parle l'Ecriture, qui se couvrent les yeux de leurs propres ailes pour ne pas voir la vérité. Mais enfin nous sommes forcés de subir le joug de l'imagination, parce qu'elle a la nature pour elle; elle est l'expression des instincts primitifs de l'homme. Nous n'avons donc pas à craindre que les raisonnements raffinés de l'entendement soient victorieux et emportent toutes nos croyances. La nature, dans sa prévoyance, a confié la garde de ces croyances à un instinct plus fort, plus efficace que tous les arguments des sceptiques.

C'est donc la nature elle-même qui s'est chargée de dissiper les incertitudes du sceptique, et qui le contraint à croire. « Par une nécessité absolue et au-des-
» sus de tout contrôle, la nature nous détermine à
» juger, aussi bien qu'à respirer et à sentir (1). » —
« Il n'y a pas à craindre que la philosophie sceptique
» puisse jamais détruire les raisonnements de la vie
» commune, et pousser le doute assez loin pour sup-
» primer l'action, comme elle supprime la spéculation.
» La nature maintient toujours ses droits, et triom-
» phe, en fin de compte, de tous les raisonnements
» abstraits (2). » C'est au nom de cette inclination dominatrice, suggérée par la nature, que Hume se croit
» autorisé à vivre, à agir ainsi que le commun des hommes. « Par bonheur, il arrive, » dit-il, « que dans
» l'impuissance où est ma raison de dissiper les nuages
» de mon esprit, la nature suffit à cette tâche, et me
» guérit de ma mélancolie, de mon délire philosophi-
» que, soit en faisant cesser la tension de mon esprit,
» soit par quelque distraction, par quelque impression
» vive de mes sens qui fait disparaître toutes mes chi-
» mères. Je dîne, je joue au trictrac, je cause avec

---

(1) Tome I, p. 233.
(2) Tome IV, p. 48.

» mes amis; et lorsque, après trois ou quatre heures
» de divertissement, je reprends mes réflexions, elles
» me paraissent si froides, si ridicules, que je ne puis
» décider mon cœur à s'y attacher de nouveau (1). »

C'est par cet expédient bizarre que Hume pensait se dérober lui-même aux conséquences de son pyrrhonisme, et rentrer en grâce avec le sens commun. A la faveur de ce nouveau point de vue, son scepticisme spéculatif lui paraît une chose tout à fait indifférente. « Suis-je un sceptique? demandera-t-on,
» un de ces hommes qui n'accordent à nos jugements
» aucune certitude? La question est tout à fait super-
» flue : ni moi ni personne n'avons jamais été con-
» stamment d'une semblable opinion... Quiconque
» prend la peine de réfuter les subtilités d'un scepti-
» cisme absolu et total discute en réalité contre un
» adversaire qui n'existe pas, et s'efforce inutile-
» ment de démontrer par des arguments l'existence
» d'une faculté que la nature a implantée dans l'esprit,
» et dont l'autorité ne peut être éludée (2). » Cette faculté c'est l'imagination.

L'intérêt des recherches sceptiques est donc considérablement diminué par cette nécessité où nous sommes tous, les savants comme les ignorants, de nous incliner devant l'autorité de la nature, de l'imagination, ou de la coutume. Hume ne pouvait pas mieux critiquer son système, qu'en avouant lui-même

---

(1) Tome II, p. 331.
(2) Tome I, p. 233.

qu'il faut agir, dans la vie pratique, comme si ce système n'existait pas ; bien plus, qu'il est absolument impossible de s'en tenir aux négations que ce système pose en vérités, tant est grande notre propension naturelle à croire et à affirmer. A quoi servent des analyses qui seront nécessairement démenties par les instincts les plus puissants de la nature ? A quoi bon prouver que les opinions humaines sont fausses, puisque non-seulement il est utile, puisqu'il est même nécessaire de les croire vraies ?

Comment s'expliquer, d'ailleurs, cette lutte entre les différents principes de notre être ? Si la nature nous a leurrés, si elle nous a entourés d'illusions, elle est donc bien peu habile, qu'elle ait donné à l'homme réfléchi l'intelligence nécessaire pour comprendre que les apparences sont trompeuses et qu'il faut se défier de nos instincts ! Le mécanisme qu'elle a imaginé pour nous induire en erreur est mal combiné, puisqu'elle y a placé, par mégarde sans doute, l'entendement qui nous avertit nous-mêmes de nos illusions ! Si elle voulait nous tromper, pourquoi ne nous a-t-elle pas aveuglés complètement ! Qu'est-ce donc que cet esprit humain, qu'une pente invincible pousse à se duper lui-même par son imagination, à se précipiter dans des abîmes d'erreur, qu'il a cependant la faculté de reconnaître ouverts devant ses pas ? Pascal s'écriait que l'homme, tel qu'il le concevait, est un monstre incompréhensible. Combien plus incompréhensible encore l'homme tel qu'il est rêvé par Hume !

Ne soyons pas, d'ailleurs, dupes des mots ; et ne

nous figurons pas que Hume soit redevenu réellement croyant, parce qu'il accorde une autorité irrésistible aux fictions de l'imagination. Il est bien entendu, pour lui, que les suggestions de l'imagination sont entièrement dénuées de vérité. Nous sommes les jouets d'une hallucination perpétuelle, qui partout nous crée des fantômes : le fantôme de la cause ou de la force active, que nous imaginons derrière les successions de faits; le fantôme de la matière, que nous présentent quelques-unes de nos perceptions ; le fantôme de l'âme enfin, dont l'apparition mensongère dépend de quelques autres de nos perceptions. Et si nous voulons repousser ces fantômes, nous retombons dans le néant : car, dit Hume, nous n'avons le choix qu'entre une fausse raison et pas de raison du tout, c'est-à-dire entre les illusions de l'imagination et le nihilisme le plus complet (*we have no choice, but betwixt a false reason, and none at all*).

La conclusion rigoureuse à tirer d'une pareille doctrine, c'est que la philosophie, c'est-à-dire la réflexion, la lutte que l'entendement engage contre l'imagination, loin de rendre des services à l'humanité, est le fléau le plus pernicieux que l'on puisse inventer. L'homme qui pense, selon Hume, est presque nécessairement un sceptique, et plus il réfléchit, plus l'incertitude le gagne: « Dans tout jugement, notre
» première décision, tirée de la nature de l'objet, doit être corrigée par une seconde, tirée de la nature de
» notre entendement... Si je réfléchis que mon juge-
» ment est faillible, j'ai moins de confiance en mon

» opinion que lorsque je me borne à considérer les
» choses qui en sont l'objet, et lorsque, continuant mon
» examen, j'envisage, l'une après l'autre, chacune des
» appréciations successives que je suis obligé de faire
» de mes facultés, les règles de la logique condam-
» nent l'évidence, et, par conséquent, ma croyance,
» à un affaiblissement progressif qui aboutit à une
» destruction complète (1). » Pour échapper à cette
négation d'elle-même, à ce suicide qui est le dernier
mot des recherches et des efforts de la raison, il n'y
a qu'un moyen : c'est de se retrancher dans la sensibilité, dans la coutume, dans l'imagination. « La
» croyance, » dit Hume, « est le fait plutôt de la
» partie sensitive que de la partie cogitative de notre
» nature. »

On le voit, c'est le scepticisme, le scepticisme absolu qui semble, en définitive, l'emporter, dans les pensées de Hume. Et cependant, ce sceptique qui en vient
à dire que plus on examine une opinion, plus souvent
on la démontre ou on la vérifie, plus on la rend improbable et douteuse, — car chaque nouvelle opération
intellectuelle apporte avec elle sa chance particulière
d'erreur : — ce sceptique qui semble ôter à la philosophie toute raison d'être, à la science toute valeur et
toute autorité; ce sceptique ne renonce pourtant pas à
la spéculation et à la pensée. « Nous ne devons pas dés-
» espérer d'établir un système qui soit, sinon vrai, au
» moins satisfaisant pour l'esprit humain, et qui puisse

---

(1) *Traité de la nature humaine*, cité par Reid, tome V, p. 239.

» résister à l'examen de la critique la plus rigoureuse...
» Pour ma part, j'ai l'espoir de contribuer un peu au
» progrès de la connaissance, en donnant, sur quelques
» points particuliers, un tour différent aux spécu-
» lations des philosophes, et en leur désignant les
» seuls sujets dans lesquels ils peuvent rencontrer
» la certitude et la conviction (1). »

C'est qu'à vrai dire, Hume était moins sceptique qu'il ne le pensait lui-même. Sous ces négations multipliées, sous ces attaques si ardentes contre la raison, contre le sens commun, il y a un courant de dogmatisme, dont il n'a pas nettement saisi la valeur et le caractère spécial. Il nie absolument ce que nous pouvons d'un seul mot appeler les *noumènes*; mais il croit aux phénomènes. Dans l'enceinte des impressions subjectives, il croit à des lois fixes, à des tendances, à des instincts naturels. C'est dans les questions morales surtout que se révèle ce positivisme dogmatique de Hume. Il faut voir comme il malmène les sceptiques qui nient toute distinction primordiale entre le bien et le mal. Il n'admet pas qu'on puisse soutenir ce scepticisme moral, sans être de mauvaise foi. Et de même, on s'en souvient, dans la question religieuse, il croit pouvoir, sans contredire ses principes, affirmer l'existence divine !

Ce dogmatisme de Hume, nous n'avons pas besoin de le répéter, repose sur des bases trop fragiles pour qu'il soit possible d'en être dupe. Mais, quel qu'il

---

(1) Tome I, p. 336.

soit, quelle que fût la défiance qu'il inspirait à Hume lui-même, il ressemble à celui dont se contentent de nos jours les positivistes. Nous définirions volontiers la philosophie de Hume : un système positiviste, ou phénoméniste, exposé par un sceptique. C'est ainsi que s'expliquent et se concilient les deux réputations qu'on a faites à Hume : les uns le considérant comme un pur sceptique, un vrai sceptique, qui doute de son propre doute, qui, comme il le dit lui-même, ne doute pas seulement de ses croyances scientifiques, mais de ses doutes (1); les autres le saluant comme le premier ancêtre de cette école dogmatique moderne qui s'intitule elle-même l'école positiviste.

Hume a contrecarré sur tous les points la vieille philosophie, la vieille métaphysique, et, dans sa lutte trop ardente et trop vive, il a dépassé le but. Il semble n'avoir pas seulement ruiné telle ou telle philosophie, mais toute philosophie, et avoir rendu impossible, non pas seulement la métaphysique, mais la science. Dans son entrain à détruire, il a compromis, non pas seulement les théories existantes, mais celles aussi qui voudraient à leur tour exister. Il en est venu à douter de tout. Mais surpris dans ce doute universel, où l'avaient précipité, sans parti pris, les vivacités de la polémique et l'enthousiasme de la cri-

---

(1) Ce qui donne, en effet, un tour nouveau et extraordinaire à la philosophie de Hume, c'est « la solution sceptique, » comme il dit lui-même, « de ses doutes sceptiques. » Le 4ᵉ Essai philosophique est intitulé : *Doutes sceptiques touchant les opérations de l'entendement*, et le 5ᵉ : *Solution sceptique de ces doutes.*

tique, il a cherché à se sauver lui-même des conséquences de son œuvre; il a imaginé, sans y croire, et par un expédient plus satisfaisant en apparence que solide au fond, un dogmatisme nouveau, qui n'a d'autres fondements que les principes naturels de l'association entre les idées. Il avait fait lui-même, pour ainsi dire, le tour de sa création. Il en savait la faiblesse et l'insuffisance. Mais ce dogmatisme, auquel il ne se trompait pas, d'autres s'en sont emparés, qui ont prétendu, après l'avoir modifié et amélioré, en faire la science définitive, la science qui, seule, serait accessible à l'homme. De telle façon que Hume mérite d'être considéré comme un positiviste, mais non comme un positiviste naïf, satisfait de ses affirmations. Hume a substitué à la métaphysique le phénoménisme, mais un phénoménisme qui doute de lui-même, qui se sait chancelant et mal assuré, et qui, par conséquent, devait provoquer, de la part des rationalistes, des efforts nouveaux pour ressaisir, en dehors et au-dessus des phénomènes, la réalité substantielle, la vérité objective, qui seules peuvent donner au dogmatisme et à la science un objet et un fondement solides (1).

(1) Pour compléter ces explications, citons tout un passage de M. Mill qui confirme, au moins en partie, notre opinion sur le caractère relativement dogmatique des spéculations de Hume. « Au sujet du but et du plan général des spéculations de Hume » et de l'esprit qui y règne, Hamilton avance une opinion, et je » n'hésite pas à le dire, une opinion fausse. Il regarde la philoso- » phie de Hume comme le scepticisme à son vrai sens : l'objet de » Hume, d'après lui, étant de prouver l'incertitude de toute con-

II

Au milieu des contradictions passionnées que soulève l'appréciation des doctrines de Hume, il y a, du moins, un point sur lequel tout le monde est d'ac-

» naissance. Dans cette intention, il le montre raisonnant sur des
» prémisses « qu'il n'a pas établies lui-même, mais qu'il a accep-
» tées seulement comme des principes universellement accordés
» dans les écoles de philosophie qui l'avaient précédé. » Hume
» faisait voir (d'après Hamilton) que ces prétentions conduisaient
» à des conclusions en contradiction avec le témoignage de la
» conscience, ce qui prouvait non que la conscience trompe, mais
» que les prémisses généralement acceptées sur l'autorité des
» philosophes, et qui conduisent à ces conclusions, doivent être
» fausses. (*Discussions*, pp. 87-88, et ailleurs.)
» C'est là certainement l'usage que Reid et plusieurs autres ad-
» versaires de Hume ont fait de ses arguments. Admettant leur
» validité comme arguments, Reid les considérait non comme
» prouvant les conclusions de Hume, mais comme une *reductio*
» *ab absurdum* de ses prémisses. Cependant il me semble extrê-
» mement improbable que Hume ait prévu qu'on les ferait servir
» à cet usage, soit dans un but dogmatique, soit dans un but pu-
» rement sceptique. Si nous formons notre opinion en lisant la
» série tout entière des essais métaphysiques de Hume au lieu de
» juger sur quelques expressions détachées d'un seul Essai (la
» philosophie académique ou sceptique), notre conclusion sera, je
» crois, que Hume acceptait sincèrement les prémisses et les
» conclusions. Il serait difficile sans doute de le prouver par un
» témoignage décisif, et je ne me hasarderai pas à l'affirmer d'une
» manière absolue. Quand il s'agit des philosophes libres pen-
» seurs du dernier siècle, il est souvent impossible de s'assurer
» complétement de ce qu'étaient réellement leurs opinions, de
» connaître jusqu'à quel point leurs réserves exprimaient leurs
» convictions réelles ou étaient des concessions aux prétendues

cord : c'est l'importance de son rôle historique. La philosophie de Hume ne saurait passer pour un accident sans valeur et sans portée, pour un épisode indifférent de l'histoire de la pensée. L'auteur du *Traité de la Nature humaine* n'est pas seulement un faiseur de paradoxes qu'une érudition curieuse doit tenir à

» nécessités du moment. Hume, il est certain, a fait largement
» des concessions de cette nature; on ne peut pas dire qu'elles
» ne soient pas sincères. elles sont évidemment comprises comme
» φονήεντα, au moins comme συνετοῖσι. Il me semble fort que le
» scepticisme de Hume était un déguisement de cette espèce,
» adopté plutôt pour esquiver une attaque que pour cacher son
» opinion ; il aimait mieux recevoir la qualification de sceptique
» qu'une autre plus odieuse ; et comme il avait à tirer des con-
» clusions dans lesquelles il savait qu'on verrait la négation, d'une
» part du témoignage du sens commun, d'autre part des doctri-
» nes de la religion, il ne voulut pas les donner pour des convic-
» tions positives, et crut plus à propos de les donner pour les
» résultats auxquels on pourrait arriver, si l'on accordait une en-
» tière confiance à la véracité de la raison. Je ne doute pas qu'il
» n'ait eu lui-même cette confiance et qu'il n'ait souhaité de la
» voir partager à ses lecteurs Il n'y a certainement pas trace d'un
» sentiment différent dans ses spéculations sur les autres sujets
» importants traités dans ses œuvres : et même sur ce sujet, le
» sens général de ses écrits indique une tendance, et des passa-
» ges isolés seuls en indiquent une autre ; il est donc plus rai-
» sonnable d'interpréter les derniers de manière à ne pas con-
» tredire l'état d'esprit habituel de l'auteur qui se révèle dans le
» premier.

» Par conséquent je ne peux m'empêcher de croire que Hamil-
» ton a mal compris le caractère essentiel de Hume ; mais ce qui
» honore à la fois Hamilton comme philosophe et comme homme,
» c'est qu'il professe pour Hume une ardente admiration et qu'il
» a loyalement réclamé pour lui le titre de penseur. » — Voir
M. Mill, *Hamilton*, p. 611.

remettre en lumière : c'est un penseur qui a porté sa critique dans le vif des questions modernes, et dont l'inspiration se retrouve encore vivante dans les écoles les plus opposées. Dans la chaîne des systèmes philosophiques, sa doctrine est un anneau particulièrement solide et saillant, auquel se soudent un grand nombre d'autres anneaux. A quelque point de vue qu'on se place pour le juger, il faut reconnaître en lui un de ces esprits dominateurs qui subjuguent même leurs adversaires, et qui, s'ils excitent la contradiction, s'ils provoquent les récriminations violentes, ne permettent pas du moins l'indifférence. Aucun grand philosophe moderne ne s'est soustrait à l'influence de Hume. La plupart l'ont combattu et réfuté ; nul ne l'a passé sous silence. Trois hommes qui, à des degrés divers, peuvent être considérés comme trois maîtres de la pensée moderne, Reid, Kant, Auguste Comte, ont particulièrement subi l'action de son génie. C'est ce que nous allons montrer en peu de mots. Nous dirons ensuite, en dehors de l'histoire et des faits, quelle est la part légitime d'influence que Hume peut et doit exercer sur les destinées de la philosophie ; quelle est, en d'autres termes, la mesure de vérité que contient son système.

§ 1.

Parlons d'abord de Reid et de l'Ecole écossaise. Reid est d'un an à peine plus jeune que Hume. Mais tandis que Hume publiait à vingt-huit ans son *Traité*,

Reid attendait sa cinquante-quatrième année pour mettre au jour son premier *Essai*(1). Aussi trouve-t-on, d'un côté, la témérité juvénile qui se hasarde sans scrupule dans une voie nouvelle et périlleuse ; de l'autre, la prudence réfléchie d'un esprit mûr et solide qui se confie surtout au sens commun, et dont l'ambition suprême est de mettre au service des croyances générales l'appoint de ses réflexions personnelles.

Quelque jugement que l'on porte sur la philosophie de Reid, on ne saurait contester qu'elle a été presque tout entière suscitée par la philosophie de Hume. Revendiquer les droits de la raison contre les négations du *Traité de la Nature humaine*, relever les vérités que l'impitoyable sceptique avait reléguées au rang des chimères, tel est le but qui anima les efforts et l'enthousiasme du simple et bon pasteur de New-Machar. Reid nous l'a dit lui-même : dans sa solitude, dans son calme et sa paix évangélique, la lecture des œuvres de Hume apporta des éléments d'agitation et de trouble ; elle détermina les méditations qui remplirent toute une longue et studieuse existence.

Il y eut d'ailleurs, entre Reid et Hume, des relations directes et un commencement de correspondance dont l'histoire doit garder le souvenir. Avant de livrer au public ses *Recherches sur l'esprit humain*, Reid, par l'intermédiaire du docteur Blair, voulut soumettre son livre à l'examen de celui dont il s'était constitué

---

(1) En 1764 parut le premier ouvrage de Reid : *Inquiry into the human mind.*

l'irréconciliable adversaire. Mais, entre deux nobles esprits, l'opposition des doctrines n'empêche pas l'aménité des rapports. On a conservé les lettres qu'échangèrent à cette époque les deux philosophes. Après avoir félicité Reid sur l'ensemble de l'ouvrage (il y était surtout question des perceptions de la vue), après avoir signalé quelques obscurités de détail, Hume termine en déclarant que, loin d'être mortifié par les critiques de son contradicteur, il s'en honore ; il prétend, dit-il, à une part des louanges que méritent les travaux de Reid, parce qu'il croit, par ses erreurs mêmes, par leur rigoureuse liaison tout au moins, avoir contribué à le mettre sur le chemin de la vérité. Reid répondit par une lettre que nous transcrivons presque en entier : «... Que j'ai ou non réussi
» dans mon entreprise, je n'en dois pas moins recon-
» naître que je suis votre disciple en métaphysique.
» J'ai plus appris dans vos écrits sur ce sujet que dans
» tous les autres écrits des philosophes. Je ne regarde
» pas seulement votre système comme très-rigoureu-
» sement lié dans toutes ses parties, mais comme
» très-exactement déduit des principes que vous
» acceptez, et qui sont généralement admis par les
» philosophes : principes dont je n'aurais moi-même
» jamais douté, si les conséquences que vous en tirez
» ne m'avaient inspiré de la défiance. Si ces principes
» étaient vrais, votre système le serait aussi. Et sur
» la question de savoir s'ils sont vrais, oui ou non,
» il est évidemment beaucoup plus facile de répondre,
» maintenant que vous avez mis au jour toutes les

» conséquences qui en procèdent, qu'il ne l'était quand
» la majeure partie de ces conséquences était encore
» dans l'ombre. Si donc ces conséquences doivent
» être repoussées, vous méritez une part de l'éloge
» qui reviendra aux adversaires et aux contradicteurs
» d'un pareil système ; car vous leur avez à la fois
» indiqué le but qu'il fallait viser et fourni les armes
» pour y atteindre (1)... »

Reid voulait dire qu'en dévoilant les conséquences des prémisses empiriques ou idéalistes de ses devanciers, Hume avait montré à ses successeurs de quel côté surtout leurs coups devaient être dirigés ; et qu'en même temps, par l'absurdité de son scepticisme, il avait discrédité lui-même et réfuté à l'avance les principes sur lesquels il s'était appuyé.

Il serait trop long de suivre dans le détail la longue polémique de Reid contre Hume (2). Sur tous les points, la lutte est déclarée et vivement soutenue. Disons cependant que, dans ces critiques poursuivies sans relâche, Reid se montre plus ferme de croyance que puissant en argumentation. Sa réfutation de Hume est plus éloquente que solide. Elle contient plus d'exclamations, plus de cris de révolte et d'impatience que de bonnes et solides raisons. Sa tactique consiste presque partout à retourner contre Hume les consé-

---

(1) Voir Burton, tome II, p. 154. — Voir aussi la Dédicace de Reid, dans les *Recherches sur l'entendement humain*.

(2) On peut consulter, sur ce sujet, la *Philosophie écossaise* de Cousin.

quences de son système, conséquences que Hume s'empressait d'avouer. Il était trop facile de mettre l'auteur du *Traité de la Nature humaine* en opposition avec le sens commun ; et Reid a mieux réussi à établir que les doctrines de Hume sont dangereuses qu'à prouver qu'elles étaient fausses.

Sur plusieurs points on peut affirmer que Reid n'a pas tout à fait compris Hume. Nous avons déjà dit de quelle illusion il avait été victime, quand il a cru voir dans la théorie des idées-images le principe du scepticisme de Hume à l'endroit du monde-extérieur. De même, quand il reproche à Hume d'avoir employé le mot *impression* d'un façon vague, sans qu'on puisse savoir, dit-il, si ce mot désigne l'acte de voir, ou bien l'objet qu'on voit; il est clair qu'en posant une semblable question, Reid n'a pas eu une conception nette du système de Hume, puisque ce système consiste précisément à supprimer tout objet, à considérer les impressions uniquement au point de vue subjectif (1). Ce n'est pas non plus réfuter Hume que lui faire remarquer qu'on arrive par ses principes à détruire toute distinction entre les opérations de l'âme et les objets de ces opérations (2). Hume n'a jamais prétendu maintenir cette distinction. En résumé, Reid s'est trop souvent contenté contre son adversaire d'une réfutation par l'absurde. Les appels au sens commun sont plus fréquents dans son livre que les recherches positives, dérivées

---

(1) Reid, trad. Jouffroy, tome III, p. 36 et suiv.
(2) *Ibid.*, p. 29.

de l'observation, ou interprétées par le raisonnement. Les Essais de Reid n'en sont pas moins une œuvre considérable, un effort vigoureusement tenté pour systématiser les croyances générales. Quelques parties surtout, entre autres les observations relatives aux sens, et la longue discussion sur les notions morales, sur l'origine de la justice, sur la nécessité de donner à la morale un fondement rationnel, sont dignes du grand nom que Reid s'est acquis dans l'histoire de la philosophie moderne. Hume n'eût-il d'autre mérite que celui d'avoir forcé Reid, pour échapper à des conclusions qu'une âme dogmatique et pieuse ne pouvait accepter, à examiner avec sa bonne foi et son ardeur naturelle les principales questions de la philosophie, qu'il faudrait faire déjà très-grande la part de gloire du sceptique. Hume a déterminé la réaction de l'Ecole écossaise, comme autrefois les sophistes d'Athènes avaient provoqué les efforts de Socrate.

Mais l'influence de Hume ne s'arrête point là : on peut sans hésitation affirmer que Hume a agi directement sur l'Ecole écossaise. Il a contribué à lui inspirer un goût exclusif pour les recherches psychologiques; une prédilection marquée pour cette philosophie de l'esprit humain, dont Reid le loue avec raison d'avoir fait le centre de toutes les sciences (1). Il lui a transmis cet esprit de prudence et de timidité métaphysique dont elle ne s'est guère départie. Il a enfin été son

---

(1) Reid, Préface des *Essais sur l'entendement humain*, trad. Jouffroy, tome III.

modèle, dans toutes les applications pratiques et morales de la psychologie où elle s'est complu. Il n'y a pas jusqu'au principe fondamental de la philosophie de Reid et de ses successeurs, l'autorité du sens commun, dont Hume n'ait quelque droit à revendiquer pour son compte la primitive inspiration. Hume, comme Reid, parle d'instincts naturels, de croyances invincibles; il y a cette seule différence que l'autorité, devant laquelle ils s'inclinent l'un et l'autre, est illusoire et fictive pour l'un, légitime et infaillible aux yeux de l'autre; que, pour Hume, les croyances naturelles ne sont que des nécessités subjectives; pour Reid, au contraire, elles sont d'incontestables vérités (1).

L'action directe de Hume sur l'Ecole écossaise s'accentue encore et se précise davantage chez les successeurs de Reid.

Dugald Stewart semble déjà juger Hume avec moins de rigueur. Sur quelque points, il est près de s'entendre avec lui. Sur la question fondamentale : — l'esprit perçoit-il directement l'essence, la substance des choses? — les deux philosophes professent la même conclusion négative, et réduisent la portée directe de l'esprit à la perception des phénomènes : « Ce n'est
» pas la matière ou le corps dont j'ai la perception
» par les sens : c'est uniquement l'étendue, la figure,
» la couleur ; toutes choses que ma *constitution natu-*

---

(1) Cette remarque a déjà été faite. « Reid, » dit Ritter, « est
» d'accord avec Hume quand il dit que notre croyance à l'existence des choses repose sur une foi, sur un instinct. »

» *relle* me fait rapporter à quelque chose d'extérieur.
» Et de même pour l'esprit. Nous n'avons pas immé-
» diatement conscience de son existence ; mais nous
» avons conscience de nos sensations, de nos pensées,
» des actes de notre volonté. Ces opérations suppo-
» sent l'existence d'un être qui sent, qui pense et
» qui veut... Nous sommes dans une ignorance abso-
» lue de ce qui constitue l'essence de l'âme et celle de
» la matière (1). » Y a-t-il bien loin de cette *constitution naturelle* qui nous détermine à concevoir, derrière les qualités perçues, un être substantiel et identique, à l'instinct naturel qui, selon Hume, maintient nos croyances malgré les raisonnements du scepticisme ? Pour Stewart, comme pour Hume, les phénomènes seuls sont immédiatement saisis par l'esprit ; l'existence de l'âme, l'existence de la matière relèvent non d'une perception directe, mais d'une croyance suggérée par la nature.

Stewart a beaucoup insisté pour justifier, à un certain point de vue, la théorie de Hume sur la causalité. Dans ses notes, il accumule les textes pour montrer que l'opinion de Hume sur les relations des phénomènes n'est pas, comme on pourrait le croire et comme Reid le pensait, un paradoxe nouveau et isolé dans l'histoire de la philosophie ; qu'elle a pour elle, au contraire, les témoignages de Butler, de Berkeley (dans son ouvrage intitulé *Siris*, ou *Recherches philoso-*

---

(1) *Eléments de la philosophie de l'entendement humain*, tome I,

phiques sur les vertus de l'eau de goudron), de Locke, et avant eux, de Hobbes, de Malebranche lui-même. Il est vrai, que Dugald Stewart ne se range à l'avis de Hume que dans les limites de l'observation sensible. Comme il le dit lui-même, « dans cette question » de la causalité, ses prémisses sont vraies, sa con- » clusion est fausse ; » ses prémisses, c'est-à-dire l'impossibilité de percevoir immédiatement par les sens une cause, une force réelle ; sa conclusion, c'est-à-dire la négation du principe de causalité.

Stewart ne s'est jamais caché de son admiration profonde pour Hume. Il suffit de lire ses ouvrages pour se convaincre qu'il l'avait assidûment pratiqué. Il le cite sans cesse. Dans sa *Dissertation sur les progrès de la philosophie,* il lui fait une place aussi importante qu'à Locke ou à Kant. Il combat, sans doute, son scepticisme, mais il l'envisage comme une crise utile et salutaire aux progrès de la philosophie.

Nous ne voulons pas pousser plus loin et suivre dans le détail les rapports de Hume et de l'Ecole écossaise. Disons seulement que l'influence du premier des grands philosophes écossais, se retrouve encore dans les écrits de Hamilton, le dernier représentant de cette école. Sans y insister, nous citerons le jugement que Hamilton lui-même a porté sur Hume dans ses leçons sur la métaphysique (1): « A » la philosophie sensualiste de Locke, Hume opposa

---

(1) Voir Hamilton, *Lectures on métaphysics*, édition Mansel, tome II, p. 395.

» la difficulté de rendre compte de la nécessité, qui
» est un des caractères de la liaison de causalité. Le
» sensualisme de Locke ne présentait pas de prin-
» cipe qui pût servir même à tenter une pareille
» explication; quant au principe de la coutume, Hume
» a montré qu'il ne pouvait donner une nécessité
» réelle. L'alternative est donc : ou bien la doctrine du
» sensualisme est fausse, ou notre nature est un en-
» semble d'illusions... Les profonds penseurs ont été
» déterminés par là à chercher un plus solide fonde-
» ment à la philosophie, que l'édifice superficiel de
» Locke. Hume a été ainsi la cause ou l'occasion de
» tout ce qui a de la valeur dans nos récents travaux
» de métaphysique (*of all that is of principal value in*
» *our more recent metaphysics*). Hume est le père de la
» philosophie de Kant, et, par Kant, de toute la philo-
» sophie allemande : il est le père aussi de Reid, de
» Stewart en Ecosse, et de tout ce qui se distingue
» par un mérite éminent, soit dans la philosophie
» française, soit dans la philosophie italienne. »
Hamilton exagère peut-être un peu ; mais il est bien
évident, par son témoignage, qu'il ne croit pas avoir
échappé lui-même à l'influence de Hume, puisqu'il
fait de cette influence le principe de tout ce que les
travaux récents de métaphysique ont produit de distingué dans les contrées philosophiques de l'Europe.

§ 2.

On connaît la phrase célèbre de Kant : « C'est Hume

qui m'a réveillé de mon sommeil dogmatique (1). »
Il faut ajouter que si Hume lui a révélé, par ses attaques, la nécessité de renouveler la métaphysique, il lui a parfois aussi suggéré les moyens de se défendre contre le scepticisme. « Hume, » dit M. Cousin, « est
» le fantôme perpétuel de Kant. Dès que le philoso-
» phe allemand est tenté de faire un pas en arrière
» dans l'ancienne route, Hume lui apparaît et l'en dé-
» tourne ; et tout l'effort de Kant est de placer la
» philosophie entre l'ancien dogmatisme et le sensua-
» lisme de Locke et de Condillac, à l'abri des attaques
» du scepticisme de Hume (2). »

Nous allons rapidement préciser sur quels points a principalement porté l'influence du philosophe écossais. Mais disons d'abord que cette influence est surtout indirecte, qu'elle se manifeste par l'opposition presque constante du disciple. Si Kant a passionnément étudié la philosophie de Hume, ce n'a été que pour mieux la combattre. Il lui est arrivé ce qui arrive parfois aux enfants, dont le caractère est en partie une réaction contre les caractères de leurs parents ou des personnes qu'ils ont le plus familièrement fréquentées. Néanmoins, Kant a eu quelque peine à se défendre contre l'obsession des idées de Hume, et les remèdes qu'il a imaginés pour guérir le mal qu'avait fait Hume ressemblent quelquefois d'assez près à ce mal lui-même.

---

(1) Kant, *Prolégomènes de toute métaphysique future*, Préface.
(2) Cousin, *Philosophie de Kant*, p. 18.

Ce qui est tout d'abord incontestable, c'est l'admiration profonde de Kant pour Hume. Il n'y a pas d'épithète élogieuse qu'il ne lui accorde. L'illustre Hume est pour lui « le plus ingénieux des scepti- » ques..., un grave et judicieux philosophe..., un » esprit pénétrant..., un homme si habile et si esti- » mable ! » Cette admiration a surtout pour principe le mérite que le philosophe allemand attribue justement à Hume, d'avoir voulu déterminer exactement la portée de l'intelligence, et d'avoir été un des géographes de la raison humaine. C'est Hume qui, le premier, a réellement inauguré les attaques contre les prétentions, justifiées ou non, de ce que Kant appelle la raison pure. Et peut-être, malgré les différences que nous allons relever, est-il permis de dire qu'ici les deux philosophes sont à peu près du même avis. Le droit que s'arroge la raison de sortir des limites de l'expérience possible, pour concevoir des vérités transcendantales, Kant le conteste aussi bien que Hume. Sur un point au moins, l'entente est complète : la condamnation de l'ancien dogmatisme. Si Kant condamne le scepticisme de Hume en lui-même, il l'approuve comme négation de la vieille métaphysique, qu'il importe de renverser, ou tout au moins de réformer.

Hume a donc entrepris une œuvre louable ; mais son tort a été de ne pas la pousser jusqu'au bout, et de ne pas l'embrasser dans son ensemble. Il y a, selon Kant, trois moments à distinguer dans le travail de la pensée philosophique : le dogmatisme d'abord, puis le scepticisme ; enfin, la critique. Le scepticisme s'insurge justement contre les vaines tentatives d'un dogmatisme imprudent : mais il se trompe, en refusant de rien accorder à la raison, et de reconnaître son existence et son rôle spécial. La critique consiste précisément à rectifier les erreurs du sceptique, et, par une détermination complète des principes de l'entendement et de la raison, elle rétablit le dogmatisme sur des fondements inébranlables. Mais c'est le scepticisme qui a préparé l'œuvre de la critique, et qui rend possible la saine appréciation des facultés de l'intelligence. Or, Hume en est resté à la méthode sceptique, et a laissé à Kant le soin d'instituer la méthode critique. Le *Traité de la nature humaine* nie toute extension de la raison en dehors de l'expérience, et il est dans le vrai, en ce sens qu'il nous inspire une défiance générale : mais il est dans le faux, en ce qu'il ne marque pas exactement les bornes de l'ignorance à laquelle nous sommes condamnés. Après avoir contesté légitimement certaines applications de la raison, Hume se trompe, lorsque, sans examen préalable, il dénie à l'esprit tout pouvoir de s'étendre *a priori*. Sa critique est négative, celle de Kant positive. Et, pour reprendre une comparaison qui revient souvent dans la *Critique de la raison pure*, Hume ressemble à un géographe qui se contenterait de dire : la terre est limitée ; tandis que Kant prétend aller plus loin et déterminer exactement la forme sphérique et les limites précises d'un monde dont il a fait le tour.

Disons-le tout de suite, Kant nous paraît trop indulgent pour Hume. Que les négations absolues de

Hume aient tourné au profit de la philosophie, et que Kant en ait tiré des inspirations salutaires pour le rétablissement du dogmatisme, on ne saurait le contester; mais, pris à la lettre et dans ses intentions réelles, le scepticisme de Hume ne tend pas seulement à laisser indécise et confuse la limite de nos connaissances, il détermine très-nettement cette limite dans le sens le plus étroit de l'empirisme, sans autoriser la raison à tenter de nouvelles entreprises où elle puisse avoir le moindre espoir d'un meilleur succès.

Kant a, d'ailleurs, parfaitement compris que la discussion du principe de causalité est le point capital de la philosophie de Hume. Il le loué d'avoir, en examinant la valeur de ce principe, soulevé une question de laquelle dépend le salut ou la ruine de la métaphysique : la question de la possibilité des jugements synthétiques *a priori*. Mais il le blâme d'avoir circonscrit son examen à la seule proposition synthétique de la liaison de l'effet avec sa cause : « Ses
» erreurs vinrent surtout, » dit-il, « d'un défaut qui
» lui est commun avec tous les dogmatiques : c'est
» qu'il ne considérait pas systématiquement toutes
» les espèces de synthèses *a priori* de l'entendement ;
» car il aurait trouvé que le *principe de la permanence*,
» par exemple (pour ne faire ici mention que de ce-
» lui-là), est, comme celui de la causalité, une antici-
» pation de l'expérience. »

Il est certain, et nous avons eu souvent l'occasion de le répéter, qu'en fait d'analyses, Hume se satisfait trop vite, et le défaut fondamental de sa méthode a été très-justement mis en lumière par Kant. Mais si la critique est fondée, l'éloge nous semble un peu excessif, et nous persistons à penser que Hume n'a jamais songé à la distinction des jugements synthétiques et des jugements analytiques. Comme tous les esprits inventifs, Hume prête souvent ses propres idées aux autres. Il est de ceux qui lisent un livre plutôt dans les méditations que l'auteur leur inspire, que dans le texte même qu'ils ont sous les yeux. Kant, d'ailleurs, reconnaît lui-même que « Hume ne s'est jamais bien » expliqué là-dessus : il pensait peut-être bien qu'il » y a certains jugements où nous sortons du concept » de l'objet... » La question ne s'est jamais posée ainsi pour Hume. Il distinguait, on s'en souvient, les connaissances qui résultaient de la comparaison même des idées, et les probabilités qui dérivaient de l'expérience. Il faut beaucoup de bonne volonté pour retrouver dans la première catégorie les jugements analytiques, et dans la seconde les jugements synthétiques. Mais la facilité avec laquelle Kant se décidait à retrouver dans Hume l'origine d'une des distinctions capitales de sa philosophie, est elle-même une preuve que, sur d'autres points, il lui était réellement redevable de quelques inspirations.

Il est certain, par exemple, que le scepticisme de Hume est la raison qui a déterminé Kant à imaginer les catégories de l'entendement et l'ensemble des formes subjectives, quelque nom qu'il leur donne d'ailleurs, par lesquelles il croit rétablir l'autorité de nos jugements si compromise par Hume. Hume avait, en quelque sorte, abouti à une dissolution totale de l'entendement; il avait décomposé l'intelligence en un nombre indéfini d'éléments, sans aucun lien réel, unis seulement par l'habitude. Au lieu de ces relations précaires et entièrement *a posteriori*, Kant admet des principes premiers, qui sont les fondements de l'expérience, comme les catégories de l'entendement, ou qui même tendent à nous faire sortir des limites de l'expérience, les lois de la raison. Mais, comme Hume, Kant ne va pas chercher dans les choses elles-mêmes, dans un rapport direct de l'esprit avec son objet, le principe de la science et de la certitude. Pour lui, comme pour Hume, les relations, les rapports des idées sont entièrement subjectifs; mais ces rapports dérivent pour lui, *a priori*, de la constitution même de l'esprit, tandis qu'ils ne sont pour Hume que les résultats de l'expérience et de la coutume.

L'existence des jugements synthétiques *a priori*, qu'ils dérivent de l'entendement ou de la raison, voilà ce que Kant reproche surtout à Hume d'avoir méconnu; et comme Hume ne s'est guère occupé que du jugement de causalité, c'est sur ce point particulièrement que Kant insiste dans sa critique. Il y a, dans la *Critique de la raison pure*, d'admirables chapitres destinés à rétablir l'autorité primitive et innée du principe de causalité. Avec une perspicacité parfaite, Kant reprend Hume d'avoir confondu la détermination particulière de telle ou telle cause, qui n'est possible qu'après expérience, avec l'affirmation générale de la nécessité d'une cause, affirmation qui s'impose *a priori*. Que le soleil durcisse l'argile et fonde la neige, c'est ce que nous ne pouvons savoir qu'après observations préalables; mais que ces deux phénomènes aient une cause, c'est ce que tout esprit sait par lui-même, en vertu des conditions mêmes de son développement.

Ce n'est peut-être pas non plus sans se souvenir de Hume que Kant a fait de la sensibilité la première forme de l'intelligence. La sensibilité est pour lui, on le sait, la faculté de connaître, non pas les choses en soi, mais les phénomènes. Pour Hume, la sensation est le principe de tout développement intellectuel; la croyance n'est qu'une sensation, ou une idée avivée par son rapport avec une sensation.

Enfin, il est impossible de ne pas être frappé du rapport qui existe entre le dogmatisme de Hume, fondé sur les instincts de la nature, et le dogmatisme de Kant, appuyé sur les notions morales. Les deux philosophes, après avoir critiqué l'usage spéculatif de la raison, et abouti, quoique différemment, au scepticisme, ont senti la nécessité de reconstruire l'édifice qu'ils avaient détruit. Mais chez le philosophe allemand, les croyances de la raison pratique trouvent leur point d'appui dans un monde supérieur à l'expérience; au-dessus des phénomènes, l'esprit saisit le noumène, et c'est dans ce monde idéal que nos croyances sont réalisées. Il est inutile de dire que Hume n'a conçu avec netteté rien de semblable, et que, soutenues seulement par l'instinct, les croyances qu'il combat ne sont sauvées qu'en apparence, et pour le besoin de la vie pratique. Son esprit n'a pas eu assez d'essor pour échapper au scepticisme autrement que par un dogmatisme précaire, qui n'est qu'un expédient sans valeur. Mais s'il n'a pas su marcher lui-même dans la voie hardie où s'est jeté celui qu'il a la gloire d'avoir compté parmi ses admirateurs et ses disciples, il est permis, du moins, de penser que, par sa distinction de la spéculation et de la pratique, il a déterminé, dans la pensée de Kant, des réflexions fécondes; il lui a donné l'idée d'écarter le pyrrhonisme par un idéalisme étrange, dont l'originalité est incontestable, mais qui n'en est pas moins fondé sur une distinction analogue à celle de Hume. En enfermant l'esprit humain dans ce cercle étroit de l'empirisme sceptique, d'où il ne lui permettait de sortir que par la porte du sens commun, il a forcé le génie de Kant à se frayer une voie nouvelle, et à élargir les horizons de la philosophie par l'invention d'un monde nouménal, que nous ne pouvons nous représenter, mais que nous pouvons concevoir, et dont l'existence est certaine.

§ 3.

Si Hume, par ses négations, a provoqué un rajeunissement du dogmatisme spiritualiste; s'il a forcé Kant à inventer, par delà les phénomènes où il donne presque raison à Hume, un monde nouveau de réalités que nous pouvons penser et non connaître, afin d'y chercher un refuge et d'y emporter, pour le sauver, le trésor des croyances humaines ; s'il a, de même, contraint les Ecossais à s'appuyer de plus en plus sur le sens commun, par défiance de la raison individuelle et par un sentiment secret de la faiblesse des preuves philosophiques ; il a aussi, par ses analyses, directement inspiré les philosophes qui, à des degrés divers, se rattachent de notre temps à l'Ecole positiviste : il a agi sur la pensée moderne, non pas seulement par les réactions qu'il a soulevées, par les contradictions qu'il a rendues nécessaires, mais par les tendances qu'il lui a transmises, par les idées qu'il lui a léguées ; il est l'un des maîtres et l'un des chefs de cette école qui, en France, relève d'Auguste Comte, en Angleterre, de M. Stuart Mill ; maître ignoré par les uns, avoué par les autres, mais dont l'esprit se retrouve sans cesse, et dont le nom revient souvent, dans des travaux qui, par la puissance de leurs déductions, par la hardiesse de leurs doctrines, sinon pour la vérité de leurs conclusions, méritent de prendre rang parmi les œuvres les plus considérables de notre temps.

Citons d'abord le témoignage d'Auguste Comte lui-même : « Sous l'aspect purement mental, l'un des
» principaux membres de l'Ecole écossaise, le judi-
» cieux Hume, par une élaboration plus originale sur
» la théorie de la causalité, entreprend avec har-
» diesse, mais avec les inconvénients inséparables de
» la scission générale entre la science et la philoso-
» phie, d'ébaucher directement le vrai caractère des

» conceptions positives... Malgré toutes ces graves
» imperfections, ce travail constitue, à mon gré, le
» seul pas capital qu'ait fait l'esprit humain vers la
» juste appréciation directe de la nature purement
» relative, propre à la saine philosophie, depuis la
» grande controverse entre les réalistes et les nomi-
» nalistes, où j'ai ci-dessus indiqué le premier germe
» historique de cette détermination fondamentale. On
» doit aussi noter, à cet égard, le concours spontané
» des ingénieux aperçus de son immortel ami, Adam
» Smith, sur l'histoire générale des sciences, et sur-
» tout de l'astronomie, où il s'approche peut-être
» encore davantage du vrai sentiment de la positivité
» rationnelle. Je me plais à consigner ici l'expression
» de ma reconnaissance spéciale pour ces deux émi-
» nents penseurs, dont l'influence fut très-utile à ma
» première éducation philosophique, avant que j'eusse
» découvert la grande loi qui en a nécessairement
» dirigé tout le cours ultérieur (1). »

Après Reid, après Kant, voici donc Auguste Comte qui reconnaît, lui aussi, dans Hume, l'inspirateur de ses premières réflexions. Y a-t-il donc beaucoup de penseurs, anciens ou modernes, qui aient eu la bonne fortune d'appeler à la vie philosophique, en présidant au premier éveil de leur esprit, trois philosophes d'un renom aussi éminent ?

Auguste Comte, nous a témoigné encore l'estime qu'il

---

(1) Auguste Cômte, *Cours de philosophie positive*, édition Littré, tome VI, p. 259.

faisait de Hume par la place qu'il lui a donnée dans son *Calendrier positiviste*. Dans ce calendrier, résumé de l'histoire de tous les temps et de tous les pays, et où à chaque jour de l'année correspond un nom célèbre par l'action ou par la pensée, les philosophes modernes ont leur mois : le onzième. Descartes en est le patron. Les noms les plus glorieux figurent dans la liste, sans acception de parti : Hobbes y est inscrit à côté de Pascal ; Joseph de Maistre, à côté de Fréret. Les quatre dimanches du mois ont été réservés, comme autant de places d'honneur, aux philosophes que Comte met au-dessus de tous les autres : et c'est précisément parmi ces privilégiés que Hume est compté, en même temps que saint Thomas, Bacon et Leibnitz : tandis que Locke, Montesquieu, Cabanis, Kant et Hégel eux-mêmes sont relégués aux rangs plus obscurs des jours de la semaine (1). De même, Hume a trouvé place dans la *Bibliothèque positiviste*, composée par Auguste Comte pour guider les études de ses disciples, et où ne figurent cependant ni les œuvres de Locke ou de Condillac, ni celles de Voltaire ou de Rousseau. Après la Bible et le Coran, après le *Discours sur la Méthode*, et le *Discours sur l'Histoire universelle*, prennent rang « les *Essais philosophiques* de
» Hume, précédés (ainsi le demande Comte) de la
» double *Dissertation sur les sourds et les aveugles* de

---

(1) Ce calendrier se compose de treize mois de vingt-huit jours chacun, qui ne laissent qu'un jour complémentaire dans les années ordinaires et deux dans les années bissextiles.

» Diderot, et suivis de l'*Essai sur l'histoire de l'Astro-
» nomie*, par Adam Smith. »

L'opinion de Comte sur Hume n'est pas restée sans écho parmi ses disciples ou ses adhérents : La disser-
» tation de Hume sur la causalité fit faire à la sub-
» stitution du relatif à l'absolu un pas décisif, » écrit un abréviateur du système de Comte (1). « La doctrine
» positiviste, » dit M. Mill, « fut probablement conçue
» pour la première fois, dans son entière généralité,
» par Hume, qui même la mena un peu plus loin que
» ne fait Comte, soutenant non pas simplement que
» les seules causes des phénomènes susceptibles d'être
» connues de nous sont d'autres phénomènes, leurs
» antécédents invariables, mais qu'il n'y a pas d'au-
» tre espèce de causes, la cause, telle qu'il l'inter-
» prète, signifiant l'antécédent invariable (2). »

C'est la ressemblance des doctrines qui révèle l'ascendant d'un maître mieux encore que les hommages des disciples. Or il suffit de jeter un coup d'œil sur l'Ecole positiviste pour remarquer sur combien de points essentiels elle se rencontre avec Hume.

C'est surtout la négation de toute force, et, par suite, de toute substance, qui a attiré sur Hume les sympathies d'Auguste Comte. En niant toute cause réelle, Hume ouvrait les voies à l'affirmation fondamentale du positivisme : qu'il n'y a que des connaissances re-

---

(1) C. de Blignières, *Exposition abrégée et populaire de la philosophie positive*, p. 446.

(2) M. Stuart Mill, *Comte et le positivisme*, trad. Clémenceau, p. 8.

latives, et qu'en toute chose l'essence réelle, la vérité absolue nous échappe. Pour A. Comte, la science se réduit à déterminer les phénomènes dans leurs rapports de similitude et de succession. Quant aux causes efficientes et aux causes finales, il en proscrit entièrement la recherche, et, plus conséquent avec lui-même que Hume ou M. Mill, qui conservent le nom en supprimant la chose, il s'interdit rigoureusement l'emploi du mot *cause* : il ne parle que des lois de succession. Qui ne reconnaîtrait, dans ces principes, l'expression même des pensées de Hume? Pour lui, comme pour Comte, il n'y a de certains que les faits positifs, les phénomènes, ce qui est donné par l'expérience. Il y a seulement cette différence que Hume, nourri dans l'idéalisme de Berkeley, considère les choses au point de vue subjectif; que Comte, au contraire, élevé à l'école des sciences mathématiques et physiques, se place au point de vue objectif. Mais les *impressions* de Hume ne sont pas autre chose au fond que les *faits*, les *phénomènes* de Comte.

Un même mépris de la logique anime aussi les deux philosophes. Ce mépris nous paraît un préjugé naturel et presque inévitable pour des penseurs qui nient tout *a priori*. « La méthode, » dit Comte, « n'est pas » susceptible d'être étudiée en dehors des recherches » où elle est employée, ou du moins ce n'est là qu'une » étude morte, incapable de féconder l'esprit qui s'y » livre (1). » En elle-même la logique ne peut ensei-

---

(1) A. Comte, *Cours de philosophie positive*, tome I, p. 33.

gner que des généralités vagues. Elle ne se précise que dans ses applications, et c'est là qu'il faut l'apprendre. C'est par l'étude des sciences que l'on parviendra à acquérir de bonnes habitudes intellectuelles. Il n'y a pas d'opinion sur laquelle Comte revienne plus fréquemment dans la série de ces leçons. Bien que Hume n'ait pas traité la question avec la même décision et le même développement, la condamnation de la logique était manifestement au bout de ses doctrines. Nous n'avons pas besoin de redire (voir le chap. VI) combien sont insuffisantes les règles de son *Organum*, et combien, malgré leur faiblesse et leur brièveté, elles dépassent par leurs prétentions la légitime portée d'une logique empirique. Fondée exclusivement sur les faits, sur les résultats de l'expérience, vide de tout principe *a priori*, la logique empirique ou positiviste n'est que le résumé de la science faite. Les nouveaux progrès, les nouvelles applications de la science peuvent à tout moment modifier, transformer les règles de la méthode; de sorte que, variable et mobile comme la science dont elle n'est que la forme abstraite, la logique n'a pas de valeur en elle-même; surtout elle ne peut être déterminée avec profit et formulée à l'avance. Le savant qui établit sa méthode avant de se mettre à l'œuvre ressemble à un voyageur qui voudrait *a priori* fixer l'itinéraire d'un voyage de découverte.

Si les points communs entre Hume et Auguste Comte ne sont pas aussi nombreux qu'on pourrait l'attendre de philosophes qui professent les mêmes principes, c'est qu'ils ont poussé leurs investigations dans des voies tout à fait différentes. Hume, nous l'avons souvent répété, est avant tout un psychologue : il ramène tout à la psychologie. Par une aberration singulière et peu digne d'un aussi grand esprit, A. Comte, au contraire, prononce contre l'observation intérieure un arrêt de mort absolu. « L'esprit humain peut observer » directement tous les phénomènes, excepté les siens » propres... L'individu pensant ne saurait se partager » en deux, dont l'un raisonnerait, tandis que l'autre » regarderait raisonner. Cette prétendue méthode » psychologique est donc radicalement nulle dans son » principe (1). » L'écart est aussi grand que possible entre les deux philosophies ; et à voir deux adhérents d'une même école se contredire aussi absolument sur un point aussi essentiel, on a quelque envie de désespérer du progrès philosophique, et de s'effrayer sur les destinées d'un science où les opinions les plus contraires peuvent être aussi résolûment affirmées.

Si Auguste Comte, bien qu'hostile à la psychologie, a su apprécier D. Hume, il n'est pas étonnant que notre auteur ait excité l'admiration de ceux d'entre les positivistes qui, mieux inspirés, reconnaissent les droits et l'importance des études psychologiques. Nous l'avons montré bien souvent dans ce livre : les philosophes de l'Ecole anglaise contemporaine sont les disciples de Hume. Ils lui ont emprunté non pas seulement les tendances positivistes qui les déterminent à

---

(1) A. Comte, *Cours de philosophie positive* ; *passim*.

sacrifier comme lui toute recherche, toute spéculation au delà des phénomènes, mais aussi les germes, les commencements des théories par lesquelles ils essaient de résoudre les problèmes de l'âme. Nous ne dirons pas que M. Stuart Mill, par exemple, soit seulement un Hume diffus, mais c'est un Hume perfectionné, qui a su développer avec une admirable clarté les principes que l'auteur du *Traité de la Nature humaine* avait négligemment jetés dans ses ouvrages sous une forme un peu obscure et avec trop peu d'éclaircissements. L'Ecole expérimentale anglaise supprime, comme Hume, l'hypothèse d'une âme, d'une substance identique : elle est donc bien forcée, comme Hume, de chercher dans l'association des idées, dans la combinaison de quelques impressions primitives, l'explication des phénomènes les plus compliqués, des opérations les plus élevées de l'esprit.

Nous pouvons donc conclure que Hume est un des philosophes modernes qui ont le plus agi sur la pensée de ses contemporains et de ses successeurs. Après cent ans, son influence n'est pas éteinte. S'il a contre lui tous les philosophes métaphysiciens qui se préoccupent avant tout des questions transcendantes et suprasensibles, il a pour lui, au contraire, tous ceux qui, à quelque école qu'ils appartiennent, s'attachent de préférence aux recherches positives, et excluent, les uns absolument, les autres le plus possible, ces entités, ces facultés dont la philosophie ancienne a tant abusé. Hégel a pu dire : « Il n'est pas
» possible de descendre plus bas, comme penseur,

» qu'en faisant de l'habitude et de l'imagination la
» source des notions les plus générales et les plus
» élevées. » Mais, il y a quelques années à peine,
M. Huxley, l'illustre savant anglais, écrivait, peut-être
avec une exagération contraire, et pour mieux écraser,
par la comparaison avec un génie supérieur, le mérite
d'A. Comte, à propos de qui ce passage a été composé : « Les pages lourdes et verbeuses d'A. Comte
» rappellent peu la vigueur de pensée et la merveil-
» leuse précision de style de l'homme que je n'hésite
» pas à appeler le plus fin penseur du dix-huitième
» siècle, bien que ce siècle ait produit Kant (1). »

III

De tout ce que nous avons dit, il résulte que Hume
a posé, sinon résolu, les questions les plus graves
que puissent débattre les philosophes modernes :
questions redoutables qui seront longtemps agitées
avant d'aboutir à une conclusion définitive, questions
qui se réduisent à deux :

1° L'esprit humain peut-il sortir de lui-même, et,
franchissant les limites des impressions subjectives,
peut-il connaître les objets ?

2° L'esprit humain, en lui-même ou au dehors de
lui, réduit à des connaissances subjectives, ou capable de déterminer des vérités objectives, connaît-il
autre chose que des phénomènes ; saisit-il, soit direc-

---

(1) *Revue des cours scientifiques*, 17 janvier 1869.

tement et par une vue immédiate, soit par des procédés inductifs, les substances, les principes, les essences des choses?

Sommes-nous seulement un ensemble d'affections et de conceptions subjectives, une série d'états de conscience, qui prennent successivement possession d'eux-mêmes, mais qui n'ont aucune prise sur les objets extérieurs, sur les réalités distinctes de nous; sans ouverture sur le dehors, et rigoureusement fermés sur eux-mêmes, comme les monades de Leibnitz?

Et quel que soit le résultat de nos recherches sur ce premier point, que nous soyons disposés à admettre l'idéalisme ou à le repousser, les connaissances que nous ne pouvons refuser à l'esprit le pouvoir de produire, ont-elles une portée phénoménale, ou une portée transcendante? Sommes-nous emprisonnés dans le relatif, ou, par quelques côtés, avons-nous accès sur l'absolu?

Nous venons de voir comment les systèmes modernes (ceux du moins qui ont été attentifs aux travaux de Hume), ont répondu à ces deux grandes questions.

Les uns, acceptant l'idéalisme et le phénoménisme, et comprenant, cependant, le besoin de satisfaire aux croyances de l'humanité, admettent l'existence vague d'un monde inaccessible à nos pensées. Mais ils se retranchent dans la recherche des phénomènes et de leurs lois; et si on leur demande quelle est la valeur objective de ces connaissances, d'ailleurs relatives, ils reconnaissent volontiers qu'elles n'en ont aucune;

que l'esprit ne peut, quelque effort qu'il fasse, trouver la preuve d'une existence distincte de lui. Ceux-là sont les vrais disciples de Hume ; M. Stuart Mill en est le plus illustre représentant.

Les autres, dont Kant est le chef, font, aux questions soulevées par Hume, des réponses beaucoup plus compliquées. Mais en négligeant les détails et d'une façon générale, on peut dire qu'ils sont, eux aussi, convaincus qu'au point de vue spéculatif nous ne pouvons saisir autre chose que nos idées, ni, par delà l'expérience, connaître directement des objets transcendants. Mais ce monde des réalités substantielles et nouménales, que les positivistes ne font qu'indiquer comme à regret, et dont ils ne parlent que vaguement, comme on parle d'une région lointaine qu'on ne visitera jamais, les philosophes de l'école critique prétendent l'aborder, l'explorer, grâce à un guide nouveau, la conscience morale.

Enfin, la troisième école combat catégoriquement la philosophie idéaliste et phénoménale de Hume : elle affirme que nous connaissons les objets distincts de nous aussi certainement que nous-mêmes et nos états subjectifs de conscience, et que nous pouvons, grâce au sens intime, saisir le moi, c'est-à-dire la substance intérieure; grâce à la raison, concevoir, et concevoir avec vérité, les substances autres que la nôtre, et même la substance divine.

A vrai dire, la vérité ne nous semble contenue tout entière dans aucun de ces trois systèmes.

Le renouvellement de la philosophie qu'a provoqué

le scepticisme de Hume n'est pas encore arrivé à son terme, et n'a pas produit tous les résultats qu'on doit en attendre. Les positivistes se trompent, et se trompent gravement, en réservant, comme insolubles, des questions que la curiosité humaine ne se lassera pas d'agiter, et que l'intelligence humaine est capable d'éclaircir. Ils se trompent encore quand ils nient toute connaissance objective : la connaissance du non-moi nous paraît contenue dans celle du moi. L'homme sait qu'il existe autre chose que lui, le jour où il a acquis la connaissance de sa propre existence. Sans doute, cette notion du non-moi n'est pas encore la connaissance du monde extérieur ; celle-ci ne nous est donnée que progressivement par les sens. Mais la certitude de l'existence d'une réalité extérieure nous est donnée dans la première conscience que nous avons de nous-même. Les positivistes se trompent enfin, quand ils veulent nous interdire toute affirmation supérieure aux faits. Nous le disons avec une conviction profonde, l'esprit humain est incapable de connaître, par intuition, soit l'âme, soit Dieu. Si cette intuition, c'est-à-dire la connaissance immédiate, la représentation directe de ces objets transcendants était possible, on ne s'expliquerait pas les contradictions humaines, la diversité des opinions sur ce sujet. Mais si nous ne connaissons pas l'âme et Dieu par intuition, il ne s'ensuit pas, comme le prétendent les positivistes, que nous ne les connaissions pas autrement.

Quant à l'Ecole critique, elle a trop peu de confiance en la raison, elle a trop de foi dans la conscience morale. En exagérant la part de l'*a priori* dans la production de nos connaissances, elle se ferme l'accès des réalités objectives ; elle s'isole dans des nécessités subjectives ; elle méconnaît la communication incessante de notre esprit avec les choses extérieures et les résultats que peu à peu l'expérience accumule. Et, pour accorder trop peu à la raison, elle est forcée de tout attribuer à la conscience morale, et d'investir la raison pratique d'une autorité qu'elle ne saurait avoir.

Enfin, l'Ecole écossaise et ses adhérents simplifient par trop les questions auxquelles ils veulent satisfaire. La connaissance que nous acquérons des objets n'est pas aussi aisée, aussi immédiate, aussi intuitive qu'ils le croient ; et les objets, une fois connus, ne sont peut-être pas aussi absolus qu'ils semblent le supposer.

Selon nous, grâce à l'expérience, qui nous met réellement en rapport avec des objets indépendants de notre être, grâce à la raison aussi, c'est-à-dire aux lois mêmes et aux conditions subjectives du développement de notre pensée, nous acquérons insensiblement, non pas du premier coup et en une fois, la connaissance de nous-même, la connaissance du monde extérieur, enfin la connaissance de Dieu. Il faut, sans doute, à l'enfant une série assez longue de perceptions et d'émotions, pour que, aidé de sa mémoire, il saisisse et conçoive l'unité et l'identité du moi. Une seule impression ne suffirait pas à développer pareille idée. Il faut un travail de comparaison, de réflexion, pour que l'esprit parvienne à formuler nettement et clairement l'affirmation : « Je pense, donc je suis. » Mais de ce que cette connaissance s'acquiert lentement et insensiblement, s'ensuit-il qu'elle n'ait pas une valeur sérieuse? Nous sommes loin de le penser. Nous croyons fermement à l'identité de l'être humain ; nous croyons que, du berceau à la tombe, une seule et même force se développe ; mais il nous semble qu'une force, telle que l'âme humaine, qui se manifeste par des faits successifs, ne peut prendre conscience en une fois que de chacun de ces faits, et que la conscience générale qu'elle a d'elle-même est nécessairement le résultat d'une série de ces actes particuliers.

De même, la connaissance du monde extérieur, quoique implicitement contenue dans l'affirmation de notre propre existence, ne se précise et ne se développe qu'au fur et à mesure que nos sens agissent et que nous comparons nos différentes perceptions.

Et ce qui est vrai du moi et du monde l'est encore plus de l'existence divine. Ici, il n'y a pas encore d'intuition directe : il n'y a qu'un travail lent et pénible, qui, d'induction en induction, de réflexion en réflexion, nous conduit jusqu'à cette affirmation suprême : Dieu est.

Sans doute, la raison — c'est-à-dire, nous ne cesserons de le répéter, la condition de la pensée, la tendance à chercher une cause, par exemple, la tendance à chercher cette cause toujours plus haut et plus loin, ou, encore, la nécessité de ne pas affirmer deux choses en même temps — la raison agit sur nos connaissances et contribue à les déterminer. Mais l'expérience est cependant la source où nous puisons surtout ces connaissances. L'esprit n'est par lui-même qu'une force capable de connaître, à condition que l'objet soit mis en rapport avec lui : force impuissante par elle-même à produire des connaissances positives ; objet réel, et que l'esprit se représente, mais, il est vrai, selon les lois de sa constitution naturelle.

Il nous semble qu'on ne peut pas douter sérieusement aujourd'hui de la valeur objective de nos connaissances, et que l'idéalisme n'a plus de raison d'être. Nous serions moins affirmatif sur le second point, sur la question de savoir si nos connaissances dépassent le phénomène et le relatif. La raison est surtout un effort pour s'élever au-dessus des apparences ; mais, dans la sphère où la nature nous a enfermés, nous ne sommes réellement en rapport qu'avec le dehors des choses, avec les phénomènes ; si bien que l'effort de la raison pour aller au delà reste impuissant. Nous pouvons concevoir les choses absolues, nous ne pouvons pas les connaître. Qu'elles existent, nous avons le droit de l'affirmer. Quelles elles sont, nous ne le saurons jamais.

Si Hume, dans sa réaction contre l'ancien dogmatisme, n'avait pas dépassé les limites que nous venons d'indiquer, il n'eût rendu que des services à la philosophie. Mais les réactions sont toujours intolérantes et excessives, et la philosophie, oscillant d'un excès à un autre, a de la peine à trouver son équilibre. Hume a le double tort d'avoir nié à la fois la valeur objective de l'expérience, et l'existence de l'esprit et de ses lois nécessaires. Nous n'avons pas besoin de redire combien est inadmissible l'ensemble d'hypothèses qu'il a proposé pour expliquer les opérations intellectuelles, sans admettre le rapport réel de l'intelligence et de l'objet, sans admettre, d'un autre côté, ni facultés, ni force initiale et unique. Son système est incontestablement faux ; mais il y a, dans quelques parties de son système, des tendances précieuses à recueillir.

C'est de lui que la philosophie peut apprendre, par exemple, à faire de plus en plus de la psychologie le centre de ses recherches et de ses préoccupations. C'est de lui qu'elle empruntera avec profit, à l'exemple de tous ses disciples anglais, la méthode du déterminisme psychologique, la tendance à voir dans les faits qui se succèdent en nous des causes et des effets unis par les liens d'une mutuelle dépendance ; sans aller cependant jusqu'à supprimer avec lui la force une et multiple sans laquelle on ne peut rien expliquer dans l'âme. C'est à lui qu'il faudra revenir toujours pour trouver la première application sérieuse de cette loi de l'association des idées, dont nos contemporains abusent, sans doute, comme on abuse de toute découverte nouvelle, promptement transformée en système exclusif par les intempérances de la logique, mais dont on doit cependant tenir grand compte dans l'explication des phénomènes psychologiques. C'est lui qui nous enseignera encore à ne pas être dupe de ces mots de facultés, de pouvoirs, qui, mal interprétés, divisent l'âme en un certain nombre d'entités chimériques. C'est Hume, enfin, qui, un des premiers, a compris que la psychologie, comme la physique, doit, selon le mot de Newton, se défier de la métaphysique. Non que la métaphysique nous paraisse impossible; mais dans l'état actuel de la science de l'esprit humain, elle est encore difficilement abordable ; et, surtout, il ne faut pas que le souci d'une métaphysique presque inaccessible fasse négliger une science aussi positive, aussi praticable que la psychologie.

FIN.

TABLE DES MATIÈRES.

INTRODUCTION.

La vie et les œuvres de David Hume. 1

CHAPITRE PREMIER.

Les origines de la philosophie de D. Hume. Les caractères principaux de sa méthode. 55

CHAPITRE II.

Les éléments de la connaissance. Les lois de l'association des idées. 94

CHAPITRE III.

Des vérités certaines et de la démonstration. Hume et l'esthétique transcendantale de Kant. 135

CHAPITRE IV.

Les probabilités de l'expérience. La causalité. 161

CHAPITRE V.

De l'induction. La logique de Hume et la logique de M. Stuart Mill. 196

CHAPITRE VI.

La croyance en général. 222

CHAPITRE VII.

La croyance à la matière. L'idéalisme de Hume et l'idéalisme de M. Stuart Mill. 244

CHAPITRE VIII.

La croyance à l'âme ou au moi. L'identité personnelle. 282

CHAPITRE IX.

La croyance à Dieu. Les dialogues sur la religion naturelle, et l'histoire naturelle de la religion. 318

CHAPITRE X.

Les passions. 358

CHAPITRE XI.

La liberté et la nécessité. 384

CHAPITRE XII.

Théories morales. 403

CHAPITRE XIII.

Théories politiques, économiques, littéraires. Les Essais moraux et politiques. 424

CHAPITRE XIV.

Conclusion. — I. Le scepticisme de David Hume. — II. Son influence sur la philosophie moderne. 458

FIN DE LA TABLE DES MATIÈRES.

www.ingramcontent.com/pod-product-compliance
Lightning Source LLC
Chambersburg PA
CBHW071614230426
43669CB00012B/1940